司法
心理學

INTRODUCTION TO
FORENSIC
PSYCHOLOGY

Research and Application, 5th Edition

研究與應用

［下冊］

Curt R.
Bartol

柯特・巴托爾

著

Anne M.
Bartol

安妮・巴托爾

黃致豪

譯

第四部　犯罪心理學

第八章　暴力與威嚇心理學

第九章　性侵害心理學

第五部 被害者學與被害者服務

第十章 司法心理學與犯罪受害者

第十一章　家庭暴力與兒童受害者

第六部　矯治心理學

第十二章　矯治心理學：成人場域　　363

第四部
犯罪心理學

偏差與犯罪行為
的發展

[235]　　**本章目標**

- 定義犯罪行為與少年偏差非行行為。
- 定義反社會行為、行為規範障礙症、反社會人格障礙症。
- 檢視青少年最容易被指控的犯行種類。
- 回顧發展取向的犯罪行為研究。
- 概述莫菲特（Moffitt）與史坦伯格（Steinberg）的理論。
- 找出與犯罪行為最相關的發展因素。
- 說明注意力不足／過動症與偏差行為之間的關係。
- 辨認犯罪前兆的前置誘發行為。
- 檢視成人心理病態與具心理病態特徵之青少年的研究。

「你不會因為你所想的事而入獄。」

「它可能違反道德倫理，但不是犯罪。」

「嗯，可能會有負向的評價，但她沒有犯罪！」

「他只是個孩子，沒辦法為他不小心做出的行為負責。這些孩子才九歲，他們不知道那把槍上了子彈，他們只是在玩。很不幸有人因此失去一條腿，但這是一場意外。」

　　上述提及的是未達犯罪標準的行動或想法。確實，你毋需為自己所想的事而入獄，哪怕你此刻可能正想著要毒殺老闆。而違反道德倫理也並不等同於犯罪。判斷不良也不是犯罪，除非因此導致一個人做出犯罪行為。（舉例來說，將所有薪水都拿去買樂透，以及認為自己可以唬弄國稅局而逃漏稅，這兩種不良判斷的差別。）在上述九歲男孩的案件中，如果他真的認為槍沒有子彈，也沒有意圖要傷害朋友，那麼他就不算犯罪。（雖然他父母可能會因過失而遭民事起訴，這就要依該案其他情況而定。）

犯罪指的是：「在非出於正當防衛或其他法定抗辯下，故意地違反刑法之規定，並遭政府依重罪或輕罪處罰。」（Tappan, 1947, P.100）換言之，犯罪行為指的是有意違反刑法的行為，它並不是意外發生，而且個體的行動欠缺正當化事由（如正當防衛）或其他抗辯（如心神喪失）解釋。要起訴一個人犯下一件罪行，檢方（政府）一般必須證明被告是自願做出犯罪行為（*actus reus*，犯行），或具備有罪的心理狀態（*mens rea*，犯意）。法條中所定義的犯罪行為，會載明構成某項犯罪的行動與心智狀態（合稱「構成要件」）（La Fond, 2002）。一旦案件進入審理階段，只有當檢方證明所有構成要件均超越合理懷疑之程度，法官或陪審團才能夠判定被告有罪。不過，假如被告認罪，或對於起訴內容不爭執，此時檢方就可免於舉證責任，而最終定罪的紀錄還是會列入被告前科。

犯罪行為的光譜相當廣泛，從諸如侵占之類的微罪到殺人。近年來，社會大眾逐漸意識到企業與政治的犯罪類型，這也是犯罪學者向來感興趣 [236] 的犯罪類型，他們認為擁有極高財富與政治權力者，有可能造成極大的傷害。甚至，以總統為核心的政權當局，有時也可能與犯罪有所關聯，美國前總統理查·尼克森（Richard M. Nixon）在其連任競選團隊成員犯下侵入住居竊盜並企圖掩蓋犯行遭到發現後，便不光彩地辭職下台。本書付梓之際，針對總統身邊人士可能的違法行為仍持續進行調查中。而某些大型企業，例如安隆（Enron，一家能源領導大廠）、世界通訊（WorldCom，電子通訊巨擘）、環球電訊（Global Crossing，全球性的電腦網路服務公司），以及其他企業等，都涉及可能誤導與背叛股東的嚴重違法行為。在安隆案中，違法行為影響到員工的退休、安全和工作。其他像是銀行業的詐欺行為、內線交易、違反人權，以及公務員貪瀆等瑕疵，也都是在進入二十一世紀逐漸得到輿論關注的犯罪類型。此外，環境災害，如英國石油公司在墨西哥灣的漏油事件，亦說明了還有更多犯罪類型可能帶來極大的傷害。讀者一定能想到更多在國家、國際間或其他地方發生的事例。

近年來，更多討論聚焦於某些犯行的除罪化（decriminalization），尤其是少量持有大麻的案例。雖然如海洛英與古柯鹼之類的「硬毒品」（hard

drugs，容易上癮的烈性毒品）確實對人有害，但長期以來大麻的傷害性被
認為可能等同於（甚至少於）已被列為合法物質的酒精。大麻株的成分極
為複雜，含有超過四百種化學物質及六十種大麻素的化合物，其中許多成
分都具有醫藥特性（Atakan, 2012）。除了目前能從許多州的處方箋中取得
醫藥用大麻，娛樂性大麻（recreational marijuana）的接受度也漸漸提升。
在科羅拉多與華盛頓等州，持有少量大麻不再構成犯罪，而且允許在合法
的「大麻店」（pot shops）販售娛樂用大麻。二〇一四年華盛頓特區修訂
法律，將持有一盎司大麻的行為，從原本可能遭判處一定刑期的犯罪行
為，改為處以罰鍰（二十五美元）的行政違規行為，不過在該區公開場合
吸食大麻仍屬犯罪行為。目前美國至少有近十五州正朝大麻除罪化的方向
修法，去除持有少量大麻的法令限制。另外有二十九個州與哥倫比亞特區
在法律上也以某種形式將大麻合法化（ProCon.org, 2017），還有許多州立
法授權開立醫療用大麻的處方。

　　本章目的是聚焦於可能對社會造成嚴重傷害的嚴重犯行。雖然各種社
經地位的人都可能觸犯法律，但其中只有少部分人會成為持續性的犯罪
者，犯下包含暴力犯罪在內等多種嚴重罪行。而只有更少數的人可能會犯
下那些不尋常且受到媒體高度關注的案件，例如對商場購物者或校園師生
隨機開槍射擊。上述兩個族群向來是心理學家的研究重點，而且司法心理
學家也更有可能和這些人有所接觸，因此本章將探討這些犯罪者。雖然其
他類型犯罪也會對社會造成嚴重傷害（如許多政治與環境犯罪），但在此
較少論及。

　　在本章中，我們會討論那些慣性犯罪、有持續嚴重犯罪史的人，尤其
是持續涉入各種犯行的**終身**犯罪人。針對反覆且長期的犯罪者來說，最好
的例子就是在青少年非行偏差行為與心理病態的章節中，將會討論到的終
生持續型犯罪者。雖然本章重點在少年犯，但主要探討是嚴重、終身類型
的犯罪發展所涉及的歷程與因子。因此，儘管在犯罪行為發展中主要著墨
青少年，不過成人犯罪與青少年犯罪同時貫穿全章的討論。在第八與第九
章，我們將更聚焦討論性侵害、恐嚇與暴力犯罪行為，例如殺人、跟追纏

[237]

擾、仇恨犯罪、縱火，這些犯罪尤其影響心理學的研究與理論發展。它們
是司法心理學的重要主題，司法心理學家經常需要對犯下這些罪行的人進
行風險評估。

整體而言，本章目的在於概述犯下重大罪行或反覆實施犯罪行爲的過
程所涉及的發展因子。實證研究指出，持續性的反社會行爲很少是從成年
後才開始，往往在非常早期的發展階段就開始成形，有時甚至從學齡前就
可發現端倪（Moffitt, 1993a, 1993b）。因此，探討青少年犯罪者的發展軌
跡將會是最好的起點。

在此要強調，應當避免以單一原因或理論來解釋犯罪行爲。「犯罪問
題」可以歸因於各種廣泛的社會因子，槍枝與攻擊武器的易得性、種族主
義、貧窮、媒體對暴力行爲的過度美化、性別偏見、對權力取得與物質生
活的強調，都是可能原因。一個人的犯罪行爲也不太可能只歸因於單一向
度的原因。那些乍看之下好像很直覺又單純的因素，通常在學者開始進行
研究或臨床工作者進行衡鑑與治療後，就會發現它們事實上非常複雜。成
人犯罪與少年非行行爲的成因是多重的，而且大部分可能源自許多因素的
交互作用。

少年犯罪人

少年非行行爲的定義

少年非行行爲（juvenile delinquency）是一個不精準的社會、臨床及法
律標籤，用以指涉廣泛的違反法律或社會常規之行爲。乍看之下，可適用
簡單的法律定義：「少年非行行爲指的是由未成年人所做出的違反刑法的
行爲。」然而，非行行爲這個詞包含許多超越此定義的意涵。在某些州，
法律的定義也會將身分犯（status offending）納入，也就是該行爲並未違反
「成人的」刑法條文，但對青少年來說則是被禁止的行爲。舉例來說，逃
家、違反宵禁法令、逃學，都屬於青少年身分犯行的範圍。

　　此外，社會、法律、心理學上對於非行行為的定義則有相當的重疊。社會學定義的非行行為包含所有在青少年行為中被認為是不適當的行為，但是並非所有這些行為都會構成犯罪。前述這些行為包含攻擊行為、逃學、順手牽羊、蓄意破壞、藥物濫用、性濫交，甚至是欠缺矯治可能性（incorrigibility）。這些行為可能會也可能不會引起警方注意；事實上，大部分都不會引起警方的關注。假如該行為被警察得知，那麼做出這些行為的**社會非行少年**（social delinquent）就會被轉介到社區的社會服務中心或少年法庭。但除非他們確實做出犯罪行為並在審理庭中遭到起訴，否則並未真正符合法律上對於少年非行行為的定義。因此，就法論法，**非行少年**（juevenile delinquent）指的是犯下違反刑法規定並遭有權審判法院判定為違法非行行為之人。此定義並未嚴格限定只能適用於未滿十八歲者，在某些州二十一歲的人也可能被認定為非行少年，意味著他們有可能被從寬量刑。另外，美國所有州都允許少年（在某些案件甚至可能僅有十歲）在特定狀況與特定犯行下，視同成人並以成人方式予以刑事審判。

[238]　　心理學或精神醫學對於非行行為的定義，包含了「行為規範障礙症」、「反社會行為」這些以症狀為基礎的分類標籤。**行為規範障礙症**（conduct disorder）是一個用以代表一組習慣性不當行為的診斷名稱，例如偷竊、縱火、逃家、逃學、破壞他人財物、打架、傷害動物。一如前面討論的社會學定義，在此定義之下，這些非行少年不一定會因為其行為而被捕，而且有些行為確實也不會違反刑法。行為規範障礙症的診斷在美國精神醫學會（2013）所發行的《精神疾病診斷與統計手冊》（*Diagnostic and Statistical Manual of Mental Disorders, DSM-5*）中有更詳盡的描述。該手冊傳統上被認為是臨床工作者的決策工具，也是研究者的指引（Moffitt et al., 2008），然其對於精神障礙症的分類與所列出的準則，並沒有被臨床工作者全面接受。*DSM-5* 就受到許多批評，因為此版修訂已超過十年（Francis, 2012）；接下來就看臨床工作者累積更多使用經驗後，不滿的聲浪是否仍然會持續。無論如何，對於司法心理學家、精神專科醫師，以及其他心理衛生工作者來說，*DSM-5* 還是最重要的指引工具。

而**反社會行為**（antisocial behavior）這個更接近心理學的詞彙，通常用於描述嚴重的習慣性不當行為（serious habitual misbehavior），這些行為往往涉及對他人福祉或權益的直接傷害。不過，我們應該要把反社會行為與行為規範障礙症兩者，與反社會人格障礙症（antisocial personality disorder, ASP, APD）區分開來。反社會人格障礙症的對象是至少十八歲以上的成年人，這些人在孩童或青少年階段就已經展現出行為規範障礙症的證據，並且到了成年後持續出現嚴重犯行。DSM-5列出了反社會人格障礙症的四種類別，可能單獨或共同出現，包含對人與動物的攻擊性、破壞財物、欺騙，以及嚴重違反規範。

雖然心理學家使用行為規範障礙症與反社會行為兩種詞彙，但有越來越多人嘗試透過發展、認知，甚至生理心理的歷程來描述並理解犯罪與少年非行行為。舉例來說，莫菲特（1993a）的發展理論就以發展心理學的觀點來解釋犯罪行為；而海爾（Hare, 1996）對犯罪型心理病態（criminal psychopathy）的概念，則為終生反覆且嚴重的犯行中的情緒、認知、生理心理因子描繪出耐人尋味的輪廓。如同本章稍後將討論，海爾與其後續的研究者相信，在真正的心理病態與「正常」的大眾之間，存在著一些大腦功能層面的根本差異。史坦伯格與其同僚（Steinberg, 2007, 2014a; Steinberg, Cauffman, Woolard, Graham & Banich, 2009; Steinberg and Monahan, 2007）蒐集許多科學證據，證明青少年的認知與心理社會發展，以及這些發展與決策、同儕影響、衝動性之間的關聯。史坦伯格及其同僚的研究經常被美國心理學會納入提出給法院的法庭之友狀，也常被後續的法院意見所引用，例如在青少年案件的量刑。我們接下來會扼要檢視這些觀點。

少年犯的特性與範疇

究竟有多少少年非行行為（包含執法機關有紀錄與沒有通報的），基本上仍屬未知。我們還沒有就廣義定義而言的青少年偏差行為的完整資

料。雖然資料尚不完整，不過還是有一些由執法機關、法院、少年矯治機構所統計的數據。

青少年的非行行為可以區分成五個主要類別：

一、針對他人人身的違法行為

二、針對財物的違法行為

三、藥物相關的犯行

四、危害公共秩序的犯行

五、因其少年身分而成立的身分犯行

[239] 前四個類別和成人的犯罪定義基本上相同；而少年因其身分而成立的犯行，指的則是由成人做出並不會違法，並且只能在少年法庭中處理的行為。然而，這類法庭似乎出現盡量避免審理少年身分犯的趨勢，因此官方有的只是少量的統計資料。典型的少年身分犯行包括了不當行為如違反宵禁、未成年飲酒、逃家、逃學，乃至具有頗多主觀詮釋空間的判斷用語，例如指控少年「無法無天」（unruliness）與「無法管教」（ungovernability，不受父母或監護人的控制）。然而，美國主要的犯罪資料來源，〈統一犯罪報告〉（the Uniform Crime Reports, UCR），從二〇一〇年起就把逃家行為排除在資料蒐集範圍外。我們稍後會再針對〈統一犯罪報告〉進行討論。在西元兩千年前期，當執法機關仍有進行少年身分犯行的統計報告時，可以發現其中最普遍的是未成年飲酒（92%）、逃家（40%）、無法管教（11%）、逃學（10%）（Sickmund, 2003）。

從歷史來看，少年司法體系支持針對男女不同身分犯行的處遇方式。舉例來說，少女比較常因為難以矯治或逃家而被拘留，但相同行為若發生在少年身上則比較可能被忽略或容忍。近年來，多虧了為爭取非行少年權益所提起的相關訴訟，許多法院尤其注意前述差別待遇的不合理。二十一世紀的前十年，少年男女因為逃家此一身分犯行而被逮捕的比例大致相同（Puzzanchera, 2009; Snyder, 2008）。然則，少年司法政策的變革也導致對體系內少年的新對應方式。如前所述，現在已經較少強調要保留逃家與其他身分犯行的紀錄，儘管還是有些轄區持續這麼做。目前有個微小但逐漸

成長的趨勢，就是本書第四章提過的少女法庭（girls court）制度的啟動。一般來說，這類法庭是少年或家事法庭的分支，目的是希望符合少女的特殊需求，尤其是常常涉及少年的性交易活動（Brown, 2014）。

少年犯罪資料通常是透過多種來源取得：一、警方逮捕的官方報告，例如聯邦調查局的〈統一犯罪報告〉；二、有關被害者的報告，例如〈全國犯罪受害調查〉（National Crime Victimization Survey, NCVS）；三、非行少年的自陳報告，從全國各地抽取的少年樣本針對自身行爲完成問卷，例如〈全國青少年調查〉（National Youth Survey）（Elliott, Ageton & Huizinga, 1980）與〈美國監測未來調查〉（Monitoring the Future, MTF）；四、少年法庭程序，如少年國家司法中心（NCJJ）的報告；五、少年矯治體系的資料，如專刊《監禁中的兒少》（*Children in Custody*）；六、緩刑與假釋的統計資料，如許多政府出版品中的報告。

上述最後三個資訊來源的主要缺失，在於大幅低估犯行的實際數字，因爲大部分的案件在進到法院前不是沒有被發現，就是未經受理。當然其中也可能有部分是基於正面的理由，包含了父母介入、協商、社區處遇方案，很多少年犯罪者經過分流制度而未進入法庭審理。目前全世界有關少年犯行最完整的編纂資料，是聯邦調查局的〈統一犯罪報告〉，保存了向警方報案以及逮捕的完整紀錄。因此，接下來會簡短談到在這個資料庫中的少年犯罪資料，雖然資料還是有許多不足之處。事實上，在成人犯罪的領域中，〈統一犯罪報告〉提供的知識也會相當有用。

〈統一犯罪報告〉（美國境內犯罪）

此報告最初在一九三〇年開始編纂，是全美的犯罪統計中最常被引用的來源。它是一份年度性質的報告，包含全美國執法單位所知的犯罪與逮捕資料。報告中並未納入判決資料，只限於執法相關資訊，因此無法告訴我們任何有關少年個案在被捕後是否遭判定有罪的資訊。〈統一犯罪報告〉和美國年度犯罪統計資料都可以在聯邦調查局的網頁www.fbi.gov中找到。

[240]　　〈統一犯罪報告〉以各種方式將犯罪資料製表，包含年齡、性別、受逮捕者的種族、犯罪與逮捕發生的城市與地區等。嚴重犯罪的兩個主要分類是暴力犯罪與財產犯罪。歸類於暴力犯罪之下的四種犯行分別為：一、殺人與非過失致人於死；二、強制性交（與未達法定年齡者合意性交的準強制性交做區分）；三、強盜；四、加重傷害。而歸類於財產犯罪的四種犯行則為：侵入住居竊盜、竊盜、動力交通工具竊盜、縱火。下表是二〇一五年青少年因上述犯行遭逮捕的統計資料。

　　〈統一犯罪報告〉並不是警方記錄犯罪與逮捕資料的唯一方法。從一九八九年開始，聯邦調查局就透過國家事件報告系統（National Incident-Based Reporting System, NIBRS）蒐集資料。NIBRS將透過犯罪與逮捕事件

表7.1　二〇一五年因暴力與財產犯罪被逮捕的青少年

起訴罪名	所有年齡的逮捕數量	十八歲以下	十五歲以下
總量（暴力與財產犯罪）	1,415,913	185,660	51.800
暴力犯罪	**361,241**	**35,886**	**10,053**
謀殺	7,519	521	47
強暴	15,934	2,515	991
強盜	66,138	12,347	2,348
加重傷害	271,650	20,503	6,667
財產犯罪	**1,054,672**	**149,774**	**41,747**
侵入住宅竊盜	156,419	25,527	7,543
竊盜	838,874	113,114	31,006
交通工具竊盜	53,315	8,236	2,055
縱火	6,064	1,897	1,143

資料來源：FBI, 2016a

所蒐集的資料分為二十二種類型。在這些類別中，針對執法單位所知的犯行、事件、受害者、財產、加害者、逮捕者的資訊，在可得的狀況下，都會被蒐集起來。NIBRS的目標是將犯罪的資訊現代化，並進一步優化〈統一犯罪報告〉中的許多缺失。

　　以全美來說，二〇一五年暴力與財產犯罪的人口，少年占了7.6%（FBI, 2016a）。值得一提的是，被逮捕的比例比其占全國人口的比例來得高，可能是因為少年比較常以群體方式進行犯罪，包含夥黨和幫派。二〇一五年，青少年因暴力犯罪而被逮捕的比例是10%，財產犯罪則占了14%。另外要強調的是，犯罪與逮捕率往往會以高低循環的型態出現，主要是因為社會、經濟、政治氛圍所致。因此，雖然近年比率漸趨下降，數字仍然可能因為各種因素而在未來幾年突然上升。此外，必須針對特定的犯罪加以區別。舉例來說，在二〇一五的前半年，執法機關所報告的暴力犯罪比例下降了，但強制性交的比例卻增加（FBI, 2016a）。

　　必須指出的另一個重點是，絕大部分犯罪其實是由小比例的犯罪者所實施（Chaiken, 2000; Coid, 2003）。無論對成人或少年，前述現象都存在。在任何群體中，持續犯罪的5%或6%，至少犯下所有犯罪事件的50%至60%（Farrington, Ohlin & Wilson, 1986; Lynam, 1997）。另一方面，許多嚴重的犯行其實並未向警方通報。根據一些自陳式問卷調查的結果顯示，少年犯罪中有86%的嚴重、反覆犯罪並未納入偵查（Elliott, Dunford & Huizinga, 1987）。上述資料清楚說明，有關少年犯罪的統計數據，很可能過度低估了實際犯罪率。同樣的，成人犯罪率也有低估的問題，因為許多成人犯下的罪行並未向警方通報；此外，不同於少年，成人不會經常被要求去通報自己的犯行。最後，那些經常犯罪者，通常不會只犯下某種特定類型的犯罪，例如輕微的竊盜或販毒；相對的，他 [241] 們反而比較常涉入不同類型的犯行，從微小的財產犯罪到高度暴力的犯行都涵蓋在內。

發展觀點

過去三十多年來，當代研究採取發展的觀點看待犯罪與非行行為的議題。假如我們從一群人出生開始持續追蹤到他們成年，就能夠對於反社會行為如何發展有所理解（Hartup, 2005）。舉例來說，已有堅實的研究證據顯示，那些嚴重且持續的非行行為模式，還有成人之後犯罪，其實從童年早期就已經開始，有些徵兆甚至從學齡前就可以被觀察到。研究者發現，那些成為嚴重非行少年與沒有步上這條路的孩子之間，確實有些可資區辨的差異性，例如童年經驗、生理與基因傾向、社交技巧，以及如何表達自身感受。目前新興的發展取向強調神經、生物、心理、情緒、社會等各方面對孩童的影響，以及這些面向最後如何影響少年非行行為與成年犯罪行為的發生。

成果最豐碩的研究取向，或許是將發展概念化為一種路徑或軌跡。目前受到研究強力支持的一個假設是：人們在犯罪加害（offending）或非加害（non-offending）的歷程上，會循不同的路徑發展。舉例來說，有些少年在還很小的時候就出現挑釁與反抗的行為，到了青少年與成年早期，這些行為可能就會演變成更嚴重的暴力與犯罪行為（Dahlberg and Potter, 2001; Frick, Ray, Thornton & Kahn, 2014）。有些少年則可能在早期就有虐待動物、霸凌、縱火、物質濫用的徵兆，而這些行為模式持續進入成年時期。許多年輕人在童年時期很少展現出反社會行為的徵兆，卻在青少年時期參與一些蓄意毀損財物、竊盜、酒精使用、非法物質濫用的活動。顯然，在辨認與記錄有關反社會行為的各種發展路徑與軌跡上，發展理論會是最有幫助的工具。

莫菲特的發展理論

莫菲特（Moffitt, 1993a, 1993b）在此領域所進行的研究影響深遠。其研究指出，若將偏差行為視為兩種發展路徑的軌跡，將能夠對其作出最佳

理解。由於莫菲特的理論在今日的犯罪與少年非行行為心理學中是主流之
一，因此接下來會對此稍加詳介。但必須強調，雖然莫菲特的研究發現了
兩種路徑，但他和其他學者在晚近的研究認為，雙重路徑理論（雖然仍是
可行的理論）有其不足之處。但無論如何，它還是一個好的開端。

　　根據其中一條路徑，我們會看到孩童從非常早期就開始發展出非行行
為與犯罪的終生軌跡，可能從大概三歲或更年幼的時候就開始。莫菲特
（1993a）寫道：

> 縱觀整個生命歷程，可以看到這些個體展現出反社會行為的不同變化形
> 式：四歲時咬人與打人、十歲時順手牽羊與曠課、十六歲時販毒與偷
> 車、二十二歲時搶劫和強暴、三十歲時詐騙和虐待兒童。（P.679）

　　莫菲特稱之為**終生持續型犯罪者**（life course-persistent offenders,
LCPs）的個體，在各種情境下都很可能持續反社會行為。一個四歲孩子偶
發的咬人行為可能不會引起關注；雖然如果它一直持續，就可能會引起注
意。莫菲特（1993a, 1993b）發現，許多終生持續型犯罪者從童年時期就展
現出一些神經性的問題，例如嬰兒時期就出現特別喜怒無常的情緒、小學
時被認為注意力不足或過動、之後求學階段出現其他學習問題。這些神經 [242]
性的問題有些在出生前或出生後不久就開始出現。這些孩子可能會有判斷
力與問題解決能力等方面的缺損，並在成年後變得更加明顯。

　　一般來說，終生持續型犯罪者在一生中會犯下各式侵略性與暴力的犯
罪。另外，從兒童時期開始，他們在各個發展階段會錯過學習與練習親社
會與人際技巧的機會。這種狀況有部分原因在於他們童年時期同儕會拒絕
並避開他們；部分原因則在於父母與其他照顧者會因此感到挫折，最終放
棄他們（Coie, Belding & Underwood, 1988; Coie, Dodge & Kupersmith,
1990; Moffitt, 1993a）。另外，不良的生活條件、學校教育不足、住在充滿
暴力的社區，都很可能是加深反社會行為模式的因子；雖然有研究指出，
這些社會經濟因素有可能經由支持性教養（supportive parenting）而調解

（Odgers et al., 2012）。基於目前可得的資料，男性少年犯中的終生持續型犯罪者，估計約介於5%到10%之間（Moffitt, Caspi, Dickson, Silva & Stanton, 1996）。「只有少於10%的男性會展現始於童年早期，且在整個兒童期與青少年期的不同時間點與不同情境下，都持續維持相當高程度的極端反社會行為。」（Moffitt, 1993a, P.694）。而只有少於2%的女性可被歸類於持續犯罪生涯的早發者（Coid, 2003）。

絕大多數非行少年都是循第二條路徑。他們在少年時期開始出現犯行，並在滿十八歲之際不再犯罪。本質上，這些青少年的非行行為都是源於同儕、大腦發展、社會環境的影響，而且這些犯行通常是暫時性的。莫菲特將這些個體取名為**青少年期限定犯罪者**（adolescent-limited offenders, ALs）。依據莫菲特（1993a）估計，大部分青少年都是在十幾歲時參與某些形式的反社會行為，等到他們的大腦在神經生理層面發育成熟後，這些行為就會停止，並開始學習負起成年早期的責任。

在青少年期限定犯罪者的發展史中，並不會出現像終生持續型犯罪者那種在很早期就出現且一直持續的反社會問題。不過，前者在十幾歲時犯罪的頻率，以及在某些案例中的暴力程度，可能不亞於後者。單以效果而言，這兩種青少年犯罪模式在十幾歲階段可能是高度相似的（Moffitt et al., 1996）：

> 這兩種類型無法以大部分的青少年反社會行為與問題行為指標來區辨；終生持續型犯罪者與青少年期限定犯罪者的男孩，在父母、自我、犯行紀錄、同儕偏差行為、物質濫用、不安全性行為、危險駕駛等面向都非常相似。（P.400）

意思是，專業工作者很難從十幾歲時的少年逮捕紀錄、自陳報告，或者父母提供的資訊，就可以辨認出青少年所歸屬的犯罪模式。

根據莫菲特的理論，青少年期限定犯罪的虞犯最可能涉入象徵成人特權，以及展現脫離父母控制的自主性之犯行，例如蓄意破壞（通常是學校

的公物）、偷竊、藥物與酒精犯罪，以及其他的身分犯行，如逃家或逃學。另外，這種類型的非行少年會涉及一些可能帶來利益或酬賞的犯罪；不過，當其他更被社會認可的行為模式變得更具酬賞性且更受到重要他人接納時，他們也有能力放棄上述行為。舉例來說，初進入成年期會帶來新的機會，例如上大學、得到全職工作機會，或者與一個親社會者交往。這類型的非行少年很快就可以學到，如果繼續犯行的話可能會是一種損失。以兒童時期而言，相較於終生持續型犯罪者，青少年期限定犯罪者更能夠學會跟他人共處。過去研究顯示，在小學階段遭到同儕拒絕是青少年與成 [243] 年時期反社會行為發展的潛在危險因子（Dodge and Pettit, 2003; Laird, Jordan, Dodge, Pettit & Bates, 2001）。因此，在青少年期之前，青少年期限定犯罪者一般在學業、社交、人際技巧等方面會有較高的滿意度，讓他們往前進展並發展出較持久的關係。他們的發展與性格使他們更能夠去探索新的生活方式，而這樣的機會往往是終生持續型犯罪的年輕人所不會擁有的。

　　不過，有越來越多的研究指出，雙重發展路徑無法充分呈現犯罪的變異性（Donnellan, Ge & Wenk, 2000）。學者們正努力研究反社會發展軌跡的性別差異（如Odgers et al., 2008）。透過三個在倫敦、費城、拉辛（Racine）所執行關於犯罪與偏差行為的研究資料分析，研究者（D'Unger, Land, McCall & Nagin, 1998; Nagin, Farrington & Moffitt, 1995; Nagin and Land, 1993）發現了四種發展路徑，有可能更能夠完整反映出犯罪行為模式的實際狀況。這四種路徑是：青少年期限定犯罪者、終生持續型犯罪者（又稱「高度長期犯罪者」）、低度長期犯罪者、非加害行為模式者（those with a non-offending pattern, NCs）。其中青少年期限定犯罪者依循莫菲特（1993a, 1993b）所說的犯行模式，也就是犯行始於十幾歲早期，最高峰大約落在十六歲左右，並在十幾歲晚期至成年早期穩定下降（Nagin et al., 1995）。

　　另一方面，低度長期犯罪者的犯行則在青少年早期逐漸攀升，到了十幾歲中期趨於穩定，並在十八歲後維持相同的程度。終生持續型犯罪者則

是很早就展現反社會行為，並在一生中都維持相當高的程度。有意思的
是，一項研究（White, Bates & Buyske, 2001）認為，若能加入第五個類別
將會很有意義：有些人可能在青少年早期涉入相對較輕微的非行行為，但
在青少年晚期到成年這段時間，行為偏差的程度越來越增加（相關個案研
究請見重點提示7.1）。

　　其他研究者則致力於探索這些發展路徑的性別差異，稱為**性別路徑取
向**（gendered pathways approach）。莫菲特（Moffitt and Caspi, 2001）發現
其理論能夠同時適用於男性與女性的證據；而歐格斯等人（Odgers et al.,
2008）也在不同性別中都發現了終生持續型犯罪者與青少年期限定犯罪者
兩種路徑。歐格斯等人也提到，終生持續型犯罪的男性與女性，在兒童期
的危險因子非常相似，例如與社會、家庭、個體的神經發展有關的因子
（如高家庭衝突、過動、低家庭社經地位、閱讀障礙）。一項在受試者三
十二歲時進行的研究顯示，終生持續型犯罪的男性與女性容易涉入嚴重的
暴力，並在情緒與身體健康上經歷較多嚴重的問題。有趣的是，青少年期
限定犯罪路徑的男性與女性也會出現問題，但程度比較輕微。他們的反社
會行為持續到成年期的程度相對比較低。不過，青少年期限定犯罪的女
性，在三十二歲時的經濟地位還是顯著較為低下。該研究結論認為，整體
而言，終生持續型犯罪者的預後比較差，而對青少年期限定犯罪的女性來
說，「應該針對使反社會的少女到了成年時經濟狀況變得較差的因子進行
介入措施」（Odgers et al., 2008, P.707）。關於性別的議題，其他研究者
（如Fontaine, Carbonneau, Vitaro, Barker & Tremblay, 2009）發現，完整落
入理論所描述情狀的女性顯著較少，尤其是終生持續型犯罪路徑。另外，
致力研究性別路徑的學者提到，男女間危險因子的差異可能是導致女性反
社會行為較晚開始的緣故。總而言之，性別路徑的主題可能會持續成為研
究焦點。

重點提示7.1

萊尼的故事

　　萊尼是一個土生土長的美國男孩。當他的父母在派對中因一場奪走超過三十條人命的意外而離世時，萊尼才十二歲。那場悲劇留下了超過十二位需要他人照顧的孩子。萊尼被安置在離他熟悉的城鎮五十哩外的寄養家庭。他妹妹則被安置在另一個社區的家庭。萊尼的寄養父母雖然立意良善，卻不熟悉他的文化傳統。值得一提的是，這是發生在聯邦法規修正前，因此這種類型的寄養安置頻率不算太少。萊尼在適應新學校和新家庭與新社區環境上，都碰到了困難。他從來就不是表現特別傑出的學生，但現在他的成績更是一落千丈。他在寄養家庭裡顯得安靜又悶悶不樂（還有幾個孩子被寄養在同一家庭），但沒有出現行為問題。不過他在學校沒有朋友，拒絕做作業，也經常因為破壞行為（雖然未達暴力程度）被叫到校長辦公室。這個小型的郊區學校沒有社工、心理師、諮商輔導人員。該社區的種族、文化認同、社經地位、宗教同質性都很高。萊尼感到孤立。他失去與先前朋友的聯繫，只有每兩個月社工會帶著他妹妹來看他。除了都失去父母或與父母仳離，他和同寄養家庭中的其他孩子全無相同之處。

他每週會與社工見面一次，雖然萊尼很有禮貌也很聽話，但他不愛說話，從來不表達自己的感受。社工人員經常流動更替，寄養家庭的父母、社工、學校校長都很擔憂他的未來，但他們都因為不知道如何幫助他而感到挫折。

萊尼和一位老師在相處上尤其困難，她是一位有年幼孩子、丈夫在附近工廠擔任管理職的女性。雖然不富裕，但她有一個很好的家庭，而且被公認為是模範家庭。她對學業的標準要求相當嚴格，而且對萊尼的處境沒有同情心。

萊尼快十四歲的時候潛入老師家中偷竊，並帶走一些不昂貴的珠寶以及將近兩百美元的現金——這時他已經在寄養家庭裡待了快兩年。

雖然寄養父母很願意給萊尼一個機會，但老師主張他應該要受到懲罰。後來他上了法庭，遭判決離開寄養家庭，被送入少年感化院，在那邊一直待到他滿十八歲。他被釋放後幾年，在另一州犯下一起持槍搶劫，坐了五年牢。獲釋後，他回到家鄉從事一些勞動工作。

上述事件發生在多年前。當時許多應該要提供給少年的資源都還不存在，包括法律上的協助。（對今日許多少年來說，這些資源還是難以取得。）萊尼已經五十幾了，最近因為失序行為與加重傷害遭到逮捕與起訴；他整天在酒吧喝酒，回家後出手打了與他同居的女子。（由於本案屬真實案件，某些得以辨識出個人的細節已加以改寫。）

問題與討論：

一、要分辨萊尼是否符合終生持續型犯罪者，還需要什麼樣的資訊？還有什麼其他發展路徑的可能性？

二、若只考慮上述資訊，有什麼方式可以讓萊尼的人生產生正向轉變？

三、假如上述狀況發生在現在，司法心理學家在哪個階段最可能受到囑託或委任？可以擔任什麼功能角色？

青少年腦部發展

史坦伯格與他的夥伴發展出一個理論模型，為莫菲特的青少年期限定犯罪者提供了一個神經學上有趣的解釋。該理論模型奠基於發展心理學與神經科學中逐漸累積的龐大實徵研究。史坦伯格（2008, 2010b）假設酬賞尋求與衝動性有不同的發展進程，並在青少年與成年早期帶來神經上不同的影響。「青少年腦科學中一個令人難以忽視的事實是，大腦的結構、區塊、迴路、系統、歷程，成熟的進程各有不同。」（Steinberg, 2016, P.345）此外，進程的不同也解釋了為何青少年時期會出現高度冒險行為。

史坦伯格提出的模型，正是所謂的**發展雙元系統模型**（developmental dual systems model）。

史坦伯格（2016）及其同僚完成了一項得自將近5,500位年輕者參與 [245]（十歲到三十歲）的研究。參與者來自十一個不同的國家，這些國家都具有相當的文化多元性。研究結果強調，雙元系統模型在解釋不同文化中冒險與犯罪行為的效度。該研究發現強力的證據，指出尋求感官刺激會在青少年晚期達到高峰，而自我調節功能則會在整個青少年時期與成年早期以穩定的線性模式成長。

一般認為，同時是大部分家長與照顧者都知道的：青少年的行為往往充滿衝動性、尋求感官刺激、缺乏未來導向，而且容易受到同儕的壓力與影響。他們的冒險行為包含了輕率駕駛、大量飲酒、抽菸，以及自發地涉入不安全性行為。青少年「知道」他們不應該開快車，他們「知道」抽菸會帶來的傷害，他們也「知道」性傳染病的危險，即便如此，他們很多人還是會去做這些危險行為。這些冒險導致了因物質濫用、暴力與非暴力犯罪行為、不安全性行為而日漸增加的死亡率（Luna and Wright, 2016）。

許多少年的特質可能與不成熟的自我控制機制有關，諸如衝動與情緒起伏，而這種機制要花些時間才能發展成熟。尋求感官刺激「指的是尋求新鮮、多變、具高刺激性的經驗之傾向，甚至不惜冒險以得到這些經驗的意願」（Steinberg et al., 2008, P.1765）。發展心理學家長期以來將青少年視為一個缺乏「未來導向」的群體。與成人相比，青少年更關注當下，較少思考他們的決策或行動所帶來的長期後果。當他們真的要思考長期後果時，往往也是將立即性的危機與益處看得比未來的效果重要（Scott and Steinberg, 2008）。如同莫菲特的理論所強調，青少年期的冒險行為可能涉及多種的犯罪。一些自陳研究指出，將近九成的青少年承認他們曾做出一些可能會導致他們入監的犯行（Scott and Steinberg, 2008）。

有相當多的研究支持傳統智慧，認為青少年是同儕導向，同儕的影響更勝於成人對他們的影響（Scott and Steinberg, 2008）。同儕重要性會讓青少年調整自己的行為以融入並獲得同儕認可。另外，大量研究顯示，易受

同儕影響在青少年反社會行為的促發中扮演了相當重要的角色（Erickson, Crosnoe & Dornbusch, 2000; Scott, Reppucci & Woolard, 1995）。青少年做出的危險行為與大部分的犯罪行為，通常都是以群體的方式進行，並且很少是預先策畫的（Monahan, Steinberg & Cauffman, 2009; Warr, 2002; Zimring, 1998）。事實上，莫菲特（1993a）與史坦伯格（2014a）主張，想讓同儕對自己刮目相看的渴望，往往是大部分青少年偏差行為的主要理由。較高的群體冒險與犯罪行為的盛行率，可能是由於青少年（相較於成人而言）會花更多時間與同儕群體相處的緣故。

值得一提的是，盧納和萊特（Luna and Wright, 2016）發展出一個相似的理論模型，稱為**受驅動雙元系統模型**（the driven dual system model），而凱西及其同僚（Casey and Caudle, 2013; Casey, Getz & Galvan, 2008）則稱之為**成熟不平衡模型**（the maturational imbalance model）。這兩種模型都著眼於社會情緒系統與認知控制系統交互作用，但兩者略有不同。與史坦伯格模型相似的是，它們的進展也得益於神經影像學的科技發展。

[246]

核磁共振造影

人類大腦發展的方式，可能可以為青少年的行為提供許多解釋。尤其自一九九〇年代開始，研究者就對青少年與成年早期的腦部發展模式有著強烈且持續的興趣。

近年來，高解析度的造影技術，例如核磁共振造影（MRI）、功能性核磁造影（fMRI）、擴散磁振造影（DTI）的發展，使神經科學家與神經心理學家得以繪製出兒童、青少年及成人在腦部成熟的差異（Luna and Wright, 2016）。核磁共振造影的證據也逐漸廣泛應用於各種法庭案件（Miller and Lindbergh, 2017）。這些科技並不需要注射或服藥，屬於非侵入性、無痛且安全的方法，並且對所有年齡層的腦部發展研究都相當合適。

神經造影的研究為青少年的腦部結構、神經化學、功能性的改變提供

強而有力的證據（Luna and Wright, 2016）。而這些改變影響了冒險與偏差行為。一個被大量引用的觀察主張，犯罪行為「從十歲到十八歲戲劇性地增加，達到高峰後，又在十八到二十五歲間突然下降」（Steinberg, 2014a, P.88），強調青少年的腦部變化可以解釋其行為改變。

社會腦與同儕影響

逐漸增加的神經造影研究也發現，腦部的發展與功能會顯著影響青少年如何看待與詮釋他們所處的社會。這個領域的研究稱為**社會認知**（social cognition），指的是個體如何處理、儲存、應用有關他人與社會關係的資訊。社會認知讓我們可以對於他人的意圖、感受、想法進行推論（Adolphs, 2009）。另外，由社會腦所發展出的社會認知，也很容易受到個體所處的文化與種族背景所影響。舉例來說，青少年很容易注意他人的表情，例如注視的方向及情緒表現。在青少年期間，社會認知系統中對於臉部訊息的處理，會與個體熟悉的文化常模趨於一致，例如「**翻白眼**」在不同文化中可能代表不同的意涵。

社會腦會在青少年階段迅速發展，直到二十幾歲的早中期漸趨穩定（Kilford, Garrett & Blakemore, 2016）。就像盧納和萊特（Luna and Wright, 2016）所強調，「青少年期是一個增進社會化的時期，在這段時間裡，青少年與同儕及可能的愛侶之間的連結，勝過已經建立的家庭關係。」（P.106）由於社會腦持續發展，青少年也會對社交環境中的社會文化訊息特別敏感（Blakemore and Mills, 2014）。神經影像研究發現，青少年的社會腦網絡的顯著改變，與社會認知中的臉孔處理、同儕評價、同儕影響相關（Blakemore and Mills, 2014）。可以肯定的是，同儕評價會影響他們對社交或個人價值的感受，尤其是十三歲到十七歲的青少年。由於渴望被同儕接納，青少年經常被迫參與一些充滿風險、危險，甚至犯罪的行為。「針對同儕拒絕所進行的研究……反覆發現，與兒童和成人相比，青少年期的同儕拒絕與心情低落、痛苦、焦慮顯著相關。」（Kilford et al.,

2016, P.113）

[247]　　雖然同儕的影響與負面的結果有關，不過也可能會對行為帶來一些正向的影響（Kilford et al., 2016）。同儕可以幫助彼此度過困難的時刻，鼓勵彼此做正確的事情。家長或監護人也可以為青少年的冒險行為提供保護，尤其若他們能夠密切注意孩子的行為動態、他們和誰在一起。幫派關係、鼓勵並參與冒險行為的同儕、犯罪行為等，這些問題都是家長與其他成人能夠扮演保護性角色的地方。

青少年的神經與性別差異

　　有關青少年腦部成熟度的性別差異，越來越多研究使用擴散磁振照影來進行研究（Gur and Gur, 2016）。初步的研究結果指出，青少年男性在動作與空間認知任務中表現得比青少年女性好；青少女則在情緒辨識與非語言推理上表現得比較好。神經造影研究也發現，青少年男性傾向倚賴單一腦半球的認知處理歷程來完成各式各樣的任務，而青少女則傾向同時使用左右半腦來完成。雖然這些針對性別差異所進行的神經影像研究還很新，但對於為什麼某些神經發展障礙症如注意力不足／過動症、行為規範障礙症等會有明顯的性別差異，確實可以帶來一些啟發。

　　正如盧納和萊特（Luna and Wright, 2016）指出，發展神經科學與神經造影上的發現，在少年司法系統中扮演關鍵的角色，特別是涉及死刑與無期徒刑不得假釋的量刑。神經科學的發現對美國最高法院的影響也日益增加，通常以法庭之友狀的形式提出。舉例來說，在「葛拉漢訴佛羅里達州」（*Graham v. Florida*, 2010）一案中，法院就在裁判中引用了史坦伯格的研究，說明終身監禁不得假釋的量刑對於青少年犯罪是很殘忍又不尋常的處罰，至少對罪名不是謀殺的人來說。之後，在涉及謀殺的案件（*Miller v. Alabama* and *Jackson v. Hobbs,* 2012）中，最高法院再度引用史坦伯格的研究，說明強制性的終身監禁且不得假釋的量刑違反了青少年的正當法律程序，因為它會使得量刑的法官未將青少年復歸社會的潛力納入考量。最

高法院判定對於任何犯行時未滿十七歲的人來說，判處死刑是殘忍且不尋常的處罰方式（*Roper v. Simmons*, 2005）。在所有的青少年案件中，針對青少年認知能力所進行的研究都有助於最高法院的決策。

然而，非常長的刑期可能與終身監禁不得假釋的量刑有相同的效果。在「米勒訴阿拉巴馬州」（*Miller v. Alabama*）之後的一個案件，加州最高法院判定，對於犯案（三人謀殺未遂）時只有十六歲的青少年判處110年有期徒刑是違憲的（*People v. Caballero,* 2012）。在這樣的量刑底下，該名收容人會有長達一百年的時間都無法符合申請假釋的資格。

總而言之，「在過去十年間……少年法越來越常參考有關青少年與成人腦部差異的科學研究，以針對偏差行為的個案做出有根據且奠基於科學基礎的判決。」（Luna and Wright, 2016, P.92）司法心理學家必須熟悉這些研究，並準備好為法院與相關人士說明青少年腦部的發展神經科學研究。另外，如同研究者指出（Anderson, 2016; Luna and Wright, 2016），青少年時期是各種心理障礙症容易出現的脆弱時期，如焦慮症、情感障礙症、飲食障礙症、人格障礙症、藥物濫用、精神病。事實上，一些嚴重的心理障礙症的平均發病年齡只有十歲（Steinberg, 2014a）。

史坦伯格（2008）針對青少年的高冒險傾向提出兩個基本問題：為什麼冒險行為會在兒童至青少年時期增加？以及，為什麼冒險行為又會在青 [248]
少年至成年時期下降？他的理論是，冒險行為在兒童至青少年期增加是因為大腦中稱為社會情緒系統（socio-emotional system）的區域發展改變。這個特定的腦區涉及複雜的神經網絡，包含杏仁核、依核、眼眶額葉皮質、內側前額葉皮質、上顳葉迴。而這些神經性的改變導致青少年尋求酬賞與刺激的活動顯著增加。

另一方面，冒險行為在青少年至成人期減少則是因為腦中稱為認知控制系統（cognitive control system）的區域發展；這個區域主要位於大腦的前半部，稱為額葉。史坦伯格認為，這些成長性的改變，改善了個體自我調節與調節社會情緒系統的能力。認知控制指的是，「在面對認知與行為需求的競爭時，能夠持續目標導向行為的一種能力，而這種能力是自我調

表7.2 史坦伯格雙元系統模型

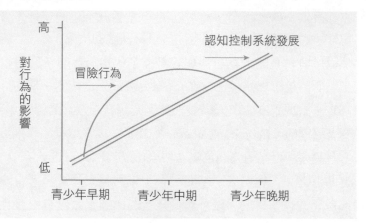

節很重要的成分。」（Zeier, Baskin-Sommers, Racer & Newman, 2012, P.284）酬賞尋求的需求增加出現得很早且相對劇烈，但自我調節的能力則發生得較漸進和緩，而且通常在二十幾歲中期前不會發展完全（見表7.2）。這兩個系統構成了史坦伯格的雙元系統模型的基本要件。史坦伯格認為青少年時期的冒險與犯罪行為可以被理解與解釋成是社會情緒與認知控制系統的交互作用。

根據史坦伯格（2008）的觀點，在青少年期所觀察到的高度且突然的冒險行為模式，主要源自於感官刺激尋求的增加，與腦中社會情緒系統神經傳導活動增加有關。名為多巴胺的神經傳導素以及其受體的增加，與這個改變有非常大的關係。另一方面，認知控制系統的發展則落後於社會情緒系統。青少年與成年早期認知控制系統或自我調節系統的漸進發展與額葉的神經與網路成熟有關，特別是前額葉。相較於成年人，青少年在運用認知控制網路時更顯得選擇與效率不足，這個主張事實上已經受到相關研究的肯認（Steinberg, 2008, 2016）。

史坦伯格認為，要抵抗同儕影響，就必須對衝動性的酬賞尋求行為（社會情緒系統）進行認知控制。史坦伯格與莫納罕（Steinberg and Monahan,

[249]

2007）發現，對同儕影響的抵抗力會持續增加到十八歲以後。然而，在平均年齡二十歲的大學生中，同儕對於危險行為仍然有顯著的影響力（Gardner and Steinberg, 2005）。（在政治活動中，有時候會強調，除了嚴重的犯行，沒有任何候選人應該為他們在高中或大學時所發生的事情受到評斷。）不過，當認知控制系統逐漸成熟，早期因社會情緒系統高度激發所導致的冒險行為也會逐漸被控制下來。如同前面所述，對大多數而言，這樣的發展大多會在二十幾歲完成。「有些事情就只是需要時間，成熟的判斷力可能就是其中之一。」（Steinberg, 2008, P.100）

史坦伯格強調，並非所有青少年都會表現出危險、有害或不顧後果的行為。如同本章早先提到的，每個人會有不同的發展軌跡，在不同年齡達到不同的成熟度（Steinberg, Graham, et al., 2009）。另外，許多因素交結影響感官刺激尋求與危險行為，包含參與反社會冒險行為的機會、家長與成人監督的程度、個體的氣質差異，以及酒精與藥物的可得性等。同樣的因素也在持續或終身反社會行為的形成中扮演重要的角色。

越來越多科學證據指出，智力成熟比心理社會成熟早幾年達成（Steinberg, Cauffman, et al., 2009）。十六歲或更大一些的青少年，基本上就擁有和成人相同程度的邏輯推理能力與語言技巧。另外，「青少年在知覺危險或評估自己對危險的易受傷害性上，能力並不低於成人。」（Steinberg, 2008, P.80）換句話說，他們其實「知道」飆車是一件很危險的事。然而，即使青少年可以清楚表達某些行為可能的危險，在某些處境裡，社會情緒系統就是占了主導的地位，尤其當同儕在場時。這些處境最可能在青少年情緒被激發、缺乏成人監督，以及要在明顯立即的酬賞與缺乏明顯或立即代價之間做選擇（也就是最可能損害青少年決策能力的情境）的時候發生（Steinberg, 2007）。「青少年的大腦在某些事情（衝動控制）上表現很糟，但在其他事（學習）上可能又表現非常好。」（Steinberg, 2016, P.345）

總而言之，史坦伯格的雙元系統理論提供了一個很好的概念平台，用以理解青少年期限定犯罪者，以及為何青少年經常涉入有風險的行為，即

便他們其實知道怎樣做比較好。幸運的是，在大部分的案例中，危險行為都會隨著年齡的增長而逐漸降低。不過，在嚴重且持續的犯罪者身上，暴力的反社會行為會持續到成人時期。研究強調，特定的早期行為問題經常會在嚴重的反社會行為之前就已經發生。在下一段，我們會說明與持續到成人時期的反社會模式最相關的發展性因素。

持續性犯罪行為形成的發展因素

搗亂行為（disruptive behavior）是指會對兒童與他們的照顧者造成問題的各種行為。「兒童時期的典型搗亂行為包含過動、衝動性、注意力不集中、對立行為、違抗行為、攻擊性、漠視他人權益。」（Waschbusch, 2002, P.118）根據前述研究，這些搗亂行為影響大約5%至10%的孩童與青少年，占了心理衛生門診轉介個案的五成以上。若沒有進一步治療，兒童很有可能會經歷同儕拒絕、在學校發生問題、與他人相處發生困難，並且表現出持續性的偏差行為。在許多案例中，持續性的偏差行為會發展成長期與成人的暴力與反社會行為模式。

[250] 搗亂行為包含在莫菲特的終生持續型犯罪者，或過去文獻中持續被提出的嚴重且持續犯罪者的四個重要特徵中至少兩個。這四個重要特徵包含：過動與衝動的注意力問題、行為規範問題、認知能力、不良的人際或社交技巧（經常導致同儕拒絕）。為了更完整理解終身反社會行為的形成，我們會針對每個部分詳細討論。

注意力不足／過動症與偏差行為

注意力不足／過動症（attention-deficit/hyperactivity disorder, ADHD）包含了各種經常在醫療與教育場域被使用到的詞彙，例如輕微腦功能異常（minimal brain dysfunction, MBD）、注意力不足（attention deficit disorder, ADD），以及過動與衝動的注意力（hyperactive-impulsive

attention, ADHD-HI）問題，或單純的「過動」。我們會使用目前最常用的
詞彙ADHD。不過，所有詞彙基本上都指向三個核心的行為：過度的活動
能力（無法安坐、坐立不安、到處亂跑、多話吵鬧）；衝動性（未經思考
就行動、快速從一個活動換到另外一個、打斷他人、不考慮後果的行
為）；注意力不集中（好像沒在聽、容易分心、弄丟工作或活動所需的東
西）。這些行為合在一起容易導致兒童無法在不同的情境中調節或組織他
們的行為。ADHD被認為是一種始於生命早期的神經發展障礙症，而且與
「包含學業、心理、社會、職業等多種領域功能的顯著缺損」有關
（Weyandt, Oster, Gudmundsdottir, DuPaul & Anastopoulos, 2017, P.160）。

另一種應該與ADHD區別的症候群類別是**對立反抗症**（oppositional
defiant disorder, ODD），其常與犯罪有關。它的症狀包含了與成人爭辯、
拒絕成人的要求、故意惹惱別人、將自己的過錯怪罪於他人、懷恨或具報
復心（Kosson, Cyterski, Steuerwald, Neumann & Walker-Matthews, 2002）。
許多心理衛生實務工作者對於ODD是否是一種合理的障礙症診斷抱持懷
疑；無論如何，它的盛行率頗低，據估計在男孩中約占3%，在女孩中占
1.4%（von Polier, Vloet & Herpertz-Dahlmann, 2012）。值得一提的是，某
些被診斷為ADHD的孩子也會展現ODD的行為模式（Biederman, 2005）。

雖然ADHD是美國兒童主要的一種心理疾病診斷（Flory, Milich, Lynam,
Leukefeld & Clayton, 2003; Nigg, John, et al., 2002），但大部分义化的學齡
兒童罹患ADHD的比率約5%（American Psychiatric Association, 2013）。世
界各地兒童與青少年的罹患比率約介於5%至10%（Ramsay, 2017; Taylor
and Sonuga-Barke, 2008; von Polier et al., 2012）。ADHD在成人的比例則約
介於3%至9%（Ramsay, 2017; Sevecke, Kosson & Krischer, 2009）。時至今
日，尚未有人針對ADHD的範圍、嚴重程度或性質進行系統化的全國性研
究。但過去研究一致發現，男孩罹患的人數超過女孩，比例大約在2：1至
9：1之間（Root and Resnick, 2003）。根據上述研究，黑人男童似乎較其
他弱勢種族或民族的兒童更常得到這個診斷，儘管原因目前不明。另外，
ADHD的症狀在早期發展階段就會顯現，通常在學齡前就會發生（Deault,

2010）。其實所有的孩子（以及成人）在某些場合多少都有某種程度的注意力不集中、過動及衝動，但若是ADHD的診斷，症狀必須達到不尋常地持續且明顯的程度（Root and Resnick, 2003）。拉姆齊（Ramsay, 2017）寫道：「症候群代表的是，有一群人的自我調節缺損落在功能範圍的最尾端。」（P.63）雖然大部分的研究都是在歐美國家所做，目前研究也支持ADHD診斷在發展中國家（Rohde et al., 2001）及跨文化的效度（Barkley, 1998; Polanczyk, Lima, Horta, Biederman & Rohde, 2007）。

[251]　　被診斷為ADHD的兒童，有顯著比例進入成年後仍然展現同樣的持續性症狀（Lara et al., 2009; Nigg, Butler, Huang-Pollock & Henderson, 2002; Weyandt et al., 2017）。在上述跨十個國家的研究中指出，大約有五成兒童時期的ADHD案例，到了成人期仍然符合該障礙症的診斷準則。其他研究則發現，約計30%至65%的ADHD兒童，成年後仍持續出現臨床症狀（Cahill et al., 2012）。換句話說，許多人並沒有從ADHD中「長大」。不過，ADHD在成人間也很盛行是一個頗新的研究結論，過去大多將其視為一種兒童期的障礙症。

　　教育者發現，ADHD的兒童較難專注於完成一項任務、較難保持有條理的認知、較難維持學業成績與表現，也較難控制自己的行為。相關特徵還包含較低的挫折容忍度、易怒、快速情緒擺盪（American Psychiatric Association, 2013）。這個疾病其實是個謎，有關其成因還有很多的未知。有些科學家主張，ADHD的兒童出生就帶有某些不專注與過動的先天生理傾向，其他人則認為某些兒童被暴露在會傷害神經系統的環境因子中。羅貝爾（Loeber, 1990）的研究揭示了，暴露於有毒物質會干擾兒童的神經發展，經常導致ADHD的症狀。舉例來說，即使只是暴露在很微量的鉛毒之下（如來自顏料、空氣污染或飲用水），兒童也會變得比較過動、衝動，且容易分心與感到挫折。他們也無法遵循簡單的指示。有些研究者（如Nigg and Huang-Pollock, 2003; Séguin and Zelazo, 2005）觀察到，ADHD的兒童缺乏有效的策略與認知組織能力以應付學校的日常要求。這些孩童在理解與使用抽象概念上經常也有困難。他們缺乏處理新知識與資訊所需的

認知組織技巧。儘管如此，還是有很多天賦異稟者在兒童期曾經被診斷為ADHD，所以只聚焦在這個診斷所帶來的問題是不對的。另外，也有很多兒童是被誤診，加上對開立給ADHD兒童之藥物的擔憂，使得專業文獻中出現各種批評主張。在執行各式衡鑑的過程中會面對到這個問題的司法心理學家，大都清楚知道這些擔憂。

有些研究認為，ADHD的主要成因是源於神經心理缺損而導致的抑制問題（Barkley, 1997, 1998; Nigg, Butler, et al., 2002）。抑制問題可能初步是導因於動作（行為）的控制（Nigg, 2000）。不過，整體來說，現存的研究強調ADHD的成因是多重的，而且很難梳理許多神經系統與環境的交互作用。

許多行為被認為是伴隨著ADHD而來，而最大的問題是，ADHD的孩子常被認為是煩人且討厭的，由此引起更多問題。ADHD的孩子經常會一直想要跟別人互動，最終會惹怒對方，或讓對方感到無奈。由於這些惱人且社交上不適當的行為，他們經常會被同儕拒絕，特別是當他們被認為具有攻擊性的時候（Henker and Whalen, 1989）。這種同儕拒絕的模式會持續整個發展階段（Dodge and Pettit, 2003; J. B. Reid, 1993）。所以，在許多面向來說，ADHD更應該被視為是一種人際關係的障礙症，而非只是單純的過動障礙。有些研究者發現，ADHD的兒童一般會缺乏友誼與親密關係（Henker and Whalen, 1989）。莫菲特（1990）指出，在五歲到七歲間展現出ADHD與反社會行為的兒童，不只在社交上會有困難，也有很高的可能性會將這些問題帶入青少年期以及往後的階段。

專家指出，ADHD最常見的問題就是偏差行為與物質濫用（Beauchaine, Katkin, Strassberg & Snarr, 2001）。資料顯示，同時有ADHD與偏差行為的青少年，有很高的風險會發展出長期且嚴重的犯罪生涯（Mannuzza, Klein, Bessler, Malloy & LaPadula, 1998; Moffitt, 1990; Odgers et al., 2008; Pfiffner et al., 1999）。一項針對保護機構中反社會青年所進行的研究發現，將近半數的青少年表現出ADHD的症狀（Young et al., 2010）。其他的研究則指出，遭判決的青少年的ADHD盛行率估計介於14%至19%，而遭監 [252]

禁的青少年約在20%至72%（Vermeiren, 2003）。法靈頓（Farrington, 1991）在他備受推崇的研究中也發現，暴力犯罪者經常有過動、衝動、注意力缺損的問題史。卡希爾及其同僚（Cahill and associates, 2012）所做的研究發現，在成人監獄中，ADHD的盛行率顯著高於針對一般人口所進行的調查。更令人驚訝的是，該研究發現ADHD在女性收容人的比例較男性收容人來得更高。

有關ADHD及偏差行為與成人犯罪之間的關係，需要對犯罪與偏差行為領域有興趣的司法心理學家進行更多的研究。在此必須強調的是，患有ADHD的孩子不應該被貼上偏差行為或未來會犯罪的標籤。許多這類兒童與青少年後來並沒有出現嚴重的偏差行為或成為犯罪者。然而，相較於非ADHD的兒童與青少年，他們確實在基因、神經認知、心理社會層面上還是會有比較多問題（von Polier et al., 2012）。就像前面所提到的，他們在學校會面臨較多的學習困難（尤其閱讀問題）、與同儕互動的問題，以及較多神經系統的問題。

最常使用的介入方式是藥物治療，尤其派醋甲酯（methyl-phenidate），更為人所知的名字是利他能（Ritalin），以及中樞神經系統興奮劑阿德拉（Adderall）及其衍生物。雖然藥物明顯對許多兒童產生幫助，還是有很多人出現大量的副作用，有些甚至是非常嚴重。現在也常使用諮商與心理治療，尤其是認知行為治療，再結合藥物治療，不過針對這個複雜現象的成功案例仍有限，尤其就長期效果而言。就像許多實務工作者發現的，ADHD兒童一般都會表現出多重的問題，因此最好透過將各種會妨害兒童的因素都納入考量的治療方式來進行處遇（Root and Resnick, 2003）。這些處遇方式被合稱為「多元系統」，我們會在第十三章有更多的討論。

行為規範障礙症

ADHD經常與行為規範障礙症的診斷共病（Coid, 2003; Connor, Steeber & McBurnett, 2010; Offord, Boyle & Racine, 1991; J. B. Reid, 1993）。舉例

來說，一份研究指出，搗亂的兒童中有五成同時展現出ADHD與行為規範障礙症的基本症狀（Waschbusch, 2002）。被診斷符合一項症狀者，其中約半數同時會出現另一個診斷症狀。除了行為規範障礙症的出現會增加ADHD的症狀，當兩者結合共病時，更是終身暴力、持續的犯罪行為、藥物濫用的強力預測因子（Erskine et al., 2016; Flory et al., 2003; Molina, Bukstein & Lynch, 2002; Pfiffner et al., 1999）。根據厄斯金等人（Erskine et al., 2016）的研究，行為規範障礙症與憂鬱、焦慮、物質濫用問題的徵兆增加、教育成就的降低有關。如同先前所述，行為規範障礙症是指具有一系列反社會行為的適應不良行為，包含偷竊、縱火、逃家、逃學、破壞他人財產、打架、經常說謊，以及對動物與他人的殘忍行為。行為規範障礙症被認為是一種嚴重的兒童期與青少年期障礙症，因為它顯然是成年後長期犯罪行為的前驅因子（Lahey et al., 1995）。事實上，「有大量研究支持行為規範障礙症與暴力之間的關聯。」（Baskin-Sommers et al., 2016, P.352）根據 *DSM-5*，行為規範障礙症的核心特徵就是反覆且持續違反他人基本權益的行為模式。

DSM-5 列出了行為規範障礙症的兩種亞型：兒童期初發與青少年期初 [253] 發。前者指的是其行為模式在十歲以前就開始出現，這種模式經常隨著孩童長大而惡化，並更可能導致進入成年期後的持續犯罪行為（Frick et al., 2003）。根據富里克等人的研究，「相較於青少年期初發型，兒童期初發型的孩童被認為更具攻擊性、更多認知與神經心理障礙、更高的衝動性、社會疏離，以及較失能的背景。」（P.246）

另一方面，青少年期初發型的特徵則是在十歲以前沒有任何不適應的行為；十歲以後，這些青少年在人際與社交技巧上很少展現問題，但是會拒絕傳統的規則與正式的流程。他們經常會在被禁止的活動中與那些離群的同儕在一起，以顯示他們的獨立性與自以為成熟（Frick et al., 2003）。在許多方面上，這兩種亞型都循著莫菲特（1993a, 1993b）理論中的終生持續型犯罪者（兒童期初發型）與青少年期限定犯罪者（青少年期初發）的軌跡發展。

　　兒童期初發型行為規範障礙症的行為指標，從兒童在入學前與父母或照顧者的互動中就可以觀察到（Reid, 1993）。舉例來說，三歲時具有攻擊性、難以管教、不服從的孩童，常常到了青少年，甚至進入成年後，還是會明顯持續這類行為。行為規範障礙症兒童對於學校作業常常有問題，導致他們被誤認為是「學習障礙」。必須強調的是，單純具有學習障礙的學生不一定會有行為規範障礙。換句話說，這兩個名稱可能會有重疊之處，但確實分屬不同的類別。與ADHD兒童相似的是，具有攻擊性的行為規範障礙症兒童，很容易遭受到同儕強烈的拒絕，這種情況一般會持續整個求學階段，而且非常難改變（Reid, 1993）。如同前面所述，一直被同儕排拒的兒童會錯失發展正常人際與社交技巧的機會。在缺乏有效的人際技巧之下，這些年輕人可能會以更具攻擊性的方式來滿足他們的需求，包含威脅與恐嚇。

　　行為規範障礙症的盛行率大約在2%到10%，中位數則是4%（American Psychiatric Association, 2013）。整體而言，行為規範障礙症的男女性別比落在 2.5：1（Moffitt et al., 2008）。根據 DSM-5，行為規範障礙症的男孩比較會出現打架、偷竊、故意毀壞他人財產、違反校規等問題；而女孩則比較會有說謊、逃學、逃家、物質濫用、援交等問題。有些人認為 DSM-5 的診斷類別無法準確偵測女孩的行為規範障礙症（Moffitt et al., 2008）。另外，嚴重的行為問題兒童經常會表現出語言能力的缺損，以及行為執行控制的問題（Frick and Viding, 2009）。雖然 DSM-5 明確說明行為規範障礙症的年輕人會缺乏懊悔或罪惡感，以及對他人缺乏同理心，有很多研究發現嚴重行為規範障礙症的兒童其實並不會表現出同理心與罪惡感的問題（Frick et al., 2014）。「事實上，他們經常會表現出極度焦慮，而且似乎對於自身行為對他人造成的後果感到很挫折。」（Frick et al., 2014, P.27）

　　一項耐人尋味的研究發現（Bardone, Moffitt & Caspi, 1996），女孩的行為規範障礙症模式是一些終生問題的強力預測因子，包含與伴侶和同儕的不良關係、犯罪活動、很早懷孕卻沒有具支持性的伴侶、經常失業與被解雇等。與行為規範障礙症男孩相似的是，這些女孩在沒有介入的情況

下，經常過著充滿衝突的一生。在相關研究中，持續浮現的觀察是，這些青少年經常都是在充滿敵意的家庭長大，而且父母會展現出較不一致的教養方式（Frick et al., 2014）。

我們必須提醒自己，很多因素與偏差行為有關，包含嚴重與長期犯罪的偏差行為。本章聚焦於個體的各種缺損，包括過動、行為規範障礙症、衝動性等等。然而，孩子生活在社會系統中，成人的行為與反應，不論家長、照顧者或老師，都會顯著影響孩子的行為。在某些案例中，「缺損」 [254] 是來自於虐待、不當對待、忽視，或單純因為缺乏好的養育技巧所造成的疏忽。在這些狀況與案例中，來自有愛心且稱職的成人的介入，可以避免終身的持續犯罪。另外，研究者也將注意力放到重要的宏觀變項，例如個體成長的街區或社區，或其所接受到的健康照顧（Chauhan, 2015）。

認知能力與犯罪

除了強調發展路徑、ADHD、行為規範障礙症，近期以犯罪與偏差行為題的研究已經發現，認知與心智歷程在反社會行為與暴力發展上的重要性。這些因子包含語言習得、自我調節、執行功能。（我們在史坦伯格的雙元系統模型與神經發展中討論過自我調節功能。）發展研究也有助於探討在多種環境脈絡（如學校、同儕、家庭）下，影響學習及偏差行為與犯罪行為連續性的因子。這也點出在所有針對反社會行為的討論中，將神經發展與環境、家人、同儕與朋友、文化與民族背景之間複雜的交互作用納入考量的重要性。

智力

有些發展理論主張智力會影響偏差行為的發展。舉例來說，莫菲特（1993a）認為，那些更嚴重且持續的犯罪者，智力或認知能力比非犯罪者更低。她寫道：「反社會孩童的語言缺損是非常廣泛的，影響他們接收聽

讀、問題解決、表達性語言與書寫，以及記憶等方面的表現。」
（P.680）。顯然個體的智力表現會在一生中不同階段、不同領域下，因為
不同的評估標準，而有所不同。在過去幾十年間，學者們全力發展多元智
力的概念，而非認為智力只有單一類型，並且重視過去被忽視或在理解人
類行為上被認為不是很重要的那些能力。各位一定都認識一些「很會讀書
但不會解決生活問題」的人。有些人很難以口語或書寫來表達自己，卻擅
於創造藝術作品，或者建造堅固的房屋。是誰說實際生活經驗豐富的人，
或藝術創作者，或房屋建造者就不聰明呢？

雖然智力是一個具有爭議性的主題，尤其是智力測驗的效度遭到懷
疑，時至今日，智力顯然是以多元的形式存在，並與各種廣泛的能力有
關。舉例來說，加德納（Gardner, 2000）就描述了九種不同類型的智力或
認知風格（見表7.3）。可能還有更多類型，例如智慧、靈性、統合能力、

[255] 表7.3 加德納的不同智力模型

智力類型	定義
語言	擁有良好的詞彙與閱讀理解技巧
視覺與空間	將客體視覺化、找到自己在空間中的定向、從一個地點到另一個的地點的導航能力
邏輯與數學	邏輯思考、演繹推論、圖像偵測、執行數學演算的能力
人際	理解以及有效與他人互動的能力
內省	理解與認識自己的能力
存在	沉思生命、死亡與真實本質的傾向
肢體動覺	舞蹈、熟練操作物體、運動的能力
音樂	聽、辨認、演奏音樂形式的能力
自然	能夠發現自然中存在的模式與區辨不同生物（動植物）的能力

資料來源：Gardner（1983, 1998, 2000）

直覺、運用隱喻的能力、幽默、良好的判斷力（Gardner, 1983, 1998, 2000），許多都是用來形容具有韌性的人。加德納認為，九種類型裡的最後兩種，是**情緒商數**（emotional intelligence）的重要特徵，它指的是能理解他人與自己的感受，使用這些資訊來導引自身想法及行動的能力，就像我們在社會腦研究中所發現的。這種形式的智力缺損可能在人類的暴力中扮演相當角色。

標準化的智力測驗（IQ測驗）所測得的只有前述智力模型中的前三種：語言、視覺空間、邏輯與數學能力。即便我們假設那些標準化的測驗有效（務必審慎），在測驗中得到低分的偏差行為者，可能在其他類型的智力上有較高的表現。同樣的，在標準化測驗中獲得高分的人，也可能在理解他人以及與他人互動的能力上有所缺損。

長期涉入暴力行為的個體，無論他們在傳統智力測驗中分數如何，可能也會缺乏對自身行為的內省能力，並且很少擁有對他人的敏感度。他們傾向錯誤解讀他人的情緒線索，而且會在不明確的社會情境中感到困惑與憤怒。舉例來說，具有高度攻擊性的兒童常常會有**敵意歸因偏誤**（hostile attribution bias）。也就是說，相較於低攻擊性的兒童，他們較容易將他人模稜兩可的行動解讀成具敵意與威脅性的。過往研究指出，具高度攻擊性與暴力的青少年，「通常會將社會問題以敵意的方式加以定義、設定具敵意的目標、較少尋求額外的事實、很少思考其他的替代性解決方法、很少設想攻擊之後的後果，並且優先考慮帶有攻擊性的解決方法。」（Eron and Slaby, 1994, P.10）這些帶有敵意的認知風格，加上缺損的人際技巧，在某些社會情境裡就更可能會導致攻擊與暴力的結果。

具有高度攻擊性與反社會的兒童，似乎較不具有處理模糊或衝突情境的認知能力。研究支持的一個概念是：高攻擊性的個體在處理與解決與他人之間的社交問題上，會帶有偏誤及認知能力上的缺損。涉入嚴重同儕暴力的兒童與青少年會展現出較多促進攻擊行為的扭曲思考模式。根據研究（Pornari and Wood, 2010），「他們會做出更多的辯解與合理化，好讓那些具傷害性的行為看起來不那麼有害，消弭自我的譴責。」（P.89-89）研

究也指出，嚴重的偏差行為者在同理他人的認知能力上有所缺損（Pepler, Byrd & King, 1991）。因此他們比較少關心暴力所帶來的負向後果，例如被害者的受苦，或他們可能因此被同儕排拒。

諷刺的是，雖然早期針對智力測驗與偏差行為的研究會因為沒有注意到社會因子的影響而被批評，但廣義上來講，智力確實可能扮演了很重要的角色。尤其，加德納（1983）對情緒智力的概念，可能在長期且習慣性犯罪的發展上，扮演關鍵的因素。換句話說，慣性犯罪者可能會也可能不會符合傳統觀點下的「聰明」；不過，他們大概很難有高情緒智力。然而，在預測偏差行為與犯罪的發展上，早期的學業挫敗似乎較智力更具有關聯性。另外，研究指出在幼稚園與小學留級（held back）對健全的發展具有顯著的傷害（Dodge and Pettit, 2003）。

[256]

與語文能力和思考有關的是語言發展。有些研究指出，較低的語言純熟度與反社會行為有關，我們將在下一節進行討論。

語言發展

口語能力和語言發展的缺損與行為問題及嚴重的偏差行為密切相關（Leech, Day, Richardson & Goldschmidt, 2003; Munõz, Frick, Kimonis & Aucoin 2008; Petersen et al., 2013; Vermeiren, De Clippele, Schwab-Stone, Ruchkin & Deboutte, 2002）。反社會行為與攻擊性已經被連結到早自兩歲，甚至是一輩子的低語言熟練度。（Dionne, 2005）。根據研究，語言是「兒童學習以非攻擊性的方式解決問題，並有效減低負向情緒如憤怒、害怕、難過的主要的方法」（Keenan and Shaw, 2003, P.163）。在學齡前階段，一般的兒童都會內化（主要是透過語言的使用）與抑制行為、遵守規則、處理負向情緒相關的規則（Keenan and Shaw, 2003; Kochanska, Murray & Coy, 1997）。另外，根據上述研究，隨著語言發展，兒童會對他人展現出更多的同理心與利社會行為。如同狄昂（Dionne, 2005）提到，「對大部分的兒童而言，語言會成為增加利社會互動的社交工具。」（P.335）

對許多兒童而言，延遲的語言發展似乎會增加壓力與挫折，損害正常的社會化歷程（Keenan and Shaw, 2003）。幼兒，尤其是男性幼兒，如果沒有在六個月、十八個月、二十四個月大時達到應有的語言發展，在之後就經常會表現出偏差行為與反社會行為，即使可能有其他因素影響（Nigg and Huang-Pollock, 2003; Stattin and Klackenberg-Larsson, 1993）。在學齡前階段表現出搗亂行為以及在學齡有反社會行為的男童，也可以觀察到比較高的語言遲滯發生率（Dionne, Tremblay, Boivin, Laplante & Pérusse, 2003; Stowe, Arnold & Ortiz, 2000）。不過，對女童的類似模式研究證據就比少而仍未有定論。

該如何解釋上述的關聯性？早期的語言遲滯以及有限的溝通技巧，可能會使兒童傾向使用更多身體攻擊的策略來處理與他人的問題，尤其是對同儕。無法以正常的溝通與社交策略達到自己的需求而感到挫折，兒童會被更具攻擊性的行為所吸引，用以達到他的目的。然而，這樣的攻擊行為模式很可能會造成循環效應，因為攻擊與搗亂會干擾創造語言發展與正常同儕互動所需的正向社會環境。因此，攻擊與反社會行為很可能反過來限制了語言的發展。而相對於有語言缺損的兒童，在口語上較具優勢的兒童可能會受益於語言技巧而發展利社會行為，因而駛離了反社會的發展軌跡（Dionne, 2005; Dionne et al., 2003）。

柯漢（Cohen, 2001）主張，語言提供重要的認知工具，使個體得以控制自身的行為、衝動和情緒。根據狄昂（Dionne, 2005）的研究，「一般認為情緒調節與自我調節需要相當複雜的語言工具，例如分析社會情境的能力、組織個人自身的情緒想法，以及根據社會角色來計畫行為。」（P. 346）

自我調節技巧 [257]

如同史坦伯格與他的夥伴所強調，自我調節是預防反社會行為的最重要技巧之一。**自我調節**（Self-regulation）被定義為控制與改變自身行為與情緒的能力，包含改變關注焦點與注意力，以及啟動與改變行為的能力

（Eisenberg et al., 2004）。自我調節同時包含行為和情緒的調節。有能力控制與改變情緒，尤其是憤怒，對於維持利社會行為與避免攻擊或暴力行為，是非常重要的技巧。研究顯示，不良的行為與情緒自我調節，不只與攻擊與暴力的偏差行為有關，也與早發的物質使用及青少年期的增量使用有關（Wills and Stoolmiller, 2002; Wills, Walker, Mendoza & Ainette, 2006）。

在與成人的關係中，兒童會習得用來控制自身行為與情緒的策略。雖然自我調節技巧可能反映了某些源自基因所決定的氣質，但這些技巧是可塑的，可以被家長、照顧者、社會環境中的其他人所教導與改善（Buckner, Mezzacappa, & Beardslee, 2003）。體貼且持續的照顧、溫暖而堅定的教養風格，與自我控制的發展以及對社會規則的服從有關。就像我們在史坦伯格的雙元系統研究中所見，自我調節能力需要一些時間才能完整成熟。儘管如此，年幼的孩童還是可以在相當早期就開始學習控制他們的基本衝動與行為。

自我控制的特徵會在兩歲時開始出現，對他人的關注也是。在生命的第三年，孩子會被期待能夠合理服從家長的要求，並內化家庭對行為的標準與價值。不過，在十七個月之前，還是有近八成的孩子會出現某些形式的身體攻擊行為（Tremblay et al., 1996）。這種攻擊性通常不是學來的，似乎是一種兒童期的「正常」發展。此外，雖然大部分的人會在十七個月時展現身體攻擊性，但並非所有人的頻率和強度都相同（Tremblay and Nagin, 2005）。隨著自我調節功能的發展，攻擊行為通常會從第三年開始大幅降低。然而，在青少年中期，許多人會展現出另一波攻擊性的高峰，但到了成年早期又會降低（Dionne, 2005）。語言與間接的攻擊則會隨著年齡而顯著增加（Vaillancourt, 2005），顯示其實攻擊性還是存在，只是孩子學會以不同的方式展現它（Tremblay and Nagin, 2005）。在這種學習或社會化的過程中，有個重要因子就是自我調節的發展與執行功能的增強。

執行功能

　　與自我調節密切相關的是**執行功能**（executive functions）的概念，也就是審慎的問題解決，調節自身的想法、行動與情緒（Tremblay, 2003; Zelazo, Carter, Reznick & Frye, 1997）。執行功能對於理解攻擊性與反社會行為是很重要的，因為「執行功能有缺損的人，比較無法克服不當的反應傾向，以維持更適當且對個人較有利的行為」（Zeier et al., 2012, P.284）。執行功能可能隨著年齡而惡化或受損，例如在創傷性腦傷或中風之後。如同第六章所談到，失智症患者經常會經驗到這個功能的顯著喪失，導致「他們欠缺判斷力」。執行功能不僅會辨認與抑制不當行為，也會為有效解決問題的必要步驟排出優先順序。總而言之，執行功能涉及計畫、調節，以及對目的性行為的控制。如同班尼齊（Banich, 2009）所描述，「執行功能涉及個體如何導引自身的行為，特別是在新穎、非結構性、非慣常性而需要某種程度判斷的情境中。」（P.89）

　　近期的研究與理論主張，執行功能主要位於前額葉皮質（或腦的前部）。就像本章先前所述，前額葉或皮質會發展出豐富的神經迴路來溝通訊息，並控制大腦的許多區域。這些路徑的發展會在青少年期達到巔峰，並在成年早期漸趨平穩。不意外的，研究反覆提到有ADHD的個體與不良執行功能之間強烈相關（Brocki, Eninger, Thorell & Bohlin, 2010; Miller and Hinshaw, 2010）。 [258]

　　有些關於兒童與青少年的研究顯示執行功能的不同面向與反社會行為之間的關係（Morgan and Lilienfeld, 2000; Nigg, Quamma, Greenberg & Kusche, 1999; Séguin and Zelazo, 2005; Tremblay, 2003）。事實上，不良的執行功能是反社會人格障礙症的特點（Zeier et al., 2012）。相較之下，擁有良好執行功能的兒童與成人會比較有組織性、勤奮、能專注完成任務，而且更善於解決問題（Buckner et al., 2003）。他們能夠集中注意力、專注且彈性思考，這些特徵都和表現出持續且暴力犯罪史的個體相反。

缺損的人際技巧與同儕拒絕

　　檢驗社會影響力的研究發現，同儕拒絕是對往後涉入持續且嚴重犯行的最強預測因子之一（Cowan and Cowan, 2004; Dodge, 2003）。這樣的拒絕在很早就開始了。即使在大約五歲的時候，具攻擊性、好鬥的兒童就不太受歡迎而會被排除在同儕群體之外（Dodge and Pettit, 2003; Patterson, 1982）。

　　兒童會因為各種理由被同儕排拒，但攻擊行為是最主要的一個。孩子們會拒絕那些依賴各種形式的身體語言與攻擊以取得想要的東西的同儕。這些被同儕拒絕的孩童不只具有有攻擊性，而且傾向好辯、不專注、愛搗亂。另外，他們通常會有各種行為、社交、認知上的缺損，並表現出較少的利社會行為（Coie and Miller-Johnson, 2001）。這種類型的缺損往往導致較差的學校與學業表現（Buh and Ladd, 2001; Dodge and Pettit, 2003）。同儕接納對孩童的早期發展非常關鍵，被接納者與被拒絕者有非常不一樣的結果。在學齡早期被同儕團體喜愛與接納的兒童，在往後較不可能變得反社會（Laird et al., 2001; Rubin, Bukowski & Parker, 1998）。不過，必須強調的是，探討同儕拒絕的影響、攻擊性、偏差行為的研究幾乎都聚焦在男孩身上，雖然神經影像研究已經開始關注女孩，尤其是十幾歲的女孩。

　　近期針對偏差與犯罪行為發展的研究發現，ADHD特徵與神經發展因素有關。還有許多其他潛在的生物與神經發展因子可能會促成反社會行為的發展，包含基因與氣質因素。

其他社會發展的影響

　　許多其他的發展因子經證實會造成孩子朝向做出嚴重犯罪與暴力的人生發展。舉例來說，人生早期的身體虐待經驗顯著增加了未來反社會行為的風險（Dodge and Pettit, 2003; Mayfield and Widom, 1996）。另一方面，家長所提供的情感溫暖與適當的行為管教能夠對孩子的發展軌跡帶來非常

正向的結果（Dishion and Bullock, 2002; Dodge and Pettit, 2003）。兒童在日托機構或學齡前階段遭遇具攻擊性同儕的多寡，似乎對其往後的攻擊行為有顯著影響。另外，在小學早期有很多時候處於無人監管的課後自我照顧的兒童，也有較高的風險參與反社會行為（Sinclair, Pettit, Harrist & Bates, 1994）。

貧窮是一個重要的風險因子。雖然大部分在貧窮環境下長大的孩子並不會有嚴重的反社會行為或偏差行為，但貧窮還是創造了許多健康發展的障礙。在財務壓力籠罩下的社區，教育與健康系統經常匱乏不足，許多家庭會經歷到因有限的就業資源與家庭破裂所帶來的衝擊。在這些地區，學校往往是不足的，日間照顧資源也有限。另外，在經濟剝奪的地區，鉛與其他有毒物質的含量也顯著高於中等或高等收入的社區（Narag, Pizarro & Gibbs, 2009）。雖然必須強調經濟狀況與偏差行為之間沒有因果關係，而且大部分在貧窮環境下長大的孩子不會成為持續或職業的犯罪者，但貧窮還是必須被列為重要的危險因子。

青少年縱火：發展觀點的例證

本章已經討論了司法心理學家經常提及與犯罪行為發展有關的理論取向與研究。如前所述，犯罪的路徑包含了許多變項，從童年經驗到鄰里的影響、個人的因素、教育經驗等。在這一節，我們將以縱火，一種受心理學文獻關注的青少年犯行，作為發展觀點的例證。

縱火或放火是一種青少年常見的犯罪行為，而兒童也經常是這些犯罪的受害者。雖然縱火行為在幼童中並不罕見，但若持續可能會變成嚴重的心理障礙症症狀，並可能成為長期犯罪的前驅因子。

縱火（firestting）指的是「故意計畫要製造混亂或帶來損害或傷害的行為。」（Chen, Arria & Anthony, 2003, P.45）。「故意」是關鍵，因為許多火災是幼童玩火柴意外造成的。在此我們的焦點是，出於各種原因故意放火以造成損害的兒童或青少年。

在一項針對1,016位因縱火與火災相關犯罪而被逮捕的青少年與成人所進行的綜合研究中，艾柯夫與埃斯特普（Icove and Estepp, 1987）發現恣意毀壞他人財產（受報復權威的願望所驅使）是最常見的動機，約占樣本中的49%。類似結果也在其他使用小樣本的研究中被發現（如Robbins and Robbins, 1964），大部分青少年縱火都是為了報復權威、得到地位、被刺激或出於刺激的需求。憤怒感、被忽略、憂鬱也常出現在縱火行為前（Chen et al., 2003）。

許多由年輕人所犯下的縱火案並沒有被發現、舉報或處理（Zipper and Wilcox, 2005）。舉例來說，青少年縱火估計只有少於10%被舉報（Adler, Nunn, Northam, Lebnan, & Ross, 1994）。上述報告指出，在1,241位因縱火而被轉介到諮商單位的麻州青少年中，只有11%的火災被通報給執法單位。沒有人通報這些意外，可能是因為目擊者或照顧者並不覺得這些行為是危[260] 險的，或者沒有人的生命受到損害，也沒有財產被顯著破壞。另外，許多人擔心起訴青少年縱火會使他們留下犯罪前科，妨礙了他們未來的職涯。實質上，雖然縱火是一個嚴重的反社會行為，它在官方的統計中還是被大幅低估。

縱火的發展階段

兒童縱火引起發展心理學家的研究興趣。一般認為，兒童縱火有幾個可資辨別的階段。例如，蓋諾（Gaynor, 1996）提出三個發展階段：一、對火的興趣；二、玩火；三、縱火。對火的著迷與實驗似乎是正常兒童發展的共同特徵。喀弗雷（Kafrey, 1980）發現，在五到七歲的兒童間，對火的著迷相當普遍。這樣的興趣從很早就開始，大概每五個兒童中，就有一個會在三歲以前引火。隨著年紀增長，玩火（實驗）通常會在五至九歲之間發生。在這個階段，孩子會去實驗火是如何開始以及如何燃燒。不幸的是，這個階段的孩子特別容易受到火災危險性的傷害，因為他們缺乏接觸的經驗，也不懂得火勢失去控制時該如何滅火（Lambie, McCardle &

Coleman, 2002）。在十歲以前，大部分的兒童已經學習到火的危險性。然而，假如他們在這個時點以後還繼續放火的話，尤其是具破壞性的，他們可能就進入縱火階段。這些年輕人常利用火來進行破壞、作為一種刺激的形式，或者作為一種溝通工具以吸引他人注意自己和自己的問題。

專家發現，在十歲以後仍然繼續頻繁縱火的兒童，會表現出比同儕更差的社交技巧、社交能力，以及較差的衝動控制（Kolko, 2002; Kolko and Kazdin, 1989）。有些專家發現，相較於非縱火者，持續的縱火者更可能有ADHD（Forehand, Wierson, Frame, Kempton & Armistead, 1991），而且許多人是被同儕排拒的。有些研究指出，將近74%的年輕縱火者被診斷為行為規範障礙症（Chen et al., 2003）。另外，大多數超越正常著迷與實驗階段的兒童縱火者與家長的關係較差，而且是身體虐待的受害者（Jackson, Glass & Hope, 1987）。一項調查發現，相較於沒有被不當對待的同儕，被不當對待與虐待的孩童，縱火的次數顯著較多、縱火的方式也更多元、燃燒的種類或目標更多樣，並且更可能因為家庭壓力所引起的憤怒而點火（Root, MacKay, Henderson, Del Bove & Warling, 2008）。

一項報告指出（Lambie, McCardle & Coleman, 2002），縱火經常只是反社會行為中的一小塊，可能會因為各種理由發生，典型通常包含衝動控制問題、憤怒錯誤宣洩和無聊。在對文獻進行綜合回顧後，研究者的結論認為，「縱火很難單獨存在，最好要放在反社會行為的架構下去理解。」（Lambie and Randell, 2011, P.326）其他研究者也提到縱火者所涉入的各種犯罪行為（Gannon and Pina, 2010）。舉例來說，有些證據顯示，對動物與同伴相當殘忍的兒童，傾向持續涉入縱火行為（Slackin, 2001）。另外，司法系統所知的縱火者中，多數也做出縱火以外的許多嚴重犯罪（Ritvo, Shanok & Lewis, 1983; Stickle and Blechman, 2002）。有意思的是，斯蒂克爾和布萊希曼發現，「青少年縱火犯會展現出與早發型或終生持續型犯罪者發展軌跡一致的高度發展且嚴重的反社會行為模式」（P.190）。大部分的縱火者都是年輕男性。男性縱火者在數量上多於女性約二到三倍（Lambie, Ioane, Randell & Seymour, 2013）。

縱火者經常來自失能與不穩定的家庭，遭受錯誤的教養方式或不適任的親職（Lambie et al., 2013）。這樣的背景在女性縱火者身上更常出現，[261] 而虐待和疏忽則是常見的問題（Hickle and Roe-Sepowitz, 2010）。不好的同儕關係、嚴重的學校問題、高逃學率在女性縱火者身上也相當典型。精神障礙症與物質濫用則同時在男性與女性縱火者身上都很常見（MacKay, Paglia-Boak, Henderson, Marton & Adlaf, 2009; Tyler and Gannon, 2012）。

縱火的類別

基於對已知縱火者的臨床衡鑑，考克（Kolko, 2002）發展出一套分類學，將縱火者分成四個類別：好奇性、病態性、表達性、偏差性。這套分類學建立在不同動機的假設上，但同時納入個體與環境影響。簡言之，好奇性縱火者因著迷而用火；病態性則受到心理或情緒性問題驅使；表達性的縱火者將縱火作為一種求救的方式；而偏差性則利用火作為達到反社會或破壞性結果的一種手段（Putnam and Kirkpatrick, 2005）。這些類型並非互斥，其中青少年可能會利用火來作為心理苦痛的求救訊號。

在接下來的段落中，我們將討論適合犯罪行為發展觀點的其他主題。如下文將呈現的，至少從克勒利（Cleckley, 1941）的開創性研究到海爾（Hare, 1965, 1970, 1991）的論述，心理病態已經成為心理衛生專業在許多研究與理論上的主題。心理病態向來是司法心理學家思考的重要概念，特別是因為他們與犯罪司法系統之間的互動。

犯罪型心理病態

近年來大概沒有其他主題比心理病態更能夠吸引對慣性犯罪行為發展有興趣的司法心理學家。尼克斯與派崔拉（Nicholls and Petrila, 2005）主張，「在司法心理學與法律領域中曾經出現的最重要概念之一，就是心理病態。」（P.729）**心理病態**（psychopath）一詞被用來描述那些表現出一

系列可識別的心理、人際、神經心理特徵的人，正是這些特徵足以區別他們與一般大眾。

　　雖然心理病態通常與反覆的犯罪或其他反社會行為有關，但並非所有的研究者與理論家都同意這樣的連結是必要的。有些人主張（如Lilienfeld, Patrick, et al., 2012）雖然心理病態可能是一個迷人卻無道德感的欺騙專家，但是他並不一定要涉入犯罪行為才符合心理病態的標準。（見觀點專欄7.1，利林費爾德博士討論心理病態與其他研究。）其他人（如Neumann, Schmitt, Carter, Embley & Hare, 2012）則認為，反社會行為是心理病態定義的核心因子。這是一個很重要的爭點，下面會有更詳細的討論。不過，重要的是區分心理病態與**社會病態**（sociopath，一個描述反覆犯罪者的常見詞彙），雖然他們都可能涉入持續犯罪。社會病態者與心理病態者不同，他們具有道德感、會展現對他人真誠的同理心，並且通常擁有正常發展的良心；不過他們所從事的犯罪活動又是另外一回事（Pemment, 2013）。舉例來說，社會病態者可能會對無家可歸者的困境感到同情，並對自己所做的壞事感到罪惡。另一方面，相較於一般人，心理病態者則很少展現出同理心、同情心及良心，而且他們在某些領域也會有情緒障礙。基本上，心理病態者似乎情緒經驗的能力比較低（Brook and Kosson, 2013）。在接下來的段落中將會論及心理病態者明顯的行為、情緒、人際及神經病學的特徵。

　　許多心理病態者並沒有嚴重的反社會行為史，而且許多持續且嚴重的犯罪者也不是心理病態者。就本章目的而言，犯罪心理病態一詞將指稱那些展現出廣泛持續性反社會行為的心理病態者。作為一個群體，他們是一群「具有支配性與操縱性的個體，特徵是衝動、冒險、反社會的生活型態，會隨著時間，透過各種性的滿足與設定不同的受害者，來獲得最大的興奮感」（Porter et al., 2000, P. 220）。前述研究表示，「在犯罪及暴力下，心理病態可說是犯罪司法系統裡最重要的心理構念之一。」（P.227）[262] 儘管如此，許多學者還是認為強調心理病態是不公平的，特別是涉及青少年的時候。我們之後會再簡短討論這一點。

心理病態者的一般行為特徵

克勒利（Cleckley, 1941）是第一個勾勒出心理病態行為特徵的人。他是喬治亞醫科大學一九三〇年代的精神科與神經科教授，並在那裡一直待到一九五〇年代。克勒利的功勞在於完成了針對心理病態的全面性著作《精神健全的面具》（*The Mask of Sanity*）。該書共出了五版，他鮮明的寫作風格加上主題領域，多年來吸引了大眾與學者的興趣。

克勒利指出十個他認為真正的心理病態者會有的核心行為特徵：自私（也稱作自我中心）；無法愛或給予他人真誠的情感；頻繁地欺騙或說謊；缺乏罪疚感或懊悔感（無論行為有多殘忍）；冷酷無情或缺乏同理心；低焦慮傾向；不良的判斷力且無法從經驗中學習；表淺的魅力；無法依循任何人生計畫；不可靠的循環。並非所有研究者都同意這個清單，但克勒利所描繪出的這些行為特徵將是我們進一步討論的起點。克勒利也相信，典型的心理病態者會展現超群的智力，不過這樣的觀察並沒有被後續的研究支持。舉例來說，許多對心理病態的檢測都顯示與智力測量關聯性很低，如果有關聯性的話（Hare, 2003）。近期有些研究認為，許多心理病態者有不錯的情緒智商（Copestake, Gray & Snowden, 2013），並認為他們會利用這樣的能力去操縱、欺騙及控制他人。在這樣的脈絡中，情緒智力指的是「知覺與理解情緒的能力，以及使用這些資訊作為決策與管理行為的能力」（Copestake et al., 2013, P.691）。

就此而言，心理病態者與許多傳統的長期犯罪不同，後者通常情緒智商不太高。

在所有的行為敘述中，有個重要的特點是強烈病態性的刺激尋求（Quay, 1965）。根據研究，心理病態者的行動是被過多刺激與興奮的神經心理需求所驅動。所以心理變態者被像是賽車、跳傘、摩托車特技等興趣所吸引，並非屬罕見。

反社會人格障礙症與心理病態

　　精神專科醫師、臨床心理學家、心理衛生工作者經常會使用反社會人格障礙症（ASP, APD）一詞，概括許多在犯罪心理病態者身上發現的相同特質。如同 *DSM-5* 所定義，反社會人格障礙症專指「自十五歲開始，展現出漠視與侵犯他人權益的廣泛模式」之個體（American Psychiatric Association, 2013, P.659）。此定義下包含七個診斷準則，必須符合其中三項或更多（如無法遵從社會規範、欺騙）才算符合診斷。被診斷為反社會人格障礙症的人必須至少年滿十八歲，不過正如早先討論，十五歲前就有行為障礙規範症的跡象。換句話說，反社會人格障礙症似乎與持續性犯罪密切相關，例如終生持續型犯罪者。

　　在此要強調，反社會人格障礙症與心理病態兩者並不是同義詞，雖然 [263] 他們之間存在許多行為上的相似性。儘管如此，*DSM-5*表示：「這個模式也被指稱為心理病態、社會病態，或反社會人格障礙症。」（P.659）。大部分的研究心理學家希望保留這樣的區別。反社會人格障礙症是基於臨床觀察的廣泛行為模式，但心理病態並非單指特定的行為模式，也包含了可測量的認知、情緒、神經心理上的差異。整體而言，心理病態與反社會人格障礙反映的並不是相同的心理病理（Riser and Kosson, 2013）。另外，反社會人格障礙的範圍廣泛，大約有五成至八成的男性收容人符合診斷準則（Correctional Services of Canada, 1990; Hare, 1998; Hare, Forth & Strachan, 1992）。相對而言，只有11%至25%的男性收容人符合心理病態的準則（Hare, 1996）。

犯罪型心理病態的盛行率

　　總體來說，海爾（Hare, 1998）估計心理病態在總人口的盛行率大約1%，而在成人監獄中則估計約15%至25%。不過有些研究者（如Simourd and Hoge, 2000）懷疑，這些估計值可能多少有些膨脹。西摩德與霍格指

出，參與研究的收容人中只有11%可以被辨認為犯罪型心理病態。該研究不
只納入中強度戒護矯治機構的收容人作為樣本。參與研究的321人近期皆因
暴力犯罪而遭判刑，其中有超過一半的人過去曾因暴力犯行被起訴，且幾
乎所有人都有很多犯罪史。即使如此，根據準則，他們還是不符合心理病
態的準則，而是屬於反社會人格。西摩德與霍格的研究強調，不要假設在
任何群體中犯罪型心理病態的比例很高，即使是監獄裡的犯罪者。

犯罪型心理病態的犯行模式

雖然有些心理病態者很少與犯罪司法系統沾上邊，但許多心理病態者
因持續且嚴重的犯行而不斷進出法院和監獄。舉例來說，一項研究指出
（Gretton, McBride, Hare, O'Shaughnessy & Kumka, 2001），犯罪型心理病
態者通常：

> 缺乏正常的倫理與道德感、自行其是、傾向以冷血的恐嚇與暴力手段滿
> 足所想所需，而且往往漠視社會規範與他人的權益。（P. 428）

犯罪型心理病態者會表現出暴力與攻擊行為，包含言語傷害、威脅、
恐嚇，比例顯著高於其他群體（Hare, Hart & Harpur, 1991）。在某些案例
中，這種的慣常的犯行在本質上是極端暴力的。

犯罪型心理病態者「在每個社會中都是嚴重犯罪、暴力及社會問題的
顯著成因」（Hare, 1996, P.26）。海爾指出，「心理病態者涉入無情的暴力
犯罪，無論對社會整體或對執法者而言，都具有非常真實的意涵。」
（P.38）海爾參考聯邦調查局一九九二年的報告，發現死於執行公務的執法
人員，有近半數是被相當符合心理病態行為與人格剖繪的犯罪者所殺害。
另外，心理病態的性加害者可能比其他的性加害者更暴力、殘忍、無情及
具虐待性（Hare, Clark, Grann & Thornton, 2000）。有些被描述為不尋常地
虐待與殘忍的連續殺人犯，亦常見許多心理病態的特徵（Hare et al., 2000;

Stone, 1998）。即便如此，再次強調，只有非常少的心理病態者，甚至是犯罪型心理病態者，會成為連續殺人犯。

心理病態與性犯罪之間的關係複雜。舉例來說，兒童性侵加害者之間 [264]
的心理病態盛行率約10%至15%；在強暴犯之間的比例則約40%至50%
（Gretton et al., 2001; S. Porter et al., 2000）。研究指出，具心理病態特質的
強暴犯，相較於非心理病態的強暴犯，更可能因「非性」（nonsexual）的動
機去犯罪，例如憤怒、報復心、虐待狂、利用機會（Hart and Dempster,
1997）。不過，強暴永遠都是一種暴力犯罪，不應優先歸因於性動機。

至於其他的暴力犯罪，許多由非心理病態者所犯下的謀殺與嚴重傷
害，是在家內的爭執或極端的情緒激發下發生。然而，這樣的暴力模式很
少在犯罪型心理病態者身上觀察到（Hare et al., 1991; Williamson, Hare &
Wong, 1987）。犯罪型心理病態者經常以暴力作為復仇或懲罰的一種形
式，或者在狂飲時發生。許多非心理病態者的攻擊對象是他們熟識的女
性，但許多犯罪型心理病態者的攻擊對象則是陌生女性。海爾等人觀察
到，許多由犯罪型心理病態者所犯下的暴力是相當無情而冷血的，「不帶
有非心理病態者的暴力所伴隨的情感色彩。」（P.395）

根據波特等人（S. Porter et al., 2000）的研究，心理病態者會更快再
犯、更快違反假釋規定，而且可能會犯下更多的機構性暴力（例如在看守
所、監獄、或精神機構）。其中一項研究（Serin, Peters & Barbaree, 1990）
檢視了無人陪同的暫時性離監計畫中，男性加害者矯治失敗（違反被釋放
的條件）的數據。其中，心理病態者的失敗率為37.5%，非心理病態者則沒
有人失敗。假釋期間的失敗率也納入檢驗。雖然有7%的非心理病態者違反
假釋規定，但違反規定的心理病態者則有33%。另一項研究（Serin and
Amos, 1995）追蹤299位男性加害者從聯邦監獄釋放後八年的時間。65%的
心理病態者在三年內犯下其他的犯罪，非心理病態者的再定罪率則是
25%。研究發現（Quinsey, Rice & Harris, 1995），從監獄釋放後的六年
內，以性加害者身分被起訴者，超過八成會有暴力再犯，相較之下，於非
心理病態者的性加害者之再犯率則是20%。

　　高再犯率的特性也發生在有心理病態特徵的青少年犯身上。根據格雷頓等人（Gretton et al., 2001）的研究，相較於其他青少年犯，這類犯罪者在五年的追蹤期間較可能逃離監管、違反緩刑條件、犯下非暴力與暴力的犯行。成人與青少年的心理病態犯罪者的高再犯率，讓部分研究者主張，「行為科學無法協助心理病態者的治療。」（Gacono, Nieberding, Owen, Rubel & Bodholdt, 2001, P.119）其他研究者則採取不同觀點，認為主張心理病態者無可治療是毫無根據的說法（Salekin, 2002; Skeem, Monahan & Mulvey, 2002; Skeem, Poythress, Edens, Lilienfeld & Cale, 2003; Wong, 2000）。有些證據顯示，接受較高「劑量」治療的心理病態者，相較於接受較少治療者，較少展現出後續的暴力行為。

心理病態的心理測量

　　目前最常用來測量犯罪型心理病態的工具，是包含二十個題項的**心理病態檢核表修訂版**（Psychopathy Checklist-Revised, PCL-R）（Hare, 1991）。這是司法心理學家相當熟悉的工具。PCL-R已推出第二版，納入司法與研究場域的新資訊。這個工具也被拓展到其他國家的犯罪者，並更新了男女犯罪者的常模與效度資料。

　　另外也開發出十二題的短版測試，稱為**心理病態檢核表：篩檢版**（Psychopathy Checklist: Screening Version, PCL:SV）（Hart, Cox & Hare, 1995; Hart, Hare & Forth, 1993），還有**心理病態檢核表：青年版**（Psychopathy Checklist: Youth Version, PCL:YV），以及 **P 掃描：研究版**（P-Scan: Research Version）。P 掃描是一個篩檢工具，用來粗略篩檢心理病態特徵，並作為管理嫌犯、犯罪者或個案的實作假說（working hypotheses）來源。該量表是設計給執法、緩刑、矯治、民事與司法鑑識等單位使用，以及若知道特定個人可能出現心理病態特徵將會有所助益的其他領域。

　　上述工具主要奠基於克勒利（Cleckley, 1941）對心理病態的概念，不

[265]

過是專門為了辨識在男性監獄、司法或精神場域中的心理病態者而設計的。由於PCL-R是目前最常用來作為研究與臨床評估的工具，所以將會是本節的焦點。目前PCL:YV也開始被廣泛研究，在後續介紹具有心理病態特徵的青少年時會詳細討論。

其他測量心理病態特質的量表或測驗也被發展出來。舉例來說，近期一個測量工具是由派翠克及其同僚所發展的**三元心理病態測量**（Triarchic Psychopathy Measure, TriPM）（Drislane, Patrick & Arsal, 2014; Patrick, Drislane & Strickland, 2012; Patrick, Fowles & Krueger, 2009）。TriPM 包含了三個分量表：膽識（boldness）、卑劣度（Meanness）、失抑制（Disinhibition）。膽識分量表測的是支配性、情緒穩定度、冒險性。而卑劣度分量表則測量如操縱性、缺乏同理性關心、殘忍等特質。有些專家將卑劣度視為心理病態的核心成分（Herpers, Rommelse, Bons, Buitelaar & Scheepers, 2012）。失抑制向度所則包括如衝動性、不負責任、敵意等特質（Drislane et al., 2014）。其他心理病態的測量還有青年心理病態特質量表（Youth Psychopathic Traits Inventory, YPI; Andershed, Kerr, Stattin & Levander, 2002）、兒童心理病態量表（Child Psychopathic Scale, CPS; Lynam, 1997）、心理病態人格量表（Psychopathic Personality Inventory, PPI; Lilienfeld and Andrews, 1996）、心理病態人格量表修訂版（Psychopathic Personality Inventory-Revised, PPI-R; Lilienfeld and Widows, 2005）。本書難以涵蓋所有這些測量。而儘管心理病態的測量越來越多，但對研究者與臨床實務工作者來說，PCL-R 顯然還是有其「黃金標準」的地位。

PCL-R 根據各種來源評估犯罪型心理病態的情感（情緒）、人際、行為、社會偏差等面向，資料來源包含：自陳報告、行為觀察、旁人報告，如家長、家庭成員、朋友，以及逮捕與法院紀錄，2皆可用來建立自陳報告的可信度（Hare, 1996; Hare et al., 1991）。另外，PCL-R的項目評量需要整合來自多重領域的資訊，包括在工作或學校的行為；對家人、朋友及性伴侶的行為；還有犯罪行為（Kosson et al., 2002）。一般來說，受過良好訓練的評估者會根據這些資訊，對每個項目給出〇到二的量尺計分，以測量

個體與項目描述特性的符合程度（○代表從未出現，一是不一定，二是一直都有）。這個計分其實相當複雜，需要時間、訓練、取得個案的大量背景資訊。總分三十分以上通常代表個體符合初級心理病態（Hare, 1996）。在某些研究與臨床場域，常用的切截分數從二十五分到三十三分都有（Simourd and Hoge, 2000）。海爾（Hare, 1991）主張在二十一與二十九分之間的人，可視為「中間」（middle）的受試者，他們會展現出許多心理病態的特徵，但不完全符合所有標準。而二十一分以下則被認為是「非心理病態者」。

　　至今為止，研究強力支持 PCL-R 在區辨犯罪型心理病態犯罪型非心理病態上的信效度，並有助矯治心理學家對收容人所進行的風險評估（Hare, 1996; Hare et al., 1992）。另外，它提供研究者與心理衛生專業工作者在衡鑑心理病態時一個普遍的測量方式，促進理論、研究、臨床實務的國際與跨文化交流（Hare et al., 2000）。PCL-R 在全球各地越來越常被用以作為診斷心理病態的臨床工具，儘管它在辨認北美白人男性的心理病態上最有效（Hare et al., 2000）。許多司法心理學家也偏好用它來評估犯罪者的暴力風險，以及「作為是否要監禁、治療、無限期拘留，甚至是否執行死刑的參考資訊」（Camp, Skeem, Barchard, Lilienfeld & Poythress, 2013, P.468）。PCL-R 的延伸用途具有高度爭議性，接下來我們就會看到。

[266]

PCL-R作為風險評估工具

　　在美國法庭，PCL-R日漸成為一項重要且有時是必要的風險評估工具。「心理衛生領域顯然欣然接受 PCL-R 的應用，證據就是它在民事與刑事案件所使用的評估工具中的普及程度。」（DeMatteo et al., 2014b, P. 96）PCL-R不只成為司法心理學家為法庭進行風險評估時常用的工具，也成為某些州在某些案件類型中的必要衡鑑工具，包括性暴力犯罪者聽證會、假釋聽證會、死刑宣判、民事拘禁，以及移轉至成人法庭的聽證會（DeMatteo and Edens, 2006; DeMatteo et al., 2014b; Walsh and Walsh,

2006）。在涉及性暴力犯罪的案件中，「許多法律以不同形式聚焦於『心理病態』的概念與危險性犯罪者的關聯，而某些法律則特別將這些犯罪者稱為『性心理病態者』。」（DeMatteo et al., 2014a）另外，心理病態的證據似乎在相當多的法庭案件中高度影響司法決策（Viljoen, MacDougall, Gagnon & Douglas, 2010）。更重要的是，心理病態的證據經常會影響有關被告是否可以成功復歸的判斷。

狄莫提歐等人（DeMatteo et al., 2014b）評論，「PCL-R 持續受到司法實務工作者的廣泛使用，而針對法院判決的研究結果顯示，美國法庭使用 PCL-R 的案件持續增加。」（P.105）各種跡象亦顯示未來將會有越來越多使用 PCL-R 的案件。

此外，司法心理學家所提交的 PCL-R 結果很少在法庭上受到挑戰，這樣的現象使得認為這個工具可能被過度使用的研究者感到憂心忡忡（DeMatteo et al., 2014a）。考慮到「心理病態」這個標籤可能帶來的污名化，如此低的被挑戰率令人意外。現實是，被貼上心理病態標籤的被告就有被判處最重刑罰的危險，因為他會被認為是高度危險且幾乎沒有機會復歸或成功治療的人。舉例來說，一項研究發現（Cox, Clark, Edens, Smith & Magyar, 2013）當被告被診斷為「心理病態」時，模擬陪審團較可能支持死刑的執行。事實上，研究者呼籲死刑案件應該暫停使用PCL-R。不出所料，PCL-R 的評估分數會被檢察官用來支持他們對被告求處較長刑期的主張（DeMatteo and Edens, 2006; Edens and Cox, 2012; Edens, Davis, Fernandez Smith & Guy, 2013）。不過，令人驚訝的是，倘若提出證據證明心理病態有其生理成因，有些法官的反應會出人意料。在一項近期研究中，審理的法官取得相關案情資訊，而判決時，取得被告生理資訊的法官會比沒有取得的法官顯得更為寬容（Aspinwall, Brown & Tabery, 2012; G. Miller, 2012）。

心理病態的核心因子

針對 PCL-R 的研究清楚顯示，心理病態在本質上是多向度的。**因素分析**（factor analysis）是用來找出測驗資料中不同向度或因素的一種統計程序。當 PCL-R 的心理病態評分進入因素分析，至少有兩種行為向度或因素會被分析出來（Hare, 1991; Harpur, Hakstian & Hare, 1988; Hart et al., 1993）。因素一反映出障礙症中人際與情緒的成分，包含測量欺騙、無情、無悔過心、社交支配、操縱性等傾向的題目。典型的心理病態者對於利用他人以達到自身需求並不會感到內疚。有些研究發現，因素一與「焦慮與恐懼的程度、對威脅性刺激較低的生理反應、對情感障礙的韌性」有關（Sadeh, Javdani & Verona, 2013, P.167）。該因素經常被稱為人際與情感因子。

因素二則與社會異常的生活方式以及反社會的態度相關，特徵是不負責任、衝動、攻擊。該因素也與涉入反社會生活型態、不切實際的目標與抱負傾向有關。與因素一相比，因素二與焦慮、痛苦及各種形式的心理病理有關（Sadeh et al., 2013）。這個因素經常被稱為衝動因子。在犯罪型心理病態者身上，有些研究者發現因素一似乎與預謀的掠奪性犯罪有關，而因素二則與自發與失抑制的暴力有關（Hart and Dempster, 1997）。因素一也與心理治療與處遇計畫的阻抗與無法獲益有關（Olver and Wong, 2009）。因素二與社經地位、教育成就、文化／民族背景有關，而因素一則與生物心理影響力較有關聯（Cooke and Michie, 1997）。研究也認為，因素一在預測心理病態犯罪上可能較因素二來得有力（Cooke, Michie, Hart & Hare, 1999; Olver, Lewis, & Wong, 2013）。

雖然主要的兩個核心因素已獲得大量的研究注意，有些同時針對青少年與成人的研究發現，心理病態的核心可能至少包含三個行為向度，而非只有兩個（Cooke and Michie, 2001; Frick, Bodin & Barry, 2000; Kosson et al., 2002）。舉例來說，寇克與米契（Cooke and Michie, 1997）根據 PCL-R 資料所做的因素分析中發現，心理病態可能包含三個核心因素：一、傲慢

[267]

與欺騙的人際風格；二、衝動與不負責任的行為風格（與原本的因素二高
度相似）；三、缺損的情感經驗。這裡的因素一與三事實上就是先前研究
中原始因素一的分向度。缺損的情感經驗指的是缺乏對他人真誠而正向的
情緒、冷酷的表現，以及同理心的缺乏。另一方面，傲慢與欺騙的人際風
格則指巧言令色、表淺的魅力，以及對自我價值的誇大感受等接近心理病
態的特徵。這三個因素被稱為人際（因素一）、異常的生活型態（因素
二）、缺損的情感（因素三）。

越來越多的證據顯示，第四個心理病態的核心因素應該要被納入討論
（Hare, 2003; Hare and Neumann, 2008; Neumann et al., 2012; Salekin,
Brannen, Zalot, Leistico & Neumann, 2006; Vitacco, Neumann & Jackson,
2005; Walters and Heilbrun, 2010）。**四因素觀點**（four-factor perspective）
如下：一、人際，如病態性說謊與詐騙；二、衝動的生活方式，如不負責
任的行為、感官刺激尋求、衝動性；三、情感，指欠缺情感或情緒反應、
對自身行動缺乏悔過心；四、反社會傾向，如不良的自我調節與廣泛的反
社會行為（總結見表7.4）。

第四個因素奠基於具有心理病態特質的個體經常表現出暴力與大量反
社會行為，超越因素二提到的不良的計畫能力及衝動性。正如紐曼等人
（Neumann et al., 2012）提到，「臨床傳統與實徵證據都清楚顯示，心理病
態的傾向基本上與反社會性有關。」（P.559）里納與米勒（Lynam and
Miller, 2012）表示，任何針對心理病態的敘述如果沒有納入反社會行為就
是不完整的。就此而言，研究者主張若將反社會行為排除在理解心理病態
的方程式外，我們就漏掉一個重要的成分。薩利金等人（Salekin et al.,
2006）指出，將反社會行為加入心理病態的定義，將會對心理病態的測量
增加許多預測力。事實上，研究也發現因素四似乎是預測心理病態再犯率
最重要的因素（Hawes, Boccaccini & Murrie, 2013; Walters and Heilbrun,
2010）。近期的研究也發現因素四對男性與女性成人心理病態者、青少年
男女的心理病態者而言，都是定義心理病態的關鍵成分（Kosson et al.,
2013）。第四個因素成為所謂的反社會因子。

[268] **表7.4　心理病態的四個核心因素**

因素	行為敘述	因素命名
因素一	傲慢、欺騙、占便宜、操縱性	人際
因素二	衝動、不負責任、不可靠	衝動
因素三	無情、無悔過心、冷酷、缺乏同理心	情感
因素四	廣泛的反社會行為、不良的自我調節	反社會

其他研究者並不同意反社會行為應作為心理病態的核心因素。舉例來說，立林菲德等人（Lilienfeld et al., 2012）就認為，將反社會行為納入心理病態的核心定義，會將那些花言巧語、圓滑、討人喜歡、長袖善舞、迷人但未涉入反社會或犯罪行為的心理病態者排除在外。他們提出了一個「膽識」因子，我們將在下面討論。

膽識因子

近年來，學者一直在爭論膽識這項人格特質是否應該被納入作為描述心理病態的核心因素。**膽識因子**（boldness factor）（也稱為無懼的支配）指的是一種「人際風格，其特徵是無所畏懼、對壓力或焦慮相對免疫、能成功協調社交互動以達到想要的目標」（Douglas, Nikolova, Kelley & Edens, 2015, P.265）。有些研究者（如Patrick, Fowles, & Krueger, 2009; Skeem, Polaschek, Patrick, & Lilienfeld, 2011）將心理病態性膽識描述為保持冷靜並專注在有壓力或威脅生命的處境之能力，並在各種廣泛的社交場合展現高度的自信以及社交效能。膽識這項特質也反映了快速從災難性事件中復原的能力。

立林菲德及其同僚（Lilienfeld, Watts & Smith, 2015; Lilienfeld, Smith, Savigné, et al., 2016; B. Murphy, Lilienfeld, Skeem, & Edens, 2016）認為，膽識（無懼的支配）可能是區分成功與不成功的心理病態者的關鍵特質。

「近期研究指出，無懼的支配可能是心理病態的成功特徵，並可能象徵著領導力。」（Lilienfeld et al., 2015, P.301）

　　無懼的支配似乎也與職業的選擇有關。舉例來說，立林菲德等人發現，該項特質與許多組織中的領導階級與高風險職業顯著相關（Lilienfeld et al., 2015）；而高風險職業則包含消防員、執法人員、危險運動等。辨識這類令人難以察覺的心理病態者，是近來許多研究的焦點（Smith, Watts & Lilienfeld, 2014）。

　　膽識也是心理病態的三元模型的關鍵成分（Patrick, Fowles & Krueger, 2009）。本章前面有關心理測量的章節，曾簡單提到三元心理病態測量。該模型包含了學者相信最能代表心理病態的三個特質：膽識、卑劣度、失抑制。卑劣度指的是「缺損的同理心、輕視且缺乏與他人的親密依附關係、報復心、尋求刺激、剝削性、透過殘忍手段獲得權力」（Patrick et al., 2009, P.927）。它可能展現為傲慢、對權威的蔑視、具破壞性的刺激尋求，[269] 以及對他人與動物的殘忍暴力行為（Skeem et al., 2011）。派翠克等人相信卑劣度可能是主動傷害他人的心理病態犯罪與偏差行為的核心特徵。

　　失抑制的特徵則是「缺乏計畫與遠見、缺損的情緒與衝動調節、追求及時行樂，以及缺損的行為克制」（Patrick et al., 2009, P.925）。派翠克等人提出三元模型，相信這三個截然不同的性格可以做為有力的總結，調和與涵納過去三十年間針對心理病態的廣泛研究與不同的敘述。

觀點專欄7.1

熱愛科學、找到你的繆思，記得把自我留在門外

斯科特·立林菲德 Scott O. Lilienfeld，PhD

在科學發現上，機緣常扮演重要角色（Bosenman, 1988）。機遇也是人生抉擇的關鍵，包含我們的職涯之路。我就是一個例子。我常說我一路走來始終如一，從大學、研究所到學術工作，心理病態性人格

（心理病態）始終是我的興趣和研究焦點。但事實是，這個興趣完全起於偶然。

一九七〇年代末到八〇年代初，我在康乃爾大學主修心理學，當時我對於心理病態毫無所知。作為一個初學者，我加入羅納德‧德沃金（Robert Dworkin）開設的課程，內容是有關心理病態研究的進階議題。課程分成三個單元：思覺失調症、情感障礙症、心理病態。在心理病態單元中，他向我們介紹大衛‧李肯（David Lykken, 1957）的實驗室工作，李肯推動了這個謎樣領域的實驗性研究。李肯博士進行一系列巧妙的研究，呈現出心理病態者在經驗恐懼情緒的能力上驚人的缺損。舉例來說，在一個「心智迷津」的作業中，參與者被要求學習一個複雜序列的槓桿按壓，有些會導致電擊，但心理病態者無法從懲罰中學習，即使他們可以跟非心理病態者一樣快速熟悉迷津的序列。我記得當時自己對於李肯博士能夠將理論猜想化成嚴謹測驗的創造力感到印象深刻。

之後不久，我申請臨床心理學的研究所學程，幸運錄取了我的第一志願明尼蘇達大學。我十分明白該學程的目的，並初步計畫要將研究所的重點放在思覺失調症，這是該學程特別的強項之一。然而，開學前幾個月，我偶然看到一個電視紀錄片播放有關在明尼蘇達大學進行的雙生子研究。突然，一個氣宇軒昂、留著鬍子的人出現在螢幕上，正是大衛‧李肯博士。他清楚有力地說明了該研究設計對於闡明人類境況的貢獻。我立即認出他就是我大學時欣賞的研究者（由於李肯博士已經從明尼蘇達大學心理學系調到精神醫學系，所以沒有被列在臨床心理學程的系所成員名單，所以我不知道他還在學校）。我於一九九二年抵達明尼蘇達大學後不久，便向李肯博士自我介紹，討論在他的實驗室工作的可能性。令我驚喜的是，他立刻同意指導我針對心理病理進行研究。當我在這個領域中學得越多，越是被深深吸引，回不了頭。

要找到一個值得追尋的研究領域會有點挑戰，但學生們不必氣餒。雖然我已經五十多歲，仍覺得自己持續在思考以後要做什麼。那並不會讓我困擾，因為我持續在重塑自己。舉例來說，我不再那麼肯定自己完全了解什麼是心理病態，儘管我已經研究它三十年了。學術生涯開端，我確信心理病態是單一的個體，但現在我對此存疑。我開始相信，心理病態來自一般人格中清楚可辨的一組特質。因此，我懷疑許多致力了解心理病態成因的研究，包含我自己的貢獻，是奠基在錯誤的前提上（Lilienfeld, Smith & Watts, 2016）。這個遲來的發現讓我進入研究的新紀元，去了解基本人格特質是如何結合創造出「人際症候群」——導致不良的社交結果的一組特質。

[270]

我經常被問到會給司法心理學與相關領域的學者什麼樣的建議。我可能不是最佳人選，因為我向來是持相反立場的人，本書讀者應該知道我的建議往往跟其他學者顯著不同。不論有沒有用，以下是我的三個建議。

首先，找到你的繆思並跟隨他。找到吸引你的科學問題並執著地追求它。順帶一提，如果你對科學沒有深切的熱情，不要進到學術領域。你可能需要有點「瘋狂」才會想要成為教授。我的意思並不是說你需要變得不正常，而是說你必須要對那個問題有充分的熱情，願意奉獻大部分生命去探索它。

第二，保持廣泛的知識與興趣。儘管很困難，試著抵抗消耗多數學術生涯的過度專門化的壓力，尤其是在研究型大學裡。儘管我最熱切的興趣是心理病態，但本質上我是個通才。舉例來說，我也做了有關焦慮症、解離性障礙症、精神醫學分類、以證據為基礎的衡鑑與治療實務、心理偏誤、心理學的科學思考等工作。我可能不會推薦年輕的學者像我一樣有這麼廣泛的興趣。但要成為一個出類拔萃的學者，你仍然需要借鑑並綜合那些看起來似乎無關的領域的見解。就像我的一個學術夥伴很喜歡說的，科學的「魔法」通常在各種不同領域的交錯下

產生。

第三，不要把自己看得太重。當然，要認真看待研究，但不要膨脹自我。一個世紀後，我們之中很少人會被記得，更遑論出名（Roediger, 2016）。所以不要太渴求名望。在你感興趣的領域審慎探索，確定你享受其中就好。

我認為當教授是一個很大的特權。是的，你必須要花很長的時間工作，處理學術官僚體系中無可避免的挫折感。但我必須持續提醒自己，有時甚至要招著自己說，我是在為我所深愛的事物付出，那對我來說已經超過了應有的報酬。

立林菲德博士是喬治亞州亞特蘭大艾默蕾大學心理學系的教授及臨床心理科學期刊的編輯。他主要的研究興趣是人格障礙症的成因與衡鑑，尤其是心理病態、精神醫學的分類與診斷，以及將科學思考應用於心理學。

非行少年與心理病態

針對心理病態所進行的大量研究，有個嚴重的缺失在於幾乎都只聚焦在成人男性（Frick, Barry & Bodin, 2000）。結果就是，針對非行少年（主要是青少年）與女性的心理病態研究相對缺乏。這些研究目前正快速成長。不過將心理病態的標籤貼到青少年族群身上受到強烈的抵制，而且「引發有關臨床／司法實務與少年／犯罪司法政策在概念上、方法上及實務上的關注討論」（Edens, Skeem, Cruise & Cauffman, 2001, P.54）。

過去十年間，學者們加入這個議題的熱烈辯論（Edens and Vincent, 2008; Salekin, Rosenbaum & Lee, 2008; Viljoen, MacDougall, et al., 2010）。有些辯論聚焦在心理病態是否可以或應該可以應用到青少年身上？成人心理病態的特徵也可以在青少年身上發現嗎？再者，即使心理病態可以在青少年身上被辨識出來，這個標籤可能有太多負向的意涵。更明確來說，這

[271]

個標籤代表的是治療的預後不佳、高度的犯罪率與再犯率，以及這個障礙症固有的生理基礎，亦即除了生物性介入，很少有其他可以做的。第三個論辯則主張，對青少年進行的心理病態衡鑑必須具有高信度，才可以進到犯罪司法系統（Seagrave and Grisso, 2002）。

有些測量成人前心理病態（pre-adult psychopathy）的工具已經在近年被發展出來，包含心理病態篩檢工具（Psychopathy Screening Device, PSD; Frick, O'Brien, Wootton & McBurnett, 1994）、兒童心理病態量表（Childhood Psychopathy Scale, CPS; Lynam, 1997），以及 PCL: YV（Forth, Kosson & Hare, 1997）。這三個工具最早都是用來作為研究而非臨床診斷，但現在很可能在臨床實務中看到它們。PCL: YV尤其如此。

PCL: YV是設計用來衡鑑十三歲以上青少年的心理病態，是 PCL-R 的修訂版。基本上，這個工具要衡鑑的是青年跨生命歷程的心理病態性，並將重點放在學校的適應，以及同儕與家庭的關係。與成人 PCL-R 相似，PCL: YV 必須由受過良好訓練的心理學家進行長度標準化、半結構性的臨床會談，並針對相關文件進行回顧。心理師針對心理病態的二十個向度各給予〇分（完全沒有）、一分（不一定）、二分（一直都有）作為計分標準。它就像 PCL-R 一樣會產生一個總分，以及兩個因素分數。因素一反映出人際／情感向度，包含測量巧言令色、表淺的魅力、誇大、操縱性、不誠實、冷酷無情的題目。因素二則反映行為或生活型態的特徵，如衝動性、不負責任、早期的行為問題、缺乏目標。

PSD 量表則是一個行為評量量表，其中有些題目是將 PCL-R 的題目重新編寫以適用青少年的狀況（Frick, Barry, et al., 2000）。PSD發展了三個版本：教師版本、家長版本、自陳版本。研究者（Frick et al., 1994）使用 PSD 的教師與家長版，發現（透過因素分析）青少年心理病態可能由兩個主要的向度組成。其中一個向度被稱為冷酷無情，另一個向度則是衝動行為問題。不過，冷酷無情向度似乎對於預測更嚴重的攻擊性、行為問題、偏差行為特別有用（Marsee, Silverthorn & Frick, 2005）。研究也找到（Frick, Bodin, et al., 2000）（同樣透過因素分析）支持青少年心理病態三

向度核心的證據。其中兩個因素（冷酷無情與衝動性）與早先研究中在成人身上發現的核心向度相似。然而，衝動性的概念似乎在青少年身上比成人來得複雜，研究者認為該構念可能要再細分為衝動性與自戀性（自我價值的誇大感受）。

冷酷無情特質

冷酷無情特質（Callous-Unemotional trait）的效度與價值近年來受到許多研究的支持（Frick et al., 2014）。許多專家視該特質為青少年與成人心理病態的定義性徵兆與症狀，但這些特質也可能會在年幼的兒童身上展現。冷酷無情特質理論最早是由保羅‧弗里克（Paul Frick）與其同僚所提出（Barry et al., 2000; Frick, Barry, et al., 2000）。該團隊設計了一系列研究來偵測成人心理病態的發展性前驅因子。他們找到一群曾經被診斷為行為規範障礙症的兒童，而且他們展現出特別嚴重與長期的反社會行為，甚至超越在一般被診斷為行為規範障礙症的孩子身上可以看到的。他們也發現一群兒童與青少年展現出顯著缺乏對他人的同理心、有限的罪惡感，以及在情緒表達上的缺損。他們表示這些特徵與在成人心理病態者身上所發現的行為模式高度相似。研究者將這類特質稱為冷酷無情。進一步的研究指出，這些青少年明顯具有高度的衝動性與自我中心，而且不僅被診斷為嚴重的行為規範障礙症，同時具高度攻擊性，經常是暴力的（Frick et al., 2014）。另外，這些年輕人有顯著的認知困難，例如難以採取他人的觀點，以及自利的認知扭曲，如將自身的錯誤歸咎於他人與低估自己會因為不當行為而被處罰的可能性。

[272]

其他的研究則指出，擁有這個特質的兒童不害怕為自己的攻擊行為接受處罰，並相信攻擊性是取得主導與控制他人的有效方法（Pardini and Byrd, 2012）。研究中，這類兒童在談話間會將攻擊行為對受害者所造成的痛苦最小化，並且坦承他們並不在乎他人受苦。不出所料，其他研究也發現兒童與青少年時期的這種特質可以預測成年時期的心理病態模式。

值得一提的是，冷酷無情的特質被包含在 *DSM-5* 的行為規範障礙症中

作為「特別註明」之一，以區辨行為規範障礙症中這個族群與冷酷無情類別中的其他次群體。目的是要提醒實務工作者，這個群體更可能涉入為工具性利益而預謀的攻擊行動（American Psychiatric Association, 2013）。

辨識青少年心理病態的一個最主要問題是，由於發展模式在一生中會有暫時性與持續性的變化，尤其在早期階段，因此心理病態可能很難有信度地被測量。舉例來說，兒童期的心理病態症狀可能看起來和成年時期所展現的非常不同（Hart, Watt & Vincent, 2002）。也就是說，有些兒童與青少年的行為模式可能會因為各種理由與心理病態相似，但並不真的是心理病態的徵兆。另外，展現嚴重反社會與行為問題的兒童與青少年，在問題行為的種類上有很高的變異性，使得研究者與臨床工作者很難加以分類（Frick et al., 2014）。

在受虐家庭長大的兒童經常會展現異常侷限的情緒，這與心理病態的情緒特徵相似。但事實上，它可能是兒童在壓力非常大的家庭環境下所採取的因應方式（Seagrave and Grisso, 2002）。另外，西格雷夫與格林索主張，「有些青少年的行為可能……因為不良的憤怒控制、缺乏目標、判斷力不佳，而顯得像是心理病態，但事實上是受到大部分青少年會碰到的其他發展任務所影響。」（P.229）違反規則是部分青少年企圖從成人支配中獲得自主的方式，例如在青少年期限定犯罪中發現的。另外，成人犯罪型心理病態經常會因為長年的藥物與酒精濫用、打架、失去機會、多重監禁而在心理留下傷疤（Lynam, 1997）。因此，相較於青少年心理病態者，成人心理病態可能會呈現出非常不同的族群組成。

PCL-R 與 PCL: YV 在青少年身上的適用性

研究者（Edens, Skeem, et al., 2001）指出，有些心理病態測量的題目（尤其 PCL-R 與 PC: LYV）用在青少年或某些特定族群身上是不適合的，例如青少女（Edens, Campbell & Weir, 2007）或各種民族（Leistico, Salekin, DeCoster & Rogers, 2008）。有些題目聚焦在如缺乏目標與不負責任之類的特徵。但是青少年通常還沒有具體化他們的人生目標或承擔許多

責任，因此這些題目「相較於成人似乎較難以作為青少年心理病態的定義性標誌」（Edens et al., 2007, P.58）。因此必須小心不要將我們對成人心理病態的所知，概化到曾經被貼上這個標籤的青少年身上。

[273]　　　　無論如何，許多研究者仍持續辨認青少年心理病態以及測量心理病態傾向。在一個檢驗兒童心理病態盛行率的研究中，研究者發現（Skilling, Quinsey & Craig, 2001），在超過一千位四年級到八年級的男孩中，有4.3%的人在研究所採用的測量工具上被歸類為心理病態。

　　　　里納（Lynam, 1997）設計了一個研究計畫，比較青少年與成人心理病態者。他使用兒童心理病態量表的研究結果指出，心理病態始於兒童期，並且可以在青少年（十二歲與十三歲）身上被可信地測量。里納發現，如同成人對照組，他們是最具攻擊性、嚴重、頻繁且衝動的犯罪者，而且這是跨時間穩定的一個特徵。另外，他發現相較於社經地位、偏差行為史、智商、衝動性，兒童心理病態量表對嚴重的偏差行為是較好的預測因子。

　　　　研究顯示，青少年心理病態的測量工具有某種程度的效度（Kosson et al., 2002; Murrie and Cornell, 2002）。近期研究也指出，青少年心理病態可能有基因上的基礎，並可能家族遺傳（Forsman, Lichtenstein, Andershed & Larsson, 2010; Viding and Larsson, 2010）。另外，初步的功能性核磁共振造影研究發現，被標籤為心理病態的青少年在執行某些作業時，大腦中的某些區域會較為活化（Salekin, Lee, Schrum Dillard & Kubak, 2010）。其他的研究則指出，心理病態的青年可能有某些生理上的大腦異常（Newman, Curtin, Bertsch & Baskin-Sommers, 2010; Shirtcliff, Vitacco, Gostisha, Merz & Zahn-Waxler, 2009）。然而，許多學者仍然對於將心理病態或心理病態特徵的證據帶到法庭上感到憂慮，尤其當事件涉及年輕的犯罪者。

　　　　在一項有關法庭的重要研究，研究者（Viljoen, MacDougall, et al., 2010）檢視110個美國與加拿大的青少年犯罪案例，發現心理病態證據已經越來越常見，而且似乎對於法官的決策具有影響力，雖然不必然是決定性的因素。心理病態或心理病態特徵的證據在約半數的案例中被發現。相較之下，未隱含心理病態或心理病態特徵的青少年案例會得到較寬鬆的量

刑。另外，「心理病態證據在某些案例似乎相當具有影響力，包含決定移轉到成人法庭或將青少年關進成人監獄的案例。」（P.271）根據上述研究，「心理病態的證據普遍被用來推斷該青少年可能非常難被治療，或不可能被治療。」（P.271）

女性心理病態

犯罪行為的研究通常聚焦在男性，「因為男性在刑事司法系統中的比例過高，而且顯著參與更多的反社會行為。」（Javdani, Sadeh & Verona, 2011, P.1325）同樣的，很少有針對心理病態男女比所進行的統計資料，不過一般都假設男性的數量遠遠超過女性。根據 PCL-R 的資料，（Salekin, Roger & Sewell, 1997）監獄環境中的女性心理病態的盛行率為15.5%，相較之下男性的盛行率則在25%至30%之間。

很少研究探討女性心理病態的比例。舉例來說，沒有研究針對大量、文化變異性高的一般樣本，完整檢驗女性的心理病態特質（Neumann et al., 2012）。由於已知的心理病態族群都是以男性為主，而女性導向的研究相當少見，已經進行的研究就會很常被引用。一項研究發現（Rogers, Ustad & Sewell, 1998），如果以PCL-R 測驗的二十九分作為切截分數，七十八位女性收容人中，12.9%可以被歸類為心理病態。另一項涉及528位監禁在威斯康辛州的成人女性的調查，研究報告（Vitale, Smith, Brinkley & Newman, 2002）指出，9%可以被歸類為心理病態者；該研究是採用PCL-R的三十分作為切截分數。有些使用PCL-R的初步研究認為，女性犯罪型心理病態者可能與男性犯罪型心理病態者展現相當不同的行為模式（Hare, 1991; Vitale et al., 2002）。 [274]

比較女性與男性心理病態者

由於研究有限，雖然男性與女性心理病態者有許多相似之處，但也會有一些不同的地方（Neumann et al., 2012; Verona, Bresin & Patrick, 2013;

Walters, 2014）。早期的研究顯示，女性心理病態相較於男性心理病態來說可能較不具攻擊性，也不那麼暴力（Mulder, Wells, Joyce & Bushnell, 1994）。早先的研究也指出，女性心理病態者似乎比男性心理病態者較少再犯。事實上，證據指出心理病態的女性收容人再犯率與非心理病態的女性收容人之間並沒有差異（Salekin et al., 1998）。

然而，較近期的研究指出，相較於男性心理病態者，女性心理病態者在攻擊性、剝削性關係、對他人的操縱等方面顯得更細微而有技巧，以致於對他人的傷害行為大部分都沒有被權威者注意到（Kreis and Cooke, 2011）。另外，女性心理病態相較於男性心理病態來說，更傾向將目標放在家人、朋友或熟識者，而非陌生人（Nicholls and Petrila, 2005）。相較之下，男性心理病態者會有更多的身體攻擊、支配、地位的尋求，所以他們的傷害性行為更容易被注意到，且更容易進入官方紀錄。克瑞斯與寇克主張，女性心理病態的發生率很可能因為行為上的差異而被低估。他們寫道：「測量（如PCL-R）大量倚賴官方記錄的犯罪與反社會行為，而較多的男性會以這樣典型的形式呈現，明顯會將大部分心理病態女性遺漏在外。」（P.645）

初步證據更顯示，相較於男性，女性的心理病態者承受更多來自環境的剝奪、受害及心理健康的問題所帶來的苦痛（Hicks et al., 2012; Javdani et al., 2011）。這可能代表環境與文化的影響在女性的心理病態發展上扮演更重要的角色。上述研究也強調，基因與環境之間的複雜關係會影響心理病態的發展。顯然，把焦點放在不同文化與社會背景對心理病態特質的潛在影響，確實為男女心理病態行為的發展帶來了更深的理解。

種族／民族差異

一項研究提到，大部分針對心理病態的測量都是以白人收容人作為受試者（Kosson, Smith & Newman 1990）。他們發現由海爾發展的PCL測驗所測出的心理病態，在白人男性收容人與黑人男性收容人身上存在著相

似的模式。然而，高森等人（Kosson et al.）發現一個重要的差異：相較於白人犯罪型心理病態者，黑人犯罪型心理病態者往往較不衝動。

　　這個發現引發了一些問題，也就是 PCL 是否完全適用於非裔美國收容人身上。另一方面，維塔勒等人（Vitale et al., 2002）發現女性的心理病態者在分數與分配上並沒有顯著的種族差異。更具體來說，維塔勒等人表示，參加研究的248位被囚禁的白人女性中，有10%在 PCL-R 測驗達到三十分的切截分數或更高；而280位被囚禁的黑人女性中，9%有相似的分數。一項後設分析（Skeem, Edens & Colwell, 2003）也支持黑人與白人之間的 [275] 差異微乎其微。然而，有關其他種族或民族的潛在差異問題仍然存在著。

　　有些研究者提出引人注目且嚴重的議題是：心理病態診斷所帶來的污名是否會在弱勢團體中以偏誤的方式被使用（Edens, Petrila & Buffington-Vollum, 2001; Skeem, Edens & Colwell, 2003; Skeem, Edens, Sanford & Colwell, 2003）。事實上，被診斷為心理病態所帶來的後果已經越來越嚴重（Skeem, Edens, Sanford, et al., 2003）。如同前述研究指出，加拿大與英國法庭會使用心理病態的診斷來支持某種類型犯罪者的不定期羈押：

　　證據顯示，心理病態越來越常做為美國死刑案件在量刑階段的加重因子，他們表示這些人格特質的存在，將會使被告成為「社會持續性的威脅」。（P. 17）

　　此外，正如前述，學者擔憂心理病態的診斷可能會被用來做為將少年犯移轉到成人犯罪司法系統的判決理由，而其通常是基於心理病態無法被治療的假設。因此，任何與種族、民族或年齡有關的心理病態評分差異，都會引起犯罪司法與公共政策的重要議題（Skeem, Edens & Colwell, 2003）。亞當斯等人（Edens, Petrila, et al., 2001）認為，在有更堅實的研究支持 PCL-R 在弱勢族群暴力風險的衡鑑能力以前，也許它應該先被排除在死刑量刑之外。因此，對司法心理學家來說，直到更多研究被開展以前，在量刑階段避免使用心理病態作為診斷指標可能是比較明智的作法。

心理病態的治療與復歸

　　近一個世紀來，有關犯罪型心理病態者的治療與復歸議題，一直籠罩在悲觀與沮喪的情緒中。心理病態的主要研究者海爾（Hare, 1996）曾感嘆地說：「目前沒有已知可以治療心理病態的方法。」（P.41）更令人沮喪的是，許多研究計畫發現，似乎沒有什麼方法可以減低他們的暴力、再犯，以及反社會的態度（Hare et al., 2000）。加科諾等人（Gacono et al., 2001）在針對治療文獻的綜合回顧中指出，「簡單來說，至今沒有實徵證據顯示心理病態是可以治療的。」（P.111）其他研究也報告，心理病態者可能對治療完全沒有反應，或者很會玩治療的遊戲，假裝配合但實際上是有技巧地「哄騙」治療者（Bartol and Bartol, 2014）。事實上，有些研究者（如Rice, Harris & Cormier, 1992）認為，心理病態是相當困難的個案類型，主要原因在於他們的人際與情緒風格（Olver and Wong, 2009）。

　　法靈頓（Farrington, 2005）可能是做出最完整論述的人，他寫道：一般似乎相信心理病態很難治療，因為他們是一種極端、明顯不同質的類別；心理病態會持續一生；心理病態擁有難以被心理社會的介入方式改變的生物性成因；心理病態者的說謊、哄騙及操縱性使得治療面臨阻力（P. 494-495）。

　　一項研究（Frick, Ray, Thornton & Kahn, 2014）為同時具有行為規範障礙與冷酷無情特質的兒童與青少年，在成功治療上繪出一幅慘澹的圖像。他們回顧研究的結論是：

[276]　　一些針對少年司法系統中的青少年所做的研究指出，心理病態或冷酷無情特質較高的青少年，參與治療的機率較低、在參與治療上也會展現較低的評比品質、在機構中表現出較差的適應，並且較可能在治療之後再犯。（P.42）

　　雖然結合行為規範障礙與冷酷無情特質的兒童與青少年確實給治療帶

來挑戰，弗里克等人也主張，如果介入方式「能夠為具有這個特質的兒童與青少年的特殊情緒、認知及動機風格量身訂做，治療可能可以減少他們的行為問題」（P. 44）。

其他研究也開始指出，其實希望仍然是存在的，有些建議認為，假如使用得宜，某些心理治療可能會是有效的（Salekin, 2002; Skeem, Monahan, & Mulvey, 2002; Skeem et al., 2003; Wong and Hare, 2005）。我們將會在第十二章有更多的討論。在針對四十二篇心理病態研究所進行的回顧中，薩利金發現某些研究取向似乎可以有效減低心理病態的態度與行為模式的嚴重度。一項研究指出，應用合適的治療計畫，被囚禁的心理病態性犯罪者也能達到某種成功（Olver and Wong, 2009）。治療成功的指標是治療後十年的性與暴力再犯率。該研究結論指出：「研究結果並不支持心理病態是無法治療，或者治療會讓心理病態者惡化或更可能再犯。」（P.334）顯然，有關心理病態以及具心理病態特質的兒童與青少年的治療，已經開始傳出了振奮人心的消息。

摘要與結論

犯罪行為涉及極度廣泛的人類行為，並且可能由任何年齡與任何社經地位的人所犯下。在本章，我們關注部分犯罪行為，包含持續、嚴重、跨時間的犯行。我們聚焦在少年慣犯的反社會行為的發展因子，檢驗這些犯行的早期起源。為了闡釋這個發展觀點，特別討論了青少年縱火行為。另外，我們也透過討論犯罪型心理病態者，檢驗終身的犯罪模式。

作為一個特殊的族群，少年犯通常會從犯罪中成長；也就是說，他們不會淪為成年慣犯。從少年逮捕的統計資料可以發現，我們很難得知究竟有多少不同的青少年涉入其中（因為有些被逮捕不只一次），以及哪個特定的青少年會成為習慣性的犯罪者。我們可以從研究中知道的是，只有少部分（5%至6%）的犯罪者犯下了大部分的青少年犯罪。我們也知道，習慣性的犯罪者並不會只犯下特定犯行，而是會廣泛涉及各種犯行。司法心理

學家想要辨識出具有嚴重、長期犯行風險的青少年。在少年矯治領域工作的心理學家也參與為這些青少年提供的治療，在本書十三章會再加以討論。

在辨認具有犯罪風險的青少年上，今日許多心理學家採取發展或認知的取向。發展取向的研究，例如由莫菲特和他的同事所做的，主張衝動性、攻擊性、社交技巧、同理心這些特徵，可以區別持續性與非持續性的犯罪者。莫菲特（1993a）的雙路徑假設（終生持續型犯罪者與青少年期限定犯罪者）對這個領域的理論發展有顯著貢獻。雖然更近期來說，莫菲特與其他研究者已經指出，我們需要更多的發展路徑。

[277] 史坦伯格對青少年大腦的研究顯示，青少年的智力發展比情緒發展來得快。這或多或少解釋了青少年傾向冒險與經常做出一時衝動的決定。雖然青少年之間存在著個體差異，發展心理學家認為他們一般會對自己的行為負責，儘管沒有成人這麼負責。而史坦伯格的研究經常被法院引用於有關前科少年犯未來的判決。

最新的發展研究已經找到一些會造成後續反社會行為的相關因子，如早期暴露在攻擊性同儕的環境、同儕拒絕等。發展理論也指出，行為規範障礙症、認知能力的差異、ADHD都會強化兒童與青少年的長期反社會行為。不過，它們當然不會「造成」反社會行為。雖然這些因子都與偏差行為有關，但這樣的提醒還是必要的。兒童的「缺損」可能來自虐待、忽視、缺乏資源或被理解。更宏觀層次的變項也必須納入考量，包含社區的因素與對健康的挑戰，例如環境毒素。我們不能只著眼於兒童的行為問題，而忽略了他們所身處的廣大社會系統。

本章也詳細討論了犯罪型心理病態，一個用於描述極少數成年人的正式名稱。雖然據估計大約只有1%的成人符合心理病態的標準，針對獄中收容人的評估則達到15%（雖然某些人認為這樣的估計值有點膨脹）。心理病態之所以是個問題，不只在於他們的犯罪模式，更由於他們對改變明顯的抗拒。因此，在以未來危險性作為重要量刑考量的州，以及在針對性暴力加害者的強制治療程序中，心理病態的診斷在死刑案件的量刑程序中，

幾乎可說是「死亡之吻」。有許多工具可以用來測量心理病態，最廣爲人知的就是海爾（Hare, 1991）的 PCL-R。我們也提到，心理病態在性別、種族、民族上的差異，日漸吸引研究者的注意。

　　雖然目前針對心理病態的概念是否可以應用到青少年身上仍有爭論，發展這個構念的測量工具依然持續進行，而且這些工具也越來越多被用在臨床實務上。然而，青少年心理病態的概念——假如這樣的構念真的存在的話——對嚴重偏差行爲的預防具有重要意涵，如果臨床工作者可以介入並提供有效治療的話。儘管如此，就像成人族群一樣，心理病態很可能只限於非常少數的青少年加害者。但是許多研究者的擔憂還是需要被審慎考量。將心理病態的標籤貼到青少年身上，實際上可能會使其被移轉到刑事法庭審理。

關鍵概念

青少年期限定犯罪者 242 Adolescent-limited offenders	反社會行爲 238 Antisocial behavior	反社會人格障礙症 238 Antisocial personality disorder
注意力不足／過動症 250 Attention-deficit/hyperactivity disorder	膽識因子 268 Boldness factor	冷酷無情特質 271 Callous-unemotional traits
行爲規範障礙症 238 Conduct disorder	發展的雙元系統模型 244 Developmental dual systems	情緒商數 254 Emotional intelligence
執行功能 257 Executive functions	因素分析 266 Factor analysis	縱火 259 Firesetting
四因素觀點 267 Four-factor perspective	性別路徑取向 243 gendered pathways approach	敵意歸因偏誤 255 hostile attribution bias
青少年偏差行爲 237 Juvenile delinquency	少年虞犯 237 Juvenile delinquent	終生持續型犯罪者 241 Life course-persistent offenders
對立反抗症 250 Oppositional defiant disorder	P 掃描：研究版 265 P-Scan: Research Version	心理病態 261 Psychopath

心理病態檢核表：篩檢版 264 Psychopathy Checklist: Screening Version, PCL:SV	心理病態檢核表：青年版 265 Psychopathy Checklist: Youth Version, PCL:YV	心理病態檢核表修訂版 264 Psychopathy Checklist-Revised, PCL-R
自我調節 257 Self-regulation	社會認知 246 Social cognition	社會病態 261 Sociopath
身分犯行 237 Status offenses	三元心理病態測量 265 Triarchic Psychopathy Measure	〈統一犯罪報告〉 239 Uniform Crime Reports, UCR

問題與回顧

一、請討論在法律、社會、心理學上對偏差行為定義的不同。

二、青少年犯罪資料的主要來源為何？

[278]
三、解釋莫菲特有關青少年犯行的二元理論在近年是如何被修正。

四、有關 ADHD 的至少三種解釋為何？

五、有關智力與偏差行為的關係的三種解釋是什麼？

六、智力是什麼？加德納對這個概念的心理學解釋有什麼貢獻？

七、請列出克勒利提出的心理病態的行為特徵。

八、將青少年貼上心理病態標籤的爭議性為何？

第八章

暴力與恐嚇心理學

[279] **本章目標**

- 向讀者介紹暴力犯罪的統計與研究數據。
- 評估暴力媒體與電子遊戲對攻擊行為的心理影響。
- 描繪威脅評估與校園暴力。
- 檢驗犯罪殺人的研究與臨床數據，包括多重謀殺與連續殺人犯。
- 檢視職場暴力所涉及的心理因素。
- 檢視仇恨與偏見犯罪所涉及的人口學與心理面向。
- 檢視被跟追、霸凌或網路霸凌的心理創傷與潛在暴力。
- 概述傳統霸凌與現代網路霸凌的關鍵面向。

二〇一七年五月，在英國曼徹斯特的一場音樂會上，一枚綁在一名二十三歲男子身上的炸彈引爆，造成二十二人死亡，數十人受傷。同年六月，一輛貨車在倫敦橋上輾過人群，附近酒吧的人們也遭刺殺，七人死亡，多人受傷。

八月，西班牙的巴塞隆納，廣場上滿是享受陽光明媚的人們，一輛卡車蛇行穿過，造成至少十三人死亡，八十人受傷。同樣在八月，維吉尼亞州的夏洛茨維爾，白人優越主義者所駕駛的車輛迅速穿過一群抗議種族主義的人群，造成一名女性死亡，多人受傷。在紐約市，一輛出租卡車在萬聖節時沿著自行車道加速行駛，造成八人死亡，許多自行車騎士與行人受傷。該襲擊者宣稱已經策畫這次攻擊一整年。

二〇一七年十月一日，內華達州拉斯維加斯的一個戶外音樂會場地發生大規模槍擊事件，造成五十八人死亡，五百多人受傷。

適合青少年的電子遊戲，98%包含暴力內容；適合所有年齡層的電子遊戲，64%包含暴力內容（Calvert et al., 2017）。

　　暴力讓人害怕、憤怒、著迷，也為我們帶來娛樂。雖然我們擔憂感覺
日漸上升的暴力犯罪率，也害怕成為暴力的受害者，但我們同時支持媒體
上那些暴力行為的圖文，並經常要求媒體提供相關細節。上述真實暴力犯
罪事件經新聞媒體廣泛報導與重複播放，不過他們確實應該這麼做，因為
這涉及公眾利益。當暴力發生時，我們需要被告知，就像我們也必須知道
公眾人物行為不端。有趣的是，暴力這件事有點難以定義，正是因為它包
含很多不同的含義，而且會喚起廣泛的想像（Newman, 1979）。此外，它
會在許多處境與各式各樣的狀況下發生，對於它的發生也有許多不同的解
釋。

　　暴力（violence）的一般定義是：為了造成某人或某些人的傷害、痛
苦、不適或虐待，或以破壞或毀壞財產為目的而施加的武力（physical
force）。不過，這種武力可能會被社會所容忍。我們允許警察使用合理的 [280]
武力對抗拒捕者、橄欖球員可以壓制對手、士兵可以殺死敵人、犯罪受害
者可以用武力自保免於嚴重的身體傷害。本章所要探討的是缺乏正當性的
暴力行為，特別是構成刑事違法的暴力。

　　值得一提的是，暴力與攻擊不是可以交互使用的詞彙。雖然暴力會涉
及武力，但攻擊可能會或不會涉及武力。**攻擊**（aggression）可以被定義為
傷害或意圖傷害另一人（或群體）的身體或心理的行為。一位抗議者阻止
某個人進入據稱有種族或族裔歧視的企業，算是一種攻擊行動的表現，但
不算是暴力行為。儘管我們可能原則上認同抗議者的行動，但它還是具有
攻擊性。同樣的，拒絕與侮辱過你的人說話是一種攻擊行為，但不是暴力
行為；這可能符合心理學家所說的「被動攻擊」（passive aggression）。因
此，所有暴力行為都是具有攻擊性的，但並非所有的攻擊行為都是暴力。
雖然心理學家已經對攻擊的概念進行廣泛的研究，但本章主要關注的是暴
力行為。不過，非暴力攻擊也占有一定篇幅，特別是討論到恐嚇罪的時
候。

　　近年來出現兩個日益連結的暴力研究流派。一派檢驗了暴力加害者的
許多特徵與人口統計學資料；另一派則研究暴力最常發生的脈絡與環境

照片8.1
前國會議員嘉貝麗‧吉福茲在二〇一一年的選民活動中頭部中槍，本圖是她與丈夫在二〇一五年出席一場演講。來源：Monica Schipper/ Getty Images.

（Hawkins, 2003）。前者的研究檢驗了人際犯罪中社會、心理及生物因子；後者則檢視家庭、同儕、社區及鄰里對不同暴力程度的影響。每個研究領域都承認彼此的重要性。也就是說，研究者知道在理解暴力時，必須同時考慮到個人因素與環境的影響力。舉例來說，研究顯示，種族／族裔組成的關係，憤怒、怨恨及挫折的感受，以及凶殺犯罪率（至少有部分），受到經濟匱乏、失業、吸毒、社區內幫派數量的影響（Johnson and Chanhatasilpa, 2003）。

　　司法心理學家經常會遇到暴力以及一般的攻擊，有時甚至是每天都會遇到。他們的個案可能會威脅要傷害他人。他們可能被要求評估個體的暴力風險。他們自己也可能暴露在暴力風險下。在法庭中，他們可能會被要求針對暴力對犯罪受害者或民事訴訟原告造成的影響作證。因此，了解暴力的盛行率、原因及造成的效應，對他們來說非常重要。

　　本章將從暴力犯罪的數據開始，包括有關性別與種族／族裔差異的資訊。接著討論研究心理學家對於暴力的理論觀點。預防暴力的發生將會在威脅評估一節中介紹，這裡的威脅評估與前幾章討論的風險評估任務不太一樣。與威脅評估密切相關的是校園暴力問題，這也是心理健康實務工作者與一般大眾最感興趣的部分。接著我們會將焦點擺在殺人與職場暴力等

特定類型的暴力犯罪。本章將以恐嚇罪的討論作結，它是一種攻擊的形 [281]
式，可能或可能不會導致暴力，但會造成受害者的恐懼。

〈統一犯罪報告〉的暴力犯罪數據

如上一章所討論的，在〈統一犯罪報告〉的系統中，四種暴力犯罪指
的是殺人與非過失致人於死（nonnegligent manslaughter）[1]、強暴、搶劫、
加重企圖傷害。這些犯罪的報告包括每年提供給大眾知道的暴力犯罪率
（暴力犯罪趨勢見表8.1）。此外，它也提供關於上述犯罪與單純企圖傷害
的逮捕數據。根據〈統一犯罪報告〉的資料，在美國，二〇一五年加重企
圖傷害罪占了警方已知的暴力犯罪的最大比例（約64%），謀殺的占比最
小（1.3%）（參見表8.2）。在二〇一五年發生的凶殺案中，4.6%使用手、
拳頭及腳等個人武器，槍枝則占71.4%，而刀或切割工具則占11.4%，其餘
12.6%的犯罪則使用了其他的危險武器。

槍枝造成的死亡在美國是一個令人不安的現況，猶未獲得立法解決。

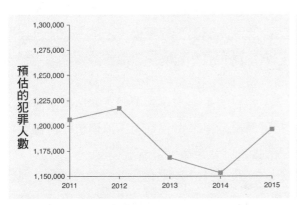

表8.1 暴力犯罪的五年趨勢
資料來源：FBI, 2016a

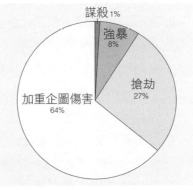

表8.2 二〇一五年暴力犯罪類型占比
資料來源：FBI, 2016a

---

1. 譯註：亦即有意（willful）致人於死之行為；美國法下的定義包括任何由於在鬥毆、爭執、
扭打、攻擊或實施犯罪過程所造成的死亡。

每年因此約有31,000件死亡發生，78,000人受到槍枝所造成的非致命性傷害（CDC, 2013）。雖然並非所有的死亡都是刑事犯罪，有些是意外死亡或槍擊、自殺或自殺未遂、自衛事件，不過絕大多數都是犯罪活動。特別要注意的是，從一九九三至二〇一一年，與槍枝有關的凶殺案下降了39%，非致命槍枝犯罪也在同一時期下降69%（Planty and Truman, 2013）。然而，降幅多數發生在一九九三至二〇〇二年間。一九九九至二〇〇六年間，槍枝殺人案件數量有所增加。根據一份政府的報告，雖然槍枝犯罪的數量隨著時間而下降，但涉及槍枝的暴力整體比率實質上並未改變。一九九三年，估計有9%的暴力行為使用槍枝；二〇一一年時，數字則為8%（Planty and Truman, 2013）。手槍占了致命與非致命事件中的絕大多數——占所有凶殺案的70%，所有非致命暴力犯罪的10%以下。

[282]

顯然，槍枝相關的犯罪在美國仍然是一個重大的問題。二〇一四年，美國心理學會一個有關槍枝暴力的預測與預防的工作小組，根據現有關於槍枝暴力的科學文獻發表了若干政策聲明（見重點提示8.1）。過去十年，我們在槍枝的購買與擁有上做了限制，同時維持《憲法》第二修正案的保障。這些限制包括背景調查，為的是要讓重罪前科犯與患有嚴重精神疾病者難以取得槍枝，也確保學校、醫院、娛樂場所等無槍安全區。然而，與此同時，有十二個州允許有照的槍枝擁有者在公共場所攜帶隱藏式武器，十個州則允許可在公立大學校園（體育場館與行政辦公室除外，但不包括教室）。雖然有外加一些限制，大約有四十個州允許人們公開攜帶手槍與／或長槍。雖然並非所有的暴力犯罪都是以槍枝犯下的，但槍枝往往會與暴力犯罪有關。本章後面將更詳細討論這個問題。

二〇一五年，估計有46%的暴力犯罪與19%的財產犯罪會以逮捕或其他手段終結。同年，謀殺的破案率（或解決率）為62%。加重企圖傷害、強暴及搶劫的結案率分別為54%、38%、29%。

暴力的地理位置大多分布在兩個主要地點：住宅與街頭。其他地點（如學校、酒吧、工作場所）則占較小的比例。近來暴力犯罪防治大都將

[283]

重點放在更加可見的街頭犯罪，而較少著墨家庭內的暴力。街頭犯罪更容

易引起警方的注意，因此更可能在官方統計中出現。然而，女性與兒童更有可能受到家庭中的人以及認識者的暴力傷害，而非路上的陌生人。因此，研究者與執法人員越來越重視這類暴力犯罪的研究、預防及應對。正如本章稍後會討論的，職場與校園暴力也引起越來越多關注。

重點提示8.1

槍枝暴力的專家報告

二〇一三年十二月，美國心理學會發表了一份槍枝暴力的政策報告，該報告由包括臨床工作者，以及心理學、公共衛生、小兒科與公共政策學的教授們，還有來自私人與公共基金會的代表所組成的小組所編寫。完整報告可在以下網址取得：

http://www.apa.org/pubs/info/reports/gun-violence-prevention.aspx.

以下是從該報告中摘取的一些要點與建議：

- 沒有單一的剖繪能夠可靠地預測誰會在暴力行為中使用槍枝。
- 當社區能夠集體解決問題的時候，在社區進行預防工作會是最有效的。
- 男性尤其會面臨強調自給自足、強勢及暴力的性別期待。必須用發展心理學的知識來改變這些期待。
- 目前對警察進行的危機介入訓練，以及對社區成員進行的心理急救培訓，已經取得部分成效，應該考慮多舉辦這類的社區專案。
- 有必要舉辦有關安全槍枝儲存的公共衛生宣傳活動。
- 憂鬱者或患有嚴重精神疾病的人更有可能用槍自殺，而不是用槍殺人。
- 大多數的精神病患並不危險，但對於有暴力風險的人而言，心理健康的治療往往可以預防槍枝暴力；目前美國精神衛生

服務的取得機會仍嚴重不足。

- 禁止高風險群體使用槍枝可以減少暴力，包括家庭暴力加害者、被判犯有暴力輕罪的人，以及被判定會對自己或他人構成威脅的精神病患。
- 對於暴力防治、對構成暴力威脅或有自我傷害風險者的協助介入，校園、職場及政府機關的威脅評估小組是相當關鍵的組成。
- 減少槍枝暴力的政策包括發放手槍購買許可證、要求對所有銷售的槍枝進行背景調查，以及對槍枝零售商的密切監督。

問題與討論：

一、你會在上述清單中加入什麼？有沒有任何重要的內容或策略未被提及？

二、從心理健康專業、執法人員、主張是為了個人消遣而擁槍者、主張擁槍是為了自衛者的角度，評論上述觀點。

三、過去幾年，國內外的恐怖份子曾經使用車輛作為武器，殺害或傷害大量人員。假設你同意某些對槍枝的限制是合理的，是否對車輛的擁有也應該有類似的限制？

暴力犯罪中的性別、種族及族裔差異

〈統一犯罪報告〉的數據顯示，不論哪一年，男性都占了暴力犯罪逮捕總數的80%至90%。也占了每年因謀殺而被捕者的89%左右（FBI, 2016a）。其他國家的數據也出現這種 9：1 的比例特徵。加重企圖傷害的逮捕率則有些許不同，77%為男性，23%為女性。雖然女性的暴力犯罪率在一九九○年代中期曾於短時間內增長得比男性快，但女性在暴力犯罪統計中的代表性仍然遠遠不足。暴力犯罪中的性別差異有兩個主要解釋：社會

[284]

化因素（女性比男性更少被鼓勵暴力）與生物學因素（有些研究者會將雄性激素睪固酮與攻擊性連結）。

　　據說女性也比較少機會做出會引起警方注意的暴力街頭犯罪。因此，有些理論家認為，女性犯下的暴力行為可能比較不會被發現與報告出來，因為它更可能發生在家庭的私領域。即便如此，暴力犯罪中的性別差距仍然很難被縮小，因為許多男性的家庭暴力也沒有被發現和報告。如前文提及的美國心理學會小組報告指出，男性經常被鼓勵要堅守刻板印性的男子氣概，包括冒險、攻擊性與強勢。

　　雖然暴力犯罪中的性別差異引起關注，但種族與族裔的差異才真正引發最多的評論。在美國與世界上許多其他社會，犯罪與暴力中的種族差異仍然是一個充滿情緒性與政治性，且具有分裂性的議題（Hawkins, 2003）。舉例來說，美國所進行的全國性調查顯示，大多數的白人受訪者都認為黑人與拉丁美洲人比白人或亞洲人（在先天上與文化上）更傾向暴力（Bobo and Kluegel, 1997; Unnever and Cullen, 2012）。這些信念說明了，刻板印象的存在對於美國的犯罪暴力來說是一種誤導性的解釋。

　　官方的犯罪數據部分可歸咎於這些刻板印象。根據這些數據，非裔美國人所參與的殺人犯罪與其他形式暴力的比率遠遠超過一般人口。舉例來說，儘管非裔美國人只占美國總人口約13.5%，但他們占了二〇一五年所有因謀殺而被捕者總數的50%以上（FBI, 2016a）。這些統計包括成年與青少年美國黑人。這些數據反映了社會的不平等，例如就業與教育機會的缺乏、各種形式的種族壓迫、刑事司法系統的歧視性待遇，以及許多非裔美國人居住地區的執法實務。必須強調的是，暴力犯罪中的種族或族裔差異並不是基因或生物因素所造成，例如不同種族天生在攻擊性上的差異。正如我們會看到的，研究者已經探索並發現了生物學與攻擊性之間的連結，但這些連結與種族或族裔無關。

　　拉丁美洲人是現在美國最大的少數族群。自一九八〇至二〇〇〇年，美國的拉丁裔人口增加了一倍以上，近年來則有下降趨勢。二〇一五年，美國的拉丁裔人口達到5,700萬（U.S. Census Bureau, 2016），但移民人數

與西班牙裔女性的生育率下降，拉低了美國西班牙裔人口的整體成長率（Krogstad, 2016）。截至二〇一五年，加州的西班牙裔人口是所有州中最多的（1,520萬）。

研究者（Shihadeh and Barranco, 2010）主張，將拉丁裔社群定義為一個未分化的群體是錯誤的。他們指出，近年來，有些拉丁裔社群可能有所改變，反而更容易鼓勵犯罪，包括暴力犯罪。舉例來說，過去拉丁裔移民更有可能定居在大型拉丁裔社區，受到共同文化與語言的保護。今日，拉丁裔移民者則更有可能會冒險進入新的、與他們的文化和語言更加隔絕、連結性沒那麼高的社區。這種移民模式的轉變可能會導致拉丁裔人口中某些階層的犯罪與暴力率上升。然而，要對暴力與拉丁族裔之間的關聯性下一個有意義的結論之前，還需要進行更多的研究。

來自全球工業化國家的研究結果，並無法簡單解釋族群、文化或次文化之間暴力程度的不同。「在這些地區所觀察到的族群在犯罪與暴力率上的差異，似乎不容易用傳統觀念（少數與多數、白人與非白人、經濟弱勢與優勢）來加以解釋。」（Hawkins, 2003, P.xxiii）

[285]

此外，要特別注意的是，不能只關注任何單一的種族或族裔群體，而將其他群體給排除在外。很多研究焦點擺在黑人男性的街頭犯罪，卻忽視了其他群體。研究者通常不會將白人視為一個單獨的群體進行研究，儘管白人之間也經常發生暴力。不過，研究者確實過濾掉其他種族與族裔群體。例如有跡象顯示，亞裔美國人的親密伴侶與家庭暴力可能比其他族裔群體更為普遍。在〈全國婦女遭受暴力經驗調查〉（National Violence Against Women Survey）中，25%的亞洲女性表示曾遭受過家庭成員或親密伴侶的身體攻擊或性侵害（Lee, 2002）。整體來說，暴力的族裔與種族分布及其隨時間的變化仍有許多難解之謎（Hawkins, 2003）。在思考這類問題時，不應該忽略白人的部分。甚且，隨著種族與族裔日益多元，要將人們適當地歸類到某個種族或族裔群體會更加困難。

此外，我們還需要在各種不同的環境與設定中進行更多的研究。使用簡單的分類，如黑人、拉丁裔／西班牙裔、亞裔、美洲原住民、中東裔、

白人，並不能真正捕捉到各地社區的多元民族混合的特徵。文化與次文化相當複雜，並且蘊含豐富的心理特性，要對暴力中的族裔／少數民族差異進行有意義的研究，必須深刻理解這種複雜性。

實務司法心理學家必須對每個種族或族裔群體或次文化的信念、態度、價值觀、傳統，以及被期待表現的行為有高度的了解，才能真正對加害者與其受害者產生助益。民族中心主義（ethnocentrism），或只從自己的文化視角看待他人，往往會使人們（包括心理健康專業人員）形成刻板印象與偏誤，限制了他們對來自不同背景的人進行評估與治療的能力（Feindler, Rathus & Silver, 2003）。

暴力的理論觀點

犯罪暴力可以依幾個連續向度進行分類。舉例來說，一個向度代表的是行動的計畫。其中一端，行動是經過高度計算與規畫（冷血）的；另一端則是高度衝動與情緒驅動的行為，幾乎未經計畫，如衝動犯罪（crimes of passion）。在心理學文獻中，暴力可能代表不同形式的攻擊，從工具性暴力到反應性暴力，連續向度的中間則包含了兩者的要件。**工具性暴力**（instrumental violence）「發生在當對個體的傷害相較於其他外在目標的取得而言是次要的時候」（Woodworth and Porter, 2002, P.437）。外在目標可能是金錢、地位、安全或有形的物品。**反應性暴力**（reactive violence）也稱**表達性暴力**（expressive violence），指知覺到威脅或危險處境而產生的敵意與憤怒反應所促發的身體暴力。因此，反應性暴力「往往是對真實或想像的挑釁，衝動而未經思考的反應」（APA, 1996, P.8）。一個憤怒的人在一次小爭吵中「大發雷霆」並打了朋友，就是明顯的例子。而屢見不鮮的是，攻擊者一旦情緒平靜下來後，往往無法相信自己做了什麼，或難以理解自己怎麼會如此失去控制。然而，在許多情況下，很難清楚區分暴力是屬於工具性或反應性的，它往往混合了工具性與反應性的因素。因此，暴力行動通常會落在工具性和反應性的連續向度中間，就像常態分布

[286] 中可以看到的。

　　當我們將這個暴力連續向度連結到第七章所討論的犯罪心理病態時，就會出現一個有趣的問題：他們更可能做出工具性還是反應性的暴力？回想一下前面所說的，心理病態者很少表現出同理心或懊悔的情緒，而且往往情緒較為表淺。然而，他們也相當衝動，對挑釁的情況有高度的反應。伍德沃斯與波特（Woodworth and Porter, 2002）針對犯下殺人罪的心理病態者與非心理病態者的探討，為這個領域開啟研究方向。根據這些研究者的見解，心理病態者往往會從事更具工具性、目標驅動（如為了取得金錢或毒品）的凶殺案，而非心理病態者則大多涉及反應性、自發性的暴力（例如在激烈爭吵下發生）。犯下謀殺的心理病態者主要是為了達成自己的目的，對受害者很少表現出同理或關心。然而，讓他們感到驚訝的是所有凶殺案中工具性暴力的整體程度，無論是由心理病態者或非心理病態者所犯下。大多數加害者並不只是單純地「突然發火」，並在無法控制的情緒暴怒中殺死受害者。研究者建議，未來的研究應該檢驗這些研究結果是否可以概化到其他類型的犯罪暴力與加害者。

暴力的成因

　　暴力的成因是多重且複雜的。心理學文獻通常會將這些原因分為四個高度重疊的類別：神經生物、社會化、認知、情境因素。在此必須強調它們是重疊的，因為當代研究逐漸採取發展觀點來看待犯罪行為。此外，不同觀點、不同學科的學者也會共同合作研究暴力與其他社會問題。

神經生物因素

　　神經生物因素是指生命過程中對大腦產生影響的廣泛神經與神經化學因子，它們可能會導致高度的攻擊與暴力行為。神經科學的最新進展揭示了暴力與因各種環境風險因子而導致的腦損傷或失能之間的連結（Hubbs-Tait, Nation, Krebs & Bellinger, 2005; Raine, 2013）。其中較為顯著的環境

危險因子是神經毒素。「神經毒素是對人體神經系統有毒性作用的微量元素、殺蟲劑、化學物質及生物元素。」（Hubbs-Tait et al., 2005, P.58）神經毒素的例子如鉛、鎘、及錳，都是環境中存在的微量元素。神經毒素可能會造成神經認知功能障礙，而使得個體容易從事反社會行為與暴力（Raine, 2013）。

營養不良可能也會對大腦的神經發育造成顯著影響。據估計，營養不良影響了全世界16,720萬學齡前兒童的神經發育（Waber et al., 2014）。有些研究指出，產前與幼兒期的營養不良「與學齡兒童與青少年的不良後果有關，包括行為問題與攻擊行為的盛行率增加」（Galler et al., 2012, P. 239）。前述研究發現，儘管嬰兒期的飲食已經有所改善，青少年的行為問題與攻擊行為仍然明顯提升。

母親飲酒、吸毒及吸菸會對胎兒的發展造成顯著的負向影響。兒童虐待或意外造成的創傷性頭部損傷也可能是一個促成因素，特別是腦傷發生在前額葉皮質區。

當然，最好的方法是事先預防這些情況的發生。一旦缺損發生，消除或補救方法可能就包含以藥物形式進行神經干預。然而，同樣重要的是，目前已經發現，具有支持性且有力的社會環境，能夠中和或減輕這些神經生物因子對任何暴力傾向的影響。研究腦損傷與暴力之間關係的主要研究員萊恩（Raine, 2013）寫道：「我想強調的是，社會因素在兩方面都至關重要，包含與生物力量交互作用而導致犯罪，以及直接導致個體容易有暴力傾向的生物學變化。」（P.9）。 [287]

社會化因素

社會化因素（socialization factor）是指一個人從早期生命經驗中學習思考、行為模式及感受的歷程（APA, 1996）。更具體來說，根據美國心理學會的說法，「科學家使用社會化一詞來描述兒童學習特定社會行為的『腳本』（script），以及導引他們與他人互動的規則、態度、價值觀及規範的過程。」（P.3）此外，兒童藉由觀察環境中重要或欣賞的他人而學習

到的東西，與從自身經驗中學到的一樣多。大量研究指出，攻擊性、反社會及暴力行為常常是從重要他人（包括電視、電影、線上或虛構人物）那裡學習而來的，並會留存下來對特定社會情境做出反應。這是限制幼兒接觸暴力媒體影像的一個好論點，我們會在稍後簡短討論到這個主題。

認知因素

認知因素（cognitive factor）是指個人在一生中因為與世界互動而產生的思想、信念及思考模式。研究顯示，暴力的個體處理與解釋這些資訊的方式相當不同。「他們往往會在他人其實沒有敵意時知覺到他人的敵意。」（APA, 1996, P.5）回顧第七章曾經提到這種值得注意的傾向，被稱為敵意歸因偏誤。暴力的個體在以非暴力方式思考來解決社會衝突與意見分歧上的效率也較低。整體而言，他們對暴力有較高的接受度。有些年輕男性，尤其是暴力同儕群體或幫派成員，會認為對每一個知覺或想像中不尊重的跡象做出攻擊反應，是可以被接受的。簡單來說，相較於不具攻擊性的同儕，具有攻擊性的兒童與青少年會擁有更多反社會與暴力的信念（Shahinfar, Kupersmidt & Matza, 2001）。

情境因素

情境因素（situational factor）是指會促使暴力行為發生的環境特徵，如壓力或他人的攻擊性。正如許多研究者指出，「我們經常會去尋找人們產生暴力的原因，而忽視了環境的影響。」（APA, 1996, P.6）幾乎任何令人厭惡的情況，如過熱、連續的大聲噪音、擁擠的生活條件，都可能會引發那些處在這類情況下的人的攻擊性與暴力。鄰里、學校、家庭及同儕都會促進暴力行為的發展。武器的存在增加了衝突發生的可能性，而一旦發生，就會產生致命性的後果（槍枝相關立法請見重點提示8.2）。

同樣清楚的是，在普遍貧窮、挫折及無助的剝奪環境下成長的兒童，未來涉入暴力的風險較其他兒童更高，儘管大多數在這些條件下成長的兒童並沒有走向這種毀滅性的道路。然而，在某些個體身上，童年的攻擊性

可以預測成人期的暴力。研究發現，接近10%的高攻擊性兒童，長大後會犯下50%至60%的暴力犯罪（Bartol and Bartol, 2011）。在童年時期，這些個體會在家庭、學校中表現出攻擊、不服從及破壞行為；他們不被同儕喜歡且會被排擠，他們被家長與老師忽視，而且很可能被當而導致輟學。在無人監督且容易受到其他虞犯青年的影響下，他們會成為反社會、帶有攻擊性，甚至有時是暴力的年輕成人。他們很可能會捲入虐待性的配偶關係，而且他們也經常會虐待自己的孩子。

　　儘管成因複雜且多元，但人類暴力最終還是一種習得的行為。正因為它是學習而來的，它也可以重新學習或改變，或改變條件好讓它不會在一開始被習得。此外，暴力是一種在生命早期習得的行為，甚至在許多情況下是非常早期。因此，暴力預防也應該從生命的早期開始。

重點提示8.2

[288]

堅守陣地、公開持武、隱蔽持槍法：鼓勵還是阻止暴力？

二十一世紀初，幾起社會矚目的案件讓大眾的注意力聚焦於允許人們在面對身體傷害的威脅時使用武力（包括致命性武力）的法律。它們被統稱為「堅守陣地法」（stand your ground law），與傳統的自衛法不同，有些人稱之為擴大自衛法。

大約在同一時期，公眾也關注允許人們在公共街道公開攜帶槍枝（包含手槍）的法律，這些法律有些是很久以前就存在的，有些則是新通過的。相關法律在各州與各地區的差異很大。舉例來說，許多法律禁止公開持武，但允許人們在有許可證的情況下攜帶隱蔽的武器。撰寫本書之際，約有十二個州允許執法部門以外的人攜帶隱蔽的武器，其中一些州已經將其擴大適用到公立學院和大學。

自衛被認為是殺害他人的正當理由，但堅守陣地法已超越傳統的自衛法。自衛法允許一個理性人，在他或她有權去的地方，知覺自己有受到嚴重身體傷害的立即性危險時，可以對攻擊者使用武力。然而，自

衛法經常提到，不能使用與受到的威脅不成比例的武力。它們通常也會期望人們只要能逃跑就逃跑。在許多州的例外是所謂的「堡壘法則」（castle doctrine）：如果一個人在自己的家、辦公室或類似的地方，就沒有退卻的義務。二〇〇五年，佛羅里達州通過了美國第一個堅守陣地法。目前大約還有十五個州也有類似的法律。正如這個名字所暗示的，其共通點就是不必承擔逃跑的責任，也允許使用不成比例的武力。

針對堅守陣地法、公開持武法、隱蔽持槍許可這些規定，批評者認為，別的先不提，它們會鼓勵暴力並導致無辜的人死亡。此外，這會鼓勵人們購買與攜帶武器，促成一個武裝的社會，而我們的社會已經有過高的槍枝暴力。然而，這些法律的支持者則表示，它們會阻止更多的暴力發生，因為潛在的攻擊者永遠不會知道別人何時會攜帶並能夠使用武器。也有人說，傳統的自衛法不夠完善，因為逃離現場是不切實際的。不過，必須強調的是，傳統的自衛法是要求只有在有辦法這樣做時，才有逃離的義務。

槍枝管制立法的倡議者戮力促進槍枝安全，並合理限制槍枝的擁有權。目前已經採行法律限制武器購買、背景調查、槍枝回購方案、教育、暴力替代方案，也各有不同程度的斬獲。一些有力的遊說團體，如美國全國步槍協會，強烈反對這些措施，但諷刺的是，擁槍的團體據說是支持背景調查與安全教育的。自從海勒案裁決（Heller, 2008）將憲法第二修正案對攜帶武器權利的保障具體化為個人的保障以來，最高法院一直不願擴大這項權利（例如將其擴大到家庭之外）。二〇一七年六月，最高法院宣布不受理「佩魯塔訴加州」一案（*Peruta v. California*），該案攸關海勒案所宣布的個人攜帶武器的憲法權利是否同樣適用於公共街道的問題。

問題與討論：

一、如果法律已經承認自衛與保護他人是傷害他人的正當理由，為什麼還需要堅守陣地法？

二、根據傳統的自衛法，人們如果是在自己家裡，就不會被期待要試圖逃跑。在某些州，還包括辦公室或工作場所。界線應該如何設定？如果是在朋友家呢？在學校？或在自己的車上？

三、如果大學生擁有必要的許可證，是否應該允許他們攜帶隱蔽武器進入校園？如果是，應該在某些區域禁止嗎？行政大樓？教室？足球場？食堂？宿舍？

四、檢視你所在的州或地區的槍枝購買與擁有權的相關法律。誰被允許買槍、攜帶槍枝？有什麼地方允許攜帶槍枝？允許攜帶槍枝的處所有什麼限制嗎？

暴力媒體的影響

[289]

過去四十年，大量研究文獻強力支持觀看暴力媒體是助長攻擊與暴力發展的一個因素（Bushman and Huesmann, 2012; Huesmann, Moise-Titus, Podolski & Eron, 2003）。大多數研究都聚焦在電視節目、影片及電影中戲劇性暴力的影響。各式研究皆得出相同的基本結論：對電視、其他媒體、電影中戲劇性暴力的暴露程度與暴力行為有關。除了數百項的研究結果，三項主要的全國性研究也得出結論認為，大量接觸暴力媒體是造成社會暴力的最主要原因之一（APA, 2003c）。這些研究包括外科醫師委員會報告（1972）、國家精神衛生研究院有關「電視與行為」的十年追蹤研究（1982），以及美國心理學會社會電視工作小組（1992）。根據美國心理學會（2003c），這些報告指出，不斷在螢幕上觀看暴力會產生以下的負面影響：

- 增加觀眾對成為受害者的恐懼，自我保護行為與對他人的不信任也會相應增加。

- 使觀眾對暴力去敏感化。也就是說，觀眾常常會對他人的痛苦變得比較不敏感。
- 鼓勵某些人更常涉入暴力的行動。
- 演示如何透過使用攻擊與暴力取得想要的東西與服務。
- 目前顯示 X 級與 R 級電影中的性暴力會增加一些男性的性暴力。

區分媒體對攻擊行為與暴力的短期影響與長期效應是相當重要的。長期效應是指暴力與攻擊性的資料經學習而儲存在認知系統中，最終「具體化」，而且隨著孩子長大會變得難以改變。幼兒尤其對新的學習有相當高的開放性，而這些早期發展階段的經驗往往會比成年期間的學習事件產生更大的影響。此外：

[290]　　在最近的理論中，長期的關聯性主要歸因於透過三種社會認知結構的觀察學習所獲得：有關敵意世界的基模、聚焦於攻擊性來解決社會問題的腳本，以及認為攻擊性是可以接受的常規性信念（Huesmann et al., 2003, P.201）。

觀察學習（observational learning）指的是人類具有模仿他們所觀察到的任何重要或欽慕的對象或榜樣的強烈傾向。兒童尤其容易這樣做。因此，對周遭特定攻擊行為的觀察，會增加兒童照著做的可能性。隨著時間經過，加以經常暴露於攻擊行為中，兒童會發展出一些信念（基模），認為世界基本上是一個充滿敵意的地方、攻擊是可以被接受的社會行為，以及攻擊是解決問題與達到目的的最佳手段。

休斯曼等人（Huesmann et al., 2003）表示，幼兒期所看到的媒體暴力會造成強烈的長期影響，甚至會持續到成年：

整體來說，這些結果說明了，來自各個社會階層且具有各種程度初始攻擊性的男女，當他們在童年早持續觀看大量的暴力電視節目時，他們發

展出成人攻擊性與暴力行為的風險就增加了。（P.218）

　　暴力媒體會鼓勵、刺激並強化攻擊行為。此外，具攻擊性的兒童往往會喜歡具有攻擊性的媒體內容。休斯曼等人認為，「如果具攻擊性的孩子認為並不是只有自己這樣，他們就會感到更自在、更理所當然，而觀看暴力媒體會讓他們感到更快樂，因為這讓他們深信自己並不孤單。」（P.202）。作者也假設暴力媒體似乎會對成年人造成短期的影響，但真正的長期影響似乎只發生在兒童身上。這個影響不僅會在容易發生暴力的兒童身上看到，幾乎在所有的兒童身上都存在。

　　此外，休斯曼等人的研究發現，對兒童危害最大的暴力電影、電視節目及其他媒體，並不總是成人與批評者認為最暴力的。什麼類型的景象對孩子是最有害的呢？「就是會讓兒童認同施暴者，讓兒童知覺到人生就是如此，而且施暴者會因暴力而得到獎勵。」（P.218）換言之，暴力媒體將令人欽慕的施暴者描繪成可以透過使用暴力取得成功，長期下來對兒童在攻擊與暴力的觀察學習會有更大的影響。研究者認為，減少暴力媒體對兒童影響的最簡單方法，就是限制兒童接觸這種暴力。而最有立場這樣做的人，就是他們的父母或照顧者，特別是對年幼的孩童來說。

暴力影片與電玩遊戲

　　這一代的年輕人在媒體飽和的環境中長大。事實上，有些學者稱這個世代為「數位原生世代」（born-digital）（Palfrey and Gasser, 2008）。美國最早對電子遊戲的調查指出，97%的青少年（十二至十七歲）會玩電腦、網路、平板、手機或掌上型電動玩具（Lenhart et al., 2008; Willoughby, Adachi & Good, 2012）。99%的男孩與94%的女孩會玩這些遊戲（Lenhart et al., 2008）。此外，如本章開頭所引，分級為適合青少年的遊戲中，98%包含暴力的內容，普遍級中則64%包含暴力內容。早期的調查也顯示，大約有半數的青少年會用手機、i-Pad或其他掌上型系統等行動裝置玩電子遊

戲，考量到二〇〇七年的指標是行動科技裝置的「大爆發」，這完全不令
人意外（Friedman, 2016）。在二〇〇七年數位爆發之前，調查估計，青少
年在進入青春期之前，平均會在電視上看到超過十萬起暴力事件與大約兩
萬起謀殺案。

[291]　　　讀者可能都玩過電子遊戲，有些人可能一次玩好幾個小時。有許多人
也玩過暴力電玩。那讓你變得更暴力了嗎？它讓你對暴力所帶來的效應變
得較不敏感嗎？它對你造成嚴重的心理傷害嗎？某些人預測，美國最高法
院將會在「布朗訴娛樂商業協會」（*Brown v. Entertainment Merchants
Association*, 2011）一案的判決，回應最後一個問題。該案涉及二〇〇五年
通過的加州法律，該法禁止向十八歲以下的孩童出售暴力電玩遊戲，並對
任何被發現這樣做的零售商處以罰款一千美元。這些有爭議的遊戲是指描
繪殺戮、殘害、肢解或性侵人類形象的遊戲。然而，加州最高法院在二
〇〇九年駁回了這項法律，表示沒有證據確定這些遊戲會嚴重傷害兒童。
美國最高法院對此表示贊同，指出針對暴露在此類暴力下所造成的影響，
研究是有歧義的。法院支持娛樂商業協會發行其產品的第一修正案權利，
並拒絕對銷售這些產品的零售商處以罰款。

　　　一九九〇年代末發生了一系列校園槍擊事件之後，暴力電玩對暴力的
影響便成為人們研究的嚴肅課題。這些案件中的槍擊者常常都是慣於玩暴
力電子遊戲的學生。例如在自殺前殺害了十三人、傷害二十三人的兩位科
倫拜高中生哈里斯與克萊伯德，便相當沉迷於血腥電玩《毀滅戰士》
（*Doom*），這是所有暴力電玩中最早且最成功的遊戲之一。「哈里斯用兩
個射擊槍、額外的武器、無限的彈藥，加上讓受害者無法反擊，創造了一
個客製化的毀滅戰士，這些特徵與實際射擊的各方面都詭異地相似。」
（Anderson and Bushman, 2001, P.353）

　　　美國心理學會指派一個工作小組，對評估暴力電玩的影響做出綜合性
報告（Calvert et al., 2017）。由十名成員組成的工作小組回顧了二〇一三
年所有與該主題相關，並且在方法學上較為完善的研究。該報告的結論相
當發人深省。接觸暴力電玩與攻擊行為、認知、情感、去敏感化的增加及

同理心的減少相關。即使控制了其他風險因子（如學業成就不佳、父母衝突、接觸偏差的同儕），接觸暴力電玩也被認為是攻擊行為的一個強大的風險因子。然而，工作小組無法下結論說暴力電玩與偏差行為或成人犯罪之間有直接關聯，因為針對這個特定問題的研究仍然相當不足。目前仍然需要聚焦於性別、種族與社會經濟群體的研究，以及檢視遊戲特點（如情節）、玩家觀點以及玩家遊戲動機。任何對這個主題感興趣的人都應該仔細研讀這份重要的工作報告（Calvert et al., 2017）。

　　玩電動遊戲（包括暴力遊戲）的絕大多數人都不會做出暴力行為。然而，卡沃特（Calvert et al., 2017）的報告顯示，遊戲會對許多使用者造成整體的負面影響。某些研究仍然認為，它們可能尤其會對已有暴力傾向（例如因在家中目睹暴力或過去曾表現出暴力行為）的個體產生負面影響。這把我們帶往當今司法心理學家非常感興趣的主題，尤其是威脅評估以及校園與職場暴力。

威脅評估

　　「威脅是一種意圖傷害或對某人或某物施加暴力的表達。威脅可以用說的、用寫的，或者是象徵性的，例如以手部動作表示，像是要對另一個人開槍。」（O'Toole, 2000, P.6）**威脅評估**（threat assessment）關注的是在威脅表達之後，對特定個體或機構未來的暴力或其他不良行為進行預測（Bartol and Bartol, 2013）。然而，從事威脅評估的司法心理學家經常會補充說，他們更著重預防暴力，而不是預測暴力。根據杜威·康奈爾（Dewey Cornell，引自Miller, 2014, P.40）的說法，「我們不會因為預測某人是危險的就去進行介入，我們只會因為他們有困擾、發生衝突或人們對其感到擔憂而去介入。」換句話說，威脅評估的目的在阻斷人們施行暴力的路（Meloy, cited in Miller, 2014）。回想一下，美國心理學會（2013a）槍枝暴力問題小組所強調的，校園、職場及政府機構的威脅評估對於這些環境中的暴力預防至關重要。 [292]

　　並不是每個可能構成威脅的人真的都會做出威脅。換句話說，某些槍擊者雖然沒有做出直接的威脅，但調查人員在悲劇發生之後回顧他們的生命史，可以在其中看到許多危險的信號（A. Miller, 2014）。不過，要特別小心，因為被辨識為危險信號的跡象，例如對微小干擾的過度反應、為娛樂目的如狩獵或打靶練習而擁有與使用槍枝，也可以在許多從未表現出暴力行為的個體的背景中看到。主張說擁有和使用槍枝的人會構成威脅，會讓許多擁有槍枝的人感到不滿。更準確來說，威脅評估員應該綜合考量各種因素，才能夠對個人做出構成威脅的結論。然而，我們並不能假定那些真正會構成威脅的人也有可能會施加暴力。儘管如此，專門從事威脅評估的研究者與臨床工作者建議，只要有可能，就應該關注那些構成威脅的人（Miller, 2014）。下面將會討論介入的策略。

　　威脅評估的過程是用來確認威脅的可信度與嚴重性，以及實施威脅的可能性。它有三個基本功能：辨識、評估、管理（參見表8.3）。與前幾章討論的風險評估工具相似，司法心理學家已經設計出一些可用來評估實施威脅可能性的工具。然而，有關這些工具被使用的程度與範圍，研究仍然很少。目前也有一個專業單位，即威脅評估專業協會（Association of Threat

表8.3　與威脅評估相關的任務

辨識	・留意可能發生暴力的「標記」（例如威脅表達、異常與暴力行為、對他人的敵意）。 ・向當局（威脅評估小組、執法部門、學校官員、職場主管）報告相關事項。
評估	・從各種來源獲取與蒐集資訊。 ・與個體及其同儕談話。 ・使用或不使用威脅評估工具來評估個體目前的處境（如家庭問題、健康問題、取得武器的機會）。 ・找出背後的根本問題（如憂鬱、霸凌）。
管理	・為背後的根本問題提供諮商／治療。 ・適時運用家庭會議。 ・警告或保護潛在受害者。 必要時對個人進行監控或取得限制令。

Assessment Professionals），以及一些出版物（如Meloy and Hoffmann, 2013），為司法心理學家與其他進行威脅評估的心理健康專業人員提供指引。此外，美國心理學會的期刊《威脅評估與管理》（*Threat Assessment and Management*）也在二〇一四年推出。

由於近年來大量的研究都集中在校園槍擊案，我們將會在下一節的脈絡中討論目前對於威脅評估的理解。職場暴力也是一個需要威脅評估程序的重要問題，本章稍後部分將作介紹。

校園槍擊 [293]

校園槍擊主要是指在校內建築或校園內發生的暴力事件。有些人認為（Daniels and Bradley, 2011），定義應包括「在校園、學校財產、學校贊助活動，或在往返學校途中發生在校園社區成員身上」的一個或多個死亡事件（P.3）。有關校園暴力死亡的最新數據（如校園相關暴力死亡監測研究〔School-Associated Violent Deaths Surveillance Study, SAVD〕）也納入更廣泛的脈絡。因此，管理者、教師、其他工作人員與學生都被包含在內，自殺與凶殺案也列入清單。SAVD 是由美國疾病控制與預防中心所開發的一項研究，自一九九二年以來持續蒐集數據。從一九九九年至今的所有數據都被認為是「初步的」（preliminary）數據（Planty and Truman, 2013），因此在引用統計時要特別小心。根據現有資料顯示，校園青年凶殺案約占美國任何特定一年凶殺案總數的1%多一點（Planty and Truman, 2013）。然而，在這些統計數據中，「校園」不僅包括學校財產與上學期間，還包括上學或離開學校的路上，以及參加或前往學校贊助的活動。學生殺人案是相當罕見的。

「打架與霸凌等攻擊行為是學校常見的問題，但致命攻擊或更嚴重的暴力，如強暴或加重傷害，則很少發生。」（Nekvasil and Cornell, 2015, P.99）另一方面，學生的暴力威脅在學校相對常見，但這些表現往往是源於憤怒與挫折，而非打算進行槍擊的嚴重計畫（Nekvasil and Cornell, 2015）。打架、霸凌及暴力威脅在中學（六至八年級）比在其他任何年級都更為常見。

以本書目的而言，我們會將討論限定在校園建築內或外面附近發生的致命攻擊，而具體已經有多少這類攻擊發生還不得而知。這些槍擊事件絕大多數是由一個或多個學生所為。二〇一二年在康乃狄克州紐敦市的桑迪胡克小學有二十名一年級學生與六名教職員遭到可怕屠殺是個例外，因為這場大屠殺是由一名住在社區的二十歲學生所為。其他例外包含一名進入校園的成人向一位學校員工開槍的案件，這個案例更適用於職場暴力，本章稍後將會討論此主題。

近年來，有些作者（如Langman, 2013; Madfis and Levin, 2013）更偏好使用「校園暴動槍擊」（school rampage shooting）這個詞，定義為「幾乎是隨機選擇多方攻擊」（Newman, Fox, Harding, Mehta & Roth, 2004, P.14-15）。然而，正如研究者（Böckler, Seeger, Sitzer & Heitmeyer, 2013）指出，「暴動」（rampage）一詞暗示了**衝動**而**隨機**的行為。而校園槍擊案通常是由肇事者精心策畫，有時計畫超過數月，甚至數年。此外，槍擊者經常會制定一個「暗殺名單」，或計畫殺死一個特定的群體，如運動員（Daniels et al., 2007; Daniels and Page, 2013）。

校園槍擊或校園暴動槍擊的另一個問題，在於「槍擊」這個詞。雖然美國絕大多數校園暴力都涉及槍枝，但並非所有。柏克勒等人（Böckler et al., 2013）也觀察到，在美國境外也有許多案件，由於對槍械的廣泛限制，犯罪者會使用其他武器，如炸藥、劍、刀或斧頭；不過美國也無法倖免於外。二〇一四年四月，一名十六歲的賓州學生在被制伏之前刺傷了二十名學生與一名警衛。「即使這類事件不符合字面意義上的『槍擊事件』，但它們在加害者形象、脈絡因子、攻擊前的發展、犯罪手法上，都呈現出明顯的相似性。」（P.6）因此，我們認同柏克勒等人的意見，也就是這些非槍械事件也應該列入校園槍擊的範疇。因此，在本節中，我們將繼續使用「校園槍擊」一詞來描述校園建築內或外面附近涉及致命武器但不一定是槍枝的嚴重暴力。

研究發現，校園槍擊案是過去二十年間在現代西方社會中快速增長的現象。另外，在這個期間，美國發生的校園槍擊事件比其他所有國家的總

和還要多（Böckler, Seeger, Sitzer & Heitmeyer, 2013）。不過，從統計學上 [294]
來說，其實校園槍擊案很少發生，只占青少年死亡人數的很小一部分
（Daniels and Page, 2013）。然而，在某種程度上，校園槍擊案在當地社區
與整個國家所造成的心理衝擊是相當廣泛且持久的（Ardis, 2004; Daniels
and Bradley, 2011; Larkin, 2007; Sullivan and Guerette, 2003）。一九九九年
科倫拜高中與二〇一二年桑迪胡克小學發生的校園槍擊案，其影響遠遠超
出了所發生的社區。正如奧圖爾（O'Toole, 2013）所言，「雖然這些致命
的校園槍擊案很少發生，但一旦發生了，就會是毀滅性、足以改變一生的
事件，人們總是想起來就搖頭。」（P.173）

校園威脅的種類

根據聯邦調查局（O'Toole, 2000）的意見，校園威脅可以區分為四種
類型：直接的、間接的、隱晦的、條件式的。直接威脅會明確指出特定的
目標，並會以直接、清楚且明確的方式傳達。例如來電者（有時候是學
生，有時候可能是外面的人）可能會說：「我在學校餐廳放了一枚炸彈，
而且今天中午就會爆炸。」間接威脅則更加模糊與模稜兩可，其具體的動
機、意圖及目標都不太清楚，而且會讓大家去猜測：「如果我想要的話，
我隨時可以殺死學校裡的很多人。」這是最常被發出的威脅類型。

隱晦的威脅則會強烈暗示，但不會明確地威脅使用暴力。例如學生可
能會在置物櫃裡收到一封匿名信，上面寫著：「沒有你，我們會更好。」
該信息清楚暗示了潛在的暴力行動，但將其嚴重性與意義留給被威脅的受
害者去詮釋。條件式的威脅則在勒索案件中最常見，它常會警告說，除非
滿足某些要求或條件，否則將會發生暴力行為，如二〇〇二年秋天華盛頓
的狙擊手殺人事件，其信息是：「如果你不付給我們一千萬美金，你的孩
子們都不會安全。」

當在學的孩子意識到威脅時，他們不一定會向學校師長報告。即使受
到個人的威脅，也會發生這種情況。近來一項研究指出，只有大約四分之
一的高中生會在受到個人威脅後跟師長說（Nekvasil and Cornell, 2012）。

威脅評估團隊的一項主要任務，便是鼓勵學校中的每個人都可以舉報任何可疑的行為或威脅。

安全校園倡議

一九九九年六月科倫拜高中遭到襲擊後，美國特勤局與教育部開始合作針對一九七四年至二〇〇〇年間的校園槍擊案與其他校園攻擊事件進行研究（Borum, Fein Vossekuil, & Berglund, 1999; Vossekuil, Fein, Reddy, Borum & Mozeleski, 2002）。這項名為「安全校園倡議」（Safe School Initiative, SSI）的研究檢視了三十七起校園槍擊事件，其中涉及四十一名學生槍擊者。該研究大規模檢視了警察紀錄、學校紀錄、法院卷宗及其他來源素材，包含對十名校園槍擊者的訪談。其目標是徹底調查做出校園攻擊的學生的想法、計畫、溝通和行為。此外，大量出現的校園暴力案件推動了精神衛生專業人員與學校心理師協助學區與社區發展針對青少年暴力的預防與治療方案（Evans and Rey, 2001）。同時讓全國各地的司法心理學家與精神衛生專業人員開始投入大量的應用研究。

在安全校園倡議報告中，研究者表示進行校園槍擊的人並非「只是臨時起意」，他們會提前計畫攻擊行動（Vossekuil et al., 2002）。根據該報告（重點提示8.3摘要其調查結果），對半數以上的校園槍擊者來說，動機是報復。在許多案件中，長期的霸凌或騷擾在攻擊的決定中扮演關鍵角色。然而，校園暴力以及在暴力發生之前的威脅，還存在著許多其他的動機或原因。

[295]

> 做出威脅的原因很多。威脅可能是一個警告的信號、對懲罰的恐懼或其他焦慮的反應，或是對注意力的需求。它可能是想要嘲弄；恐嚇；宣告權力或控制；懲罰；操弄或脅迫；嚇唬；威懾；強迫某人做某事；因受傷、不公平或被輕視而反擊；擾亂某人或某些機構的生活；試探權威，保護自己。而威脅底下的情緒可能是愛、恨、恐懼、憤怒，或對關注、報復、興奮或認可的渴望。（O'Toole, 2000, P.6）

美國的校園槍擊手很容易取得槍枝。在近三分之二的事件中，校園槍擊者是從自己家或親戚家取得槍枝。造成桑迪胡克小學悲劇的槍擊者就取得了許多武器，包括他母親近期為他買的一件武器，他在前往小學之前在家中擊斃了母親。槍枝對於許多年輕人來說可能都很容易取得，但當其他「危險信號」——威脅、行為變化或越來越沮喪——存在時，防止他們取得槍枝應該是首要的任務。安全校園倡議報告認為，校園槍擊者付出額外的努力去取得、準備或使用武器，可能就代表了攻擊者從思想到行動的進展。

一九九九年科倫拜高中遭到攻擊後，有些心理健康專業人員打算發展有關典型校園槍擊者的心理剖繪（Borum, Cornell, Modzeleski & Jimerson, 2010; McGee & DeBernardo, 1999）。然而，根據安全校園倡議報告，目前還沒有精確或有用的「校園槍擊者」或威脅者的資料樣貌。此外，撰寫這份報告的研究者發現，槍擊者的人格與社會特徵有很大的變異。他們來自各式各樣的社會背景，年齡從十一歲到二十一歲。家庭狀況則是從完整的家庭到寄養家庭都有。學業成績也是從優秀到被當都有。雖然精神疾病通常被認為是校園槍擊案（以及一般的大規模謀殺）的根源，但大多數的校園槍擊手都未被診斷患有任何精神障礙症，大多數也都沒有藥物或酒精濫用史。然而，確實有超過四分之三的校園槍擊者威脅要自殺、做出自殺姿態，或在攻擊之前就試圖要自殺。

統計數據顯示，校園槍擊案主要是由中學的青少年所為（Böckler et al., 2013）。研究也指出，大多數校園槍擊手的學業成績都落在中等或高於平均（Vossekuil et al., 2002）。最後，必須強調的是，校園槍擊事件是眾多危險因子交互作用而成，顯然沒有單一的原因（Böckler et al., 2013）。根據柏克勒等人的研究，危險因子包含以下幾個：

一、會對兒童與青少年社會化造成影響的因素，如家庭與文化。舉例來說，缺乏家長監督與家庭關係失調，或訴諸暴力解決問題的家庭氛圍，就是可能導致學校暴力的危險因子。

二、校園氛圍、政策及文化。舉例來說，允許同儕霸凌與排擠，或者對不尊重行為採取容忍或忽視態度的校園環境，都是校園槍擊事件中常見

的危險因子。沃塞庫依等人（Vossekuil et al., 2002）發現，75%的校園槍擊者在學校感受到同儕的迫害。

三、個人因素，如人格特質、基因構成及心理健康。舉例來說，憂鬱或無法控制的憤怒可能是促成的因素。

[296] **預防校園槍擊與其他暴力**

在三類危險因子中，處理與學校相關的因素可能是最好的預防著力點。有效的反霸凌計畫、危機處理計畫、危機處理培訓及學校與社區間的合作，都是可能緩解校園槍擊事件的措施（Daniels and Page, 2013）。應該清楚闡述規則與期望，一致且公平地處罰不尊重的行為與其他不當行為所造成的後果。回想一下前面所提過的，大約只有25%的學生會向師長報告自己受到他人的威脅。讓學生了解打小報告與協助挽救他人生命的區別，打破學生的緘默原則，是一種有用的策略。

在一項重要的研究中，丹尼爾斯和布雷德利（Daniels and Bradley, 2011）檢視了槍擊事件發生的校園文化，並將其比較因當局已針對危險的徵兆或由學生發出的警報進行調整而成功避免槍擊計畫的校園文化。其中有四個共同的主題浮現出來。在發生槍擊事件的學校，有相當證據顯示其僵化的文化、紀律不公、對不尊重行為的容忍及緘默原則。這種僵化的文化會在某些學生身上造成一種疏離感。而當教職員以不同規則對待不同的群體時，就出現紀律不公的狀況。至於對不尊重行為的容忍，丹尼爾斯與佩吉（Daniel and Page, 2013）寫道：

> 如果學校默許，或學生認知到學校允許對他人不尊重的行為，如霸凌、種族主義、蓄意明顯無禮等，那麼受到這些行動威脅的學生可能會覺得沒有人可以求助，尤其是當他們知道學校在這方面的政策非常寬鬆。（P.413）

而當學生因害怕後果，或缺乏適當或清楚制定的系統而對威脅通報感到抗拒時，就會發展出緘默原則。

　　丹尼爾斯和布雷德利主張，發展與維持一個有尊嚴與尊重他人的學校文化，對於消除緘默原則很有幫助。雖然這是一個重要資訊，但我們不該在每次發生校園槍擊事件時，就認為是學校文化的錯。努力預防是關鍵，但對想要傷害他人的學生來說，政策未必可以發揮即時的防阻功能。

重點提示8.3

安全校園倡議報告摘要

我們目前對校園槍擊者的了解如下：

- 攻擊者通常會透過電子郵件、Facebook、Twitter 或面對面談話，跟他人談論他們的計畫。在大多數事件發生之前，攻擊者會向某人透露他的想法或計畫。在超過四分之三的事件中，攻擊者會在行動前向朋友、同學或兄弟姊妹說他想要發動攻擊。這種關於暴力意圖的溝通經常被威脅調查員稱為洩密。

- 攻擊者會制定計畫。針對性的校園暴力事件很少是衝動行事。幾乎在所有事件中，攻擊者都會在攻擊前就出現傷害目標對象的想法。

- 不存在定型的概念或典型的剖繪。目前並沒有準確或有用的「校園槍擊者」剖繪。槍擊者的人格與社會特徵往往會有很大的差別。

- 攻擊者很容易取得槍枝。大多數的攻擊者過去就曾經使用過槍枝，並曾經取得槍枝。在近三分之二的事件中，攻擊者是從自己家中或親戚家中取得攻擊所用的槍枝。

- 學校教職員往往是第一線的處理者。大多數的槍擊事件並不是透過執法的介入來解決的。超過一半以上的攻擊事件在執法部門做出反應之前就已經結束。在這些案件中，是教師或同學阻止了攻擊者。（從而導致要求設置更多負責學校安

> 全和預防犯罪的執法人員〔school resource officers〕。)
>
> - 攻擊者會受到他人的鼓勵。在許多情況，其他學生會以某種角色參與其中。接近半數的案例，朋友或同伴會影響或鼓勵攻擊者採取行動。
> - 霸凌可能是一個因素。在許多案件中，霸凌行為在攻擊的決策中扮演重要角色。有些攻擊者曾遭受長期與嚴重的霸凌與騷擾。
> - 警告信號很常見。幾乎每個攻擊者在事件發生前都曾做過一些至少嚴重影響一位成年人的行為；在許多案件中，可能是好幾位成年人。

[297] ## 指引

　　防止暴力威脅變得更嚴重的指引可以在「維吉尼亞學生威脅指引」（Virginia Student Threat Guidelines）中找到，該專案是由康萊爾教授所帶領（Cornell and Allen, 2011; Cornell, Gregory & Fan, 2011）。這些準則是為了從幼兒園到十二年級的學校所發展的，旨在回應聯邦調查局與特勤局有關學校使用威脅評估方法來減少校園暴力的建議。該指引使用決策樹的方式評估暴力的威脅（Cornell and Sheras, 2006；見表8.4），說明學校人員在一開始如何評估威脅是屬於暫時性或實質性的過程。實質性威脅指的是個體或群體有意將威脅化為行動。如果威脅看起來很嚴重，就要採取各種步驟來確保它不會發生。這個時候就可能會用上執法與心理健康評估。最後一步則是根據評估與調查的結果撰寫書面安全計畫。在上述評估方式中可以找到步驟指引（Cornell and Sheras, 2006）。

　　接下來要討論另一種脈絡下的暴力問題，也就是工作環境。近年來職場暴力（包含校園暴力，因為學校包括教育專業人員、準專業人員及職員）有所增加，可能是以下討論的原因所造成。

表8.4　學生威脅評估決策樹

[298]

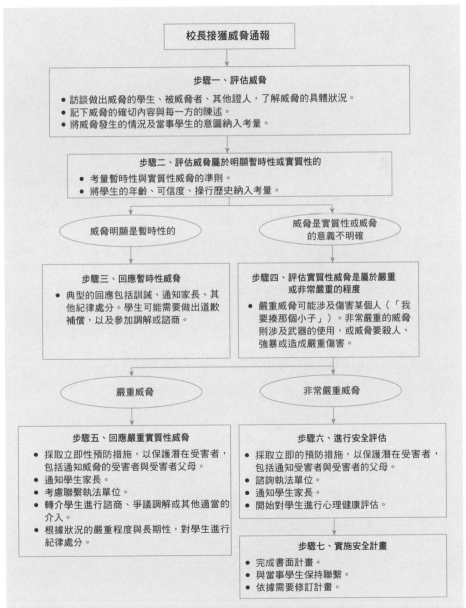

校長接獲威脅通報

步驟一、評估威脅
- 訪談做出威脅的學生、被威脅者、其他證人，了解威脅的具體狀況。
- 記下威脅的確切內容與每一方的陳述。
- 將威脅發生的情況及當事學生的意圖納入考量。

步驟二、評估威脅屬於明顯暫時性或實質性的
- 考量暫時性與實質性威脅的準則。
- 將學生的年齡、可信度、操行歷史納入考量。

威脅明顯是暫時性的

威脅是實質性或威脅的意義不明確

步驟三、回應暫時性威脅
- 典型的回應包括訓誡、通知家長、其他紀律處分。學生可能需要做出道歉補償，以及參加調解或諮商。

步驟四、評估實質性威脅是屬於嚴重或非常嚴重的程度
- 嚴重威脅可能涉及傷害某個人（「我要揍那個小子」）。非常嚴重的威脅則涉及武器的使用，或威脅要殺人、強暴或造成嚴重傷害。

嚴重威脅

非常嚴重威脅

步驟五、回應嚴重實質性威脅
- 採取立即性預防措施，以保護潛在受害者，包括通知威脅的受害者與受害者父母。
- 通知學生家長。
- 考慮聯繫執法單位。
- 轉介學生進行諮商、爭議調解或其他適當的介入。
- 根據狀況的嚴重程度與長期性，對學生進行紀律處分。

步驟六、進行安全評估
- 採取立即的預防措施，以保護潛在受害者，包括通知受害者與受害者的父母。
- 諮詢執法單位。
- 通知學生家長。
- 開始對學生進行心理健康評估。

步驟七、實施安全計畫
- 完成書面計畫。
- 與當事學生保持聯繫。
- 依據需要修訂計畫。

資料來源：Cornell, D. G. & Sheras, P. L. (2006). *Guidelines for responding to student threats of violence*. Dallas, TX: Sopris West Educational Services. Reprinted with permission

職場暴力

　　職場暴力（Workplace violence）是一個複雜的現象，包括發生在工作場域內的廣泛威脅與傷害行為。職場暴力這個詞其實不夠精確，因為它不僅指身體暴力事件，也包含傳達出威脅使用暴力的行為，如脅迫、恐嚇、公然威脅、騷擾。在大眾的認知裡，職場暴力通常意味著工作者殺害其同事或主管。然而，數據顯示，最嚴重的職場暴力攻擊者其實來自於職場外（Piquero, Piquero, Craig & Clipper, 2013）。

　　二〇〇〇到二〇一二年，超過半數以上的職場凶殺案發生在三類工作中：銷售與相關工作（特別是速食店與飲料店）、保護性服務工作（特別是執法人員）、運輸工作（尤其是陸地乘客運輸服務）（Bureau of Labor Statistics, 2013）。其中槍擊占了所有職場凶殺案的80%（Bureau of Labor Statistics, 2010）。在所有槍擊案件中，12%的攻擊者是同事或前同事。40%的槍擊事件，攻擊者是搶匪。圖8.5按行業別描述了二〇一〇年與槍枝相關的職場凶殺案。

[299]　**表8.5　二〇一〇年槍擊造成的職場凶殺案，依行業類別區分**

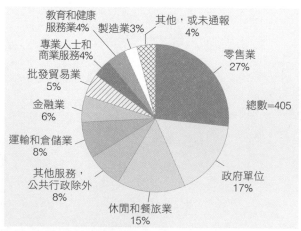

資料來源：U.S. Department of Labor Statistics, 2013.

　　凶殺是女性在職場的主要死因,而且似乎仍持續增加中(Tiesman,
Gurka, Konda, Coben & Amandus, 2012)。雖然在職場被殺的女性中,39%
是因搶劫,竊盜或其他犯罪活動而被殺害,但被親密伴侶殺害的比例也占
了33%。通常從事保護性服務工作的女性的整體凶殺受害率最高,但從事
保健(特別是護理),生產(如食品服務,工廠工作),辦公室/行政部
門的女性,則占了親密伴侶暴力凶殺受害的多數。親密伴侶所犯下的凶殺
案,有一半以上發生在與工作場所有關的停車場與公共建築。

　　如上所述,學校是許多成年人的工作場所,而無論各級學校都不能倖
免於職場暴力。二〇一七年四月,一名特教老師與一名學生在教室裡被她
分居的丈夫開槍打死。現場還有另一位孩子也中槍,但存活了下來。攻擊
者則當場自殺。二〇一〇年二月,阿拉巴馬州亨茨維爾大學一名四十二歲
的教授在生物系的會議上向同事開槍,造成三人死亡,三人受傷。

　　其他學術界職場暴力的例子包括研究生在論文口試中射殺教授,以及
教師在學校停車場被前男友殺害。二〇〇九年,耶魯大學一名實驗室技術
員被控在預定舉行婚禮之日前不久,在校內謀殺了一名研究生。值得注意
的是,在此區別工作相關的暴力事件與專門針對學生的校園暴力。

　　顯然大多數的職場暴力不會以死亡作結。搶劫,加重企圖傷害及性侵　[300]
是職場最常發生的暴力犯罪(Harrell, 2011)。一九九三至一九九九年的職
場暴力受害者中,有三分之一的人表示,他們認為加害者在犯罪當下受到
酒精或毒品的影響。雖然零售工作者往往是凶殺案最常見的受害者,但其
他職業群體因工作性質的關係,整體來說面臨更大的暴力風險。警察是職
場暴力發生率最高的受害者,其次是矯治單位工作人員,計程車司機,私
人保全及調酒師。一九八〇年代,在一連串陷入絕境的郵政工作者的職場
槍擊事件之後,「像郵政人員那樣抓狂」(going postal)一詞就被列入國
家詞典。事實上,郵政工作者在職場中施行暴力的可能性並不高於其他職
業群體,但其群體中幾起犯罪的共通性卻導致了這樣的誤解。

　　職場暴力可以依攻擊者與職場的關係分為四種主要類型(California
Occupational Safety and Health Administration, 1995; Gregorie, 2000; LeBlanc

and Kelloway, 2002）。第一類，攻擊者與職場或受害者之間並不存在法定
關係，攻擊者通常是進入工作場域進行犯罪行為，如搶劫或竊盜。搶劫是
大多數職場凶殺案的主要動機，占職場死亡的85%（Gregorie and Wallace,
2000）。第二種類型的攻擊者是工作場域或受害者所提供服務的接受者，
可能是現在或以前的客戶、病人或消費者。通常此人是對代理人或公司所
給予的產品或服務感到不滿。二○一○年八月，有個人進入馬里蘭州探索
頻道總部，扣押了幾名人質。雖然本案原可能以對人質施加暴力的悲慘結
局作收，不過實際上最終是該男子（先前已經對於該頻道表達過不滿）遭
警方射殺。第三類攻擊者可能是現任或前任員工、主管或經理的身分，他
們經常是「心懷不滿的員工」，進入工作場域懲罰或報復某些人或機構或
公司。根據格雷戈里與華勒斯（Gregorie and Wallace, 2000）的調查，心懷
不滿的員工約占職場凶殺案的10%。第四類則是因員工的關係而間接與工
作場所產生關連，例如現任或前任配偶或伴侶。

對於職場暴力的倖存者，有一件事是清楚的。職場暴力「可能會導致
許多不良的後果，包括個人安全、工作不安全感、恐懼、工作績效、工作
滿意度、情感承諾、想要離職、心理困擾、情緒耗竭、憂鬱、身體健康、
人際偏差行為、組織偏差行為」（Piquero et al., 2013, P.390）。在對現任或
前任雇主提起的民事訴訟中，受害者聲稱雇主疏於保護他們免於受到傷
害，而司法心理學家有時就會被囑託對職場暴力的受害者進行評估。心理
學家與其他心理健康專業人員在幫助員工從這些壓力事件中復原上扮演重
要角色，尤其是目睹同事或主管被殺或被殘忍對待的員工。若事關員工與
主管之間的暴力，精神衛生專業人員也是重要的預防角色。如果擔心特定
員工可能會對工作場域造成危險，威脅評估就變得至關緊要。美國國家標
準協會（National Standards Institute）在二○一一年就對職場威脅暴力評估
團隊給予認證（Miller, 2014）。經證實，壓力管理的介入在處理同事不滿
與其他壓力問題上成效顯著（Limm et al., 2011）。

很少有系統性的研究針對職場暴力的預測因子或成因進行審視。迄今
為止，大多數的研究都集中在描述攻擊者或找出增加暴力風險的工作特徵

（LeBlanc and Kelloway, 2002）。我們還需要更多的研究找出原因，在職場中實施預防措施。然而，許多就業場所已經開始更加關注這個議題，提高保全水準以因應員工的恐懼與不安。

這樣的發展或許部分是因為職場暴力的訴訟急劇增加（Kaufer and [301] Mattman, 2002）。根據考佛與麥特曼的研究，目前的法律行動與民事訴訟集中在四個主要領域：聘雇的失職（未能適當地篩選員工）、留任的過失（未能解雇不適任與具威脅性的員工）、監督的失職（未能監控表現），以及安全措施的不足。

因此，勢必得增加雇主對提供安全工作環境的法律與監管義務，而且在不久的將來，公私組織中的強制性預防與培訓計畫很可能都會變得普遍，至少在州與地方各級是如此。顯然司法心理學家越來越常被囑託進行威脅評估，或者評估同事或主管所擔心的個人的暴力風險。然而，也許更重要的是，心理學家必須調和職場文化，促進員工與主管之間相互合作與尊重。

到目前為止，我們只討論了職場的暴力與威脅，但必須強調其他職場議題同樣值得注意。歧視，無論是基於種族、性別、族裔、年齡、性取向或宗教，仍然是主要的關注領域。其中一個特殊的歧視形式是性騷擾，本書第六章已做說明。在二○一六的財政年度，美國平等就業機會委員會收到了12,880項性騷擾的指控（U.S. Equal Employment Opportunity Commission, 2017）。其中17%的指控是由男性所提出。此外，儘管過去十年來向該委員會提交的申請已趨於穩定，但這些數據凸顯出，職場性騷擾仍然相當普遍。一項研究（Fineran and Gruber, 2009）發現，超過半數的青少女會在職場中遇到某種形式的性騷擾。這是一種令人痛苦的行為，它會外顯或內隱地影響個人的就業、不合理地干擾個人的工作表現，並創造出恐嚇、敵對或侵犯性的工作環境。此外，有些調查證實了創傷後壓力疾患與憂鬱症和性騷擾之間的關聯性（Fineran and Gruber, 2009）。與我們這裡的討論更相關的是，騷擾行為可能會導致跟蹤，從而可能導致暴力的發生。

同樣的，職場的種族、宗教、族裔歧視也可能導致暴力。此外，在所有情況下的歧視與偏見犯罪及恐嚇罪都有相似之處，本章稍後將會對此進行討論。

下一節我們要探討最嚴重的暴力行為，即剝奪人的生命。雖然在先前論述中曾提到凶殺案，在此則要討論凶殺犯罪的整體盛行率及其具體形式。

刑法上的殺人

殺人指的是一個人被另一個人殺害。**刑法上的殺人**（criminal homicide）是指在沒有法律依據或無正當理由之下造成另一人的死亡。在某些情況下，殺害另一人可能會是具備正當化事由（例如正當防衛），或可以免責（例如假如行為人符合法律上的心神喪失）。

刑法認定兩個主要的刑事殺人類別：謀殺與過失致死。**謀殺**（murder）專指「惡意預謀非法殺害一個人，無論其預謀是表達出來或是隱含的推論」（Black, 1990, P.1019）。許多州會對謀殺的「程度」進行認定，並將那些有計畫、有預謀的非法殺人行為稱為一級謀殺。一級謀殺通常被視為死罪，可判處死刑或終身監禁。二級謀殺則較少計畫與預謀，但仍然懷有惡意。二〇一七年八月，在維吉尼亞州的夏洛茨維爾，一名男子開車穿越種族主義的抗議人群，造成一名女性死亡，被以二級謀殺罪起訴。有些州則排除程度的區分，認為「計畫」可以在瞬間發生，而謀殺的核心特徵應該是惡意與故意。

[302]

過失致死（manslaughter）通常是指因會置他人於險境的欠缺正當化事由行為導致的非故意致人於死（Morawetz, 2002）。一個人漫無目的地發射裝彈武器最終造成某人死亡，即使其並沒有「故意」殺人，仍應對該人的死亡負責。然而，過失致死也可能包括「減輕刑責的狀況，如由受害人挑起的行為，或導因於會危及行為人正常責任的臨時且可以理解的情況」而導致的故意殺人（Morawetz, 2002, P.398）。舉例來說，一位父親看見車禍

事故，發現他的女兒被撞死了，於是掐死撞上她的酒醉駕駛，這位父親很可能就會被以非過失致人於死罪起訴，而不是謀殺罪。

〈統一犯罪報告〉基於其報告目的，將謀殺與非過失致人於死兩種概念同時納入刑事殺人一詞底下。根據該報告，二〇一五年，謀殺或非過失致人於死的受害者約有15,696人（FBI, 2016a）。同一年，美國每十萬居民中會有四點九位謀殺者。該報告的謀殺率完全是基於警方的調查，而不是法院、法醫、驗屍官、陪審團或其他司法機構的判斷。換句話說，它提供的是警方所知的刑事殺人數據，以及（如果有破案的話）逮捕的數據。但它並不會告訴我們二〇一五年被捕並被控犯有謀殺罪與非過失致人於死罪的11,092人最後是否被定罪。在其謀殺案統計數據中，也不包括警方認為導因於過失、自殺、事故或正當防衛所造成的死亡。

二〇一五年，該報告的相關單位提交了包括13,455起凶殺案的補充資料。〈補充殺人報告〉（Supplementary Homicide Report, SHR）收集了有關受害者與加害者的年齡、性別及種族、使用的武器類型、受害人與加害者的關係，以及事件周圍的情況等資料。我們將這些情況列在第十一章的表11.1中。第十一章的主題是暴力受害者學，也會討論受害者與加害者的關係。

刑事殺人與性侵害一樣，是一種有不同背景、脈絡、加害者類型的異質性現象（Woodworth and Porter, 2002）。因此，任何廣義地對刑事殺人者（特別是謀殺）做概化的企圖都是有風險的。然而，對於犯下這種極端暴力行為的個體，研究者已經得出一些暫時性的結論。舉例來說，大多數謀殺都是只涉及一名受害者的單一事件罪行，而且殺人犯通常不會犯下另一起謀殺罪，即使在出獄後也是如此。「典型的謀殺」可能發生在另一種罪行（通常是搶劫）的期間，或者是針對親密伴侶或熟人的罪行。典型的謀殺也發生於十八至三十四歲間（見表8.6）。

有未知數目的殺人犯會在犯罪後自殺，通常是在犯罪不久之後，而且是在同一地點。殺人後自殺的臨床特徵在全球都很相似。肇事者大多是男性（美國的比例為95%），而殺人案的受害者通常是女性（美國為85%）

表8.6 二〇一五年的謀殺加害者的年齡分布

年齡	總計	男	女
總計（所有年齡）	8,533	7,549	934
10 歲以下	0	0	0
15 歲以下	52	46	6
18 歲以下	605	566	39
18-24	3,198	2,896	302
25-34	2,527	2,192	335
35-44	1,136	985	151
45-54	657	543	114
55 歲以上	410	362	48

資料來源：FBI, 2016a

（Hillbrand, 2001）。在大多數案件中，加害者與受害者是親屬關係。多數案件是一名殺手與一名受害者（90%）（Hillbrand, 2001）。在謀殺後自殺的肇事者中，絕望、無助及憂鬱是相當普遍的現象。事實上，他們的臨床或心理特徵比起殺人來說，更像是典型的自殺，例如他們沒有衝動性或暴力的終生模式。

[303]　　　　其中一種殺人後自殺的獨特形式是出於政治動機的恐怖分子，他們從事自殺式引爆行為。在這類事件中，恐怖分子可能會將炸藥帶在身上，之後在目標地點引爆。如同二〇〇一年九月十一日對世貿中心與五角大廈的攻擊，以及因乘客抵抗而使班機墜毀賓州尚克斯維爾的自殺式攻擊，這些攻擊都是以小團體的形式行動。無論是否出於政治動機，殺人後自殺者很少會對即將發生的殺人事件發出威脅或警告。

　　　　司法心理學家最可能被囑託就非典型謀殺進行諮詢。心理學家可能會被要求提供連環殺手的「剖繪」，或對其再次攻擊特定地區的風險進行評

估。這些活動會有警方與公共安全心理學家參與其中，我們在第二章和第三章曾經討論過他們的工作。調查心理學的範圍包括提供警方諮詢以協助解決犯罪問題。司法心理學家也可能被要求到謀殺審判庭中作證，特別是在量刑的階段。最後，即使是大規模殺人犯也可能獲得假釋資格，臨床工作者可能受囑託對他們獲釋後的暴力風險進行評估。二〇一一年，在挪威的一次爆炸與槍擊事件中殺害了七十七人的大規模殺人犯安德斯·布雷維克（Anders Breivik）被判處挪威監獄系統最高徒刑二十一年。然而，如果他被認為對社會是一個持續的危險，刑期就可能延長，而這個決定會需要精神衛生專業人員的意見。由於司法心理學家確實會遇到謀殺各種受害者的人，我們會花更多篇幅討論這些非典型犯罪。本書第十章與第十一章將再度檢視單一或典型的殺人犯，討論暴力犯罪對受害者的影響。

多重謀殺

多重謀殺（也稱多重殺人）通常根據行為的時機分為三種或有重疊的主要加害模式。**連環謀殺**（serial murder）指個體（或一些人）在一段時間內分別殺害一些人（通常至少三人）的事件。中間的時間間隔（有時稱為「冷卻期」）可能是數天或數週，但更有可能是幾個月，甚至幾年。**瘋狂謀殺**（spree murder）通常是指在沒有冷卻期的情況下殺害三個或以上的人，往往會發生在兩個或三個不同的地點。但這個用詞其實是有問題的，因為其中有些謀殺具有大規模謀殺案的特徵，而其他似乎更像是連環謀殺案。執法單位或心理研究者都不認為這是一個有用的標籤類別，無論是為了犯罪控制或研究目的。相較於連環謀殺及大規模謀殺，很少研究關注瘋狂謀殺，所以接下來我們也不會再做詳細討論。

大規模謀殺（mass murder）涉及在單一地點殺害三個或以上的人，並且行動之間沒有冷卻期。聯邦調查局辨識出兩種類型：典型（classic）與家庭（family）。上節討論的校園槍擊案、二〇一七年十月拉斯維加斯的大規模槍擊事件、二〇一三年海軍基地槍擊案、二〇〇七年維吉尼亞理工大學

悲劇、二○一二年科羅拉多州奧羅拉電影院槍擊案、二○一四年加州伊斯拉維斯塔刺殺與槍擊事件（下面將介紹更多），都是典型的大規模謀殺。家庭大規模謀殺（迄今兩者中比較常見的）則至少有三個家庭成員被另一個直系家人或親屬殺害。加害者自殺也是非常常見的。典型的與家庭的大規模謀殺，特別是後者，也經常是殺人後自殺的例子。在典型的大規模謀殺中，加害者更有可能是在現場被警方開槍擊斃。

[304]

公眾對多重謀殺案的了解大多奠基於錯誤的資訊與迷思。舉例來說，連環謀殺更駭人的面向，是性施虐者利用陌生人來滿足其性幻想。描述多重謀殺的電影或節目，尤其是連環殺人，幾乎總是以性、殘忍且常常相當離奇的特點來描繪這些殺手。

研究者與學者似乎也無法抗拒多重謀殺的誘人特徵。一項研究（Fox and Levin, 1998）就觀察到，學術報告太常以媒體資料或對犯罪者的非結構化訪談為基礎：「確實，學術性出版相較於實徵研究文章的比例特別高，反映出大量的推斷，以及缺乏硬數據[2]。」（P.409-410）謹記這一點，我們檢視以下資訊。

過去二十年來，針對多重謀殺事件的實證研究不多，多數是為了回應備受矚目的多重殺人案，例如連環殺手大衛‧伯科維茨（David Berkowitz）、迪奧多‧邦迪（Theodore Bundy）、羅伯特‧葉茨（Robert Yates）、約翰‧韋恩‧蓋西（John Wayne Gacy）、唐納德‧哈維（Donald Harvey）、傑弗瑞‧丹墨（Jeffrey Dahmer）、蓋瑞‧利奇威（Gary Ridgway）所犯下的案件。以「綠河殺手」（Green River Killer）聞名的利奇威於二○○三年十一月承認謀殺了四十八名婦女，比美國歷史上任何連環殺手都來得多。過去研究者與犯罪學家認為，多重殺人犯基本上與單一受害者的加害者相似，因此不需要特別研究。然而，後來的研究顯示，多重謀殺行為確實有不同的動機、受害者、人口統計學及心理特徵。

多重殺人犯的行為、情緒及認知特徵的顯著差異，促使一些研究者

---

2. 編按：指透過有系統的方法蒐集且多為經過量化的資料。

（Holmes and DeBurger, 1988; Holmes and Holmes, 1998; Ressler, Burgess & Douglas, 1988）發展類型學或分類系統，以理解犯罪的複雜性。本章稍後會介紹其中一個類型學。

雖然多重謀殺案因其戲劇性與駭人聽聞的特性受到媒體關注，但從統計學來看，這類案件其實很少發生。娛樂媒體對於暴力與多重謀殺的頻繁猛攻，會讓人覺得這類事件比實際發生得更頻繁。當發生多重謀殺案時，新聞媒體會極力描繪反覆、生動且戲劇性的暴力樣貌。而觀看者的正常認知反應是將那些生動的細節儲存下來，將它們放在「心靈的水面」以供將來參考。這個歷程的結果就是，大眾傾向認為暴力與多重謀殺案正在急劇增加，但實際上並非如此。在美國，大規模與連環謀殺**似乎**正在增加，因為它們很容易博得媒體報導。然而，當我們仔細審查資料之後，發現根本無法支持這個觀點。即使統計數據有時顯示連環謀殺有所增加，但可能是由於過去二十年來州與聯邦執法機構之間通訊與電腦系統的改良所致。舉例來說，「暴力犯罪逮捕計畫」（Violent Criminal Apprehension Program, ViCAP）（見焦點8.4）就是用於溝通全國執法機構，協助其調查、識別、追蹤、逮捕及起訴暴力連環犯罪者。（參見觀點專欄 8.1，厄克博士討論了她的研究以及與加拿大的暴力犯罪分析計畫合作。）

重點提示8.4

暴力犯罪逮捕計畫：共享資料以解決暴力犯罪問題

「暴力犯罪逮捕計畫」是聯邦調查局所資助的連環暴力與性犯罪分析的數據資訊中心。美國各地的執法官員可以將已偵破案件的資訊輸入資料庫，並請聯邦調查局協助解決特別困難的案件。該計畫檢視的案件包含：

* 已偵破或未偵破的殺人或未遂案件，特別是涉及綁架；明顯是隨機、沒無動機，或以性為導向；已知或懷疑是連環殺人案的一部分。

[305]

- 狀況顯示惡行發生的可能性很大，而且受害者至今仍然下落不明的失蹤案件。
- 已知或懷疑是他殺的無名屍案件。

當案件被輸入資料庫，會不斷與所有其他案件進行比較，以找出凶殺案的特徵（如現場留下的便條）與相似的模式（如受害者的年齡、季節）。如果該計畫的分析人員偵測到相似的模式，就像在連環謀殺案中的模式，就會通報相關的執法機構。然後他們可以協助協調各機構的調查工作，例如取得搜查令與執行實驗室測試。

來源：FBI, 2010

連環殺手

　　儘管引起廣大的評論與媒體興趣，但有關連環謀殺的實徵研究卻少之又少。大多數科學研究僅限於檔案研究（archival research）或個案研究（case study）。檔案研究是從過去的紀錄中尋找與分析證據，例如警方的紀錄、報導故事、日記、私人收藏的歷史筆記，或者與連環謀殺有關的其他文獻。個案研究則是針對一個特定連環殺手的背景、行為及罪行的廣泛檢驗。「關於連環謀殺的文獻大多是對大量連環殺手案例的廣泛描述性研究，或個案研究結果的產物。」（Skrapec, 2001, P.46）因此，下面大部分的資訊在本質上都是描述性的，而動機的辨認則主要奠基於凶手本人的自陳報告。自陳報告雖然資訊量豐富，卻不是可取得的最客觀測量。它們只能提供加害者想要揭露的資訊。

　　連環殺手長什麼樣子？在生理上，連環殺手是一道連續向度，一端是迪奧多・邦迪，一個英俊、迷人、聰明的法律系學生，他在美國西北地區殘忍殺害了幾十名女性；另一端則是亞瑟・蕭克羅斯（Arthur Shawcross），一位陰沉、暴躁、有年紀的連環殺手，主要殺害紐約羅徹斯特地區的娼妓。有些電視迷可能還會想要加上虛構的德克斯特・摩根（Dexter Morgan），一

位看起來無害、舉止溫和的血跡分析師,他對逃離司法系統的人進行了報復性的殺害。他的許多受害者本身就是連環殺手。我們不難從娛樂媒體與犯罪小說中找到更多的圖像與敘述。

我們無法透過外貌、社會階層或性格這些單一屬性來辨識連環殺手。研究指出,大多數的連環殺手是男性,但也有例外,如艾琳・伍爾諾斯（Aileen Wuornos）,她被判殺害了六名男性,並在二〇〇二年被以注射死刑處決。有關女性連環殺手的研究相當有限,而且大多聚焦在小樣本,但目前認為約有16%的連環殺手是女性,顯示有必要對這個群體進行研究（Harrison, Murphy, Ho, Bowers & Flaherty, 2015）。除非特別說明,否則以下資料都是關於男性加害者,但並無法假設女性加害者有所不同。 [306]

連環殺手與一般大眾有許多相同的人格特質或行為特徵。然而,有一個可資區分他們與常模的特質,是他們表現自我的特殊人際技巧（Fox and Levin, 2003）。他們吸引與「愚弄」他人的能力往往使他們不容易被懷疑,讓別人很難理解他們。這或許可以解釋為什麼受害者會讓連環殺手進到家中,或者心甘情願與他們約會或進行其他約定。關於這個議題,費雪（Fisher, 1997）描述了一個讓兩個社區持續活在恐懼中好幾個月的連環殺手。他寫道:

> 也許最讓社區惴惴不安的是受害者的行為;根據報導,有些人心甘情願與凶手在一起,即使他們可能已經知道未來會發生什麼事。這種盲目的信任,以及殺手對這種信任的利用,似乎達到一種怪異、超自然的狀況。（P. xiii-xiv）

認為連環殺人犯屬於臨床上嚴重的精神障礙,是一種錯誤的假設。有些人確實是,但大多數並不是。雖然在對他人的敏感度與關注上,他們的思維模式可能會被認為是極其反常的,但絕大多數的連環殺手並不符合傳統精神障礙診斷中的精神病或「瘋子」。連環殺手的世界觀乃是基於可能促發其以殘酷、貶抑人性且冷血方式重複殺人行為的一整套價值觀、信

念、觀感，以及普遍的認知歷程。他們容易犯下引起人們興趣的謀殺罪，並讓整個社區充滿恐懼，而他們的動機似乎無法為一般大眾所理解。許多連環殺手的動機在於控制、支配、媒體關注及興奮的心理酬賞，而不是物質收益。但是「有病」、「瘋狂」或「精神病」之類的標籤，很少能夠解釋這類行為發展的歷程，也無助於理解。

雖然某些連環殺手有很多警方紀錄，但這些紀錄主要反映的是一系列小型竊盜、侵占及偽造，而不是暴力史（Jenkins, 1988）。單一受害者的殺人案通常會涉及家人、朋友或熟人，而連環謀殺案則最常是針對陌生人，尤其當加害者是男性的時候。然而，女性連環殺人犯卻呈現了不同的故事，因為她們最常謀殺那些與她們有關係的人，如丈夫、摯友及熟人，也包括她們所照顧的人（Harrison et al., 2015）。舉例來說，女性連環殺人犯中也有護理與家庭健康照護專業或經營寄宿家庭的女性。這些犯罪可能很長一段時間不會被發現，因為通常會假定受害者是自然死亡（Hickey, 2010）。

對已知男性連環殺人犯在受害者選擇上的研究結果顯示，他們比較偏好容易接觸的受害者與流動人口，因為通常不會有人向警方通報這些受害者失蹤。舉例來說，受害者常常是娼妓、逃家者、年輕男性街友、流動的農場工人，這些人的家人朋友可能不會立刻意識到他們失蹤了。在經驗累積、技能改善、對更大挑戰的需求下，連環殺手往往會將目標轉移到更困難的受害者身上，如大學生、兒童、老人或孤獨的窮人。連環殺人犯很少闖入陌生人家中進行恐嚇、折磨及殺害。

連環殺手往往會偏好某個特定的地理位置。由於某些未知的原因，他們很少在出生的社區殺害受害者。他們常常會選擇目前的居住地或工作地[307]點附近的受害者。舉例來說，希基（Hickey, 1997）估計，14%的連環殺手偏好在他們的住宅或工作場所，另外52%的人則會選在相同地點或區域犯罪，例如同一個街區或城市。這種傾向顯示，地理學上的剖繪對於辨識連環殺人犯可能很有助益。然而，仍然有超過30%的加害者是在更廣大的地理區域內犯罪。

　　如前所述，連環殺手主要是男性，而且他們往往會偏好一種性別。例如，一九九〇年代初傑弗瑞·丹墨在威斯康辛州與俄亥俄州殺害了至少十七名年輕男子。丹墨下藥、勒斃、肢解，以及在某些情況下還吃掉受害者的肉。約翰·韋恩·蓋西於一九七〇年代在伊利諾州性侵並殺害了至少三十三名男孩，他將大部分的受害者埋在他家的地下室。另一方面，一九九〇年代，羅伯特·葉茨在華盛頓州殺害了至少十七名賣淫與無家可歸的女性。蓋瑞·利奇威在一九八〇與九〇年代以西雅圖地區女性為目標，主要是逃家與賣淫者。

　　連環殺人犯可能會選擇對其生命經驗具有深刻意義的受害者（Skrapec, 2001）。對連環殺手的訪談與描述顯示，他們行為的主要動機之一，是犯罪為他們帶來對另一個人生命的權力與控制感。「對於這些殺手來說，謀殺是一種表達性而非工具性的暴力。」（Fox and Levin, 1998, P.415）不同於典型的謀殺犯，為了達到控制的目的，連環殺手通常不會使用槍枝來謀殺受害者。雖然他們可能會以槍枝來恐嚇與控制受害者，但更偏好能提供最多控制與支配的殺人方法。窒息、刺殺，以及其他能夠延遲死亡的方法，是凶手掌控受害者生殺大權的方式。

　　連環殺手往往也會受到精心策畫、充滿支配主題的幻想所啟發（Fox and Levin, 2003; Skrapec, 1996）。例如普倫基等人（Prentky et al., 1989）發現，在他們所研究的二十五位連環殺手中，86%的人經常有暴力幻想；相較之下，在十七位單一受害者的殺人犯中，只有23%。值得一提的是，樣本中多數（58%）的連環殺手的智力都高於平均水準，而單一受害者的凶手只有29%。因此，兩相對照並非所有重要因子都完全相符。論及這種差異時，普倫基等人表示，「雖然智力似乎對幻想的質量與內容影響不大，但確實影響了幻想如何轉化成行為（犯罪的組織度），以及加害者要如何成功地逃避逮捕。」（P.888）研究者進一步指出，「幻想，正如本研究中所定義的，是一套精細的認知（或想法），特徵是沉浸其中（或反覆發生）、以情緒為錨、起源於白日夢。」（P.889）此外，當幻想在潛在殺手的心中反覆越久，幻想內容與實際行為之間的關聯性就越強，最終會降

低正常來說能抑制幻想行動化的限制。最後，個體就會真的將幻想付諸行動。就此而言，普倫基等人認為，連環殺手會進行一系列越來越精確的「試驗」，嘗試以想像中的形式來實行幻想。換句話說，凶手會持續透過試誤來改善他的認知腳本。而因為試驗永遠無法與幻想完全相符，導致以新的受害者來重演幻想的需求會永遠存在。正如福克斯與列文（Fox and Levin, 1998）指出的，「凶手的罪行可能會逐漸加重，因為他會持續以永無止境的意象與行動的螺旋來更新他的幻想。」（P.417）

　　許多連環殺手會用一些硬蕊的色情出版品來增加他們的幻想，這些刊物通常包含暴力、支配、奴役的主題（Fox and Levin, 1998, 2003）。過去，警方調查人員經常會發現大量描述強暴與謀殺行為的電影與磁帶。今日，他們可能也會在該人的電腦與其他電子設備上發現色情網站。然而，目前尚不清楚暴力色情出版品是否會引起暴力思想，或者是有暴力傾向的個體會對暴力色情出版品有所偏好。答案可能會在兩者的某種組合之中。

[308]

　　許多連環殺手會收集來自受害者的紀念品，如衣物、錄音帶或謀殺照片，以及在極少數狀況下是受害者的身體部位。被稱為戰利品的這些「紀念品」，會生動地提醒凶手該事件的發生，進一步增強其幻想。

連環殺手類型學

　　在當代心理學中，類型學（typology）是指對人格或行為模式進行分類的特定系統。通常類型學是用來將廣泛的行為分類為一組組更容易處理的簡短描述。然而，類型學也存在許多問題，包括類別之間過度重疊。很少會有一個獨立且與其他分類區隔的類別。另外，有些人可能會同時符合兩個或多個分類。舉例來說，如果該類型學主要是以動機作為基礎，加害者可能會展現不同的犯罪動機。此外，將個體分為不同的類別是基於一個不確定的假設：行為具有跨時間地點的一致性。儘管如此，類型學仍然有助於強調人類行為的複雜性以及各種動機與腳本。

　　目前已經有一些關於連環殺手的類型學被提出來（Miller, 2014），出

於說明的目的，在此只會聚焦在荷姆斯與德伯格（Holmes and DeBurger, 1985, 1988）以及荷姆斯（R. M. Holmes and Holmes, 1998）的基模。它被廣泛地引用，但研究者對其效度仍然存疑，如同我們即將提到的。荷姆斯與德伯格根據動機將連環殺手進行分類。該類型學大略包含了四種類型：幻想型、任務導向型、享樂主義型、權力／控制型。**幻想型**（visionary type）是被妄想或幻覺所驅動，迫使他去殺害特定的個人群體。根據荷姆斯與德伯格的主張，這類連環殺手是精神病性的（非典型的，因為連環殺手通常不會是精神障礙者），並且嚴重與現實脫離。對於調查人員與大眾來說，他們可能是最難理解的。這類犯罪現場會很混亂，留有大量的物證，通常包括指紋，甚至凶器（R. M. Holmes and Holmes, 1998）。

當幻想型的犯罪者真的殺人，通常會發生在其舒適區（靠近他的住所、娛樂或工作場所）。因此，地理剖繪對這類加害者的偵查來說會是一個非常有用的工具。然而，與大多數連環殺手不同，幻想型殺人犯並沒有理想的受害者類型（ideal victim type, IVT）。也就是說，受害者很少有共同的物理性特徵（頭髮顏色、性別、年齡或種族）、職業或人格特質。此外，謀殺通常是自發的，其特點是很少計畫，而受害者就只是在錯誤的時間在錯誤的地方出現。

任務導向型（mission-oriented type）相信，有一類人是不好的，必須被摧毀或消滅。這些不好的人可能是娼妓、男同性戀、女同性戀及跨性別者、「街友」，或特定宗教、種族或少數民族群體的成員。與幻想型不同，這類連環殺手並非精神病或其他精神疾病患者。

享樂主義型（hedonistic type）追求的則是樂趣與刺激，而且在殺手的心目中，人們只是用來滿足自己享受的物品。根據荷姆斯（R. M. Holmes and Holmes, 1998），享樂主義殺手據其謀殺的主要動機可以分為三個亞型：慾望型、刺激型、舒適型。慾望型連環殺手的主要動機是性，即使受害者已經死了（戀屍癖）：「他為了性而殺人；這是殺人動機與他從活動中獲得享受的推動因素。」（P.93）此外，「凶手殺人的方式同時反映了幻想與幻想的滿足方式。」（P.93）根據荷姆斯的說法，慾望型殺手總是在尋

找對他具有性吸引力的理想受害者。舉例來說，泰德‧邦迪就說一個女人走路與說話的方式是他選擇受害者的重要因素。

[309]　　刺激型殺手主要的動機是為了引起受害者的痛苦或驚嚇反應。痛苦與恐怖，加上謀殺的過程，對凶手來說是高度刺激且令人興奮的。通常凶手不會與受害者有特定關係，儘管他可能已經跟蹤她一段時間。與慾望型殺手相似的是，刺激型殺人犯會依據某些會助長其幻想的物理性特徵來選擇受害者。

渴求舒適型殺手（creature comfort killer）的動機是獲得可以帶來舒適豪華生活的活動（商業利益）或物品（金錢）。凶手所選擇的受害者可能是阻礙其實現這個目標的人。「舒適型殺手的主要目標是享受生活，充分控制眼前的情況，以便實現他『美好的生活』。」（R. M. Holmes and Holmes, 1998, P.119）此外，「外顯、公然地表現出致命性的攻擊並不是這類型的特徵；如果情況允許的話，大多數以舒適為導向的殺人犯往往會悄悄地殺人。」（P.119）對於舒適型殺手來說，謀殺行為是追求物質利益與舒適生活的附帶行為。可以推測，舒適型殺手在發現潛在的新「對象」後就會將受害者給處理掉。在許多方面，舒適型殺手與心理病態犯罪者的行為特徵相似。有些作者（如Holmes, Hickey & Holmes, 1991）指出，女性連環殺手往往會落在這個類別裡。

權力控制型殺手（power-control killer）則是從他對受害者生死的絕對控制權中得到滿足。性的成分可能存在，也可能不存在，但主要動機是對於無助受害者的極端權力與支配。這些殺手也會傾向尋找看起來特別脆弱與容易受害的特定受害者。

坎特與楊格斯（Canter and Youngs, 2009）認為，荷姆斯的分類大部分是以加害者的動機為基礎，而他們認為這樣的分類充滿許多問題，常常導致僅能對加害者進行效用有限或不成功的剖繪。坎特與韋廷克（Canter and Wentink, 2004）認為，要發展出有效剖繪的最佳方法，是對犯罪的風格與支配主題進行檢視，這些會反映在加害者與受害者互動的方式，以及加害者賦予受害者的角色上。我們還需要更多研究才能確定哪種方法對調查人

員最有用。

大規模謀殺

　　與連環謀殺相比，對大規模謀殺的研究相對較少。這可能是因為大規模謀殺雖然可怕且令人堪憂，但不如連環謀殺來得耐人尋味、神祕或嚇人。當然，它對於所有直接或間接經歷的人都是非常具有毀滅性的。只要看看歷來發生的類似事件，如康乃狄克州紐敦市、拉斯維加斯、奧羅拉市的大規模謀殺，海軍造船廠事件，胡德堡的兩起殺人事件，加州大學聖塔芭芭拉分校及維吉尼亞理工大學附近的刺殺與槍擊死亡事件，就能憶起它們所帶來的恐怖回憶。

　　值得一提的是，與恐怖主義有關的大規模謀殺通常不會被包含在大規模謀殺的文獻中。雖然恐怖分子（包括國內恐怖分子）造成多人死亡的事件已經發生多年，我們是從不同的觀點對這些事件進行研究，因為它們可能是由出於政治目的的個人團體，或是與特定仇恨團體有關的個人所為。本章開頭所提及的恐怖主義事件就是例子。

　　大規模謀殺通常發生得非常突然且不可預知，而且很少有後續。不太需要長時間去尋找行為人是誰；加害者是誰往往很清楚，儘管有時動機並不明確。加害者經常當場死亡，無論是死於自己還是警方手上。有人認為，大規模殺人犯經常會「利用警方來自殺」，他們會直接且故意地把自己置於火線上，而不是讓自己被逮。事實上，人們普遍認為自殺是許多大規模殺人犯的主要動機。然而，格蘭特‧杜維（Grant Duwe, 2000）根據他 [310] 在二十一年間檢視的495起大規模謀殺事件，表示只有21%的大規模殺人犯自殺，另外2%的人則是企圖自殺，3%的人被警方開槍擊斃。而家庭大規模謀殺是最有可能導致肇事者自殺的類型。

　　大規模殺人犯的動機是高度多變的。「大規模謀殺的動機可能從報復到仇恨，從忠誠到貪婪，受害者可能會是個人、特定類別或群體的成員，或隨機選擇。」（Fox and Levin, 1998, P.430）然而，福克斯與列文指出，

大多數大規模殺人犯都是受到報復心的驅使，受害者顯然是因為他們的所作所為或所代表的意義而被選中。當以特定群體的受害者為目標時，這些罪行可能構成仇恨犯罪，下面我們會再討論。

大規模殺人犯經常被描述為挫折、憤怒、對生活感到無助的人。他們的年齡通常落在二十五至四十五歲之間（謀殺時的平均年齡約為三十歲），而且他們普遍認為情況好轉的可能性很小。他們常會受到一些悲劇或嚴重的失去所苦，如失業或被配偶或伴侶拋棄。他們的個人生活在他們的標準來說一直是失敗的，但他們經常會為此責怪別人。二〇一四年五月，一名二十二歲的男子刺死了他的兩個室友與第三個前來拜訪的年輕人。接著他開著他的BMW穿過加州的伊斯拉維斯塔，一個住滿大學生的小鎮，並在被警方追捕時隨機開槍。在他最後朝自己的頭部開槍以前，又殺死了三個人，傷害了十三人。這位凶手之前常常在網路上發布仇恨女性的言論。他也在YouTube上發表了一份令人不安的「宣言」，詳述他的挫折，並抨擊那些不注意他的女性。他誓言要處罰她們，以及她們選擇的那些花心男子。

大規模殺人犯往往是社會孤立與孤僻的人，他們缺乏朋友或支持者的強韌社交網絡。與連環殺人犯相比，他們更有可能符合臨床上的精神障礙。紐敦市的槍手、科羅拉多州奧羅拉戲院的槍手，以及上述曾經與精神衛生專業人員接觸過的二十二歲加州槍手，還有下面將討論的維吉尼亞理工大學槍手，他們的孤立可能是來自情緒問題、厭惡人群，以及社交與人際往來技巧的不足。一次攻擊幾個人或許多人，為這些寂寞、憤怒的人提供了一個感到公平、支配他人、控制及得到認可的機會。

二〇〇七年四月，造成維吉尼亞理工大學校園內三十二人死亡、二十五人受傷的大屠殺，就是典型大規模謀殺的最佳例證。肇事者是一名二十三歲的大四學生，認識他的人描述他是一個孤獨、憂愁、孤立、被霸凌且被同儕排擠的人，他對於家人以外的世界對待他的方式感到極為憤怒。有些教授發現他創作的文章異常暴力且嚇人。在校園裡，學生們認為他很安靜、奇怪，且基本上不與人來往。他曾經因跟蹤女學生而多次與執法單位

接觸，其中兩起事件甚至導致校園警察對他發出口頭警告。

　　大規模殺人犯往往會對槍枝非常感興趣。與連環謀殺案不同，大約有三分之二的大規模殺人（包含典型與家庭）都使用槍枝，通常是具有高彈匣容量的半自動槍枝（Duwe, 2000）。換句話說，他們更偏好能夠更容易且迅速殺死許多人的武器。在大規模殺人犯的家中、車輛或旅館房間內發現大批武器並不罕見。

　　下一章，我們將討論與其他暴力犯罪（特別是性犯罪）相關的研究與理論；而在第十章，重點則是家庭暴力。在此，我們將檢視可能不涉及（儘管它們經常牽涉到）直接暴力的犯罪資訊，但因為所引起的恐懼而使其本質上仍然是相當嚴重的。

仇恨或偏見犯罪

[311]

　　仇恨犯罪（hate crimes）也稱**偏見犯罪**（bias crimes）是出於加害者對受害者所屬群體或被認為所屬群體的偏見的犯罪行為。無論是仇恨或者偏見本身都不足以構成仇恨犯罪。它必須有刑事犯罪為基礎，舉例來說，出於仇恨或偏見動機的攻擊、毀損、縱火或謀殺。仇恨並不是犯罪；然而，假如加害者被定罪的話，基於對犯罪受害者的偏見所展現出的仇恨，可能會提高對犯罪者的量刑。近年來最惡名昭彰的仇恨犯罪事件之一，是二〇一五年迪倫·盧福（Dylann Roof）在以馬內利聖母教堂祈禱會上殺害了九個人。盧福對自己的行為並未表現出懊悔，並表示他做出這個行動是為了維護雅利安人種。

　　偏見犯罪法中最常見的群體或受保護類別是種族、宗教、性別、殘疾、性取向及族裔。（有關仇恨犯罪的事例說明，請參閱重點提示 8.5。另見照片 8.2。）值得一提的是，上述的類別乃是例示涵蓋性質的分類（inclusive categories）；也就是說，偏見犯罪法保護所有種族的所有成員（不僅是黑人或白人）以及所有性取向的人（不僅是男女同性戀）。此外，有些州的法規也針對某些年齡群體（如老年人）或軍人的偏見犯罪制

照片 8.2
密西根州迪爾伯恩市的美國伊斯蘭中心清真寺外的反伊斯蘭塗鴉
資料來源：Bill Pugliano/Getty Images.

定了懲罰。

　　一九九○年的《仇恨犯罪統計法》（Hate Crime Statistics Act）要求聯邦調查局收集數據，提供基於對種族、宗教、性取向或族裔的偏見而對個人或群體做出的暴力攻擊、恐嚇、縱火或財產毀損的犯罪盛行率的資訊。一九九四年九月，《暴力犯罪控制與執行法》（Violent Crime Control and Law Enforcement Act）對《仇恨犯罪統計法》進行了修訂，將身心障礙納入蒐集範圍。而許多州的仇恨犯罪法案所涵蓋的性別部分，並非特別註記的類別之一。然而，由於一九九四年首次通過、並於二○○○年和二○一三年重新授權的《反婦女暴力法》（Violence Against Women Act, VAWA），性別現在也被涵括在法案的保障範圍內。

　　同樣在一九九四年，國會通過了《仇恨犯罪量刑加強法》（Hate Crime Sentencing Enhancement Act），為此類罪行定了更長的刑期。一九九六年，由於焚燒禮拜場所（特別是位於美國東南部的非裔美國人教堂）的案件急劇增加，《教堂縱火預防法》（Church Arson Prevention Act）被簽署通過。一九九九年的《仇恨犯罪防制法》（Hate Crime Prevention Act）禁止任何人因種族、膚色、宗教或祖國籍而以暴力或暴力威脅干涉個人的公民或憲法權利，如投票或就業。二○○九年十月，國會通過了《馬修·謝巴德和詹姆斯·伯德預防仇恨犯罪法案》（Matthew Shepard and James

Byrd, Jr. Hate Crimes Prevention Act），以對兩人因性取向與種族而遭受的
殘忍謀殺作出回應。這項新的聯邦法律不僅鼓勵起訴仇恨犯罪與允許增加
刑罰，更擴大了受保護的類別，將性別與性取向及上述提及的類別一起納
入。儘管有這些法律，針對男同志、女同志、雙性戀及跨性別者的犯罪仍
然頻繁發生，而且往往是所有仇恨犯罪中最暴力的（Cramer et al.,
2013）。人權運動報告指出，單單是二○一六年，美國就有至少二十二名
跨性別者（大部分是有色人種女性）被殺害。二○一七年，一名二十九歲
的男子成為第一位因殺害跨性別女性而依據聯邦仇恨犯罪法被判刑的人。
他被判處了四十九年徒刑。

重點提示8.5

仇恨展示

[312]

以下是媒體有關偏見事件的報導。雖然多數事件（非全部）都涉及犯
罪活動，不過加害者未必會以偏見犯罪遭到起訴；事實上有部分事
件，犯罪者尚未緝獲。

- 二○一六年總統大選後不久，一處青年棒球員休息區被噴上
  種族主義與反猶太主義的標語。休息區的照片就登在《今日
  美國》（*USA Today*）的頭版上。
- 同樣在總統競選期間與選舉之後，美國各地的許多清真寺遭
  到污損或破壞。
- 二○一七年，在校園，甚至國家首都，開始出現大量絞索與
  納粹黨徽的塗鴉。在維吉尼亞州的夏洛茨維爾，包括白人至
  上主義者與新納粹分子在內的仇恨團體手持火炬遊行，許多
  人高呼種族主義口號，並向納粹敬禮。
- 二○一七年，一個住在紐約郊區的黑人家庭在午夜被喚醒，
  發現他們的車庫著火，房子也岌岌可危。後來父母與五個孩
  子離開屋子，雖然身體沒有受傷，但情緒極其不安。房子被

噴了納粹標記與種族主義的塗鴉。後來有一位青少年男孩遭
到起訴。

- 二〇一六年六月，佛羅里達州奧蘭多的一家夜店，有四十九
人遭害身亡，五十三人受傷，該夜店是LGBT人士的熱門聚集
地。

- 七名青少年涉入一個在火車站附近散步的厄瓜多移民被刺死的
案件。刺殺者因過失殺人的仇恨犯罪被判二十五年徒刑。檢察
官表示，這群青少年前往該地區「尋找西班牙裔人士」。

- 一名患有智力障礙的青年在芝加哥被四名年輕人毆打；毆打
的照片還被張貼在臉書上。為身心障礙者發聲的倡議者表
示，這類以障礙者為目標的事件經常發生，卻很少引起公眾
注意。

問題與討論：

一、上述哪一起事件並不是犯罪活動？
二、刑法上，我們可以依照嚴重程度對事件排序，其中謀殺是最嚴重
的。我們也應該根據道德觀點對它們做排序嗎？或者以對受害者的心
理傷害為基準？應該以其他角度做排序嗎？
三、當絞索與納粹黨徽被展示出來時，誰是受害者？

　　根據國家統計數據，仇恨犯罪似乎在所有犯罪暴力中占相對小的比
例，通常約為4%。二〇一五年總共報告了5,850起仇恨犯罪事件（FBI,
2016b），這個數字同時包含了暴力與非暴力犯罪。要記錄仇恨或偏見犯罪
是困難的，因為加害者的意圖並不總是那麼明顯或明確。此外，由於不同
轄區的數據收集法規與方法各有不同，要對仇恨犯罪的盛行率進行準確的
估計是一項挑戰。因此，執法機關只有在調查揭示足以斷定加害者的行為
是出於偏見時，才會記載為仇恨犯罪。通常用來支持偏見存在的證據包含

加害者在事件發生時的口頭評論、書面陳述、手勢，或在犯罪現場留下的圖畫或塗鴉（Strom, 2001）。此外，不同州的執法人員在接受培訓及被鼓勵辨認與記錄仇恨犯罪的程度，有著巨大差異。因此，最令人震驚的案件往往會被交到聯邦調查人員手上，根據聯邦《民權法》來進行可能的起訴。

現有數據顯示，大多數仇恨犯罪的動機是種族／族裔／血統偏見 [313]（56.9%），其次則是宗教偏見（21.4%）、性取向偏見（18.1%）、性別認同偏見（2%）、殘疾偏見（1.3%）（FBI, 2016b）。據估計，仇恨犯罪受害總數中有六成沒有向警方報案（Wilson, 2014）。 性取向的仇恨犯罪是最不可能被受害者舉報的。雖然有大量案例沒有被報告出來，但 LGBT的仇恨犯罪通常更為暴力，也涉及更大的傷害（Briones-Robinson, Powers & Socia, 2016）。宗教偏見的犯罪則通常是以猶太人為目標（Cheng, Ickes & Kenworthy, 2013）。二〇〇一年九月十一日的攻擊後，反穆斯林的仇恨犯罪迅速升高，隨後幾年又趨於穩定（Cheng et al., 2013）。然而，根據聯邦調查局於二〇一六年十一月所發布的數據，針對穆斯林的攻擊、清真寺攻擊，以及其他仇恨犯罪的數量，在二〇一五年達到九一一事件發生以來的最高總數（Clay, 2017）。二〇一五年發生了257起反伊斯蘭（穆斯林）事件，涉及301名受害者，比二〇一四年增加了67%。目前，戴頭巾的美國穆斯林女性經常會成為騷擾與種族微攻擊（例如隨意貶損）的目標（Nadal et al., 2015）。微攻擊的一個例子可能是問某人「你來自哪個國家」，暗指她不是美國人。穆斯林男性則會引發人們對恐怖主義、暴力及犯罪行為的知覺（Clay, 2017）。

殘疾偏見的例子則包括對愛滋患者、精神障礙或智能障礙的偏見。大學校園的仇恨犯罪呈現出一道廣闊的犯罪行為光譜，從威脅、性侵到爆炸都有。它們幾乎在各類學校以及全國各地都會發生，是許多校園內的一個嚴重問題（Stotzer, 2010; Wessler and Moss, 2001）。

大約有三分之二的仇恨犯罪是針對個人，其餘的目標則是企業、宗教機構或其他機構及組織。在聯邦調查局的仇恨犯罪統計數據中，每五起暴

力仇恨犯罪中，約有四起是單一事件內有一人受害（FBI, 2016b）。涉嫌犯下仇恨犯罪者，最大的比例是白人男性（48%）。聯邦調查局的數據顯示，因仇恨犯罪而被捕的人中，85%的年齡在十八歲或以上。年紀較輕者（小於十八歲）更有可能因與財產有關的犯罪（如毀損罪）而被捕，而年紀較長者則更有可能因暴力仇恨犯罪（如加重企圖傷害）而被捕。

仇恨犯罪暴力似乎源於個人所習得對特定社會群體的偏見。再加上恐懼，以及志趣相投者的交流連結，當偏見團體的成員相信他們的生活方式受到攻擊時，這種偏見就可能會升級為暴力。二〇一七年八月，在夏洛茨維爾，主要由年輕白人男子舉起拳頭、高呼種族主義與反猶太主義口號遊行的畫面，就是一個令人傷心且嚴重的警鐘，告訴我們社會在消除偏見上仍然做得太少。

司法心理學家在理解與預防仇恨犯罪、對仇恨犯罪者進行治療上扮演重要的角色。舉例來說，他們可以研究對某些群體的偏見如何影響陪審團、律師、法官及執法人員，並運用這些知識。他們可以探討仇恨犯罪與其他形式的暴力犯罪有何不同。他們可以合作和訓練那些協助仇恨犯罪受害者的心理健康專業人員。司法心理學家也可以參與推動州與聯邦層級的偏見犯罪立法。

跟追：恐嚇罪

跟追（Stalking）被定義為「針對特定個人的行為過程，涉及反覆在身體或視覺上逼近、非合意的通訊，或口頭、書面或暗示的威脅，而足以造成一個理性人的恐懼」（Tjaden, 1997, P.2）。這個詞彙指的是：

不請自來的侵擾與交際反覆發生且經常越演越烈，包括在附近遊蕩、尾隨或勘察一個人的住家、一直打電話，或其他不受歡迎的直接與間接的通訊、散布流言、破壞個人財產、騷擾認識的人或家庭成員、發送威脅性或性暗示的「禮物」或信件，以及攻擊性與暴力的行為。（Abrams and Robinson, 2002, P. 468）

　　人際關係的歷史有多長，跟追的狀況就有多久，然而直到過去三十年間，這種行為才被確認是違法的（Beatty, Hickey & Sigmon, 2002）。隨著如《致命吸引力》（*Fatal Attraction*）、《與敵人共枕》（*Sleeping With the Enemy*）、《恐怖角》（*Cape Fear*）等電影的上映，這個問題日益浮上檯面。新聞媒體大幅報導名人如大衛・賴特曼（David Letterman）、蕾貝卡・雪佛（Rebecca Schaeffer）等人被跟追的消息，也導致跟追在二十世紀末成為家喻戶曉的詞彙。今日人們的注意力已經轉向網路跟追，以及一個相關的現象，網路霸凌。

　　無論是親身實地、透過手機或線上追蹤，跟追都是一種極其可怕、使人情緒困擾且令人憂鬱的恐嚇犯罪。自一九九〇年代至今，它一直是廣大心理學研究的主題。不意外的，臨床工作者發現，跟追的持續時間越長，無論其行為是侵入性、暴力的，或者是兩者的結合，都會對受害者產生更大的潛在傷害（McEwan, Mullen & Purcell, 2007）。美國五十個州、哥倫比亞特區及加拿大都有反跟追的法律。儘管大多數州在法規中都將跟追定義為恣意、惡意且反覆跟蹤與騷擾他人，但有些州也會納入撒謊、監視、非合意的通訊、電話騷擾、毀損行為（Tjaden and Thoennes, 1998a）。有些州要求至少要發生兩起跟追事件，才能將這種行為視為犯罪。隨著科技迅速發展，某些州的法律已經將網路跟追列入禁止行為。

　　對於跟追問題所進行最全面的研究，是由政策研究中心所執行，並以「美國的跟追問題：以女性為目標的暴力行為之全國調查結果」（Stalking in America: Findings From the National Violence Against Women Survey）為題發表的研究（Tjaden and Thoennes, 1998b）。該計畫是由國家司法機關及疾病控制與預防中心共同資助，是一項具有全國代表性的電話調查，調查範圍為十八歲或以上的八千名女性與八千名男性。調查於一九九五年十一月至一九九六年五月間進行，提供了關於該時期跟追的盛行率、特徵及後果的實徵數據。

調查發現，有8%的女性與2%的男性表示，他們曾經有過被跟追的經驗（Tjaden, 1997）。在大多數的情況下，跟追持續時間都在一年內，但有些人被跟追超過五年。然而，一項研究（Mullen, Pathé & Purcell, 2001）指出，反覆且不請自來的通訊與強迫接觸若超過兩週，有很高的可能性會持續數個月，甚至數年。在最近的一項大規模調查（全國犯罪受害調查）中，11%的跟追受害者表示，他們已經被同一個人跟追了五年或五年以上（Baum, Catalano, Rand & Rose, 2009）。

研究者認為，大多數跟追者的動機是控制、恐嚇或使受害者感到害怕。跟追行為會引發許多不同的恐懼與情緒困擾。大約有五分之一的受害者會擔心自己受到身體傷害，六分之一的受害者則會擔心孩子或其他家庭成員的安危（Baum et al., 2009）。大約每二十人中會有一人害怕被跟追者殺害。

上述引用的研究（Baum et al., 2009），87%的跟追者是男性，80%的受害者是女性。80%的跟追者被認為是白人，至少50%的人年齡介於十八到三十五歲間，而且許多人的收入高於平均水準。在大多數的跟追事件中，受害者（尤其女性）認識跟追她的人。大約有一半的女性受害者是被現在或過去的配偶或同居伴侶跟追，其中大多數的女性（80%）在交往期間或跟追期間遭到對方的身體攻擊。在約三分之一的案件中，跟追者會毀損受害者的財產，約10%的機率，跟追者會殺死或威脅要殺死受害者的寵物。

[315] 只有7%的受害者認為其跟追者患有精神障礙、精神病、發瘋，或是酒精或藥物濫用者。

另一項關於跟追的綜合研究是由國家司法機構與司法統計局共同資助（Fisher, Cullen, & Turner, 2000）。該專案包括一九九七年二月至五月間，對223所學院與大學的4,446名女學生所進行的電話調查。用於測量跟追的主要篩選問題是：「自一九九六年秋季開學以來，有沒有任何人（從陌生人到前男友都有可能）反覆跟蹤妳、盯著妳看、打電話、寫信、發電子郵件，或以其他看似執迷的方式與妳通訊，讓妳感到害怕或擔心自己的安全？」

研究的主要發現如下：

- 13%的大學生自新學年開始以來一直受到跟追。
- 在受害者中，80.3%的人曾經認識或見過跟追她們的人。
- 跟追事件平均持續約兩個月。
- 30%的女性表示，她們因為被跟追而在情緒與心理上受到傷害。
- 在10.3%的事件中，受害者表示跟追者會強迫或企圖進行性接觸。
- 整體而言，83.1%的跟追事件並沒有向警方或校園執法部門通報。

值得一提的是，有些定期與精神或情緒障礙者接觸的精神衛生專業人員也成為其個案跟追的受害者（Gentile, Asamen, Harmell & Weathers, 2002）。根據前述研究，心理健康專業人員的跟追者在跟追期間可能是單身或處於離婚狀態。這些個案大多（62%）被診斷有情緒障礙症。在另一項調查中，大約有三分之二的大學輔導員曾經歷當前或先前個案的騷擾或跟追行為（Romans, Hays & White, 1996）。

為了更加理解跟追者，有些研究者提出類型學或分類系統。對跟追者最早的系統性研究之一，是由佐納、夏爾曼和連恩（Zona, Sharma & Lane, 1993）與洛杉磯警局威脅管理部門合作進行。他們發展出一個針對娛樂名人跟追者的分類系統，並將其分為三個行為類群：情愛妄想者（erotomanic）、愛戀痴迷者（love obsessional）、單純的執迷者（simple obsessional）（稍後會簡單加以定義）。幾年後，研究者將焦點從「明星跟追者」轉移到跟追前伴侶的男性（Emerson, Ferris & Gardner, 1998; Kurt, 1995）。明星跟追者主要被認為是有精神障礙的人受到妄想驅使而去追求自己喜歡的名人，而前伴侶的跟追者則是透過暴力與恐嚇來施加他們對女性的權力（Mullen et al., 2001）。

一項研究（Mohandie, Meloy, Green-McGowan & Williams, 2006）對1,005名男女跟追者進行大量的抽樣調查。結論是，可以根據與受害者的關係將跟追者分為四類：一、親密跟追者，即追求當前或過去的性親密關係人；二、熟人跟追者，追求認識但從未在性方面有親密關係的人；三、公眾人物跟追者，追求從未有過任何關係的公眾人物；四、私人陌生人跟追者，追求從來不認識但因為在跟追者的環境中（如鄰居或大學校友）而知

[316] 道其存在者。莫漢迪等人（Mohandie et al.）發現，這些類別的暴力發生率各有不同，其中親密跟追者最有可能（74%）對受害者使用暴力，機率最低的則是公眾人物跟追者（2%）。根據同一個資料庫，後續兩項研究（Meloy, Mohandie & Green McGowan, 2008; Meloy and Mohandie, 2008）則聚焦於女性跟追者。

　　另一個經常被引用的跟追類型學，是由比提、希基與西格蒙（Beatty, Hickey & Sigmon, 2002）提出，其更著重於跟追的動機，而不是跟追者與受害者之間的關係。它包含四大類別，前三類與佐納等人（Zona et al., 1993）所提出的相似：單純的執迷跟追、愛戀痴迷跟追、情愛妄想跟追、復仇跟追。執迷（obsession）一詞是指一個人試圖透過各種行動來控制或滿足反覆出現的意念、想法、衝動或畫面。特別要強調的是，這種類型學尚未經過實徵研究的驗證，應該做為未來研究與發展假設的跳板。接下來會依上述四個類別進行描述。

　　單純執迷跟追者是最常見的，占跟追者的60%。它們代表過去家庭暴力模式與親密關係心理虐待行為的延續。因此，其目標受害者往往是前任配偶，而大多數的加害者是男性。這些跟追者似乎比多數其他跟追者有更高的智力且受過更好的教育（Meloy and Gothard, 1995）。跟追的原因可能是加害者的低自尊與無助感。顯然加害者透過貶損前配偶或伴侶來增加自己的自尊心，而如果他覺得受害者試圖掙脫控制，就可能採取更劇烈的手段。這是最有可能導致謀殺的跟追類別，與莫漢迪等人（Mohandie et al., 2006）所描述的親密跟追者非常相似。

　　愛戀痴迷跟追者與受害者往往是泛泛之交，如鄰居或同事，但這類跟追也可能包括完全陌生的人，例如名人。這些跟追者的主要動機是與目標對象建立私人關係。與單純執迷跟追者相同，這些人可能自尊心非常低落，且可能感到無助與憂鬱。據推測這些跟追者相信，透過與氣質不凡和高地位的人產生連結，就可以相應提高自己的自尊與價值。通常愛戀痴迷跟追者非常渴望與受害者發展關係，以致可能會願意接受負面或破壞性的關係，有時甚至會訴諸暴力，嘗試贏得受害者的注意。典型例子是約翰·

欣克利（John Hinckley），他相信他可以透過射殺雷根總統來贏得女演員茱蒂·佛斯特的愛。

情愛妄想跟追者被認為是高度妄想性的，而且加害者經常受到嚴重的精神障礙症所苦，最常見的是思覺失調症。與單純執迷跟追者相反，情愛妄想跟追者相信他們和受害者之間已經存在關係。跟追脫口秀主持人大衛·賴特曼將近十年的女性就是這類典型。她顯然相信她是賴特曼的妻子與他的孩子的母親。她多次在他康乃狄克州的私人處所被發現，她因駕駛他的車而被逮捕，她還送他鮮花和糖果。最後這位無法自拔的女性在科羅拉多州臥軌自殺。

復仇跟追者則與其他三種類型大不相同，因為他們並未尋求與目標受害者的私人關係。相反的，他們嘗試引發受害者特定的反應，如恐懼或行為改變，像是搬到其他地區。復仇是他們最主要的動機。這種跟追者的一個例證是，被解雇的員工開始跟追與騷擾他認為應該對解雇負責的主管，希望毀掉對方的生活。

跟追通常什麼時候會結束？

[317]

什麼會使跟追者停止？有些跟追者在發現新的「愛」之後，就不會再追求目前的受害者。在政策研究調查（Policy Research Survey）（Tjaden and Thoennes, 1998b）中，約有18%的受害者表示，當跟追者與新的人進入一段關係時，跟追就停止了。執法單位的介入似乎也有幫助。15%的受害者表示，當跟追者接到警方的警告後，跟追行動就停止了。然而，更正式的介入手段，如逮捕、定罪或限制令，似乎成效有限——或許還引起反作用。厄克等人（Eke, Hilton, Meloy, Mohandie & Williams, 2011）在一項有關跟追者與警察交手的九年追蹤研究中發現，77%的人在這個期間犯下了新的罪行，其中一半以上被指控犯有跟追罪。大約三分之一的人被指控犯下暴力罪行。厄克等人也發現，先前被診斷患有精神障礙症的跟追者明顯與警方有更多交手，但他們的再犯比較可能是非暴力的。（見觀點專欄

8.1，厄克博士討論了她在跟追與暴力犯罪方面的研究。）論及可能危及人身安全的持續性跟追行為，唐傑登與透納斯的調查（Tjaden and Thoennes, 1998b）指出，阻止這種跟追的最有效方法是受害者盡可能離加害者越遠越好，讓跟追者或可能傳達資訊的人無法得知受害者的下落。然而，我們不應該期望由跟追的受害者來承擔這種不切實際的做法。

跟追案件中的暴力預測

許多跟追的受害者希望知道他們成為暴力受害者的可能性（Rosenfeld and Harmon, 2002）。根據羅森菲爾德和哈蒙的主張，「確認哪些跟追者會構成重大暴力風險，區分這些人與可能較不會造成身體傷害風險的其他加害者，將會對受害者、臨床工作者及法律系統有明顯且重大的意涵。」（P.685）前面提到，莫漢迪等人（Mohandie et al., 2006）發現，親密跟追者的暴力發生率是四個群體中最高的，而厄克等人（Eke et al., 2011）則發現，患有精神疾病的跟追者比未罹患者的暴力程度要來得低。

為了找出可能區分暴力與與非暴力跟追者的特徵，羅森菲爾德和哈蒙分析了204起由紐約市法院囑託進行心理健康評估的跟追案件。研究結果支持了過去研究者（如Palarea, Zona, Lane & Langhinrichsen-Rohling, 1999）的發現，跟追者的前配偶或親密伴侶是風險最高的。

> 具體來說，對人身與財產（包括對受害者的身體暴力）做出威脅的親密跟追者，更有可能透過某種形式的暴力行為來跟蹤他們，以「履行」他們的威脅，並且他們在接觸受害者時會比非親密跟追者使用更多的身體接近行為。這些結果說明了，在對跟追案件進行暴力風險評估時，考量親密關係是否存在很重要。（Palarea et al., 1999, P.278）

暴力威脅與藥物濫用似乎也是跟追暴力的重要預測因子。羅森菲爾德和哈蒙（2002）也發現，跟追者的犯罪史與過去的暴力行為等變項並非暴

力的好預測因子。這一點令人意外,因為有研究報告(Palarea et al.)指出,暴力史是最強的預測因子。另有研究(McEwan, Mullen, MacKenzie & Ogloff, 2009)也發現,被拒絕的前親密伴侶、暴力行為史,以及發出威脅的跟追者,具有最高的暴力風險。然而,這些研究之間的差異可能源於羅森菲爾德和哈蒙所獲得的資訊(逮捕與定罪的官方紀錄、跟追者的自我報告與受害者報告)比較多。而前述報告(Palarea et al.)使用的則是從洛杉磯警察局保存的223個檔案中所獲得的數據。因此,兩項研究之間的差別可能是蒐集數據的質與量的差別。

觀點專欄8.1

實務中的研究應用

安琪拉‧懷亞特‧厄克Angela Wyatt Eke,PhD

[318]

我一直都對心理學和法律充滿興趣。我高中的時候,輔導員對學生做了職涯評估,目標是針對自陳的技能與興趣和各種職涯之間的配對提出建議。我的結果顯示落在法律、醫學、心理學及警務。後來我到多倫多大學攻讀理學學士,也就不令人驚訝。我主修心理學和其他犯罪學的課程。之後到約克大學完成心理學碩士與博士學位。而對職涯來說,在多倫多大學時的兩個特別選擇可說是相關又幸運的經驗。

第一,我加入一個志工博覽會,並報名參加一些矯治工作。那真的是很棒的經驗,讓我了解心理學的實務面向,並參與一對一以及團體的工作。我在大學期間從事很多志工活動,持續到研究所期間,後來在矯治工作中完成了研究實習。在這段期間,我真正發展出對應用研究的興趣。能夠將研究整合到實務工作中,同時根據真實的生活得到研究的靈感,是非常令人振奮的事。我投身操作性的研究,例如跟追案件的風險評估與案件管理、親密伴侶暴力以及兒童性剝削。

其次,大學時我修了萊斯特‧克拉姆斯(Lester Krames)教授所開設的攻擊心理學課程,他是我大學的指導老師。有一年,克拉姆斯博士

邀請一位客座講師來替我們上一堂課，是一位名叫凱特・萊絲（Kate Lines）的安大略省警局警官。她是加拿大首批警方的犯罪剖繪員之一，也是安大略省警局發展行為科學部門的主管。簡單來說就是凱特後來聘請我擔任省暴力犯罪連結分析科（Provincial Violent Crime Linkage and Analysis Section, ViCLAS）的分析助理和研究助理。從那之後，我就一直和安大略省警局合作。

雖然我在警務環境工作，但每天都會與來自醫院、學術界、其他政府部門的同僚聯絡，很多都與各種研究計畫的合作有關，而這些計畫通常牽涉到計畫發展、補助案撰寫、計畫撰寫、研究倫理等過程。我很幸運可以跟很棒的夥伴們一起工作。當你將來自不同環境的人聚在一起時，就可以建構出跨領域的計畫；此外，和具不同專業與經驗的人一起工作，大大增進了工作的品質。

隨著現代科技發展，有非常多機會可以分享研究發現與討論實務應用。除了傳統的會議與培訓課程，我們還可以報名網路研討會或加入討論群組，即時與其他人交流。我們可以透過Twitter、ResearchGate及無數其他的應用程式關注我們欣賞的研究者、實務工作者和專家。科技也讓我們更容易與世界各地的同事聯繫合作。以其中一個針對兒童色情案件的大型計畫來說，我們有個網頁可以與其他研究者與實務工作者分享計畫進展（https://www.researchgate.net/project/Child-Pornography-Offender-Risk-Tool-CPORT）。

然而，就像其他許多人一樣，我確實也會思考，所有的連結與線上工作的便利性，會不會造成個人與家庭時間的模糊。雖然追隨興趣與熱情很重要，但注意整體健康、保持工作與個人生活的平衡也很重要。另一個相關的提醒是，雖然我們所處理的資訊可能是獨特的，但也可能涉及引起強烈情緒反應的素材與案例事實（虐待兒童、親密伴侶暴力、性侵害）。對從事這項工作的人（如警察、臨床工作者、社會工作者、研究人員），整體健康的保障是非常重要的。舉例來說，麥

克．賽圖（Michael Seto）博士與我在了解兒童性剝削問題的研究上合作多年。為了保障研究成員的健康，我們制定了一個以心理學為基礎的「保衛」計畫，並將安大略省警局外與計畫外部的臨床工作者與治療師納入其中。計畫工作人員每年至少要與他們進行一次個人會談，或者如果他們希望或需要的話，可能更多次；我們收到了許多對該計畫的良好回饋。我還看到各種健康計畫在各種職位上不斷發展並更趨標準化。我也看到各式各樣的健康福祉計畫演變推進，在各種不同職位間都更趨一致。我相信這個領域將會日漸成長──從思考我們如何對同事提供支持與協助的組織考量，到如何辨認個案與案件中的心理與情感創傷。 [319]

我工作的一部分包括為警察與其他受眾提供培訓，以及參與案件諮詢。通常會是與威脅分析員、犯罪剖繪員、司法精神科醫師或心理學家的合作圓桌討論。

我也與學術界保持聯繫，包含教授司法心理學的大學部課程，並指導學生的研究實習與論文。有許多學生本身的職業是研究者與實務工作者，而我有幸向他們學習、參加他們的會議演講，或在計畫上與他們一起合作。

我很享受我的職涯。我還在讀書的時候，警務與心理學相關的職業發展還很少。而現在新的研究與應用心理學的角色正在警務環境中發展，結合警務、臨床實務及研究的工作也普遍成長，這是非常令人振奮的。我相信未來學生可以看到更多的職涯機會。我很期待與有志成為專業工作者的學生們見面。

厄克博士是安大略省警局行為科學與分析科的犯罪行為分析小組研究協調員。她是勞倫森大學的兼任教師。最近被授予警方的功績勛章。她在工作、與家人朋友共度時光、旅行、和丈夫的居家改造計畫之間取得很好的平衡。

有些研究顯示，青少年跟追者可能比成年人更具危險性且暴力。在一項針對299名青少年跟追者的調查中，研究者（Purcell, Moller, Flower & Mullen, 2009）發現，青少年跟追事件的威脅與暴力程度高於成人跟追。有超過一半的青少年跟追受害者（54%）受到身體攻擊，有的嚴重受傷，另有2%的人遭到性侵而造成重傷。另一方面，最近的一項研究（Sheridan, North & Scott, 2015）發現，在十六歲及以下、十七至五十九歲、六十歲及六十歲以上三個年齡組別的跟追者中，展現出的暴力差異並不大。然而，受害者的年齡則存在顯著差異。年齡較大的受害者最有可能受傷，執法部門也較不會認真看待。

網路跟追

網路跟追（Cyberstalking）與傳統的跟追形式相似，包含了會造成憂慮與恐懼的持續行為。然而，隨著新科技的出現，傳統的跟追透過電子郵件、簡訊及其他社交網絡管道而有了全新的形式。這類事件可能比傳統的跟追形式更為常見。由於網路的基本設定不僅使匿名變得容易，也增加與廣大潛在受害者的接觸範圍。手機與網路為網路跟追者提供了廣大且不受管制的機會去騷擾毫無戒心的受害者。此外，網路使大量的個人資訊變得容易取得，網路跟追者可以簡單快速就找到目標對象的私人資訊。

不請自來的電子郵件是最常見的騷擾形式之一，包括仇恨、猥褻或威脅性的郵件。簡訊、Instagram、Twitter、其他社交媒體管道也越來越普[320] 及。其他形式的騷擾包括向受害者發送電腦病毒或大量垃圾電子郵件。電子跟追可能導因於嘗試要開啟關係、修復關係，或者威脅與傷害某人。它經常伴隨傳統的跟追，如威脅電話、毀損財產、威脅信件及身體攻擊（Gregorie, 2000）。

然而，正如美國最高法院的判決所說明的，要追究網路跟追是極其困難的。在「伊隆尼斯訴美國」（*Elonis v. U.S.*, 2015）一案中，一名男子依據聯邦法律被定罪，因為他透過州際通訊（如網路空間）威脅要傷害他

人。伊隆尼斯每隔一段時間就會在其臉書上發布暴力圖片與饒舌歌詞，並附帶這些內容並非指向真實人士的免責聲明。另外，他也發布對分居妻子、老闆、各種政府官員的粗話。他的老闆與分居的妻子都認為這是一種威脅——前者解雇了他，後者則獲得免於虐待的保護令。然而，美國最高法院一致裁決（八比○）認為，檢察官並無法證明他打算要對這些特定人士進行威脅。雖然有人提出抗辯，認為至少可以說伊隆尼斯在發文的時候疏忽而明知故犯，但法院認為，疏忽並不足以定他的罪。

網路霸凌變得越來越嚴重，雖然與網路跟追非常相像，但其主要是涉及青少年在網路上霸凌其他青少年。年齡是區分這兩個詞彙的主要決定因素，但並不是說成年人在職場與非職場中就不會受到網路霸凌。不過，大多數的研究都聚焦在青少年。就此，我們將討論霸凌的心理面向，然後擴大將網路霸凌納入討論，這種現象現在越來越常見，而傳統的身體、面對面的霸凌則逐漸減少。

同儕間的非網路霸凌

過去二十年，「同儕傷害，尤其是霸凌行為，已經成為世界各地學校普遍存在卻經常被忽視的問題。」（Cornell, Gregory, Huang & Fan, 2013, P.138）在一項美國的全國調查中，28%的青少年表示，過去一年間他們在學校曾經遭受霸凌（Robers, Zhang, Truman & Snyder, 2012）。其他研究也發現非常相似的結果（Faris and Felmlee, 2011b）。此外，霸凌行為在小學、中學、高中及職場中也普遍存在。霸凌並不僅限於兒童與青少年身上。

霸凌（Bullying）是一種同儕攻擊的形式，其中一個或多個人會在身體、言語或心理上騷擾被認為比較弱勢的受害者。身體霸凌的例子包括毆打、吐痰、踢、揍、推、拿走或破壞個人物品。言語霸凌則包含辱罵、嘲諷、惡意的戲弄、言語威脅。心理霸凌則是散布破壞性或苛薄的謠言，以及社會排擠、勒索或恐嚇。很多時候，霸凌者本身也曾是霸凌的受害者。

霸凌可能會對某個學校的所有學生產生負面影響，即使他們並不是直

接的受害者（Cornell et al., 2013; Vanderbilt and Augustyn, 2010）。更具體地說，「旁觀者可能會在其中扮演各種角色，從協助與增強霸凌者、到受到驚嚇並經驗到替代性創傷都有可能。」（Cornell et al., 2013, P.139）霸凌會影響整個學校的氛圍。研究者發現，普遍的霸凌行為會造成恐懼與不安的學校環境，降低出勤率，並導致不佳的學習表現及對課業的投入（Glew, Fan, Katon & Rivara, 2008; Swearer, Espelage, Vaillancourt & Hymel, 2010）。長期霸凌的結果就是，受害者常常會受到心理問題所苦，包括憂鬱症、創傷後壓力疾患、自殺的想法（Shaw, Dooley, Cross, Zubrick & Waters, 2013）。其中許多問題甚至可能持續到成年以後。

在一項非常重要的研究中，相較於聚焦於霸凌或被霸凌者的性格特徵，法瑞斯與費蒙利（Faris and Felmlee, 2011b）調查了霸凌發生的社交網絡。作者認為，個人的缺陷在霸凌中所扮演的角色被誇大了。相對的，同儕地位常常才會導致霸凌與同儕導向的攻擊。他們的研究結果顯示，「對絕大多數的青少年來說，地位隨著時間的提升，將會伴隨著對同儕侵犯的增加。」（P.67）他們指出，霸凌並非發生在處於學校階層邊緣的孤立青少[321]年身上，而是最常發生在相對受歡迎並尋求更高地位的年輕人；換句話說，是處於中等地位的學生。瑞英傑斯與其夥伴（Reijntjes et al., 2013）也提出相似的發現。大量的霸凌行為與高社交地位顯著相關，其中社交地位是以知覺受歡迎的程度來測量。顯然在某些同儕圈子裡面，攻擊與霸凌是在青少年群體裡獲得地位的一種方式。有趣的是，法瑞斯與費蒙利發現，一旦霸凌者取得了最高地位，他們的攻擊與霸凌通常會停止或大大減少。

青少年霸凌者不太可能會以陌生人為目標，他們往往會選擇曾與他們有密切關係的同儕。女孩與男孩都會霸凌，但方式略有不同。女孩比較不會用直接的形式（言語騷擾或身體暴力），更可能會以散布謠言與排擠的方式進行霸凌（Faris and Felmlee, 2011b）。不過，女孩也更有可能成為受害者。

研究也顯示，霸凌的持續部分是來自同儕的反應（Salmivalli, Voeten & Poskiparta, 2011）。「八成的霸凌事件中有旁觀者存在，因此他們可以藉

由促進或減少霸凌行為而影響情況。」（Banks, Blake & Joslin, 2013,
P.10）。研究也顯示，為受害者說話的旁觀者最有可能減少霸凌行為。因
此，著重霸凌預防與介入的研究，轉而認為霸凌是一個團體歷程（Howard,
Landau & Pryor, 2014）。也就是說，霸凌者往往會在事件中被同儕的團體
動力所增強，舉例來說，若同儕大多只旁觀霸凌事件，而盡量不捲入其中
（O'Connell, Pepler & Craig, 1999）。專家認為，這種被動觀察的行為會讓
霸凌者覺得旁觀者贊同其行為。只有約17%的同儕會試圖為受害者說話
（Howard et al., 2014）。更重要的是，「無論同儕是透過主動保護受害者
或是挑戰霸凌者，這些努力大多被證實是有效的。」（Howard et al., 2014,
P.266）。

　　心理學家，尤其是學校心理學家與其他教職員，可以透過教育學生
「同儕是這種霸凌行為發生、維持且越演越烈的核心」，以大幅減低同儕
霸凌的狀況。然而，研究者（Howard, Landau & Pryor, 2014）提出警告，
若未仔細考慮學生之間的個體差異，就無法施行霸凌預防計畫。如果不能
理解並處理兒童與青少年對霸凌行為的反應的重要差異，減少霸凌的成效
就會相當有限。如同其他研究者（Banks, Blake & Joslin, 2013）表示：

> 許多學生可能會因為害怕被同儕貼上標籤或排擠而選擇不為受害者說
> 話，而其他人可能偶爾才為受害者說話，因為霸凌者是他們的朋友，或
> 者僅僅是因為他們認為別人會先幫受害者說話。（P. 10）

　　此外，家長與孩子討論應該如何應對霸凌行為，也會影響旁觀者是否
介入及如何介入。研究顯示，父母告訴他們不要捲入霸凌事件的孩子，更
有可能旁觀，甚至加入霸凌（Banks et al., 2013; Sullivan et al., 2012; Traube
et al., 2007）。

　　上述研究顯示，應該將父母列入霸凌預防計畫。圖費與法靈頓
Farrington（Ttofi and Farrington, 2011）所進行的一項研究就肯定了這種介
入方向。研究者發現，納入訓練家長如何處理霸凌行為的反霸凌介入，確

實減少了校園霸凌與傷害。

網路霸凌

　　「是時候發展與臨床心理學家可藉由檢視青少年的『數位通訊』，關注青少年同儕文化背後所隱藏的世界。」（Underwood and Ehrenreich, 2017, P.145）。最佳估計顯示，美國有88%的青少年擁有手機或可以使用手機，約25%的青少年表示他們幾乎無時無刻不在線上（George and Odgers, 2015）。青少年平均每天用手機發送與接收六十七條簡訊（Lenhart, 2015），而八成的青少年手機擁有者表示他們帶著手機一起睡覺（或放得很近）（Lenhart, Ling, Campbell & Purcell, 2010）。大多數青少年都認為手機在他們的社交生活中是不可或缺的（Barlett, Gentile & Chew, 2016）。青少年透過社交媒體來了解自己要如何融入同儕，密切關注朋友們在做什麼、他們和誰在一起。許多（如果不是大多數）青少年更偏好以簡訊而非其他通訊方式（包含面對面）與朋友及同儕聯絡（Lenhart et al., 2010; Underwood and Ehrenreich, 2017）。

　　對電子通訊的重度使用使得青少年極易成為網路霸凌的受害者。網路霸凌的定義為故意使用電子通訊來恐嚇、威脅或讓他人難看。一項針對五十八所馬里蘭州的高中（Waasdorp and Bradshaw, 2015）28,104名青少年（九至十二年級）所進行的調查顯示，12.5%的青少年表示他們在過去三個月曾經遭受過網路霸凌。中學生（六至八年級）似乎特別容易受到網路霸凌的影響。一項調查（Hinduja and Patchen, 2009）發現，9%的中學生表示他們在過去三十天內曾經受到網路霸凌，17%的中學生則曾經受過網路霸凌。8%的中學生承認自己曾對某人進行網路霸凌。在另一項針對3,767名中學生的調查中，研究者（Kowalski and Limber, 2007）發現，18%的學生曾經在過去兩個月內至少經歷過一次的網路霸凌。11%的人表示他們在過去兩個月內曾對其他人進行網路霸凌。女孩在中學期間似乎最有可能既是受害者也是加害者，而男孩則是在高中時期。網路霸凌研究中心（Cyber-

[322]

bullying Research Center）（Hinduja and Patchin, 2016a）的一項研究顯示，十二至十七歲的學生中，33.8%在一生中曾經是網路霸凌的受害者。此外，同一項研究發現，這個年齡區段的學生有11.5%曾參與過網路霸凌。

網路霸凌已經成為一個全球性的問題。在英國，十一至十九歲的年輕人中有四分之一表示曾受到網路霸凌（Li, 2006）。加拿大的青年也呈現類似的數據（Li, 2006, 2010）。 西班牙與義大利似乎也存在著嚴重的青少年網路霸凌問題（Ortega et al., 2012）。（有關面臨網路霸凌問題的國家清單，見Kowalski, Giumetti, Schroeder & Lattanner, 2014）。

網路霸凌的效應

即使只是單一次網路霸凌，也可能會對受害者造成毀滅性的心理衝擊（Underwood and Ehrenreich, 2017），尤其當受害人認為加害者是朋友或認識的同儕。「就算是單一次的網路傷害，青少年也很可能會受到很深的傷害，這樣的經驗最常發生在朋友間。」（Underwood and Ehrenreich, 2017, P.155）。二〇一七年，新聞報導一名十一歲男孩在看完他以為已經過世的十四歲女友的影片後自殺。該影片顯然是由女孩本人和一位朋友一起發給他的。還有許多其他事件，包含青少年在令人難堪的照片被張貼在網路上之後自傷、自殺，或經驗到嚴重的心理問題。在一項研究中（Waasdorp and Bradshaw, 2015），近三分之一的受害者表示，他們認為網路霸凌他們的人是自己的朋友。不幸的是，那些匿名的加害者會比面對面霸凌的人更加大膽、惡毒且更具威脅性。

網路攻擊不僅會對受害者的自尊心與自我意象造成傷害，而且訊息也會被朋友與追蹤者立即看到（Underwood and Ehrenreich, 2017）。此外，它還可能會永久留存在數位空間。研究發現，這些現象對青少年的影響包括了焦慮症、睡眠問題、孤獨、憂鬱、物質使用、低學業成就、低生活滿意度，以及在某些極端的案例中會出現自殺企圖（Mehari, Farrell & Le, 2014; Underwood and Ehrenreich, 2017）。由於網路霸凌與青少年身心健康 [323]

問題的牽連甚廣，使其已成為一個新興的公共衛生問題（Selkie, Fales & Moreno, 2016）。

研究普遍顯示，女孩比男孩更有可能成為網路霸凌的受害者與加害者。然而，如前所述，近期一項研究指出，女孩在青春期早期（如中學）會出現更多的網路霸凌，而男孩則是在在青春期後期較多（Barlett and Coyne, 2014）。很少有研究聚焦在不同種族、族裔及宗教的青少年遭受網路霸凌的程度。

迄今為止，所有州都有霸凌法，但只有二十三個州設有專門針對網路霸凌的法律（Hinduja and Patchin, 2016b）。沒有聯邦層級的網路霸凌法。在加拿大，某些省與地區有專門處理網路與實體霸凌的法律。加拿大議會在聯邦層級通過了C-13法案，該法案將非合意地在網路上發布親密影像定為犯罪，但不包括其他類型或內容的網路霸凌。

二〇〇九年《梅根·梅爾網路霸凌防制法》（Megan Meier Cyberbullying Prevention Act）的命運，說明了針對網路霸凌制定法律的困難，該法案是一項擬議中的聯邦法律，禁止意圖脅迫、恐嚇、騷擾或對某人造成重大情感痛苦的州際或外國數位或電子通訊。擬議的違法刑罰是罰款一萬美元或兩年以下有期徒刑，或兩者兼具。該法案曾兩次被眾議院提出，但因考量第一修正案（言論自由）以及過於寬泛的法律可能會讓檢察官權限過大，而未能獲得支持通過。梅根·梅爾是一個十四歲的女孩，她在收到來自一位她在Myspace上遇到的「男孩」賈許充滿敵意與貶低的訊息後自殺。最後，據悉賈許其實是另一位女孩，而且是梅根認識的人，就與她住在同一條街上。

到目前為止，對網路霸凌的懲罰僅限於停學，前提是這些行為嚴重擾亂了校園環境。然而，青少年常常會抗拒與父母分享受傷的網路經驗（Underwood and Ehrenreich, 2017）。研究者發現，只有三分之一的青少年會告訴父母自己遭到網路霸凌（Waasdorp and Bradshaw, 2015）。家長的監控與支持會帶來幫助，但是正如研究者指出，青少年不斷在接收新的數位平台，而這些數位平台越來越難以理解，即使對於試圖監控他們數位生

活的父母也是一大挑戰──七成的青少年承認他們很擅長躲避父母的監控。

摘要與結論

暴力的定義指出它需要某種身體力量的展示，而當我們把它與人類大量的非暴力行為比較時，它本質上是屬於非典型的人類行為。儘管如此，它仍然是一個有趣的研究領域，以及大眾文化的一個普遍面向。事實上，正如本章所論，媒體日益增加的暴力影像促使更多研究進行，從而也導致人們呼籲限制兒童（尤其幼兒）接觸這些影像。我們可以看到，攻擊性（心理學家經常研究的一種構念），並不一定會造成我們定義為暴力的身體力量展現。另外，社會實際上會縱容某些形式的暴力，而這將會進一步使得任何對暴力的預防、預測，或對暴力者或受害者進行治療的企圖更複雜化。

本章主要著重在法律與犯罪統計中所界定的犯罪暴力。謀殺與非過失非預謀殺人罪、強暴、加重企圖傷害、搶劫這四種暴力犯罪，共占第一節所述犯罪總數的三分之一。因這些罪行被逮捕的人大多為男性（87%至90%），雖然一九九〇年代女性的暴力犯罪率開始上升得比男性更快。然 [324] 而，在逮捕統計的數字中，女性一直比男性少得多，這個現象已經有各種解釋被提出。最常見的解釋可能牽涉到社會化或生物上的差異。

目前已經有更多焦點被放在暴力犯罪的種族與族裔差異，而這些差異是最令研究者與決策者感到苦惱的。非裔美國人，尤其是男性，一直在官方的暴力犯罪統計數據中占有太大比例。本章強調，有許多的社會因素可以解釋這些差異，莫將任何的差異歸因於生物學上的因素。

由於研究者正開始探索這些群體之間的差異，我們也特別告誡不要只把注意力集中在單一種族或族裔。心理學家與犯罪學家作為一個群體，經常會把暴力視為工具性、反應和表達性，或兩者的某種結合。研究顯示，絕大多數的犯罪暴力（包括殺人）都是工具性的。加害者是為了達到特定

的目標，可能是物質、得到認可或政治變革。心理學家與犯罪學家也對生物、社會、認知及情境因素進行探索，以解釋暴力行為。目前看來，將所有四個類別的因素結合起來是研究暴力問題的最佳取徑。然而，要強調的是，雖然某些研究者發現攻擊性的生物學連結，但任何的生物傾向都可以隨著社會、認知、情境因素而降低（或減緩）。舉例來說，可以改變一個因腦損傷而具有高度攻擊性的兒童所處的社會環境，以降低孩子表現出暴力行為的可能性。

　　本章涵蓋了刑事殺人的內容，這是最不常發生的暴力犯罪，卻會引起廣泛的研究關注。典型的殺人罪可能是在另一重罪（通常是搶劫）過程中發生，或對親屬或熟人所犯下的單一殺人。年輕的成年男性最可能會成為這些單一謀殺案的加害者。非典型謀殺，尤其是那些符合多重謀殺（連環謀殺、瘋狂謀殺、大規模謀殺）者，最令大眾感到著迷與恐懼。我們詳細討論了連環殺人與大規模殺人犯，因為他們獲得最多研究關注。

　　連環殺人犯（基於時間間隔）通常在年齡上會比單一殺人犯晚一些開始他們的謀殺行為。他們大多數是男性，但受害者可能是男性或女性；他們通常會表現出對單一性別的偏好。雖然沒有所謂的「連環殺人犯人格」或剖繪，但連環殺人犯往往足以讓受害者誤以為他們不會帶來危險。連環殺人犯並非傳統定義的精神障礙者；也就是說，它們並不符合傳統的精神疾病診斷類別，儘管有些人可能符合犯罪心理病態者的樣貌。然而，在某些連環殺人犯的類型學中，其中一種類型確實會表現出精神病性的行為。

　　大規模殺人犯（殺死三位或更多人）通常會被分為典型與家庭型，但應該要再增加一種恐怖主義大規模謀殺型。雖然有高度公開的公共場所大規模謀殺的例證，但大多數的大規模謀殺似乎都是家內謀殺。當行為人是家庭成員時，其有可能同時自殺。與連環殺人犯相比，大規模殺人犯更有可能是孤立、期待破滅且在社會眼光中被認為是無用的人，他們的犯罪是由他們所知覺到的悲劇性失去（如被另一個重要他人拋棄或失業）所誘發。

　　學校與職場的暴力都吸引了媒體的強烈關注。雖然在統計上，以美國

這麼多學校來說，校園槍擊案算是罕見的，但仍然持續每隔一段時間就會發生案例。即使只有一條生命喪失，這樣的悲劇也會牽動整個社區。並不存在對校園槍擊者的剖繪，但研究者已經發現了某些共同的特點以及可能可以提醒學校教職員的「危險信號」。當某個學生被認為會構成威脅時，心理健康實務工作者就可能會被要求進行威脅評估。職場暴力包括凶殺案，但絕大多數的職場暴力事件並不會以死亡作結。事實上，這些事件大部分都不是暴力，而是暴力威脅。這時候司法心理學家的角色就很重要，除了提醒雇主注意工作環境中潛在的暴力個體，也協助創造一個所有員工能夠彼此接納與合作的工作環境。然而，職場暴力的很大一部分是由外部人員或前工作者或主管所為。

本章最後討論偏見犯罪、跟追與霸凌，以及上述這些行為的網路版。其中，如果潛在的犯行是暴力犯罪，如傷害，偏見犯罪就會更符合刑事暴力的範疇。毀損財產，如種族主義標語噴漆、污損清真寺、褻瀆墓地標 [325] 誌，是一個持續存在的問題，而且往往無法查明肇事者的身分。雖然近年來偏見或仇恨犯罪事件有所增加，但全國報告的數量似乎沒有想像中多，但許多偏見犯罪並沒有向警方報案。另外，警方在偏見犯罪的執法或記錄的程度上有很大的變異。

跟追有時會被稱為一九九〇年代的罪行。除跟蹤、寄送郵件或給打電話給受害者這些傳統形式，現在又加上透過電子通訊所進行的網路跟追。研究者提出了跟追者的類型學，這些類型學與連環殺手及人規模殺人犯的類型學相似。近來一個類型學是由比提等人（Beatty et al., 2002）所提出，他描述了單純執迷、愛戀痴迷、情愛妄想及復仇跟追。雖然跟追本身並不是暴力的，但跟追（無論是傳統或網路）仍然會使受害者產生恐懼，有時是使人耗弱的恐懼。不確定比例的跟追者最終會表現出暴力行為。對於司法心理學家來說，這是風險評估的另一個例證，該項工作是許多臨床實務的重要部分。我們討論了近期針對如何區分可能發生暴力的跟追者與即將停止跟追行為而未傷害受害者的人。目前，在跟追的情況下，前親密伴侶受害者似乎最有可能會受到身體傷害。暴力行為史似乎不是與跟追相關的

暴力的強力預測因子，但研究在這一點上有些不一致，還需要進一步關注。

近年來，心理學家，特別是那些供學校諮詢的心理學家，一直在關注霸凌行為，包括網路霸凌，因為證據顯示，這是一個越來越嚴重的問題，特別是在兒童與青少年間。雖然我們聚焦於兒童與青少年的霸凌行為，但必須注意的是，霸凌行為也會發生在成人身上。研究顯示，霸凌與被霸凌之間的關係相當複雜。霸凌他人的青少年常常本身在童年時期也曾經受到霸凌，因此早期發現與預防是關鍵。霸凌也可能被用來作為在同儕中獲得地位的手段；而當取得地位高度時，霸凌行為便不會再繼續。有關霸凌的近期研究指出，同儕介入（鼓勵同儕說出來和對抗它）與對父母進行充分的教育是解決這個問題的最有效手段。

關鍵概念

攻擊 280 Aggression	偏見犯罪 311 Bias crimes	霸凌 320 Bullying
認知因素 287 Cognitive factors	刑事殺人 301 Criminal homicide	網路跟追 319 Cyberstalking
情愛妄想跟追者 316 Erotomania stalkers	民族中心主義 285 Ethnocentrism	《仇恨犯罪統計法》 311 Hate Crime Statistics Act
仇恨犯罪 311 Hate crimes	享樂主義型 308 Hedonistic type	工具性暴力 285 Instrumental violence
洩漏 296 Leakage	愛戀執迷跟追者 316 Love obsession stalkers	過失殺人 302 Manslaughter
大規模謀殺 303 Mass murder	任務導向型 308 Mission-oriented type	謀殺 301 Murder
觀察學習 290 Observational learning	權力控制型殺手 309 Power-control killer	反應或表達性暴力 285 Reactive or expressive violence

安全校園倡議 294 Safe School Initiative（SSI）	校園槍擊 293 School shootings	連環謀殺 303 Serial murder
單純執迷跟追者 316 Simple obsession stalkers	情境因素 287 Situational factors	社會化因素 287 Socialization factors
瘋狂謀殺 303 Spree murder	跟追 313 Stalking	威脅評估 291 Threat assessment
復仇跟追者 316 Vengeance stalkers	暴力 279 Violence	《反婦女暴力法》 311 Violence Against Women Act
暴力犯罪逮捕計畫 304 Violent Criminal Apprehension Program	幻想型 308 Visionary type	職場暴力 297 Workplace violence

問題與回顧

一、心理學文獻討論到的四種暴力成因為何？

二、請針對暴力的性別、種族、族裔差異提出說明。

三、請說明持續觀看媒體暴力的負面影響。

四、區分單一謀殺、連環謀殺、大規模謀殺、瘋狂謀殺。

五、列出連環殺手的類型學並給予定義。

六、大規模謀殺的兩個主要類別為何？ [326]

七、為什麼說職場暴力這個詞有點不夠精確？

八、描述職場暴力的四大類別。

九、定義仇恨或偏見犯罪，並說明刑事司法系統如何回應這些犯罪。

十、請列出有關跟追與霸凌的五個研究發現。

性侵害心理學

[327]

本章目標

- 定義性侵害與強暴（強制性交），了解其發生率。
- 探討男性強暴與性侵犯的特徵。
- 使讀者熟悉麻州治療中心與葛羅斯對強暴犯與猥褻兒童者所提出的類型學。
- 定義並檢視有關戀童癖的研究與臨床資料。
- 檢視有關少年男女性加害者的研究。
- 討論透過網路進行的兒童性剝削。
- 說明性加害者心理衡鑑的程序。

芝加哥一名男子將三名女子囚禁在家中地下室，最後她們設法逃出，還帶著一個在囚禁期間出生的孩子。

一項研究調查指出，全國看守所中有近四分之一的青少年曾報告受到工作人員或其他少年的性侵。

無論政治人物或學術研究者都相當關注大學校園與軍隊中的性侵問題。

一位總統候選人吹嘘自己曾違反女性意願觸摸她們的性器官，但其言論被許多人視為「更衣室談話」而加以忽略。

性侵害是一種普遍的全球犯罪。人權組織通報發生在許多國家的侵害案例，尤其是針對女性與女孩，但不限於此。犯下這些罪行的人可能是出於各種原因發動攻擊。

經過三十年的研究，顯然性侵害是由一群異質性的加害者所犯下的一種多因行為。雖然主要原因通常來自對於權力、控制及支配的渴望，但性滿足可能也是主因。然而，即使是以性滿足為主要動機，權力與控制的行使仍然扮演重要角色。若要找出管理與治療加害者的有效策略，釐清他們

的異質性與動機將是關鍵（Brown and Forth, 1997）。

　　司法心理學家會在各種評估情境中接觸性加害者。被指控的加害者可能會在法官決定准予保釋之前進行評估；而被定罪的加害者則可在法官決定量刑之前接受評估。心理學家經常會對青少年性加害者進行風險評估，並評估他們復歸社會的可能性。矯治心理學家也會在社區與監獄環境中為性加害者提供治療。從監獄獲釋的性加害者要接受評估是否具危險性，以及是否適用強制治療。司法心理學家可能也會協助警方調查性犯罪，例如確認性加害者的類型，或作為性加害者處遇的專家出庭作證。本章將會介紹每一種脈絡下的相關研究。 [328]

　　我們也會對性侵害的發生率與複雜性、各種性加害者的已知特徵與發展史，以及常用的評估方法進行綜合統整並給予評價。有關性侵害對受害者的影響，則會涵蓋在第十一章的內容，而定罪後的性加害者處遇將會在第十二章介紹。必須強調的是，性加害者是一個繁雜多樣的群體。造成這種犯罪的病因或原因範圍很廣，而且就其背景共通的人口學因素也少得令人意外。另外，在這個領域工作的各式專業人員（例如調查犯罪的警官、針對加害者進行評估或提供治療的臨床工作者、為受害者提供服務的心理健康實務工作者、蒐集資料的研究者）很容易會出現情緒耗竭的現象（回顧前一章厄克博士對此的討論。另見**觀點專欄9.1**，哈金斯博士會提到她在性加害者治療環境下的工作）。

　　本章也會介紹執法人員與心理健康專業人員經常使用的性加害者類型學。如前一章所述，類型學，也就是將人們進行分類，對理解以及管理犯罪與加害者來說是相當重要的第一步。類型學有助於將各式各樣的行為、態度、動機及信念分類為一套可管理且有意義的敘述。它有助於將混亂的大量觀察理出秩序，好讓研究、評估、預防、治療及政策規畫得以進行。加害者的類型學同時凸顯了性犯罪的高度複雜性，並強調沒有單一類型的性加害者。然而，如前所述，類型學並不是完美的工具，必須不斷修訂與驗證。

觀點專欄9.1

沒有單一路徑，但堅持與指引可以帶你到達目的地

雷伊‧哈金斯 Leigh Harkins，PhD

如果我大學的時候有人跟我說有一天我會成為一位教授的話，我可能會笑出來，然後跟他們說百分之百搞錯了。並不是我認為自己不夠聰明或不願意努力，而是對我來說，這種成就似乎遙不可及。我一直到大四才在大學論文指導老師的支持下，開始思考研究所的可能性（也因為我們榮譽論文班上的每一個人都如此）。

大約在同一時間，我開始在多倫多的成癮與心理健康中心實習，那真正促使我走上了現在的路。作為職務的一部分，我有機會參與性犯罪男性的治療小組。一開始聽到他們犯罪的細節時，我感到非常震驚，但隨著我對他們有了更多的理解，越來越能夠看到罪行背後的「人」。例如我開始關心他們的工作面試進行得如何。理解到這些人其實遠遠不只是他們的罪行後，我明白治療的重要性不僅在於預防未來的犯罪與拯救更多的被害者，同時是為了確保犯罪者的未來。

由於參與了這個治療小組，我得到一個志工性質的研究助理職缺（後來轉為支薪）。我閱讀並對數百個性犯罪男性的治療檔案進行編碼。那些造成犯行發生的眾多經驗與因素深深吸引著我。這個機會點燃我對研究的熱情，最終讓我去攻讀多倫多大學安大略教育研究所的諮商心理學碩士學位（其中還包含另一個在加拿大矯治服務機關的治療小組實習工作的機會），以及英國伯明罕大學的司法心理學博士學位，投入研究影響性犯罪男性治療效果的重要因素。舉例來說，我發現否認罪行其實與較低的再犯率有關，而非我們通常預想的高。

然而，我並不是說這條路是直接且容易的，或是說有一個明確的切入點。當我發現我有多喜歡治療時，我認為邏輯上下一步就是申請臨床心理學課程。我研究了加拿大與美國所有有關臨床心理學的計畫與可能的指導教授，我孜孜不倦撰寫我的申請動機，我努力準備GRE考

[329]

試，然後提交了申請。不幸的是，最後我沒有申請上任何一個！現在回想起來，我知道這其實並不奇怪，因為臨床計畫的名額相當有限，是出了名的難申請。雖然我覺得自己的職涯在開始之前就已經胎死腹中，我還是去請教我的指導老師和導師，尋求方向與支持。他們幫助我了解其實還有很多其他的選擇，包含諮商心理學或攻讀與臨床心理學相關的研究學位。他們的指引以及持續的支持與鼓勵，讓我能夠堅持下去，找到適合自己興趣的課程。

所以，尋找你的支持與指引，並接受它。它可以讓你看見以往沒有注意到的道路。同時，善用一路上所碰到的機會。在我的博士生涯中，我努力抓住指導老師提供的每一個機會，即使那可能與我的博士學位沒有直接關聯。這些機會把我帶往各種不同的方向，包括和一個名為Geese的劇團一起到英國各地的監獄巡迴，他們使用互動式的戲劇，並促進刑事司法場域以戲劇為基礎的團體工作，藉此評估該劇團某些計畫的成效。我也為英國的司法部做了一份評估，後來讓我有機會到芬蘭與瑞典就加害者復歸的良好生活模式（以優勢為基礎的復歸架構）進行培訓與講座。當你積極建構自己的道路時，也要對機會抱持開放的態度。你永遠不知道它們可能會帶你走到什麼意想不到且美好的方向，以及新的熱情與想法會如何或在哪裡被激發出來。

哈金斯博士是安大略大學理工學院司法心理學副教授。她喜歡騎自行車、打排球、參加音樂節、烹飪蔬食，身邊總是有隻小臘腸狗繞來繞去。

性侵害與強暴（強制性交）的定義

　　構成性犯罪的法律定義在不同州之間有相當的差異。在大多數的州，**性侵害**（sexual assault）這個較廣義的用詞彙已經取代了刑法中的**強暴**

（rape，強制性交）一詞。強暴是一個比較狹義的詞彙，指的是強制插入身體的陰道、肛門或口腔區域。性侵害一詞則是承認，違反被害者意願的方式可能不涉及插入的行為，例如猥褻或愛撫。此外，為了將男性被害者納入，法規也越來越趨性別中立。

聯邦刑法中所使用的定義與許多州的定義都有所改變。首先，聯邦刑法（Title 18, Chapter 109A, Sections 2241–2243）並不使用強暴一詞來定義性侵害，也不要求被害者以強暴來歸類該行為及符合犯罪的標準（法律上稱為構成要件）（Kilpatrick, Whalley & Edmunds, 2002）。第二，聯邦法規會根據使用武力或武力威脅的程度區分兩種性侵害的類型：加重性侵害與性侵害。

根據聯邦法規，使用武力或以武力威脅所進行的加重性虐待，是指當一個人：

> 企圖對另一人使用武力，或透過威脅，或使其擔心自己可能遭受殺害、嚴重身體傷害或綁架，而故意使其從事性行為……。（n.p.）

聯邦法規也透過以其他方式定義加重性虐待，而納入近來日益被使用的「約會強暴藥物」或「熟人強暴藥物」。這種情況發生在當一個人故意使另一個人失去意識，從而與其發生性行為的時候。以其他手段進行的加重性虐待也會發生在當某人使用武力或以武力威脅，或未經對方知情或許可，或使用毒品、麻醉劑或類似物質，從而嚴重損害對方評估或控制行為的能力，並與該人發生性行為。

聯邦刑法從兩個方面定義性虐待——相對於加重的性虐待——包括是否涉及：

一、透過威脅或使另一人處於恐懼，而讓另一人從事性活動；或

二、在對方無法降低參與或表達不願參與該性行為的意願時，與其發生性行為。

統計資料蒐集的定義

正如第七章所討論，美國政府有三個主要的犯罪統計，每一項都會發表為一份獨立的紀錄：〈統一犯罪報告〉、國家事件報告系統，以及〈全國犯罪受害調查〉。這三種統計對性侵害的定義都略有不同。

〈統一犯罪報告〉

〈統一犯罪報告〉將性犯罪分為兩類：**強制性交**（forcible rape）與（其他）性犯罪。從二〇一三年開始，聯邦調查局開始根據修訂後的定義蒐集強暴的資料。在那之前，「強制性交」被定義為「對女性在違背其意願的方式下以強制方式予以性交」之行為。到了二〇一三年年十二月，「強制」一詞已從定義中刪除。修訂後的強暴定義是「未經被害人同意，以身體的任何部位或物體插入陰道或肛門，或口腔與另一人的性器官相接合，無論程度多麼輕微」。強暴未遂或企圖進行強暴的攻擊也被納入在〈統一犯罪報告〉的強暴資料中，但準強暴罪與亂倫則沒有納入。在報告資料中，舊定義被稱為傳統定義，新的描述則稱為修訂定義。在二〇一五年的強暴統計資料中，該報告繼續以傳統定義來提供資料。

〈統一犯罪報告〉所列的強暴罪行包括強暴、強暴未遂、意圖強暴的攻擊，不論被害人的年齡或性別為何。要特別留意傳統定義的變化，過去只包含被害者為女性的強暴。涉及家庭成員的未經受害人同意的性關係現在也被歸類為強暴，而非一種亂倫行為。

其他所有的性犯罪都被歸類為第二類的罪行，包含如愛撫或猥褻他人身體的性部位，以及色情與淫穢的行為，例如向毫無防備的他人暴露自身的性器官。 [331]

準強暴罪，亦即準強制性交罪，係指不使用強制力，但受害者未滿法定年齡可得同意性交者，是報告的犯罪清單中只收集逮捕數據的部分。並非這種罪行不嚴重，許多案例還是符合重罪標準。據估計，向警方通報針對未成年人的性犯罪中，約有25%涉及準強暴罪（Troup-Leasure and

Snyder, 2005）。不過，即使已經向警方通報，要等到有人被逮捕後，紀錄才會出現在〈統一犯罪報告〉中。該報告將女性在任何年齡被強暴或強制性交，或以強暴為意圖的攻擊或強暴未遂的每一種罪行都進行統計。在二〇一二年報告的強暴總數中，約有93%被歸類為強暴，其餘則被歸類為未遂（FBI, 2013a）。

值得注意的是，直到二〇一三年以前，〈統一犯罪報告〉都沒有將受害者為男性的強暴納入。雖然現在這種情況已經有所改變，但統計資料的蒐集仍然處於過渡階段，可能還需要幾年時間才能完成。因此，到目前為止，該報告與本章所提的統計數字都還是會以傳統定義為基礎，也就是只納入女性受害者的資料。直到最近，根據情境與傷害的程度，對男性所做的性攻擊會被視為加重傷害或其他性犯罪，但不會被認為是強暴。

〈統一犯罪報告〉也並未統計使用非肢體武力威脅進行性活動的案件，例如威脅被害者若不服從的話，就會失去工作或招致其他懲罰。然而，某些州的立法機關擴大了武力的定義，並將某些以非身體形式的脅迫手段來獲取性的行為定性為刑事犯罪（Kinports, 2002）。

國家事件報告系統

國家事件報告系統（第十一章將會再次討論）有可能對執法機構所提報的性侵案做出詳細的描述。它將犯罪分為兩大類：A群與B群。A群包含四十六種最嚴重的犯罪，包括性犯罪在內；B群則包含十一項較輕的罪行，如開立空頭支票。A群中的性犯罪分為兩個子類，強制與非強制。強制犯罪包含強制性交（以區別準強暴罪）、強制肛交、以物體進行性侵犯、強制猥褻。對於這些犯罪，該系統提供的資料包含以下內容：

- 所有被害者的人口學資訊。
- 被害者受傷的程度。
- 被害者知覺到的加害者年齡、性別、種族及族裔。
- 被害者與加害者的關係。

該系統也蒐集有關使用的武器、事件地點及加害者的人口學資料（如

果有被逮捕的話）。與〈統一犯罪報告〉相同的是，這個系統是以執法機關的資訊為基礎，且不包括有關定罪的資訊。

〈全國犯罪受害調查〉

〈全國犯罪受害調查〉是政府補助的調查。在該調查中，強暴被定義為強制性交，受害者可能是男性或女性。另一方面，性侵害則包含了廣泛涉及攻擊的被害情況，包括受害者與加害者之間發生違反意願的性接觸。威脅與犯罪未遂也包含在其受害資料的報告中。 [332]

許多現行法律要求個人在被判定強暴或性侵害犯罪之前，必須證明有使用武力與缺乏同意。舉例來說，傳統上受害人缺乏抵抗會被解釋為同意的證據。諷刺的是，受害者經常會被建議不要反抗，因為這麼做會更加激怒強暴犯。雖然目前並沒有司法轄區仍舊堅持受害者必須要做出「最大限度」抵抗，但某些州法院還是要求合理程度的抵抗，除非加害者有使用武力防止受害者抵抗（Kinports, 2002）。在大多數涉及強暴或性侵害的法院案件中，同意的問題都是相當關鍵，因為當據稱的受害者是成人時，受審的被告經常會以同意作為辯護理由。

準強暴罪的統計資料

準強暴（statutory rape）是指與小於同意年齡（age of consent）的女性非法性交，其中同意年齡的範圍依各管轄法院與州法令而定，可能在十二至十八歲之間。不過，大多數的州以十六歲或十八歲作為切截年齡。同意年齡是一個人為的法律切截點，認定在這個年齡以上的人便具有足夠的認知與情緒成熟度，能夠給予有意義的同意並理解後果。假如該女性低於同意年齡，國家便不需要證明該性行為未經她的同意，因為她被假定年紀太小而無法行使同意。此外，加害者錯判了受害者的年齡通常不會是有效的辯護理由。研究者（Kinports, 2002）表示，雖然將準強暴罪列為犯罪是「傳統上作為維持未婚女孩對於其父親經濟價值的手段，但今日它被視為保護弱勢兒童的一種方式」（P.737）。目前有越來越多州法院傾向性別中

立,會將男孩與女孩都納入保護的範圍。因此,可以準強暴罪對與十五歲男學生發生「合意」性行為的女教師提起告訴。此外,大多數州也會規定加害者的最低年齡或青少年的年齡差距(通常為兩歲),將同儕關係的性行為免除在準強暴罪外。

詐術性交

詐術性交(rape by fraud)是指在施用詐術的狀況下與達法定同意年齡的成年人發生性關係的行為。一個常被引用的例子是,當一個專業的心理治療師以「有效治療」作為偽裝而與病人發生性行為。

儘管在定義上有這些廣泛且必要的**轉變**,但法律與研究中仍然會使用強暴與性侵害來描述涉及不想要與非法性行為的犯罪。在政府的檔案中尤其如此,如美國司法部所公布的檔案。即便如此,強暴一詞越來越常被用於涉及實際或威脅進行性插入的性行為,而性侵害則指包括強暴在內的各種性攻擊。換句話說,強暴必然是性侵害,但性侵害並不一定是強暴。

考量到定義與構成要件的區別與變化,當插入行為顯然是一個重要議題時,我們將會使用強暴一詞。否則,將使用性侵害一詞。此外,對研究與類型學的討論將會採用執行與發展這些研究的研究者所偏好的專有名詞。

強暴與其他性侵害的盛行率

〈全國犯罪受害調查〉指出,絕大多數的性侵害都沒有向執法部門通報(Kilpatrick et al., 2002; Langton, Berzofsky, Krebs & Smiley-McDonald, 2012)。來自非政府資源的資料也支持了這個觀察。根據〈全國犯罪受害調查〉的資料,在二〇〇五至二〇一〇年的五年間,大約只有三分之一的性侵害案件會向當局通報(Langton et al., 2012)。該調查中的多數強暴受害者都表示,他們沒有通報是因為害怕被報復或讓加害者惹上麻煩(見表9.1)。

[333]

國家研究也指出，如果攻擊者是配偶、男友或熟人，受害者會比較不願意將這種經歷視為性侵害（Acierno Resnick & Kilpatrick, 1997）。身心障礙的受害者則因為社會孤立與恐懼，更不可能通報（Kilpatrick et al.,

表9.1　二〇〇五至一〇年間向警方通報與未通報的針對女性與女孩的強暴與性侵案件

總計	100%
通報率	36%
通報的主要原因	
阻止或防止事件再次發生或加劇	25%
取得協助或找回遺失物	3%
預防通報者與家人進一步受害	28%
為了抓到／懲罰／防止加害者再犯	17%
提高警方的監視／覺得有義務告知警方	21%
其他／未知／不是首要的原因	6%
未通報率	64%
沒有通報的主要理由	
向不同的單位（例如學校人員）通報	8%
個人因素	13%
沒有重要到要通報	8%
覺得警察也無法幫忙	2%
覺得警察不會提供幫助	13%
不希望加害者陷入法律糾紛	7%
別人建議不要通報	1%
害怕被報復	20%
其他／未知／不是首要的原因	30%

資料來源：取自Planty, Langton, Krebs, Berzofsky & Smiley-McDonald, 2013。

2002）。許多加害者是家庭成員或照顧者，受害者不想讓他們惹上麻煩，他們擔心如果報案的話會讓自己因此失去支持或服務。近年來，大眾對於矯治機構、大學校園及軍隊內部的性侵害事件有了更多的覺察，這些單位的通報率被認為更低。（有關軍隊性侵害的討論，參閱重點提示 9.1。）

[334] **重點提示9.1**

性侵害與軍隊

近年來，向司法部通報的軍隊性侵案比過去來得更多。根據二〇一四年初美國國防部所發表的一份報告，從二〇一二年七月一日至二〇一三年六月三十日間，國防部總共收到3,553份此類報告，比前一年增加了43%。性侵害包含了強暴與強暴未遂及強制猥褻，但不包括性騷擾在內，性騷擾有不同的通報系統。雖然女性與男性都可能成為性侵害的受害者，但女性的資料較容易取得。一些統計資料指出，20%至48%的軍人女性遭到性侵害，也就是每天會發生七十多起違反意願的性行為事件，因強暴而罹患創傷後壓力疾患的女性軍人比因戰爭經驗導致者還要多，而且女性士兵被戰友強暴的可能性是被敵人殺害的十五倍。

性侵害發生在包含一般市民對軍人、軍人對市民、軍人對軍人之間。近年來人數的增加反映的是，一些被害者願意挺身而出，代表著他們正採取行動解決這個問題。

心理學家（通常是但並非只是軍事心理學家）可能會從幾個方面涉入這個議題：評估對施暴者提起民事訴訟的倖存者、供律師諮詢有關性虐待的心理後果、為性侵受害者提供治療、參加針對所有軍事人員的教育與預防計畫，以及在國會就相關立法提供證據，或為性創傷的影響出庭作證。這些還只是有待心理學家關注的少數任務。

問題與討論：

一、在上述任務中，如果以「司法」（forensic）的狹義定義來說，
司法心理學家最有可能承擔哪些任務？

二、心理學家如何能夠最有效地解決軍隊中的性侵害問題？

三、在軍隊、大學校園、矯治機構中，要取得性侵害的準確資訊會碰
到哪些挑戰？

　　根據〈統一犯罪報告〉的統計，二〇一五年共有83,376起強暴女性
（包括成年女性與女孩）的紀錄（FBI, 2016a）。而在修訂後的定義下，女
性與男性的受害者共有124,047人。就這個數字來說，代表二〇一五年每十
萬名女性中有28.1名（以傳統定義而言）、每十萬人中就有38.8人是強暴的
受害者。過去十至十五年，強制性交的比率已明顯下降，但在解釋這些統
計數字時還是要小心謹慎。約有八成的強暴與性侵害並沒有向警方報案，
而通報的案例中，估計73%至93%的性侵案件並未被起訴（Campbell et al.,
2014; Lonsway and Archambault, 2012; Shaw, Campbell, Cain & Feeney,
2016）。

　　就〈統一犯罪報告〉的目的，當至少一人被逮捕與起訴，或某些超出
執法機關可控制的狀況而使逮捕犯罪無法進行，警方認為該案已經被解決
時，犯罪即被「清除」。就後者的狀況而言，可能是受害者一開始願意但
後來又決定不與警方合作，或嫌疑人在被逮捕前就已經死亡。美國在二〇
一五年就清除了38.2%（傳統定義）與37.8%（修訂定義）的強暴案例 (FBI,
2016a）。然而，重要的是謹記，由於各種原因，大多數強暴案並沒有向警
方通報。此外，如前所述，其中只有少部分的人最後會被起訴。

　　獨立學者與政府補助的學者已經進行了許多研究，以了解整體與特定
群體中性侵害的盛行率（如大學生、族群、情緒與智能障礙者）。親密伴 [335]
侶與性暴力國家調查（The National Intimate Partner and Sexual Violence
Survey, NIPSV）顯示，美國大約每五位女性中就有一人（18.3%）、七十

一名男性中就有一人曾被強暴，無論是強制性交、強制性交未遂，還是在酒精或毒品輔助下所完成的插入行為（M. C. Black et al., 2011）。超過半數（51.1%）的女性受害者表示她們曾經被親密伴侶強暴，另有40.8%曾經被熟人強暴，如男友或約會強暴。約有一半（52.4%）的男性受害者曾被熟人強暴，15.1%曾被陌生人強暴。半數女性受害者表示，她們第一次被強暴既遂的經驗發生在十八歲以前。

美國與加拿大的調查顯示，超過50%的女大學生曾遭受某種形式的性侵（Morry and Winkler, 2001）。全國女性調查（Kilpatrick, Edmunds & Seymour, 1992）發現，大約有13%的成年女性是強暴既遂的受害者，約有14%是其他類型性侵害的受害者。全國青少年調查（Kilpatrick and Saunders, 1997）則發現，估計有13%的青少女與3.4%的青少年曾是性侵犯的受害者。

很高比例的美國青年在很小的年紀就有約會和交往對象（Garthe, Sullivan & McDaniel, 2017）。舉例而言，大約半數的青少年在十二歲時就有至少（Garthe et al., 2017; Steinberg, 2014b）一次約會經驗。不幸的是，很多約會的青少年成為暴力和性侵受害者。

約會或熟人強暴

約會強暴（date rape），也稱為**熟人強暴**（acquaintance rape），是指發生在約會關係中的性侵害。約會與熟人強暴比一般以為的要來得普遍，大約占所有強暴的八成（Planty, Langton, Krebs, Berzofsky & Smiley-McDonald, 2013）。這個數據隱含的意義是，只有五分之一的性暴力是由陌生人所為。雖然約會強暴與熟人強暴兩個詞經常被交互使用，但約會強暴在技術上是指於約會關係的脈絡下發生的性侵害，而熟人強暴則是指被約會關係脈絡以外的認識者性侵，如朋友、鄰居、同學或親戚。這些侵害中約有三分之一是由親密伴侶（前任或現任配偶、女友或男友）所為，38%則是由朋友或熟人所為（Planty et al., 2013）。與其他年齡組別的女性（成年女性與女孩）相比，十八至二十四歲的女性遭受強暴與性侵害的比

率是最高的（Sinozich and Langton, 2014）。

　　到目前為止，這個領域的研究主要針對大學生（Post, Biroscak & Barboza, 2011）。費雪等人（Bonnie Fisher et al., 2000）對全國近4,500名女大學生進行的一項研究發現，10%的人表示曾經被強暴，另有11%的人表示曾遭受涉及威脅或實質暴力的強暴未遂事件。另有35%的人表示經驗過某種形式的非自願性接觸。絕大多數的強暴案發生在大學約會期間。費雪等人的研究估計，在這些女大生中，十位就有九位認識強暴她們的男性。在另一項調查中，超過四分之一的女大學生自上大學以來曾經歷過違反意願的性經驗，從接吻與撫摸，到口腔、肛門或陰道的性交（Gross, Winslett, Roberts & Gohm, 2006）。調查發現，41%的加害者是男友，其次則是朋友（29%）及熟人（21%）。

　　酒精使用與約會或熟人強暴有相當強的連結。半數以上涉及約會伴侶性侵的案件中，一方或雙方是有喝酒的（Gross, Bennett, Sloan, Marx & Jurgens, 2001; Ullman, Karabatsos & Koss, 1999）。許多年輕男性可能認為會喝酒的女性就是可以發生性行為的（Abbey, Zawacki & McAuslan, 2000），因此這些女性更容易成為性掠食者的目標（Abbey, Zawacki, Buck, Clinton & McAuslan, 2004）。然而，研究者（Ullman, 2007b）警告，我們

照片9.1
大學生們正在聽一場有關性侵害的演講。在演講不久前，有些厭女與仇恨的貼文出現在一個據稱是由學生所經營的臉書專頁，包含了支持強暴與對女性下藥的言論
資料來源：© iStockphoto.com/ shaunl.

「不應該假定女性飲酒會增加她們遭受性侵害的風險」（P.419）。她指出，研究發現，加害者的飲酒行為與更多的強暴既遂及受害者傷害有關，「這說明了是加害者的飲酒行為在侵害結果中扮演更重要的角色，而不是被害者。」（P.419）顯然飲酒與性侵害的關係是相當複雜的。

在許多的約會強暴中，男性相信他有權利得到「回報」，因為他可能是主動提出約會邀請的人、他付了大部分的費用、開的是他的車或他提供接送（假如需要的話）。希爾與費雪（Hill and Fischer, 2001）在他們對男大生的研究中發現，「權利感」似乎是約會強暴行為與態度的核心特徵。改變「約會」的概念，例如雙方同意分擔費用或由女性主動提出約會邀請，可能可以減少這種態度觀念。

有關約會強暴的研究中，有項更一致的發現是：相較於女性，男性更容易傾向將責任推給受害者，而較少指責犯罪者（Basow and Minieri, 2010; Munsch and Willer, 2012）。然而，並非所有的研究發現都支持這種性別差異。布雷克與麥可洛斯基（K. A. Black and McCloskey, 2013）表示，有關男女傳統性別角色的信念，在約會強暴的情境以及對於約會強暴的反應，例如責任歸咎或對懲罰的意見，仍然可能扮演非常重要的角色。他們指出，一些相信傳統男女角色的男性，「可能會覺得自己被迫在親密關係中要表現出能建立權威與維持控制的樣子。」（P.951）另一方面，一些抱持傳統態度的女性則可能認為其他女性會為了吸引男性的注意而把自己物化，或將維持關係視為重要優先。布雷克與麥可洛斯基認為，傳統性別角色的信念不僅包含一個人對性關係的態度，也會影響他們判斷約會中所發生事情：

> 抱持傳統性別態度的參與者會將更多的責任歸咎於受害者，而較少歸咎於加害者；他們也比較不可能認同女性應該通報，以及加害者應該被逮捕並被判處強暴罪；在加害者的刑罰上，他們會比抱持自由派態度的參與者來得寬鬆。（P.963）

對傳統性別角色的信念也可能會影響與強暴受害者互動的人，例如警方、醫療人員及熟人。這些人的判斷行為可能反映了傳統的性別態度與社會尚未根除的強暴迷思。舉例來說，在強暴受害者進入急診時被照會的性侵害護理檢驗師（sexual assault nurse examiners, SANEs）指出，很遺憾的是，急診檢傷護理師與其他醫療人員往往鮮少對這些受害者表示同情。後面會再討論強暴迷思。 [337]

男性強暴犯的人口學資料

有關強暴犯的人口學資料，最一致的發現是，作為一個群體，他們常常都是很年輕的。舉例來說，根據〈統一犯罪報告〉，因強暴而被捕者中，41%年齡小於二十五歲，超過15%年齡小於十八歲（FBI, 2016a）。另一項發現是，許多被判強暴罪的男性在早年都表現出廣泛的反社會行為。換句話說，這些性加害者中，有許多人同時涉及性犯罪與非性的犯罪。一項大規模的研究（Mercado, Jeglic, Markus, Hanson & Levenson, 2011）顯示，大約有七成的性加害者過去曾經以非性犯罪的罪名被起訴。其他研究者（Warren, Hazelwood & Reboussin, 1991）則指出，在連續強暴犯的抽樣調查中，71%的人曾經犯下偷盜罪、55%曾攻擊成人、24%的人曾經縱火，而19%的人則曾在童年與青少年期對動物暴力施虐。另有調查（Hanson and Morton-Bourgon, 2005）發現，大多數的性加害者並不會因為另一起性犯罪而被逮補。一般而言，他們更可能因為非性犯罪而被捕。在該研究中，性加害者的整體再犯率為36%，包括性犯罪與大多數的非性犯罪。特別要記得的是，大多數的性加害者，特別是強暴犯，並不會特定從事任何一種犯罪，而是廣泛地涉入各種犯罪行為。

性謀殺

約有40%的強暴受害者指出，他們在強暴事件發生時也遭到身體的毆

打（Tjaden and Thoennes, 2006）。11%的受訪者表示，攻擊者會使用武器取得受害者的服從。當謀殺包含強暴與其他性犯罪時，就被稱為性侵謀殺。儘管性侵謀殺引起媒體極大關注，但在美國所有已知的殺人案中，性侵謀殺的比例不到1%（Chan, Heide & Myers, 2013; Chan, Myers & Heide, 2010）。要注意的是，〈統一犯罪報告〉與北美及英國大多數的執法機構在官方報告中，都將性侵殺人視為「一般」殺人罪（Chan et al., 2010）。在犯罪統計資料的取得上，部分問題在於如何定義性侵謀殺仍然存在相當的爭論，而且這樣的區別就犯罪現場來說並不明顯。而令人驚訝的是，根據調查（Greenfeld, 1997; Hill, Haberman, Klussman, Berner & Briken, 2008），在三十年期間所發生的性侵謀殺案中，加害者的年齡在十八歲以下的比例占了10%到11%。

因性相關殺人案而被捕的近四千名加害者中，研究者（Chan, Myers & Heide, 2010）發現，大多數（72%）被害者都是白人。此外，64%的受害者是成年人，13%是老年人，12%是青少年，11%是兒童。而被捕的加害者中有41%是黑人。另外，相較於單獨強暴或非致命的性侵害，性侵謀殺的對象更可能是陌生人，但整體差異（陌生人與認識的受害者）相對較小（Chan et al., 2013）。另一項針對204名性侵謀殺的女性加害者（包含27名青少年與177名成年人）的研究發現（Chan and Frie, 2013），受害者大多數是與她們有關係的成年男性。

作為一個群體，性加害者似乎在社交技巧與親密關係上有缺損，並且旁人常常會認為他們是相當孤獨的。此外，平均而言，猥褻兒童者相較於強暴犯來說，在親密關係上更為缺損且更為孤獨，而強暴犯則比非性加害者更孤獨且更缺乏親密關係（W. B. Marshall, 1996）。儘管有這些概化的論述，研究者明白性加害者並不是一個同質的群體。目前已經有一些研究嘗試將其分為更細的類別或類型以理解其異質性。在以下各節中，我們將會討論這些對加害者最有名的分類方式。

[338]

男性強暴犯的類型學

如前所述，基於個體的人格特質或行為模式的分類系統被稱為類型學，它們適當而成功地增加了我們對於犯罪行為的理解。在這些犯罪類型學中，最主要的是與男性強暴犯相關的。然而，我們必須謹記，個體並不總是能剛好被歸類到特定的類型，而只是近似。

類型學的另一個問題是，它們很少會進行實證檢驗或效度研究，而且有時會加深對加害者的刻板印象（Schwartz, 1995）。也就是說，類型學可能會促使大眾與專業人員在沒有實徵支持或實際考慮加害者的個體差異下，將這些人硬套進自己心裡傾向的類別。

然而，類型學對於編組大量的行為模式非常有用，否則這些模式會令人感到相當困惑。它們對矯治機構的風險管理工作也相當有用，例如決定受刑人的安置地點；或用於治療方案，例如決定何種特定的治療技術或策略可能會對受刑人或加害者最有幫助。對某些研究者來說，類型學效用的「關鍵性測試」（acid test），在於它能用來估計特定加害者再犯風險的能力（Quinsey, 1986）。

目前有許多強暴的類型學被提出，包括最初由聯邦調查局所使用的類型學（Hazelwood and Burgess, 1987）、Selkin類型學（Selkin, 1975）、Nagayama-Hall類型學（Nagayama-Hall, 1992）、Groth 類型學（Groth, 1979）。然而，針對性加害者類型學，最大規模的研究是由麻州治療中心（Massachusetts Treatment Center, MTC）的研究者與臨床工作者所發展（Knight and Prentky, 1987; Prentky and Knight, 1986）。其中之一是針對強暴犯而發展，另一種則是針對猥褻兒童者。MTC 類型學是迄今為止在性加害者研究中經過嚴謹驗證的分類系統之一（Goodwill, Alison & Beech, 2009）。

MTC類型學歷經了幾次修訂，近期正在進行第四次修訂（Knight, 2010; Knight and King, 2012）。在本章中，我們將討論強暴犯與猥褻兒童類型學的第三次修訂，因為它們引發了最多研究的興趣。

麻州治療中心的強暴犯類型學

麻州治療中心的一組研究者（Cohen, Garafalo, Boucher & Seghorn, 1971; Cohen, Seghorn & Calmas, 1969; Knight and Prentky, 1987; Prentky and Knight, 1986）發展出一種以實徵為基礎且有用的類型學，聚焦在被定罪的強暴犯的行為模式，包括在性侵害中所出現的攻擊樣態與性行為模式。它也為強暴犯整體的心理特徵描述提供一個出色的架構。

研究者認為，強暴是一種多因行為，需要多向度的模型才能有最佳的解釋。一個能將所有可能的強暴行為類別納入、以實徵為基礎的類型學，就符合這樣的模型。一開始，研究者找出強暴犯的四種類型：替代性攻擊型、補償型、性攻擊型、衝動型。它們後來被新的類型所取代。此分類系統現在根據強暴犯的主要動機，列出了四種主要類型（投機型、廣泛憤怒型、性相關型、報復型），以及九種子類型（Knight, Warren, Reboussin & [339] Soley, 1998；見表9.2）。這個新系統被稱為MTC: R3，並已被麻州治療中心小組與其他研究者用以進行延伸的研究（Barbaree and Serin, 1993; Barbaree, Seto, Serin, Amos & Preston, 1994; Goodwill et al., 2009; Harris, Rice & Quinsey, 1994）。R3 代表的是第三個修訂版。

九種強暴子類型是根據臨床工作者與研究者一貫發現的六個變項來區分，這些變項在眾多強暴犯（與猥褻兒童者）的行為、情緒及思考模式中扮演重要角色。在介紹類型學以前，我們將先就這六個變項進行討論：

- 攻擊性
- 衝動性
- 社會能力
- 性幻想
- 施虐癖
- 天真（Naïve）的認知或信念

某種意義上來說，這六個變項構成麻州治療中心強暴類型發展與持續修訂的「基石」，應該分別加以描述從而對各子類型會有更深入的理解。

首先要了解，對某些強暴犯來說，某些變項會更為凸顯。

攻擊性

就我們的討論目標來說，攻擊性可區分為兩大類：一、工具型或策略型暴力；二、表達型攻擊或非策略型暴力（Prentky and Knight, 1991）。前者是指強暴犯為了要取得受害者的服從而使用的攻擊類型。在工具型攻擊中，除了對受害者不合作或服從做出反應，通常不會出現憤怒。另一方面，表達型攻擊則是指強暴犯以某種方式傷害、羞辱、虐待或貶低受害者。這種形式的攻擊遠超過取得受害者服從的目的，而且往往極端暴力。然而，這種工具性與攻擊性的二分模型確實有其侷限性，因為某些強暴犯會表現出兩者。正如研究者（Prentky and Knight1991）指出，「那些只意圖強迫受害者服從的強暴犯，在犯行中所呈現的攻擊程度可能會有很大的差異。」（P.647）。它可能取決於受害者抵抗的程度、加害者攝入酒精或毒品的程度、是否有其他攻擊者或受害者存在，以及攻擊所發生的脈絡。此外，有時表達性攻擊是「性化」的，有時則不是。然而，這種二分法確實對於大多數子類型的討論是有用的開端。

衝動性

有相當多的研究與臨床證據顯示，衝動性是許多性侵害與一般犯罪行為中一個相當重要的因素。生活方式造就衝動性（lifestyle impulsivity）被發現是預測再犯與犯罪頻率的有力因子（Prentky and Knight, 1986, 1991）。有些衝動的人似乎在自我控制能力上有巨大缺陷，會不斷回到固有的行為模式，無論代價為何。研究發現，生活方式造就衝動性是區分強暴累犯與其他重複性加害者（如猥褻兒童）的最有力且最有意義的方法之一。這也是許多用來改變性加害者反社會行為的治療計畫的主要重點。如同研究者（Prentky and Knight, 1991）指出的，「臨床工作者早已意識到衝動性對復發的重要性，並將自我控制與衝動管理的模組引入到治療中。」（P.656）

[340] **社會能力**

性加害者經常被認為社交與人際能力不佳，特別是在與異性打交道上（Prentky and Knight, 1991）。麻州治療中心的研究人員將這種特徵稱為社會能力（social competence），這個概念在其類型學的各種子類型發展中扮演著重要角色。這項特徵在猥褻兒童者的行為模式中尤其突出。研究結果也指出，強暴犯作為一個群體，在與他人的日常關係中常常是很沒有自信的。特別一提的是，社會能力代表了廣泛的不同能力，如社交自信、溝通技巧、社交問題解決、社交舒適、政治智慧，因此應該被理解為在各種脈絡下被發展出來的一種複雜能力。

性幻想

性幻想是指任何會激起性慾或對個體來說是色情的心象（Leitenberg and Henning, 1995）。許多臨床工作者認為性幻想是性偏差行為必然的前驅因子。上述研究所述，「毫無疑問的，許多男性的性加害者經常會對於這些性偏差行為產生性幻想，並經常對著這些幻想自慰，而且可能比非性加害者頻率更高。」（P.487）在一項針對被判犯有性侵殺人罪的男性的臨床研究中，約八成有性侵害行為相關的性幻想（Burgess, Hartman & Ressler, 1986），而這個比例在那些被判連續性侵謀殺罪的人之中似乎更高（Prentky et al., 1989）。事實上，大多數性加害者的治療方案都包含改變性幻想（Leitenberg and Henning, 1995; Marshall, Boer & Marshall, 2014）。某些研究發現，從異常性幻想的內容、頻率及強度，往往可以區分出單一與連續性侵謀殺犯（Prentky and Knight, 1991）。

要特別指出的是，人們擁有不適合採取行動，甚至若真的行動會造成犯罪的性幻想，並不算少見。研究者（Briere and Runtz, 1989）指出，在一項匿名調查中，21%的男大生承認有時會覺得兒童對他們來說有性吸引力，9%的受訪者表示他們有關於兒童的性幻想（Leitenberg and Henning, 1995）。在另一項調查（Malamuth, 1981）中，35%的男大生認為，如果能夠確認自己可以逃脫，他們有可能會進行性侵。在另一項研究中，352名男

大生中，六成表示若有機會的話，他們可能會強暴或強迫女性違背自己的意願進行性行為（Briere, Malamuth & Ceniti, 1981）。不過，研究顯示（如Dean and Malamuth, 1997），雖然攻擊或暴力的性幻想在某些男大生之中很常見，但這些幻想轉化為實際性侵害的程度，則取決於個體對他人的同理心。更具體來說，那些高度自我中心的男性更有可能具有性攻擊性，並將他們的性幻想付諸行動。「目前沒有證據指出，性幻想本身是性犯罪的充分或必要條件。」（Leitenberg and Henning, 1995, P.488）

施虐癖

「一般而言，施虐癖的核心定義是犯行中極端暴力的模式，這種暴力往往著重於身體的性敏感部位，可能會被視為是怪異或看似儀式化的。」（Prentky and Knight, 1991, P.652）施虐癖可以用殘忍與惡意的行為來展現，而這些行為往往是加害者享受並且會引發其性慾的。與其他類型的強暴犯相比，施虐癖的強暴犯往往更常加害親近的朋友、親密者或家人（Prentky, Burgess & Carter, 1986）。

天真的認知或信念 [341]

研究指出，在有強暴傾向的男性中，以及某種程度上在一般男性之中，為加害者辯護的態度是很普遍的。與性幻想相似的是，非理性態度與認知扭曲經常是大多數性加害者治療方案的主要焦點。

在選擇性侵者的發展過程中，性社會化與社會學習扮演關鍵角色。對女性的性行為與態度會透過與家庭成員、同儕、娛樂人物的形象以及一般媒體的日常接觸所習得。研究者（Koss and Dinero, 1988）發現，具有性攻擊性的男性會對女性表現出更多的敵意、經常使用酒精、經常看暴力與貶低人格的色情作品，並且與會強化高度性化與支配女性觀點的同儕群體有密切連結。這些男性更可能會相信，武力與脅迫是取得性服從的合理手段。上述研究總結，「簡言之，研究結果支持性攻擊的發展序列，也就是早期經驗與心理特徵創造了性暴力的條件。」（P.144）

研究發現，大多數具性攻擊性的男性會認同那些鼓勵男性支配、控制及權力的態度及意識形態；而女性則被期待為聽話、縱容且順從。這種取向似乎對於具性攻擊性的男性有特別強烈的去抑制作用，促使他們將女性模稜兩可的行為解釋為「誘惑」、相信女性並沒有真的受到強迫性行為的侵犯，並認為強暴的受害者會渴望並從性侵中得到滿足（Lipton, McDonel & McFall, 1987）。

強暴迷思

強暴迷思（rape myths）與厭女的態度似乎在性侵害中具有重要作用。強暴迷思指的是「通常是錯誤但廣泛且持續存在的態度與信念，否認並正當化男性對女性的性攻擊」（Lonsway and Fitzgerald, 1994, P.134）。並非所有的強暴犯都抱持這些態度，但那些贊同者確實抱持更多支持強暴（Chapleau and Oswald, 2010; Good, Heppner, Hillenbrand-Gunn & Wang, 1995; Johnson and Beech, 2017）與約會強暴的觀點（Hill and Fischer, 2001; Truman, Tokar & Fischer, 1996）。近期有關監獄強暴的研究（一個越來越受到關注的主題）指出，性侵他人的受刑人與忽視或否認這種行為嚴重性的監獄人員較傾向認同強暴迷思（Neal and Clements, 2010）。

根據一項研究（Chapleau and Oswald, 2010）顯示，權力與性之間的認知連結越強，男性就越有可能擁護強暴迷思，並有更高的強暴可能性。此外，男性越是強烈地接受強暴迷思，就有越高的傾向會將女性的打扮與行為錯誤認知為「挑逗」，或錯誤地將自己的性趣認知為「無法控制」。同樣的，根據歐洲一項重要研究（Bohner, Jarvis, Eyssel & Siebler, 2005）所提供的證據，強暴迷思會合理化性攻擊，「不僅是在性攻擊發生之後，而且也增加了未來暴力發生的可能性。」（P.827）

研究者還進一步探討了所謂的「大男人性格群」（macho personality constellation），其特點是冷酷無情的性態度、相信暴力很有男子氣概，並且容易從高度的冒險中獲得興奮（Hill and Fischer, 2001; Mosher and Anderson, 1986）。某些具有性攻擊性的男性也認為，女性必須明白自己的

身分，即使這意味著羞辱她們，而實現這種世界秩序的最好辦法就是在身體與性方面侵害她們。大多數具有性攻擊性的男性，其背後所隱含的認知框架就是對於女性的敵意（Lonsway and Fitzgerald, 1995）。

馬拉穆斯等人（Malamuth, Linz, Heavey, Barnes & Acker, 1995）在持續 [342]
進行的性攻擊研究中，整理出用來區分性攻擊男性與非攻擊性男性的幾個特徵，較重要的特徵包括：對女性感到沒自信、防衛、過度敏感及敵意和不信任的態度；對於能夠控制與支配女性感到滿足；錯誤解讀女性線索的強烈傾向。

馬拉穆斯等人（Malamuth, Heavey & Linz, 1993; Malamuth, Sockloskie, Koss & Tanaka, 1991）認為，性攻擊者具有讓他們傾向認為女性不值得相信的信念（或基模）。這些男性不相信女性所說或所做的，尤其涉及感情或性興趣。簡單來說，這些男性對女性非常多疑，認為女性所說的與她們的本意相反。研究者（Malamuth, Sockloskie, Koss & Tanaka, 1991）指出，將權力、強勢、支配性、攻擊性及競爭性自私視為男性化特質的社會與次文化，往往會造就對女性與女性化特質如溫柔、同理及敏感抱有敵意的男性。「對某些男性來說，展現這些傳統的女性化特徵，可能意味著失去了適當的認同，而支配與攻擊，包括在性領域中，可能會增強他們是『真正的男人』的想法。」（Malamuth et al., 1995, P.354）對於這樣的男性，性攻擊可能是一種重振雄風的方式，正如某些社會或次文化所提倡的那樣。

馬拉穆斯主張，具有性攻擊性的男性在區分誘惑與友善行為、敵意與堅定表達的能力上有訊息處理的缺陷（Malamuth and Brown, 1994; Murphy, Coleman & Haynes, 1986）。舉例來說，強暴犯在第一次約會中解讀有關女性的線索時，會比非強暴犯來得較不精確（Lipton et al., 1987）。當女性採用直接、清楚且強烈的溝通時，這種缺陷尤其明顯。如果她不斷拒絕，對性攻擊的男性來說是表示相反的意思。對於具有性攻擊性的男性來說，她是在玩遊戲，試圖用堅定的表達或攻擊性來誘惑。

對溝通（語言與非語言）的誤解並不限於性侵害的脈絡。它常常是在

高度具有攻擊性與暴力的人（包括兒童）身上發現的一個關鍵因素。研究
者（如Dodge and Pettit, 2003）發現，高攻擊性的兒童常常也有所謂的敵意
歸因偏誤，如第七章所述。也就是說，具高攻擊傾向的兒童相較於同儕來
說，更有可能將他人不明確的行為解釋為敵意與具威脅性的（Dodge,
2003）。他們很容易在別人並沒有意圖之處知覺到攻擊性。研究一致指
出，暴力的青年「通常會以敵意的方式來定義社交問題、設定敵意的目
標、很少尋求額外的事實、只能想到很少的替代性解決方案、很少預想攻
擊的後果，並會優先考慮攻擊性的解決方案」（Eron and Slaby, 1994,
P.10）。這種訊息處理的缺損可能導因於童年早期缺乏發展社交與偵測他人
正確線索的人際技巧的機會。

　　另一方面，有些實徵證據顯示，有嚴重受害史的女性不太善於辨認警
示危險情況的線索。一項研究（Yeater, Treat, Viken & McFall, 2010）對
194名年齡在十八歲至二十四歲之間、來自不同種族與文化背景的女大學
生進行調查。作為研究的一部分，學生們會閱讀描述社交情境的短文，這
些情境各有不同的性受害風險，以及對女性的聲望的潛在影響。在研究接
近尾聲時，參與者會填寫性經驗調查（Sexual Experiences Survey, SES）
與強暴迷思接受度量表（Rape Myths Acceptance Scale）。其中SES的回答
被用來量化受害經歷的嚴重性。研究者發現，那些有嚴重受害史的女性很
難辨識具有高度遭受性侵害風險的情況。此外，研究者發現，害怕失去與
[343]　男性的關係或失去整體的聲望，會掩蓋她們辨識高風險情境的能力。最
後，那些對強暴迷思有較高接受程度的參與者，較不善於識別高風險的情
境。研究者認為，「這種為強暴背書的態度，妨礙了女性與男性運用可能
有助於在異性互動中做出有效決策的資訊。」（P. 383）

　　我們必須特別小心的是，避免暗示說被強暴是女性的過錯，是因為她
們錯誤解讀了高風險的情境。社會上經常發生這種指責受害者的傾向，尤
其但不僅限於性侵案件。「如果你有鎖門，就不會遭小偷。」「你怎麼會
相信那個詐騙？如果它聽起來好得不像真的，就不可能是真的。」「如果
你沒有去那個酒吧，就不會被強暴。」而女性與男性都可以受益於駁斥強

暴迷思的資訊，以及學習避免受害的有效策略（Ullman, 2007a）。

強暴迷思不僅存在於許多強暴犯中，研究發現，它們也存在於神職人員、大學生、高中生及軍人間（Shaw, Campbell, Cain & Feeney, 2016），而且並非男性所獨有。它們也會出現在執法人員（Shaw et al., 2016; Smith, Wilkes & Bouffard, 2016）與陪審員（Dinos, Burrowes, Hammond & Cunliffe, 2015; Shaw et al., 2016）身上。在一項有關警官的強暴信念的研究中，研究者發現，近年來外顯的強暴迷思已減少到一定程度，但在強暴的偵查中，它們仍然會以內隱的方式運作。研究者寫道，「這種信念現在會在更內隱的層面運作，雖然在強暴迷思的調查中無法被偵測到，仍然會影響決策與行動。」（P.9）這些信念會展現於警察的會談、調查及報告寫作中。

重點提示9.2

持續存在的強暴迷思

儘管強暴倖存者及其支持者數十年來的增敏化（sensitization）與教育，但許多與這類犯罪有關的迷思依然持續存在。在過去幾年，一位公職候選人發表了一個論述，說當女性被強暴時，身體會有一種「關閉」的生理機制，這樣她就不會懷孕。雖然他的論述受到嚴厲譴責，但其他的強暴迷思依然存在。如文中所述，這些迷思仍然被一般大眾所接受，包括執法人員。雖然大多數的警官不認為強暴受害者的私生活一定很混亂，或是心裡其實暗自希望被強暴，但許多人顯然仍然認為受害者常常會讓自己處於危險境地，並應該對侵害承擔部分的責任。換句話說，受害者早就應該心裡有數。

研究者（Shaw et al., 2016）檢視了警方針對實際性侵害調查的紀錄，以了解警方對於強暴迷思的擁護程度。他們發現，在超過半數的案件紀錄中，都會出現一些隱含接受強暴迷思的陳述。這些陳述可分為三種受害者譴責的類別：

‧**情境論**：基於侵害的狀況（如受害者並沒有受傷，或對於攻擊的反應不夠「情緒化」）來淡化強暴的程度。

‧**特徵論**：著重於描述受害者的特徵（例如她是一個經常吸毒的人，或者她不應該在很晚的時候單獨外出）。

‧**調查論**：以受害者不願意協助作為調查不完整的藉口，而不考慮調查早期階段可能導致受害者不合作的原因。

最後一類，也就是調查陳述，顯示對於強暴受害者所面臨的現實缺乏理解。研究指出，向警方通報的強暴受害者中，將近半數受到他們描述為非常令人難受或羞辱的對待（D. Patterson, 2011）。在那樣的狀況下，受害者抗拒合作就不足為奇了。警察心理學家與其他心理健康專業人員應該要訓練警察覺察自身內隱的迷思與指責受害者的態度。

問題與討論：

一、半數以上的調查報告隱含強暴迷思的陳述。以這些案件來說，是否意味著加害者沒有被起訴？就你看來，這個發現的重要性是什麼？

二、警察心理學家應該用什麼方法幫助執法人員辨識他們內隱的迷思？

三、研究顯示強暴迷思不僅持續存在於強暴犯之間，一般大眾同樣如此。這些迷思是否持續存在你的校園、工作場域，或者在你會與不同領域者互動的環境？如果是，為什麼會這樣？如果沒有，又是為什麼？

MTC: R3強暴類型學

如前所述，MTC: R3強暴類型學是由九種強暴犯類型所組成，並以前面討論過的六個變項為區分基礎。本節會詳細介紹這九種類型，如表9.2所示。迄今為止，研究幾乎都聚焦在男性強暴犯。雖然通報的強暴案中，只有小部分涉及女性加害者，但這些女性幾乎都會與男性加害者合作進行。

近年來一些研究者認為，女性獨立性犯罪的盛行率其實是被低估的，主要是因為社會不願接受女性性犯罪，或她們的犯行對受害者有害（Becker, Hall, & Stinson, 2001）。然而，根據官方紀錄，在全球所有的性加害者中，女性獨立性犯罪者的比例為4.6%（Cortoni, Hanson & Coache, 2010）。此外，在澳洲、加拿大、紐西蘭、英國及美國的受害研究中，性加害者中女性的比例從紐西蘭的3.1%到澳洲的7.0%不等，平均則為4.8%。MTC: R3類型學同樣聚焦於男性加害者。在本章的後面，我們會討論女性加害者的類型學。

投機型強暴犯（類型一與二）

衝動或**投機型強暴犯**（opportunistic rapist）進行性侵害的原因單純是因為有機可乘。因此，這種加害類型的動機更多是脈絡與機遇因素，而不是任何由內在驅使的性幻想（Prentky and Knight, 1991）。強暴可能會發生在其他反社會行為（如搶劫或入室竊盜）的脈絡下。或者，強暴對象可能會是在酒吧或聚會中遇到的女性。這些加害者最明顯的特徵是衝動性與自制力的缺乏，就像是個不成熟的孩子。更重要的是，這種不良的衝動控制所造成的普遍與持續的衝動，以及不負責任的生活方式，常常會導致持續的犯罪生涯。因此，強暴只是這個人眾多反社會行為的其中之一。

投機型強暴犯並不會讓人覺得是「以人為導向」的，他們將受害者視為一個性客體。他似乎不太會顧慮到受害者的恐懼或不適感。投機型加害者在童年、青春期到成年期間總是會做出一些令人頭痛的行為。在MTC: R3中被歸類為投機型強暴犯，加害者必須有以下表現：

- 對受害者的福祉與安適漠不關心。 [345]
- 未表現出比取得受害者服從所需（工具性攻擊）更多的武力。任何過度使用的武力或攻擊（超過進行犯行所需）都會被排除於此類型。
- 成人衝動行為的證據，如頻繁的打架、故意破壞及其他衝動驅使的反社會行為。

麻州治療中心的研究者發現，投機型強暴犯可以依據他們的社會能力與他們初次被注意到具有高攻擊性的發展階段再作細分。社會能力較佳的投機型加害者（類型一強暴犯）在成年期才顯現出衝動性；而另一方面，類型二的強暴犯的社會能力則較低，在青春期就有衝動性的表現。

廣泛憤怒型強暴犯（類型三）

廣泛憤怒型強暴犯（pervasively angry rapist）會表現出全面且無差別的憤怒，這種憤怒瀰漫在加害者生活的所有領域。這些強暴犯對整個世界都感到憤怒，他們的憤怒同時朝向男性與女性。該行為反映了對於任何在錯誤時間與地點出現的人反覆無常與隨機的暴力（Prentky and Knight, 1991）。當這些男性對女性進行攻擊時，其暴力與攻擊性行為只會表現出很少或完全沒有性興奮。其特徵是攻擊程度高，並會給受害者造成相當大的傷害。研究指出（Brown and Forth, 1997），心理病態的性侵犯最常落在投機型或廣泛憤怒型的類別。

廣泛憤怒型強暴犯通常有穩定的職業史，並經常展現出某種程度的成功。他自覺是擅長運動、強壯且男性化的。很多時候其職業會是較為「男性化」的，如卡車司機、木匠、機械工、電工或水管工。朋友通常會用個性急且脾氣暴躁來形容他（Holmes and Holmes, 2002）。這些加害者常經歷過混亂且不穩定的童年與家庭生活。其中許多人過去是常常被忽視或虐待的收養或寄養兒童。

根據研究（Prentky and Knight, 1987），加害者必須表現出以下特徵，才會被歸類為廣泛憤怒的類型：

- 出現以言語或身體攻擊來表達的高度非性攻擊或憤怒，顯然超過了取得受害者服從所需的程度（表達性攻擊）。
- 青少年與成人期性與非性的反社會行為證據。
- 做出通常在計畫外與未預謀的攻擊。

目前為止，還沒有發現廣泛憤怒型強暴犯的特定子類型。

性動機、施虐型強暴犯（類型四與五）

接下來四種類型都是出於「性」的動機，他們攻擊的特徵是存在已久的性或施虐性的幻想，這些幻想會對攻擊產生強烈的影響。縈繞不去的性幻想與念頭是四種類型都共有的。**性動機型強暴犯**（sexually motivated rapist）又被分為施虐與非施虐型，而每個又會再進一步被細分（見表9.2）。施虐型性加害者可能是「外顯型」（類型四）或「沉默型」（類型五），取決於他們的性攻擊行為是直接表達為暴力攻擊（外顯型），或只存在於幻想中（沉默型）。沉默型加害者的動機是來自受害者的恐懼或某些暴力的幻想，這會增強他的性興奮。也就是說，受害者的恐懼會使他興奮，或者他會在行為中倚靠一些反覆排演的性幻想來獲得刺激。然而，特別要注意的是，第四修訂版中已經刪除類型五（沉默的施虐型強暴犯），該修訂版目前仍在發展中；研究資料不支持該子類型的存在，但其他所有的MTC: R3子類型則予以保留。外顯的施虐型強暴犯則會在侵害中同時展現出性與攻擊性。本質上來說，受害者實際（而非幻想）的痛苦與不適是其性興奮的先決條件。他相信受害者基本上會「享受」被虐待、被強暴，以及攻擊性的支配及控制。因此，這種類型的強暴犯會將受害者的抵抗與

[346]

表9.2 將強暴犯的四種類型分為九種子類型

MTC:R3
主要動機

投機型		廣泛憤怒型	性動機型				報復型	
高社會能力	低社會能力		施虐型		非施虐型		低社會能力	高社會能力
			外顯型	沉默型	低社會能力	高社會能力		
類型一	類型二	類型三	類型四	類型五	類型六	類型七	類型八	類型九

掙扎解釋為一種遊戲，當受害者抵抗得越多，他就越興奮且越具攻擊性。一開始，攻擊可能是一種誘惑的嘗試，但隨著受害者抵抗的增加，攻擊行為就會變得越來越明顯。另一方面，假如受害者因為極度恐懼或無助而變得被動與順從時，加害者的憤怒或高度的暴力就會被促發，因此對受害者來說，這似乎是一個註定失敗的局面。在這種情況下，加害者眼中所看到的就是，受害者不再好好地玩「遊戲」。

　　外顯的施虐型強暴犯經常會進入婚姻，但對婚姻展現的承諾很少。他們過去常常有許多性與非性的犯罪，可能從青春期或青春期之前就已經開始，範圍從逃學到強暴謀殺都有。他們經常會在學校出現一些嚴重的行為問題，並終其一生展現出不良的行為控制與低度的挫折忍受度。他們會比其他類型的強暴犯表現出更多的**性偏好**（paraphilias）。性偏好一詞代表「除了對生殖器刺激或正常引導性愛撫、身體成熟且同意此行為的人類伴侶等以外的強烈與持續的性興趣」（American Psychiatric Association, 2013, P.685）。當性偏好對個人造成困擾或減損，或給他人帶來傷害或傷害的風險時，就會成為一種障礙症。（性偏好的例子見表9.3。）

　　有時類型四的強暴犯會做出可能導致受害者被謀殺的極端性虐待。要歸類為外顯的施虐型強暴犯，加害者必須有以下幾點表現：

[347]　**表9.3　各種性偏好與其定義**

摩擦癖	藉由未經同意的碰觸或摩擦而激起性興奮，通常是在擁擠的公共場合
窺淫癖	藉由偷窺不知情他人的裸體、脫衣或從事性行為而激起的性興奮
性被虐癖	藉由被羞辱、痛打、綑綁或其他可致的受苦而激起的性興奮
性施虐癖	藉由使他人產生真實或模擬的身體或心理上的受苦而激起的性興奮
戀物癖	藉由使用、愛撫或嗅聞無生命物件，如鞋子、內衣、皮革、襪子、包包，而達到的性興奮
部分性慾癖	藉由碰觸或愛撫非與性行為連結的身體部位，如腳、頭髮、耳朵，而達到的性興奮

- 明顯超過強制受害者服從所必須的攻擊或暴力程度。
- 存在明確的證據證明攻擊對其來說會造成性興奮與性激發。可由加害者從對受害者的傷害行為中獲得性快感的描述，或者傷害行為集中在具有性意涵的身體部分來說明。

另一方面，要被歸類為沉默施虐型強暴犯（已在MTC: R4被排除的類型）。加害者必須有以下表現：

- 工具性攻擊或足夠的力量來取得服從。
- 有證據證明暴力的性幻想或受害者的恐懼會使其興奮。

性動機、非施虐型強暴犯（類型六與七）

非施虐型強暴犯（non-sadistic rapist）進行性攻擊是因為被目標受害者身上特定的刺激引發強烈的性興奮。雖然強暴從定義上來說明顯是一種暴力行為，但攻擊性並不是這類強暴犯侵害的顯著特徵。相反的，其根本的動機是想要向受害者證明其高超的性技巧與能力。這種類型也被稱為「權力再保證型強暴犯」（Holmes and Holmes, 2002）。這些人生活在一個充滿幻想的世界裡，內容圍繞著受害者會如何渴望地在攻擊下臣服於愉悅的性交，甚至要求與強暴犯進一步的接觸。這些強暴犯幻想著他們最終可以向自己與受害者證明他們的男子氣概與性能力。在他們所涉及的性侵害案件中，這些強暴犯被描述為有高度性興奮，並且缺乏控制力與對現實的認知知覺扭曲。

這類強暴犯的受害者常常會是陌生人，但他可能會監視並跟蹤受害者一段時間。某些特定的刺激會引起他的注意，並使其興奮不已。例如他可能會被女大生或高個子或穿制服的女性所吸引。一項研究（S. T. Holmes and Holmes, 2002）指出，非施虐、性動機型的強暴犯較偏好與自己年紀與種族相近的女性，特別是居住在同一社區或靠近其工作地點的女性。這些攻擊經常會在夜間進行，時間間隔為七到十五天。如果受害者在肢體上做出抵抗，非施虐的強暴犯可能就會逃離現場。整個事件中攻擊的程度非常低。有時假如成功了，他可能還會再與受害者聯繫，問她過得好不好，甚 [348]

至會要求約會。一般來說，這類型強暴犯的違法行動僅限於性侵害，並不會涉入其他形式的反社會行為。

要被歸類到非施虐型，必須有以下的行為指標：

- 出現自我保證與自我肯定的言語表達。
- 反映出試圖與受害者建立戀愛關係的行為，儘管可能是以扭曲的形式。
- 關注受害者的福祉與對性體驗的享受。

相關研究（如Knight and Prentky, 1987; Knight et al., 1998）發現，非施虐、性動機型強暴犯可能至少有兩種子類型。其中一類可以用安靜、害羞、順從及社會能力不足來形容。雖然他們可能是可靠的工作者，但不良的社交技巧與由此導致的低自尊使他們無法在職業上取得進展。這種類型的人通常會被歸類為低社會能力型（類型六）。第二種子類型則可能更具社會適應力與能力，並會在職業與專業發展上取得更大的進展，被歸類為高社會能力型（類型七）。

報復型強暴犯（類型八與九）

為了表達對女性的憤怒，**報復型強暴犯**（vindictive rapist）會利用強暴行為來傷害、羞辱及貶低女性。在他們看來，暴力性侵害是最具羞辱與支配性的行為。受害者會被粗暴地侵害並遭到虐待，如咬、割或撕裂身體部位。在大多數的情況下，受害者會是完全的陌生人，儘管受害者可能具有某些會引起侵害者注意的特徵。除了身體虐待，這種攻擊者往往會透過大量褻瀆的言語與威脅來施加情緒虐待。抵抗可能會引發更多的暴力。然而，正如後面將會提到的，我們不能期待受到強暴威脅的女性去區分強暴犯的類型，也不要放棄盡可能使用各種策略進行抵抗（Ullman,2007b）。

雖然許多報復型強暴犯都已經結婚，但他們與女性的關係會出現週期性的惱怒與暴力，他們可能會涉入家庭暴力與伴侶虐待。這些男性通常會認為女性的要求很高、充滿敵意且不忠實，需要加以支配與控制。他們有時會因為知覺到受害者的行為或外表上傳達出自信、獨立及專業，而選擇

她們作為加害對象。侵害通常會發生在其妻子、女友或母親的促發事件之後，導致加害者將這些事件概化到所有的女性身上。在被逮捕之後，加害者常常會將他們的罪行歸因為「無法控制的衝動」。與投機型及非施虐型的強暴犯相同，報復型強暴犯也可依其社會能力進行細分。

要符合報復型強暴犯的分類，必須有明顯的以下行為： [349]

- 言語或行為上有意圖貶低、侮辱人格或羞辱受害者的明顯證據。
- 沒有證據顯示攻擊行為是情色的，或其性愉悅是來自於傷害行為。
- 傷害行為未集中在身體具有性意涵的部分。

為了回應MTC: R3的一些問題，研究者（Knight, 2010）開始針對類型學進行修訂。在新發展出的MTC: R4版本中，將子類型五刪除，也就是沉默施虐型強暴犯，不過MTC: R3其他所有的子類型則繼續存在。

小結

雖然人們很少能夠完全剛好符合類型學的分類，但上述強暴類型學有助於我們對強暴犯的理解，以及治療與再犯的預測。即便如此，誠如本章後面會提到的，心理學家更可能為了預測的目的而使用各種風險評估工具。此類型學的價值在於將行為模式以及行為發生的脈絡納入考量，而不僅是人格特質。然而，它仍然需要微調與再建構，這是該小組多年來持續進行的過程。研究者（Knight and Prentky, 1990）指出：

MTC: R3是一個類型學系統，旨在增進對性犯罪病因的了解，並協助對再犯進行預測。也許替代類型或MTC: R3的變體會被發展出來，以最大化偵測的效果。（P.78）

MTC: R3也在許多研究報告中得到了良好的評價（Goodwill et al., 2009）。

一般來說，強暴犯類型學可能對性侵的受害者幫助有限，甚至變成他

們的一種負擔。舉例而言，有些類型學主張抵抗某些類型的強暴犯只會讓他們更生氣，也會讓受害者受到更嚴重的身體傷害或被殺害。然而，研究者（Ullman, 2007a）表示，被侵害者不可能在侵害過程中去分類強暴犯是屬於哪種類型。最重要的是，當前的研究指出，女性大聲喊叫或回擊比較可能避免被強暴，而哀求、懇求或試著跟對方說道理則比較無效。

Groth強暴犯類型學

葛羅斯（Nicholas Groth, 1979; Groth, Burgess & Holmstrom, 1977）提出了強暴犯與猥褻兒童者的類型學，這些類型學與麻州醫療中心的系統有些相似。本節將介紹葛羅斯的強暴類型學，下一節則介紹葛羅斯的猥褻兒童類型學。MTC: R3主要建立在研究與統計分析的基礎上，而葛羅斯類型學主要則是由臨床發展而來，並未經過充分的信效度檢驗。然而，許多心理健康工作者很喜歡葛羅斯分類系統，因為它使用起來簡單明瞭。此外，許多警方調查員也持續在犯罪現場分析中使用該系統。舉例來說，與下面列出的類型（權力、憤怒及施虐型）相關的行為，被認為有助於辨識未知的強暴犯。

[350]

這個系統是以假定幾乎存在所有強暴中的動機與目標為基礎。根據葛羅斯的說法，強暴是一種「偽性行為」，在其中性只是抵達權力與攻擊這些主要動機的交通工具。他主張，「強暴從來都不僅僅是沒有其他機會滿足性興奮的結果……強暴一直都是某些心理功能障礙的症狀，無論是暫時、短暫，或是慢性與重複的。」（P.5）他主張，強暴「一直且最主要都是一種攻擊行為」（P.12）。在這個基礎上，將強暴行為分為三大類：憤怒型強暴、權力型強暴、施虐型強暴。

在**憤怒型強暴**（anger rape）中，加害者會使用比取得服從所必要更多的武力，並做出各種侮辱人格或羞辱女性的性行為。他也會透過虐待與褻瀆的言語侮蔑受害者。對於憤怒型的強暴犯來說，強暴是一種對女性有意識的憤怒與狂怒的暴力行為。根據葛羅斯的論述，對憤怒型強暴犯來說，

性實際上是「骯髒」、具攻擊性且令人作噁的，這也是他用性行為來玷污與侮辱受害者人格的原因。為了說明，葛羅斯引用一位強暴犯的話：「我想毀掉那個女人，而我覺得強暴是我能對她做的最糟糕的事。」（P.14）很多時候，攻擊是由他先前與生命中重要女性（如妻子、主管或母親）的衝突或羞辱所引起的。然而，有些憤怒型強暴犯也可能是對最近一些不必然涉及女性的挫折做出反應，例如被退伍、被解雇、背負債務或受到他人的騷擾。受害者在這類強暴中經常會遭受到相當的身體傷害。

權力型強暴（power rape）的加害者則會試圖在受害者身上建立權力與控制。因此，使用武力與威脅的程度取決於受害者所表現出的服從程度。用一位強暴犯的話來說，「我叫她脫衣服，她拒絕的時候，我就賞她一耳光來讓她明白我的意思。」（Groth, 1979, P.26）權力型強暴犯的目標是性征服，他會盡一切力量來克服任何阻礙。性交是他確立男性認同、權威、能力、掌握與支配，以及達到性滿足的方式。據葛羅斯所述，受害者有時會以某種方式被綁架或俘虜，可能會有很長一段時間反覆遭到性侵害。然而，加害者常常會因侵害沒有辦法實現他的期望與幻想而感到失望。

第三種強暴模式是**施虐型強暴**（sadistic rape），同時包含性的方面與極端的非性攻擊。施虐型強暴犯在受害者受到不當對待、無助及受苦中體驗到性興奮與興奮感。侵害可能會涉及綑綁與拷打，並且經常會對受害者身體的各種部位進行虐待。賣淫者，也就是他認為是濫交的女人，或象徵某些他想懲罰或毀滅的東西的女性，都常引發施虐型強暴犯的憤怒。受害者可能會被跟蹤、綁架、虐待，有時還會被謀殺。

葛羅斯估計，超過一半的加害者會被機構評定為權力型強暴犯，或在這個類型的基礎上進行治療；另外40%則是憤怒型強暴犯，只有5%是施虐型強暴犯。有意思的是，葛羅斯請那些被定罪的性加害者將他們從強暴中獲得的性快感從一（很少或沒有）到十（非常滿意）進行評分。大多數加害者的評分為三分或更低，表示在行為中所獲得的性快感其實很低。事實上，葛羅斯發現許多加害者在強暴期間並沒有辦法達到性高潮。樣本中的性加害者對於性方面的反應大多是從失望到厭惡。此外，沒有加害者認為

強暴比合意性行為更具酬賞性或更令人滿足。類似的結果也在其他研究
（Warren, Reboussin, Hazelwood & Wright, 1989）中被發現。

　　葛羅斯類型學的主要貢獻之一，在於它對強暴犯大部分是由性慾望所
驅動，或所有強暴犯都一樣的觀念提出質疑。然而，自從他引入這個概念
以後，其他研究人員，比如麻州治療中心的研究人員，就以更複雜的方式
加以發展。雖然直覺上葛羅斯對加害者的描述很有吸引力，但其實缺乏實
[351]　徵證據支持其信效度。近年來，很少有研究針對這種類型學進行檢驗。以
這兩個主要的類型學來說，迄今為止麻州治療中心的版本累積了較多的研
究與驗證。

兒童性加害者

　　讀者可能會認為針對兒童的性犯罪是我們社會中最令人髮指的罪行之
一。如果統計資料精確的話，你或你認識的人也可能是此類犯罪的受害
者。正如接下來將討論的，全美與全球的兒童性受害的發生率令人不安；
此外，就像其他針對兒童的犯罪，這些罪行常常都沒有向警方或社會服務
機構通報。

戀童癖的定義

　　戀童癖（Pedophilia）通常被稱為「猥褻兒童」或兒童性虐待，但如
DSM-5 所定義的，戀童癖不一定是犯罪。它是一種心理狀況，定義為「超
過至少六個月的期間，藉由與青春期前孩童或孩童們進行性活動（一般而
言年齡為十三歲或更年幼）而激起重複且強烈的性興奮，呈現在幻想、性
衝突**或行為**」的發生（American Psychiatric Association, 2013, P.697）。我
們以粗體強調「行為」兩字，因為幻想或衝動本身並不是犯罪，只有當個
體採取行動時才會構成犯罪。另外必須注意，並非所有的猥褻兒童者都有
傳統上與戀童癖相關的幻想與衝動（Marshall, Boer & Marshall, 2014）。一

項研究（Marshall, 1998）檢視了大量的臨床資料後發現，約六成的非家人猥褻兒童者，或超過75%的亂倫加害者，並沒有明確的證據顯示他們有反覆的幻想或衝動。從 *DSM-5* 中的「或行為」一詞顯示，猥褻兒童不僅是一種犯罪，也應該進行臨床治療。幾乎所有臨床工作者都認為，任何犯下性犯罪的人都應該接受治療，即使他們可能沒有嚴重的精神障礙。

DSM-5 進一步指出，某些戀童癖者只會受到兒童的性吸引（排他型），而另一些則同時受到兒童與成人（非排他型）的性吸引。因此，心理學家希望防止這種衝動（若反覆發生）轉化為犯罪活動，或者如果行為已經發生則對其進行治療，好讓它不會再次發生。沒有出現反覆性衝動與幻想的猥褻兒童者，應以實證為基礎的治療取向進行治療（W. L. Marshall et al., 2014）。如第五章所述，現在某些司法心理學家經常會對性暴力加害者進行評估，目的是要評估他們將來以類似方式再犯的可能性。

就本書的目的而言，重點會放在已涉入犯罪活動、被視為兒童性加害者的戀童癖者。他可能有也可能沒有在臨床文獻中所討論到的幻想與衝動，但至少明顯有行為出現。在本節中，我們將使用「兒童性加害者」（child sex offender）一詞，以便與近期的研究文獻接軌。兒童性犯罪可能是強暴或其他形式的性侵害。雖然有些研究者專門探討兒童強暴這個主題，但多數研究提到兒童性侵害時，可能會包含強暴，也可能未包含。

如果受害兒童是加害者的親屬（有時也稱為家內猥褻），則將該犯罪行為稱為**亂倫**（incest）。到目前為止，這個類別中最大的群體是猥褻未性成熟女兒或繼女的父親（Rice and Harris, 2002）。另一方面，家外猥褻兒童則是指來自家庭外的人的性虐待。然而，這兩個類別或可能有很大重疊。舉例來說，前述研究表示，有相當多的家內猥褻者也會在家外犯罪。

兒童性加害者的一些人口統計變項

[352]

一般人口中，男性兒童性加害者（child sex offenders, CSOs）盛行率的最佳估計不到1%（Ahlers et al., 2011; Schmidt, Mokros & Banse, 2013）。

近期一項同時對男性與女性進行的線上調查中，6%的男性與2%的女性表示，如果可以確認自己不會被捕或受到懲罰的話，他們有可能會與兒童發生性行為（Wurtele, Simons & Moreno, 2014）。在另一項匿名調查中，約4%的大學學齡男性承認曾與青春期前的女孩有過性接觸（Ahlers et al., 2011）。然而，特別要指出的是，有些研究發現，大部分被兒童吸引的男性可能並未實施性犯罪（Bailey, Bernard, & Hsu, 2016），或者可能沒有被發現。舉例來說，前述研究發現，在122名受兒童吸引的男性中，只有一人因兒童性犯罪而被捕或定罪，且該案的案由是持有兒童色情製品。

一項研究（Prentky, Knight & Lee, 1997）主張，加害者的性偏好越侷限於兒童，他的社會能力可能就越差。在這個脈絡下，社會能力是指加害者與成人之間從社交到性關係的能力。雖然某些兒童性加害者可能會表現出人際問題，但很多人在尋找兒童的策略並且隱藏自己的真實動機與行動的人際技巧相當嫻熟（Owens, Eakin, Hoffer, Muirhead & Shelton, 2016）。「某些加害者看起來可能是很迷人、真誠、富有同情心、無道德瑕疵且善盡社會責任。」（Owens et al., 2016, P.11）他們經常從事可以接觸兒童的職業，如教練、諮商員、神職人員、學校交通導護、校車司機，甚至執法部門。

雖然我們一再呼籲在討論受害者特徵時必須謹慎，但有些研究者發現，兒童性加害者的受害者常常具有一些相似的特質。巴特勒（A. C. Butler, 2013）總結研究文獻指出，兒童性加害者傾向選擇那些沒有什麼朋友的孩子，以及「那些看起來沒什麼信心、自尊低落，而且常常心情不好，有許多情緒需求」的孩子（P.643）。這些特徵可能都反映了孩童的生活環境，例如在充滿壓力與衝突的家庭中與兒童性加害者一起生活。另外，任何形式的障礙症往往都會增加兒童對性加害者的易受傷害性。舉例來說，有學習障礙、語言障礙、健康問題及智力障礙的兒童，會成為兒童性加害者的目標。父母未給予足夠關注或情感的孩子也特別容易成為目標。

或許因為大眾對兒童性虐待極端負面的態度，兒童性加害者很少會對自己的行為負起全部責任。許多人聲稱他們當時腦袋一片空白，太醉了以

至於不知道自己在做什麼；不能控制自己，或者不知道他們到底怎麼了。整體來說，他們傾向將行為歸因於外在力量，或認為行為主要是受到個人可控制外的因素所驅動。兒童性加害者否認、扭曲或盡力淡化他們所造成的心理傷害，這種傾向是研究中相對一致的發現（Nunes and Jung, 2012）。許多治療方法的目標就在於改變這樣的認知。

很少有罪行像兒童性虐待這麼令人厭惡，然而，人們對於其原因、盛行率及再犯風險卻知道得很少（Prentky et al., 1997）。在美國，有關兒童性加害者的資料很難取得，因為目前並沒有中央或國家的客觀紀錄系統統整兒童性犯罪的資料。在全球各地，人權組織通報許多兒童被個人、專制政府及軍事組織虐待、綁架、販賣及殺害的事件。在世界上的許多角落，兒童是不被珍惜和保護的。

證據指出，在美國，以警方與官方統計資料來說，有大量的兒童性虐待沒有被通報。部分是因為兒童害怕受到加害者的報復。然而，在某些案件中，是因為另有成人知道罪行的存在，但他說服孩子不要說出來。兒童 [353] 性加害者也可能受到自己家庭的保護——親人都知道，但都說這件事保密吧。根據官方的統計，加害者可能會因各種法規與各種罪行被逮捕和起訴，包括強暴兒童、嚴重毆打、反自然性行為（sodomy）、亂倫、妨害風化、下流及猥褻行為。雖然〈統一犯罪報告〉列出了性犯罪的逮捕清單，但並沒有將兒童性虐待與其他可能的性犯罪區分開來。另外，雖然這些逮捕對象都是針對兒童的犯罪，但並非所有針對兒童的罪行都是性犯罪。自陳式報告的調查結果更具有啟發意義。現有最佳的資料顯示，美國有四分之一的女孩與二十分之一的男孩曾在十七歲以前遭受性虐待或侵害（Finkelhor, Shattuck, Turner & Hamby, 2014）。也許更令人驚訝發現的是，許多的虐待與侵害是由同儕所犯下的。針對兒童與青少年的性犯罪總數中，有一半以上是由青少年所為，而其中許多人是認識的同儕。整體而言，自陳的受害調查資料顯示，曾遭受成人與同儕性虐待與侵害的比率相當高。

與強暴犯一樣，兒童性加害者的分類、診斷及評估會因為個人的特

徵、生命經驗、犯罪史、犯罪動機的高度個體變異而複雜化。「沒有單一
的『剖面』可以精確描述或解釋所有的猥褻兒童者。」（Prentky et al.,
1997, P.V）就有關戀童癖與罪犯的複雜本質提供一個堅實的分類框架，最
好的方式或許是透過兩個知名的類型學：以研究為基礎的麻州研究中心的
類型學（MTC: CM3），以及以臨床為基礎的葛羅斯類型學。與前述強暴犯
類型學一樣，這些類型學主要都是針對男性加害者來制定，但這種情況在
近年來有了改變，我們後面將會簡短加以討論。

MTC: CM3

與強暴犯分類MTC: R3的發展相似，麻州治療中心的研究者（Cohen et
al., 1969; Knight, 1989; Knight and Prentky, 1990; Knight, Rosenberg &
Schneider, 1985）開發出一種截至目前為止，對於已建立的兒童性加害者資
料最有用或最本於實徵基礎的分類系統，名為MTC: CM3（Child Molesters,
Revision 3），強調以多元行為模式與意圖檢視兒童性犯罪的重要性。它根
據兩個基本向度或軸線上的變項來對兒童猥褻者進行分類（參見表9.4）。
第一個向度著重加害者對於兒童的固著程度（degree of fixation）以及罪犯
所表現出的社會能力。第二個向度則側重於與兒童的接觸量、被害者受傷
的程度，以及在攻擊中所表現出的施虐程度。

第一個向度

研究者根據這個向度區分出四種類型的猥褻兒童者：
- 高固著性、低社會能力（類型〇）
- 高固著性、高社會能力（類型一）
- 低固著性、低社會能力（類型二）
- 低固著性、高社會能力（類型三）

「固著」一詞指的是戀童興趣的強度或加害者將兒童視為性客體的程
度。高固著性意味著加害者表現出排他且長期具有將兒童當作性客體的偏

表9.4 MTC: CM3分類系統的決定向度

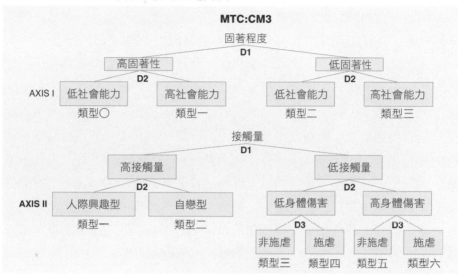

資料來源：R. A. Knight, Carter, & Prentky (1989). A system for the classification of child molesters: Reliability and application. *Journal of Interpersonal Violence*, Vol.4, P.8, Fig.1. Copyright © 1989 by SAGE Publications, Inc. Reprinted by permission of SAGE Publications, Inc.

好，而低固著性則意味著兒童與成人都能夠作為加害者的性客體。社會能 [354] 力則是指加害者的社交與人際能力、堅定的自信心及自尊。低社會能力代表加害者的社交能力不足，在與成人來往時較無法自信地表達自我、表現出較低的自尊；高社會能力則相反。

　　類型○的猥褻兒童者會表現出將兒童當作性與社會伴侶的長期偏好。他沒有辦法與成人同儕（無論男女）建立成熟的關係，並被他人描述為社交不成熟、被動、膽怯及依賴。他會覺得和孩子們相處是最自在的。類型○的兒童性加害者很少結婚或擁有長期的關係，他會有穩定的就業史，儘管工作類型往往會低於他的能力與智力水準。與兒童的性接觸會在透過社交接觸完全熟稔後才發生。他很少會有攻擊性或使用武力，也很少進行性器的交合。他們的行為通常僅限於對孩子的觸碰或愛撫。然而，這種戀童癖是最難治療且最有可能再犯的，因為對兒童的排他性偏好並不會對其本

身造成不安或困擾。

　　類型一在猥褻兒童的策略上與類型○相似。然而，他往往更善於與世界打交道，有有較高的自尊，並通常有符合其能力的良好工作史。

[355]　　　類型二的猥褻兒童者的固著性較低。他們有相對正常的青春期與良好的同儕關係及性經驗，但會在後來出現性能力不足與自我懷疑。這些匱乏感可能會因職業、社交或性生活的失敗而進一步加劇。類型二的加害者幾乎總是有包括酗酒、離婚及不良就業史的背景。每一次的戀童行為通常都是由加害者與女性或男性同儕交往中有關性與社交能力的重大失望所誘發。與類型○及類型一不同的是，低固著性／低社會能力的加害者更偏好陌生人以及居住在其社區或區域之外的受害者。受害者幾乎總是女性，並且會要求與受害者性交。與類型○及類型一的猥褻兒童者不同的是，這類型的加害者經常會為自己的行為感到懊悔，並願意改變。

第二個向度

　　麻州治療中心的研究者也發現，兒童性加害者可依其每天與兒童有多少接觸來區分（見圖9.2）。

　　從「接觸量」（amount of contact）這個向度可以劃分六種類型：
- 高接觸、人際興趣型（類型一）
- 高接觸、性興趣型（類型二）
- 低接觸、低身體傷害、剝削型（類型三）
- 低接觸、低身體傷害、心理施虐型（類型四）
- 低接觸、高身體傷害、攻擊型（類型五）
- 低接觸、高身體傷害、被害者痛楚型（類型六）

　　高接觸型的加害者不論在性與非性的環境下都會與兒童有定期的接觸（Knight et al., 1989）。 這些高接觸型加害者往往從事可以使他們經常接觸到兒童的職業或活動。許多職業與志工可能屬於這種類別，如老師、教練、營隊隊輔、公車司機、神職人員、幼保工作者、童軍團長、社會工作者、空手道教練、孩子們派對上的小丑、家教，但必須注意不要對相關工

作者有先入為主的假設。麻州研究小組辨識出了兩種特意尋求與兒童更廣泛接觸的加害者：人際型加害者（類型一），他們經常會為了社會與性方面的需求尋求兒童的陪伴；自戀型加害者（類型二），他們尋求兒童的陪伴主要是為了滿足性方面的需求。自戀型加害者會對他們不認識的兒童進行猥褻，而且他們與兒童性相關的行為通常都是以性交為導向（Knight, 1989）。

另一類別的兒童性加害者則包含低接觸型。一般來說，低接觸型的猥褻兒童者只有在他們決定要性侵兒童時才會去接觸他們。這類型又可再區分為沒有對受害者造成身體傷害，以及造成高度身體傷害。前者指的是沒有對受害者造成身體傷害，以及存在如推人、打耳光、拉人、口頭威脅或其他恐嚇手段等行為。低身體傷害型加害者可進一步分為兩類：剝削、非施虐型加害者（類型三）；沉默或象徵型、施虐型的加害者（類型四）。類型三的加害者並不會使用比取得受害者服從所需更多的攻擊或暴力。類型四則會做出各種可怕、痛苦或威脅性的行為，但不會對孩子造成重大的身體傷害。

最後，MTC: CM3將對受害者造成高度身體傷害的猥褻兒童者分成兩 [356]
類：攻擊型加害者（類型五）與施虐型加害者（類型六）。高傷害型的特點是打人、猛擊、窒息、肛交，或強迫孩子吃下噁心的東西，如尿液或糞便。類型五的加害者會出於攻擊性與性的原因被兒童吸引，但施虐並不是最主要的需求。他對生活中的一切事物都極為憤怒，普遍對人有暴力傾向，包括對兒童。類型六的加害者則會從他給孩子帶來的痛苦、恐懼及身體傷害中獲得性快感。他會無所不用其極地利用孩子的脆弱性，並嘗試各種策略使孩子服從。這類型的加害者並不關心受害者的情緒或身體上的安適，而僅僅將兒童當作性客體來看待。他通常會有長期的犯罪與反社會行為史。他與同儕之間的關係也常常是不可預測、充滿困難與衝突的。和他相處令人不快，合作起來也令人不安，而且通常喜怒無常且易怒。而他差勁且粗暴的人際技巧可能是他選擇兒童作為受害者的主要原因（Knight et al., 1985）。

　　類型六很容易有長期的反社會行為史與較差的環境適應力。他們大多更偏好男童。由於其主要動機是獲得性滿足，而不考慮受害者的感受，這些加害者往往會惡毒且殘忍地攻擊兒童，造成的傷害與痛苦越多，他就越興奮。類型六最常做出陌生人綁架與兒童謀殺。他們很難治療，不過幸運的是，他們也非常少見。這類型加害者一個有名的例子就是約翰‧韋恩‧蓋西，他強暴並殘忍地殺害了三十三名十幾歲的男孩與年輕男性，並將他們的屍體埋在芝加哥郊區家中的地窖裡。

Groth類型學

　　另一個經常被用於分類猥褻兒童者的方式，則是葛羅斯所提出的類型學（1979; Groth and Burgess, 1977）。他根據行為模式的持續性與加害者的心理目的來進行分類。如果從青春期起就一直持續存在對兒童的性偏好，就會被歸類為是**不成熟或固著型的猥褻兒童者**（immature or fixated child molester）。就像麻州系統的高固著類型，固著型的猥褻兒童者終其一生都會在性方面持續受到兒童的吸引。葛羅斯認為這種固著是由於不良的心理發展所造成的。另一方面，如果這類猥褻兒童者設法發展出正常的成人關係，但當遇到壓力或自尊受到打擊時，就會轉向兒童尋求性撫慰，他們就被稱為**退行型猥褻兒童者**（regressed child molester）。

　　如上所述，葛羅斯根據猥褻兒童者的意圖或心理目的進行分類。他找出兩種基本類型：性施壓型加害者與性暴力型加害者。性施壓型加害者會試圖透過說服或哄騙來引誘兒童進行性行為，或誘使兒童陷入感到虧欠或有義務服從的狀況。誘人的禮物或「計畫縝密」的施惠是最常見的策略。另一方面，性暴力型加害者則會訴諸威脅傷害或粗暴的身體暴力。這類型加害者可能會利用孩子的無助、天真或信任來恐嚇他們，或者單純利用身體的優勢來制伏孩子。

　　葛羅斯與其同僚認為，性暴力型可以再分為剝削型及施虐型（Groth and Burgess, 1977; Groth, Burgess & Holmstrom, 1977）。前者會使用武力的

威脅來制伏受害者的抵抗；後者則從傷害孩子中獲得極大的樂趣。剝削型加害者會使用言語威脅、限制、操縱、恐嚇及身體力量來壓制兒童的抵抗。他的目的並不是要傷害孩子，而是取得兒童的服從。根據研究者的說法，施虐型會將施加在孩子身上的痛苦色情化。他會使用比取得服從所需的更多武力，甚至可能犯下一些警調人員所稱的「情慾謀殺」。身體與心理的虐待對其經驗到性興奮與滿足來說是必要的。兒童也常常會遭到毆打、窒息、酷刑及暴力的性虐待。幸運的是，如同MTC: CM3型的施虐型加害者，這類型的罪犯非常罕見。 [357]

女性性加害者類型學

傳統上，女性性加害者很少受到研究關注，因此人們對此知之甚少，但近年來這種現象已經開始發生變化。舉例來說，如前所述，一項研究調查（Cortoni, Hanson & Coache, 2010）估計，在全世界的工業化國家中，女性約占性加害者的5%。范迪弗與克徹（Vandiver and Kercher, 2004）發展出一種可用於臨床、由研究衍生的女性性加害者類型學。它是根據德州471名登記在案的成年女性性加害者的資料所發展，找出了六種類型：

一、異性戀養育者

二、非犯罪型同性戀加害者

三、女性性掠食者

四、年輕成人兒童剝削者

五、同性戀犯罪者

六、攻擊型同性戀加害者

異性戀養育者是最大宗的類別。這個類別的女性只針對平均年齡十二歲的男性群體進行加害。加害者通常是導師、照顧者或教師的角色，例如教師與情人類別中，就是指教師與她的學生或諮商員與其個案發生「情愛」（romantic）關係。這類型中很大部分的女性並不認為這種關係對受害兒童來說是一種虐待，或會在心理上造成傷害。這些加害者似乎是受到對

親密的渴望所驅動，以彌補未獲得滿足的情感與社會需求，而未意識到這種關係的不當性。范迪弗與克徹發現這個類別的再犯率較低。

非犯罪型同性戀（同性）加害者則是第二大類別。她們傾向尋找青春期早期的女性作為受害者，平均年齡為十三歲。這些女性加害者似乎具有與異性戀養育者相似的特徵，只是偏好的加害對象是女性。與異性戀養育者相似的是，這些加害者不太會有犯罪紀錄或再犯。

女性性掠食者則會對平均年齡為十一歲的男童（60%）與女童（40%）進行性虐待。這類的成員大多是會涉入各種罪行的慣犯。

歸類在年輕成人兒童剝削者的女性則是對幼小男女受害者（平均年齡七歲）進行性侵害者。這些加害者是六個加害者類別中最年輕的，平均年齡為二十八歲。大約一半的受害者與加害者有關係，有時受害者就是加害者的孩子。這些性犯罪似乎與她們和其他女性的家庭暴力有關。

[358]

在紐約州對390名女性性加害者的研究中，桑德勒與傅里曼（Sandler and Freeman, 2007）也分出了六個類別。另外，他們的樣本在人口學變項（如加害者的年齡與種族）上與范迪弗與克徹的研究相似。然而，桑德勒與傅里曼的研究並沒有完全支持范迪弗與克徹所報告的一些加害者特徵。這樣的狀況是可以預期的，因為女性性犯罪者類型學的發展還處在早期階段。

桑德勒與傅里曼確實為范迪弗與克徹所提出的異性戀養育者與年輕成人兒童剝削者的類別找到支持證據，但其他四類的某些描述則不太相同。一個最主要的不同是受害者的性別。桑德勒與傅里曼發現許多女性的加害者並沒有一致地對某個性別加害較多。

總體來說，兩個研究之間的樣本是不同的。首先，這兩個州（德州與紐約州）對於性加害者有不同的法規或登記要件，在一個州登記為一定級別的加害者，可能在其他州並沒有登記在同一級別。此外，范迪弗與克徹的樣本可能同時包括了在監服刑或沒有在監服刑的女性，雖然她們的罪行都嚴重到足以逮捕與起訴（Gannon and Rose, 2008）。

雖然這兩項研究能夠增進我們對於女性加害者的了解，但兩個計畫都

無法獲得同案共犯的相關資料（Gannon and Rose, 2008）。也就是說，該名女性是單獨犯罪還是與同案共犯（如男性伴侶）共同犯罪？根據一九九四至二〇〇五年在荷蘭所進行的一項調查，研究者（Wijkman, Bijleveld & Hendricks, 2010）發現，在十名女性性加害者中將近約有八人會虐待自己的孩子，且往往是與男性共犯一起。其中約有75%的案件的同案共犯是該名女性的丈夫或親密伴侶（Nicholls, Cruise, Greig & Hinz, 2015）。研究也指出，女性性加害者常常是在高度失能的家庭長大，其特點是性虐待與衝突。

網路兒童性掠食者

年輕人使用網路的爆炸性增長對兒童與青少年的健康與發展同時有正向與負向的影響（Ybarra and Mitchell, 2007）。由於網路的匿名性，負面影響之一是性加害者有機會對兒童與青少年進行剝削，包含網路行為，如促使他們進行性表演以及實體的會面。根據1,588名年輕人所參與的「媒體伴我成長」（Growing Up With Media）調查，二〇〇六年，有15%的參與者表示在網路上受到了違反意願的性要求（Ybarra and Mitchell, 2007）。其他調查結果也支持這些發現（Mitchell, Wolak & Finkelhor, 2005）。調查也指出，大多數的性要求是透過即時通訊或公共聊天室進行。

根據瓦克等人（Wolak, Finkelhor, Mitchell & Ybarra, 2008）所進行的研究，大多數網路所引發的性犯罪都涉及成年男性利用網路認識並引誘未成年青少年發生性關係。這些人大多是白人男性，多數年齡都在二十五歲以上（Owens et al., 2016）。他們會利用各種線上通訊方式，包括即時通訊、社交平台（部落格、臉書）、電子郵件、遊戲網站以及聊天室等。一項研究（Malesky, 2007）發現，有四分之三的線上加害者表示他們會監控聊天室的對話，從裡面找出潛在的受害者。由於這類犯罪活動，許多州現在已經通過「引誘」法規，規定透過電子媒體欺騙兒童或青少年從事性活動是一種犯罪。

研究指出，典型的網路兒童性加害者並不會以欺騙的方式來侵害兒童 [359]

213

（Wolak, Finkelhor & Mitchell, 2004）。在絕大多數的案件中，受害者都知道他們正在與成年人通訊，只有5%的加害者會假裝自己是青少年。另外，那些以見面作為最終目的的加害者（被歸類在接觸驅使的類別）很少會隱瞞受害者自己的性興趣。「通常在線上就會提到性的話題，而大多數與加害者實際見面的受害者會赴這種預期將從事性活動的約」（Wolak et al., 2008, P.113）以交換金錢或藥物。此外，大多數的加害者在與目標進行網路對話的早期就會明白表達他們的性意圖（Winters, Kaylor & Jeglic, 2017）。或許令人驚訝的是，全國青少年網路受害（National Juvenile Online Victimization）的研究指出，受害者中有四分之三不只一次與加害者進行面對面的性接觸（Wolak, Mitchell & Finkelhor, 2003）。網路性犯罪的受害者中，99%年齡介於十三至十七歲，沒有小於十二歲者。根據現有的資料顯示，網路猥褻者通常不會尋找那些毫不知情的受害者，他們會尋找容易受到誘惑的年輕人，因為他們會得到禮物、他們很好奇，或因為孤獨而需要陪伴（Wolak et al., 2008）。

然而，認為受害者「容易受到誘惑」或關注受害者會面的動機，反而會分散我們對加害者行為的注意力。此外，網路加害者也可能會**誘姦**（grooming）毫無防備的受害者，或準備對他們進行性虐待。一項研究（Kloess, Beech & Harkins, 2014）針對在真實與網路世界中的誘姦研究提供了相當有幫助的檢視。在真實世界中，這樣的行為已經是大家所熟知的，可能涉及環境、重要他人，以及潛在的受害者。舉例來說，加害者可能會與兒童所在的社區組織密切往來，可能非常了解受害人的照顧者，最終去討好兒童，使兒童感到自己很特別，或給他們禮物。研究者指出，在真實世界中，加害者可能會將兒童孤立，並可能以漸進的方式導入性活動，例如進行露骨的行為之前先展示圖片、輕微觸摸等（Kloess et al., 2014）。

網路誘姦則可能以不同的方式發生。在整合與擴展此領域的其他研究（如Briggs, Simon & Simonsen, 2011）後，克勞斯等人指出，加害者常常但並不總是從冒充青少年開始。（而且越來越多網路加害者其實是青少

年。）他們會交換照片並透過幾個階段逐漸形成網路上的友誼，最終以要求色情照片、煽動性行為或安排實體的會面作結。克勞斯等人補充說：「在加害者與受害者沒有會面的情況下，透過電腦作為媒介所進行的性剝削互動，可能只有在受害者挺身而出或揭露虐待行為，或由警察臥底調查時才能引起當局的關注。」（P.132）

　　瓦克與其同僚（2008）主張，許多青少年很容易受到網路兒童性加害者的影響，因為他們缺乏健康性關係所需的成熟判斷力與情緒的自我調節能力（回顧第七章討論到的史坦伯格的研究）。從事早期性行為，尤其是與不認識的成年人發生關係，意味著冒險，而冒險是青春期的一種常見行為模式。有性虐待史或身體虐待史的青少年似乎特別容易有這方面的狀況（Mitchell, Finkelhor & Wolak, 2007）。

　　針對被定罪的網路兒童性加害者，研究者（Owens, Eakin, Hoffer, Muirhead & Shelton, 2016）表示，雖然兒童性加害者主要都是白人男性，但他們在其他的人口學變項上，如年齡、教育、收入、職業、婚姻、社區地位，都有相當大的不同。在另一項針對兒童性加害者的研究中（Shelton, Eakin, Hoffer, Muirhead & Owens, 2016），研究者提出結論：「樣本中的加害者特徵有些分歧，其多樣性可能還超越其他的犯罪群體，顯示似乎不存在一套網路加害者的人口學剖繪。」（P.20）值得一提的是，這兩項研究 [360]（Shelton et al., 2016 and Owens et al., 2016）採用的樣本都是曾經接受聯邦調查局國家童稚影像計畫（Innocent Images National Initiative, IINI）對網路兒童性剝削犯罪所進行的調查，並且在州或聯邦法院被判決的加害者。所有案件都涉及利用網路在某種程度上進行對兒童的性剝削。這些研究共採用251起結案的聯邦調查局網路兒童性剝削案件，包括持有、散布或製作兒童色情製品、旅行與兒童發生性關係，以及／或對兒童進行性接觸。

　　網路兒童加害者通常不會是暴力或施虐的，他們也不缺乏取得受害者的信任與默許的人際技巧。不過，要特別強調「通常」兩個字。在全國青少年網路受害調查中，仍有約5%的加害者會使用威脅、暴力或性侵未遂。不過，綁架倒是很少見。舉例來說，在全國青少年網路受害研究（Wolak et al., 2004）中，沒有受害者是破迫跟加害者走的。然而，大約有四分之一的案件始於失蹤人口通報，因為受害者可能與加害者一同逃家，或者向父母謊報其下落。

一項研究（Seto, Hanson & Babchishin, 2011）強調，儘管許多網路加害者會強烈地被兒童色情製品激起性興奮，但這些戀童的興趣並不一定會導致與兒童進行性接觸。他們的研究發現，只有一半的網路加害者會將這些性興趣付諸行動。此外，那些將戀童癖付諸行動的人「可能具有助長反社會行為與犯罪的人格特徵與生活環境」（P.140）。

必須強調的是，網路發起的性犯罪並不總是會有身體接觸；事實上，通常是沒有。一項針對被定罪的加害者的研究，根據動機找出了兩種子類型：幻想驅策型（fantasy driven）與接觸驅策型（contact driven）（Briggs, Simon & Simonsen, 2011）。幻想驅策型的加害者對於追求網路關係感興趣，目的是為了自我滿足或從事網路性行為。接觸驅策型的加害者則希望建立關係，並安排見面以從事性活動。幻想驅策型的加害者通常年紀較大、已婚或已經離婚。接觸驅策型的加害者則往往較為年輕，教育程度較低，且失業。

同樣的，一項調查（Babchishin, Hanson & Hermann, 2011）指出，研究與臨床文獻找到了網路性犯罪者的幾個類型。

> 舉例來說，網路加害者被分類為：出於好奇或衝動而去取得兒童色情製品，但對兒童沒有特定的性興趣；獲取兒童色情製品來滿足性幻想，但並沒有做出接觸性的性犯罪；純粹為了經濟利益而製作並散布兒童色情製品；以及最後一種，利用網路進行接觸性性犯罪。（P.93）

特別注意的是，上述每個類別還是都代表著對兒童的剝削，即使只有最後一個類別有接觸。

雖然本節強調利用網路來進行接觸性犯罪的加害者，但下一章探討受害人時，將對前三種加害者類型多加著墨。

青少年性加害者

　　根據聯邦調查局最新的統計數據（FBI, 2016a），大約有16%因強暴而被捕的人，以及17%因所有其他性犯罪（賣淫除外）而被捕的人，年齡未滿十八歲。這類犯罪的程度可能會被低估，因為出於各種原因，刑事司法系統對許多（也許大多數）青少年性加害者並不知情。然而，一些研究顯示，青少年性加害者可能占所有性侵犯的20%左右，在兒童性虐待中甚至高達50%（Barbaree and Marshall, 2006; Keelan and Fremouw, 2013）。大多數有關青少年性加害者的研究都集中在青少年男性身上，忽略了青春期前的男女以及青少女性加害者。然而，也會有些例外，我們後面會簡短談到。 [361]

　　青少年男性性犯罪者是一個異質性的群體，不符合任何單一的剖繪或簡單的描述。他們來自所有民族、種族及社會經濟階層。「然而，目前已知的是，大約有七成的青少年性加害者是來自雙親家庭，大多數都有就學，並能達到均標的成績，其中只有不到4%的人患有重大精神疾病。」（Becker and Johnson, 2001, P.274）進一步的研究指出，這類加害者的平均年齡約在十四至十五歲之間，九成以上認識受害者，並有超過三分之一的罪行涉及使用武力（National Council of Juvenile and Family Court Judges, 1993）。受害者往往比少年加害者年輕許多，大多數是女性（75%），且通常是親戚或熟人（Righthand and Welch, 2001）。受害者年齡的中位數為七歲（NCJFCJ, 1993）。 保母或其他形式的兒童照顧經常提供了加害的機會，特別是對女性性加害者。

　　青少年性加害者經常會從事廣泛的非性犯罪與反社會行為（Carpentier, Leclerc & Proulx, 2011）。他們可能會偷盜、偷竊、縱火、霸凌、攻擊他人（包括成年人），並且經常對動物相當殘忍。雖然大多數青少年性加害者會就學並達到平均成績水準，但也有相當多的性加害者會逃學、表現出行為問題以及有學習障礙。此外，儘管對他們的描述可能從社會棄兒到受歡迎的運動員、從天才學生到難以管教的非行少年都有（Cellini, 1995），但

研究持續顯示，大多數有性行為問題的青少年在社交能力與人際相處上有所缺陷（Becker, 1990; Knight and Prentky, 1993）。正如第七章對於終生持續型少年犯的探討，人際交往能力不足、不良的同儕關係、社會孤立都是這些青少年身上常見的社交障礙（Righthand and Welch, 2001）。

青少年所犯的性犯罪類型差別很大，從非接觸性犯罪（如暴露癖與窺視癖）到性侵插入都有可能。大約半數的接觸性犯罪會涉及口腔與生殖器接觸，或未遂或實際的陰道或肛門插入（Righthand and Welch, 2001）。青少年性加害者通常在侵害同儕或成人時會比對年幼的孩子使用更多的武力。

許多成年性加害者在年輕時就開始進行性虐待行為。研究報告指出，47%至58%的成年性加害者在青春期或更年輕時就首次犯罪（Cellini, 1995; Cellini, Schwartz & Readio, 1993）。許多專家與心理健康專家指出，青少年在童年時的性受害經驗是導致往後性犯罪的主要原因。然而，並未發現這種受虐經驗與其他少年犯的受虐經歷有顯著區別（Knight and Prentky, 1993; Spaccarelli, Bowden, Coatsworth & Kim, 1997）。然而，其他研究者（Dennison and Leclerc, 2011）發現，雖然童年期間的性受害經驗並不是往後性犯罪的必要條件，但確實影響了某些個體進入性犯罪的發展途徑。在英國的一項研究中，研究者發現，在224名曾在兒童期間遭受性虐待的男孩中，只有12%的孩子後來會變得有性虐待性（Salter et al., 2003）。雖然這個數字看起來很低，可能只反映了受到官方注意的虐待行為，但它確實強調了大多數遭受性虐待的兒童本身並不會成為加害者。有些學者（如Hunter and Figueredo, 2000）認為，性虐待的時間點與頻率可能會影響個人的心理社會與性心理發展。他們表示，資料顯示，早期與頻繁的性受害經驗與青少年性犯罪有關。

兒童不當對待在性犯罪的病因上似乎比先前所認為的不確定與複雜許[362]多（Prentky, Harris, Frizzell & Righthand, 2000）。然而，有些證據顯示，相較於未被虐待的同儕，受虐兒童作為一個群體，會表現出對他人較少的同理心，難以辨識他人正確的情緒，也比較難從他人的觀點看事情（R.

A.Knight & Prentky, 1993）。這裡的虐待不僅指性虐待，也包含身體與情緒上的虐待與忽視。

青少女性加害者

根據聯邦調查局的最新統計，因性犯罪（不包括強暴與賣淫）而被捕的所有青少年（十八歲以下）中，青少女僅占2%（FBI, 2016a）。就本書的目的而言，我們並不將性交易視為性犯罪，因為從事性交易並不涉及傷害他人。雖然青少年性交易（無論男女）都是一個社會問題，如果要說有受害者的話，那就是做出這件事的當事人。舉例來說，許多青少年性交易者其實都是人口販賣的受害者，下一章會討論這個主題。

對於青少女性加害者的研究向來相當罕見，既有的調查也因樣本數和其他方法論的限制與問題而受限（Becker et al., 2001; Righthand and Welch, 2001）。大多數針對性侵害之性別差異的研究，主要是針對成年女性（Bumby and Bumby, 1997），而且如上所述，研究本身就非常受限。相關研究者（Becker, Hall & Stinson）表示，「過去社會不相信女性性侵加害者的存在或潛在威脅。」（P.30）他們也提到，心理健康專業人士在例行的臨床晤談中很少或從未問女性有關可能的性攻擊或性癖好。

費爾巴赫和莫納斯特齊（Fehrenbach and Monasterky, 1988）指出，多數青少女是在照顧幼童或當臨時保母時性侵受害者。他們調查的二十八名女性性加害者的受害者只有十二歲或年紀更小，多數是熟人（57%）、兄弟姊妹（29%）或其他親屬（14%）。一項研究（Mathews, Hunter & Vuz, 1997）提供六十七位青少女加害者的資料，年齡從十一到十八歲。他們的受害者超過九成都是熟人或親戚。前述兩項研究也都發現，施虐者有高比例（分別是50%和77.65%）曾經遭受性虐待。有些研究提到青少女性加害者被捕的年紀比青少年性加害者來得小，也更有可能性虐待包括男性和女性的受害者（Nicholls et al., 2015）。研究者（Bumby and Bumby, 1997）指出，青少女性加害者往往有憂鬱傾向、自我概念不佳、有自殺念頭，而且

在孩童時期曾經是性施虐的受害者。

未來方向

研究者（Becker and Johnson 2001）建議未來針對青少年性犯罪的臨床研究，可以聚焦於四個方面：一、發展理論以理解行為的病因；二、發展涵蓋所有青少年年齡與性別的分類系統或類型學；三、進一步發展不同類型的青少年性加害者的治療介入；四、長期追蹤的療效研究。

性加害者的再犯率

再犯（recidivism）是指犯罪行為的重複。通常這個概念有四種測量方式：再次逮捕；再判決；重判入獄；返回監獄，無論是否重判（Langan and Levin, 2002）。已知的性加害者在四至六年後的性犯罪再犯率為10%至15%（Hanson, 2001; Hanson and Bussière, 1998; Hanson and Morton-Bourgon, 2004, 2005）。然而，並非所有加害者都有同樣的再犯率。一項針對近七千名性加害者的後設分析研究（Hanson, Bourgon, Helmus & Hodgson, 2009）發現，有接受治療的加害者性再犯率為10.9%，而未經治療的加害者性再犯率則為19.2%。女性性加害者的再犯率與男性相比顯然極低（不到3%）（Cortoni et al., 2010）。作為一個群體，兒童性加害者做出類似的性犯罪比率高於強暴犯。另一方面，如同本章前面提到，研究發現，強暴犯的重複犯罪一般不會侷限於性犯罪，而是廣泛從事各種暴力犯罪，包含暴力性犯罪（Carpentier et al., 2011; Quinsey, Harris, Rice & Cormier, 1998）。舉例來說，一項針對男性性加害者的研究指出，性犯罪的再犯率為13.5%，暴力（包括性犯罪）的再犯率為25.5%，而不分形式的再犯率則為36%（Cortoni et al., 2010; Hanson and Morton-Bourgon, 2004）。

[363]

年齡因素

卡爾・漢生（R. Karl Hanson, 2001）的調查肯定了先前的研究，也就是平均而言，強暴犯的再犯率會隨著年齡的增長而下降。他分析了十個針對出獄的性加害者進行的追蹤調查。他發現，根據年齡與犯罪類型的不同，其再犯風險會有顯著的差異。成年強暴犯最高風險年齡為十八至二十五歲，而隨著加害者年齡增長，再犯風險會逐漸降低。家外猥褻兒童者比家內猥褻兒童或強暴犯更有可能再犯。家外猥褻兒童者的最高風險時期為二十五至三十五歲；此外，直到五十歲以後，他們的再犯風險才會略為下降。另一方面，家內猥褻兒童者則是在十八至二十五歲之間風險最高，而他們在三個群體中是最不可能再犯的，特別是在二十五歲以後。

卡爾・漢生提到強暴犯與猥褻兒童者在再犯可能性上的年齡差異，可能是由於侵害兒童的案件，相較於侵害成人案件，在偵查與起訴上更為拖延。另一個年齡差異的影響因素，可能是猥褻兒童者更善於逃避偵查。

青少年性加害者的再犯可能性

一般來說，研究發現青少年加害者性犯罪的再犯率約2%至14%（Reitzel, 2003; Rubinstein, Yeager, Goodstein & Lewis, 1993; Sipe, Jensen & Everett, 1998）。亞歷桑德（M. A. Alexander, 1999）提出的整體性再犯率（以再逮捕為基礎）為7%，其中青少年強暴犯的性再犯率是所有青少年性加害者中最高的。然而，更重要的是，一些研究者（Alexander, 1999; Hunter and Becker, 1999）發現青少年性加害者比成年加害者更不可能再犯。

性加害者評估

由於性加害者的異質性與多面向，針對他們的評估是一項極具挑戰性的任務。完整的評估策略包括：評估加害者的需求（心理、社會、認知及

醫療）、家庭關係、風險因子、過去的犯罪史，以及風險管理的考量
（Righthand and Welch, 2001）。司法心理學家在進行性加害者的評估時，
不僅要決定治療計畫，也要評估他們再犯的可能性。這些性心理評估通常
是在法官、律師、假釋官或刑事司法系統中其他代理人的囑託下所進行。
近年來，如第五章所討論，有些司法心理學家針對已服完刑期但在〈高危
險連續性罪犯法〉（sexually violent predator, SVP）之下仍必須接受非自願
[364] 強制治療的性加害者進行風險評估。這些法律其實頗具爭議性，故有些心
理健康從業人員會拒絕參與這些評估。雖然在拘禁後會提供治療，但治療
的品質參差不齊，而被定罪者很少在強制治療後獲釋。

成人性加害者評估

　　非結構式的臨床晤談是傳統上最常用來評估成人性加害者的程序
（Dougher, 1995）。它透過提出開放式問題，而不是預設控制討論的問
題，對受訪者施加最低限度的框限。受訪者可以在最大的自由度與最少的
引導下回答問題。然而，對性加害者的評估晤談常常是相當困難的，因為
他們強烈傾向否認或隱瞞其「真實」想法、感受或偏差行為（Abel, Lawry,
Karlstrom, Osborn & Gillespie, 1994）。因此，收集到的資訊常常是不可靠
且扭曲的，必須對其抱持懷疑的態度。因此，很重要的是，臨床工作者在
評估過程中要盡可能取得額外的輔助資料或外部資訊，以證實或作為訪談
材料的補充。輔助資料包括心理與醫療報告、加害者先前所作的陳述、警
方報告、逮捕報告，以及認識加害者的人所提供的其他資訊（Dougher,
1995）。即使將所有資訊來源都納入考量，司法心理學家與其他依賴非結
構化評估方法與臨床判斷的實務工作者，在性犯罪的預測上往往並不精
確。「人們普遍認為，基於非結構化專業判斷的評估，不如結構化風險評
估來得準確。」（Hanson and Morton-Bourgon, 2009, P.1）如第三章所述，
這樣的看法在五十多年前即由保羅‧梅爾（Paul Meehl, 1954）提出。然
而，近年來，即使是高度投入精算式風險評估的研究者，也已經相當能接

受在這些方法中納入結構化的臨床或專業判斷。這個方法建議詢問具體問題，並允許臨床工作者將其獨特的觀察加入精算式工具的資料中。

使用各種心理測驗對男性性加害者進行評估已有相當悠久的歷史。這些測驗主要著重於辨識人格特徵，或對已知加害者的心理特徵發展心理剖繪。這些測驗通常是各種紙筆測驗，受測者要對詢問他們想法、態度及行為的題目回答「對」或「錯」。基於心理測驗與量表的評估主要聚焦於風險評估，特別是犯罪行為再發或再犯的可能性。目前最有名的精算式評估工具為 SORAG（Quinsey et al., 2006）、靜態-99（Static-99）（Hanson and Thornton, 2000）、J-SORRAT-II（Epperson, Ralston, Fowers, DeWitt & Gore, 2006）、MnSOST-R（Epperson et al., 2004）。另外也存在一些專門為性犯罪者風險評估而設計的結構化專業判斷風險評估測量工具，包含 SVR-20（Boer, Hart, Kropp & Webster, 1997）、ERASOR（Worling and Curwen, 2001）、RSVP（Hart, Boer, Otto & Douglas, 2010）。有些測量工具會在下面加以討論，且其中大多數的測量工具也會定期修訂，以補足在後續研究中發現原始版本的缺陷。（另見第四章表4.2所列的暴力風險評估工具。）

雖然這些工具都是用來評估未來犯罪的風險，並作為治療計畫的輔助，但它們也會在各個司法轄區被用來對性加害者做風險層級管理。這些層級與社區性犯罪者通報機制以及強制治療法規有關（Heilbrun et al., 2002）。例如性加害人登記與公告的法規通常會要求低風險加害人只需要向警方登記；高風險的加害人除了應登記，警方也要向社區公告他們的住所。如第五章所述，研究者經常對這些法律在減少再犯的有效性上提出質疑（如Sandler, Letourneau, Vandiver, Shields & Chaffin, 2017）。 [365]

心理量表在指認男性性犯罪者的再犯可能性上，充其量是成效有限。不過，過去十五年間，精算式風險評估測量工具的發展是性犯罪預測的一大進展。精算式預測是以量化的經驗與數據為基礎，而不是較為主觀的資訊，如臨床判斷；但必須再次強調，這不該損害結構化專業判斷。雖然目前並沒有單一的風險工具被認為在預測準確性上特別卓越，不過靜態-99是

最廣泛被使用的性加害者風險評估工具（Hanson, Babchishin, Helmus & Thornton, 2012）。它主要被用來預測犯罪、暴力及性再犯。另外，它的使用已擴大到治療計畫、社區監督及強制治療的評估。

靜態-99

必須強調的是，靜態-99或任何其他的風險評估工具都有可議之處。實際上，幾乎所有經常使用的主要測量工具都還在持續進展中。最能為評估工具提供支持結果者，往往都是在工具發展者的研究中所發現的，而非獨立研究調查（Marshall et al., 2014）。

靜態-99是由卡爾·漢生與大衛·桑頓（David Thornton, 2000）所發展的一個十題的精算式工具。題目包括靜態的歷史因素，如過去的犯罪數、受害者特徵及加害者的年齡。這些題目是基於再犯及易於管理的實徵經驗所嚴格挑選的（Hanson and Morton-Bourgon, 2009）。這個工具的人氣可能是由於其成本效益，以及對各種性加害者的廣泛適用性（Hanson, Helmus & Thornton, 2010）。然而，由於它是以強暴犯與猥褻兒童者的研究為基礎所發展，因此與其他性加害者的相關性仍然存在問題。它在預測性與暴力再犯的準確性上也有待改善。為了提高預測的準確性，漢生與桑頓（2003）發展了靜態-2002（Static-2002）。初步研究指出，它在性、暴力及一般再犯的預測上確實更為準確，但有關子量表的預測力仍待更多研究，以辨認出心理上有意義的特徵（Hanson et al., 2010）。

性暴力風險-20

根據一項針對司法心理學家的研究調查（Archer, Buffington-Vollum, Stredny & Handel, 2006），第二種經常被使用的成人性加害者風險評估工具是由波爾等人（Boer, Hart, Kropp & Webster, 1997）所發展的性暴力風險-20（Sexual Violence Risk-20, SVR-20）。性暴力風險-20是一種結構化專業判斷，而不是精算式評估工具，它涵蓋了加害者各方面的犯罪史與心理特徵。這些題目旨在評估性再犯的風險，並協助進行個案管理工作。

特別要強調的是，對性加害者的再犯進行充分有效的風險評估，需要的不只有單一的風險評估工具。司法心理學家應該要廣泛檢視評估過程中各種複雜的因素。將各種風險因子與綜合性評估結合的最佳方法，仍然是司法心理學科學中的熱話題。舉例來說，漢生與莫頓博肯（Hanson and Morton-Bourgon, 2009）認為，理想的風險評估程序不應只是提供對犯罪行為的精確預測，也應該提供對個案管理有幫助的資訊。其他人也提出類似的觀察，強調理想上所有的性加害者都應該接受治療（Marshall et al., 2014）。這種取向包含使用動態風險因子，指的是一個人身上能夠改變的特徵。聚焦於可變風險因子的個案管理工作也能夠減少再犯。漢生與莫頓博肯（2005）找出持續性加害者身上的一些動態風險因子，可能會對個案管理與治療標的有所幫助，包括性關注的程度、偏差的態度、親密缺損及自我調節問題。 [366]

少年性加害者評估

以上所討論的工具大多是針對成年的性加害者。目前也有幾種風險評估方法是針對少年性加害者所設計的，精算式與結構化專業判斷工具兩者都有。相關例子包括：少年性侵者再犯危險評估量表第二版（Juvenile Sex Offender Assessment Protocol-II, J-Soap-II; Prentky, Harris, Frizzell & Righthand, 2000; Prentky and Righthand, 2003）、青少年性加害者再犯風險估計（Estimate of Risk of Adolescent Sexual Offender Recidivism, ERASOR; Worling and Curwen, 2001）、少年性侵者再犯風險評估工具第二版（Juvenile Sexual Offense Recidivism Risk Assessment Tool-II, JSORRAT-II; Epperson et al, 2006）、對性受虐兒少進行評估的多重實證指引生態累積量表（Multiplex Empirically Guided Inventory of Ecological Aggregates for Assessing Sexually Abusive Adolescents and Children, MEGA; Miccio-Fonseca, 2006），以及青年暴力風險的結構化評估（Structured Assessment of Violence Risk Among Youth, SAVRY; Borum, Bartel & Forth, 2006）。這

些工具中有些是以靜態風險因子（歷史性或不可改變的因子）為基礎，其他則使用動態因子（Griffin, Beech, Print, Bradshaw & Quayle, 2008）。

重要的是，少年風險評估程序不只關注動態風險因子，也關心青少年加害者及其家庭生活中的優勢與韌性因子（也稱為保護因子）。保護因子包括在青年的生活中，持續存在一個穩定的成人，如祖父母或令人尊敬的老師，以及一個青年可以信任的人。有一個相對較新且令人看好的評估工具是 AIM2（Griffin et al., 2008），它結合了靜態與動態的優勢，以及需要關注的因子（風險因子）。這個工具適用於已知對他人進行性虐待或攻擊的十二至十八歲青年。AIM2 由七十五個題目組成，目的在測量值得關注的靜態因子、動態因子、靜態優勢及動態優勢。雖然目前還需投入研究，但它所代表的評估取向對於青少年與成年性加害者來說似乎是非常必要的。

上述的風險評估程序主要都是針對男性加害者所發展，並不完全適用於女性加害者，因為她們的加害與再犯模式不同（Cortoni et al., 2010）。司法心理學家被鼓勵對女性加害者的風險因子與再犯研究進行追蹤，並在評估工具的選擇上謹慎行事。

摘要與結論

性犯罪是當代社會一個引起重大關切的問題。統計資料指出，性受害對許多人來說是一個既存的現實，而我們也清楚知道，大多數這類受害案例並未得到官方的注意。司法心理學家極有可能接觸到加害者與被害者。本章介紹了心理學家在性犯罪評估中的任務；性加害者的治療以及協助受害者的部分，則會在後面的章節討論。

強暴與性侵害這兩個詞經常被交互使用，但我們仍做了一些區分。性侵害是一個更廣泛的詞彙，涵蓋了各種廣泛的罪行，包括強暴在內。強暴通常指發生陰道、肛門，以及有時是對受害者進行口腔插入的性犯罪。然而，越來越多的州法規取消使用強暴一詞，更清楚地界定性侵害的形式與程度（如加重、性侵兒童、肛交性侵）。許多研究文獻繼續引用以「強

暴」一詞進行的調查，加害者通常會被稱為強暴犯，而非性侵犯。

　　性犯罪的發生率與盛行率的統計報告往往無法拿來進行比較，部分原因正是使用的詞彙不同。儘管如此，可以從中看出許多模式。舉例來說， [367] 看起來在所有性侵害案件中，向當局通報的比例可能不超過三分之一。受害者本身可能不會將所受到的攻擊稱為強暴或性侵害；當他們真的認為是強暴或侵害的時候，往往很害怕揭露自己受害之後所導致的結果。雖然官方統計的強暴率呈下降趨勢，但從有關約會強暴、兒童性虐待、校園與軍隊性侵害、青少年性犯罪的統計數據與調查中，可以了解持續關切的必要性。成人與青少女性犯罪的話題也越來越受到關注。雖然這個領域有些可用的研究，但它們往往受限於樣本數較小。迄今為止，絕大部分的研究還是集中在男性加害者。

　　研究指出，男性強暴犯除了性犯罪外，也經常展現出廣泛的反社會行為。性犯罪者作為一個群體，似乎較缺乏社交技巧以及與他人維持正向親密關係的能力。目前也發現了許多變項會影響性加害者的行為、情緒及想法，包括攻擊性、衝動性、社會能力、性幻想、施虐癖，以及天真的信念，如對於「強暴迷思」的接受。

　　然而，性加害者並不是一個同質性的群體。這個由許多研究所得出的明確結論，使得研究者發展出對性加害者加以分類的類型學或方法，以便預測偏差的性行為並對加害者提供治療。我們檢視了強暴犯與猥褻兒童者的兩個主要類型學：麻州治療中心基於研究而發展出來的類型學，與較以臨床為基礎的葛羅斯類型學。心理健康專業工作者以及執法與矯治官員可能對葛羅斯類型學更為熟悉，但這些類型學其實是最少被驗證的。麻州治療中心的強暴犯類型學是根據四個主要動機來區分強暴犯：投機型、廣泛憤怒型、性動機型及報復型。其中有三個被進一步細分成九個強暴犯的子類型。葛羅斯類型學則找出了三種強暴的形式：憤怒型、權力型及施虐型強暴。

　　本章亦討論兒童性加害罪者對兒童造成的性受害。雖然就此而言，「戀童癖者」是一個普遍使用的詞彙，但必須特別指出，戀童癖是一個臨床用語，指的是個人重複經驗到與兒童性活動相關的性興奮幻想、衝動或

行為。但除非這樣的行為發生，否則戀童癖只能算是一種心理狀況，而不是犯罪。要取得有關兒童性虐待盛行率的資料會是一項挑戰，現有的證據顯示，這些行為被廣泛地低估，而且往往難以治療。

麻州治療中心的研究者與葛羅斯都發展出針對猥褻兒童者的分類系統，就像是強暴犯一樣。麻州的系統將猥褻兒童者分為兩個獨立的軸向，一個著重於加害者的固著程度，另一個則著重於攻擊中所顯現的接觸程度、傷害程度及施虐程度。其中有幾種完全不同的猥褻兒童者尤其難以治療。第一種是類型○的加害者，這類型的人長期且高度地對兒童有固著性的偏好，無論是作為性伴侶還是社會伴侶。類型五與類型六，也就是攻擊型與施虐型的加害者，會給受害者帶來痛楚與身體上的傷害，包括可能致死的傷害。由於這些犯罪的本質，他們不太可能被納入治療方案。不過，為猥褻兒童者提供治療的司法心理學家經常接觸類型○的加害者。

葛羅斯類型學首先根據加害者行為模式的持續時間來進行分類：它們可能是不成熟（或固著），或者是退行的。它也將心理目標納入考量：加害者會施加壓力或者使用暴力。最後，性暴力型的加害者又被細分為剝削型與施虐型。

雖然大多數研究都是針對男性性加害者，女性性加害者也受到越來越多的關注。例如近來的研究發現，女性約占所有成年加害者的17%至23%，但她們只占所有暴力加害者的10%左右，以及占所有性犯罪者的5%（Blanchette and Brown, 2006; Cortoni et al., 2009, 2010）。女性加害者的概念化或治療方式通常不太可能與男性加害者相同。在本章中，我們檢視一些類型學以及能夠區分女性加害者與男性加害者的特徵。雖然某些女性性加害者會對陌生人做出高度掠奪性的行為，但絕大多數似乎是針對受其照顧的人進行加害。

近年來，研究者日漸關注青少年性加害者的問題。統計資料指出，25%至50%的性侵害可能是青少年所為。雖然我們必須謹慎解讀這些資訊，但顯然青少年性犯罪是一個值得關注的問題。與成年人犯罪相同的是，迄今為止，大多數研究都是針對男性加害者。青少年性加害者是一個異質性

的群體，他們經常會從事各式各樣的非性犯罪，並表現出各種行為問題。 [368]
典型的青少年性加害者在社交能力上有顯著缺失，但也有些例外。必須特
別指出的是，兒童性受害者通常不會成為性加害者。然而，很可能有相當
數量的少年性加害者（包括男女）本身曾經是受害者。即便如此，過去的
性受害經驗與青少年性犯罪之間的關係尚不明確，需要更多研究才能得出
肯定的結論。再次重申：理論發展、類型學、對不同類別的青少年的治療
介入以及評估研究，都是目前相當迫切需要的（Becker and Johnson,
2001）。

　　另一個引起關注的議題是，兒童的網路色情剝削。網路為兒童色情製
品的製造者提供更多散布圖片與影片的機會，也讓使用者可以獲取這些資
訊並與受害者接觸。研究已經開始區別製作兒童色情製品的人與取得兒童
色情製品的人，以及那些對兒童沒有特定興趣的使用者與對兒童有特定興
趣的使用者，還有使用網路與受害者進行實際身體接觸的使用者。這些都
算是是兒童性剝削的形式，但隱含著不同的行為人特徵。

　　性加害者的再犯率反映了本章所討論的行為預防與治療的重要性。成
年加害者作為一個群體，會表現出比青少年更高的再犯率，儘管成年人的
性犯罪會隨著年齡的增加而減少；不過比例會因加害者的類型而有所不
同。此外，並非所有的再犯罪率都相同。舉例來說，猥褻兒童者會比強暴
犯更常有新的犯行。研究也發現，強暴犯會從事其他的暴力犯罪。

　　對性加害者進行心理衡鑑是司法心理學家的重要任務。讓加害者接受
評估不僅是為了治療的可行性，同時是為了評估其對社會的風險或危險程
度。本章討論了用來對性加害者進行風險評估的主要工具（例如靜態-99、
靜態-2002、性暴力風險-20），但必須要強調的是，所有風險評估工具都有
缺失，都需要繼續在不同的加害者間加以驗證。

關鍵概念

憤怒型強暴 350 Anger rape	約會或熟人強暴 335 Date or acquaintance rape	強制性交 330 Forcible rape
誘姦 359 Grooming	葛羅斯的猥褻兒童者類型學 349 Groth child molester typology	葛羅斯的強暴類型學 349 Groth rape typology
不成熟或固著型的猥褻兒童者 356 Immature or fixated child molester	亂倫 351 Incest	MTC: CM3 353
MTC: R3 339	〈全國犯罪受害調查〉331 National Crime Victimization Survey	非施虐型強暴犯 347 Non-sadistic rapist
投機型強暴犯 344 Opportunistic rapist	性偏好 346 Paraphilia	戀童癖 351 Pedophilia
廣泛憤怒型強暴犯 345 Pervasively angry rapist	權力型強暴 350 Power rape	性心理評估 363 Psychosexual evaluations
強暴 329 Rape	詐術性交 332 Rape by fraud	強暴迷思 341 Rape myths
再犯可能性 362 Recidivism	退行型猥褻兒童者 356 Regressed child molester	施虐型強暴 350 Sadistic rape
性侵害 329 Sexual assault	性受虐癖 347 Sexual masochism	性施虐癖 347 Sexual sadism
性動機型強暴犯 345 Sexually motivated rapist	準強暴罪 332 Statutory rape	報復型強暴犯 348 Vindictive rapist
窺淫癖 347 Voyeurism		

問題與回顧

一、定義強暴並解釋這個詞如何與為何在許多刑事法律中被性侵害一詞取代。

二、男性強暴犯的人口學特徵為何？

三、簡要概述 MTC: R3 分類系統，以及其所根據的基礎。

四、研究發現哪六個變項會影響強暴犯的行為、情緒及思考模式？

五、比較 MTC 與葛羅斯強暴犯類型學的分類系統與研究支持。

六、根據 MTC: CM，分類猥褻兒童者的兩個基本向度是什麼？　[369]

七、比較 MTC 與葛羅斯猥褻兒童者類型學的分類系統與研究支持。

八、討論少年性加害者的反社會行為、選擇的受害者，以及他們本身的受害史。

九、青少女性加害者與青少年性加害者有什麼不同？解釋你的答案。

十、列出並定義任何五項用來評估成年或少年性加害者再犯可能性的心理評估工具。

第五部
被害者學與
被害者服務

第十章

司法心理學與
犯罪受害者

[373] **本章目標**

- 描述受害所造成的心理效應，介紹心理健康專業人員在受
  害者工作中扮演的角色。
- 強調與受害者工作中的多元文化與族群面向。
- 說明受害者的法律權利。
- 概述官方的受害資料。
- 檢視凶殺案的受害研究。
- 檢視強暴與性侵害的受害研究。
- 檢視網路性誘惑。
- 探討人口販運與性剝削販運。
- 檢視對未成年人進行商業性剝削造成的心理效應。

　　一對夫婦申報所得稅，希望可以退稅，卻被告知他們已經完成申報，並且已退稅給他們。後來得知是有人盜用他們的身分填寫資料並拿走退款。

　　一名八歲女孩和家人一起搭船，他們的船隻被另一艘船撞上，女孩因此身亡。肇事船隻是由一名二十四歲的酒醉男子所駕駛，後來他被判過失殺人罪。

　　二〇一七年五月，一個風光明媚的正午，一輛車猛衝過時代廣場，造成一人死亡與十九人受傷。

　　我們都是犯罪的受害者。不論是被搶劫、個資遭竊用、曾經遭受攻擊、生活儲蓄或退休金被剝奪或被偷竊，我們都經歷過犯罪所造成的社會與財務損失。即使是所謂**無直接受害人的犯罪**（victimless crime）——非法使用藥物、賣淫及非法賭博——也會對社會造成傷害，並留下深受其害的受害者。我們之中也有許多人經驗過對犯罪的恐懼。舉例來說，在小鎮或城市發生一系列的性侵害事件後，女性申請攜帶槍枝的許可或報名參加自

衛課程的情況並不罕見。此外,許多人可能成為犯罪的受害者而不自知。醫療保險詐欺就是一個很好的例子。有多少醫療保險或醫療補助的受益人有辦法審查與監控醫療工作者代表他們提交的陳述?根據估計,醫療保詐欺險每年會造成納稅人數百萬美元的損失。

然而,當我們談到犯罪受害者時,大多指的是因已知的犯罪而身心受到傷害的人,不論是侵害個人或其財產。在這些情況下,「犯罪受害的影響是多方面的,包括身體(傷害、疼痛、殘疾)、財務(失去收入、財產、住所、醫療費用)及情緒(恐懼、焦慮、憂鬱、自責、不安、創傷後壓力疾患)的後果。」(Neff, Patterson & Johnson, 2012, P.609)

美國政府收集受害資料已經超過四十年,主要著重媒體關注的犯罪類型,如攻擊、入室竊盜、搶劫、偷盜,而較少是白領犯罪或政治犯罪。同樣的,相較於內線交易或非法政府監控,司法心理學家與其他心理健康服務提供者更可能對強暴、兒童虐待、謀殺未遂或搶劫的受害者進行評估與治療。此外,當大眾被問及對犯罪的恐懼時,比起信用卡詐騙,他們更擔心的是綁架兒童,儘管後者相對罕見,而前者的頻率較高。確實,與詐欺相比,綁架兒童當然是一種嚴重且令人痛苦的犯罪,但信用卡詐騙的受害者也會受到財務與情緒的傷害。這裡的重點是,受害有許多形式,可能以各種方式影響人們。雖然本章聚焦討論司法心理學家與其他心理健康專業人員最有可能遇到的受害形式,但是我們以最廣義的受害作為背景。 [374]

未來心理學家將有更多機會被聘為受害者服務組織的顧問、講師、專家證人、評估員、治療師及服務提供者。司法心理學家將在以下幾個領域中扮演重要角色:提供律師諮詢、犯罪受害者評估、就暴力受害的心理效應提供專家證詞、評估民事訴訟原告所受到的心理傷害,以及為受害者所受影響的陳述提供心理學的資訊。雖然刑事司法系統在某種程度上也要面對受害者,但其主要的責任是逮捕與起訴罪犯(Neff et al., 2012)。隨著州與聯邦層級有關受害者權利法律的通過,受害者在某些面向上得到越來越多關注。然而,提供司法與其他心理健康服務的任務往往會落到心理學家、社會工作者、精神科醫師及其他心理健康專業人員的身上。犯罪受害

者，包括親密伴侶暴力、性侵害與虐待、性剝削、兒童虐待、老人虐待、暴力犯罪及仇恨／偏見犯罪的受害者，在許多領域中都會需要幫助。其中一個特別有需求的專業領域，是評估受害者與犯罪有關的經驗與反應。舉例來說，當有人對犯罪損害或失能或其他補償提起訴訟時，就需要進行這樣的評估（Carlson and Dutton, 2003）。另一個重要的司法任務是對兒童進行評估，確認犯罪是否發生；或者如果犯罪已經發生，則針對兒童產生負面心理效應的程度進行評估。

在不久的將來，對兒童性剝削受害者的心理評估與衡鑑尤其需要。為兒童到老年人等廣泛的犯罪受害者進行心理治療與諮商，將會成為一項迫切的需求。舉例來說，〈國家兒童暴力曝險調查〉（The National Survey of Children's Exposure to Violence）發現，每十名兒童中就有六人在過去一年間曾暴露於暴力之中，無論是直接或間接（例如作為暴力行為的目擊者）；從家庭成員、鄰居或親密朋友身上學習到暴力行為；或是他們的家庭或學校受到威脅（Finkelhor, Turner, Ormrod, Hamby & Kracke, 2009）。接受調查的兒童中，近四成在過去一年經歷過不只一種類型的直接受害（Finkelhor, Turner, Hamby & Ormrod, 2011）。曾暴露於暴力下的兒童常常會出現各種心理問題，需要接受心理服務，包含由熟悉受害者研究與臨床文獻的專業人員進行評估與治療。這些專業者也應該要非常熟悉孩子的文化背景。這些評估的結果常常有機會進入法院，包括對被起訴兒童犯罪者的審判，以及第六章所提到受害者對加害者提起的監護權糾紛與民事訴訟。（見觀點專欄10.1，娜德卡尼博士討論她在許多領域的工作。）

[375] 本章首先概述司法心理學家必須處理到有關不同文化與背景、性取向、障礙別及宗教偏好者的受害議題。接著我們將會討論受害者的權利及其可能衍生的後果、受害情況的統計資料，特別要討論凶殺、性暴力與性販運的受害者。

儘管我們聚焦在刑事受害議題，但必須強調，許多受害經驗也會發生在民事的脈絡下。人們也會成為民事過錯的受害者，例如歧視、性騷擾（歧視的一種形式）、不安全的工作條件，以及他人在許多其他情境下的疏忽。有

時候這些由他人所犯的過錯會造成身體上的損害，如腦損傷或失去肢體；有時可能會導致嚴重的心理症狀，如憂鬱症或創傷後壓力疾患。因此，雖然本章重點在於了解刑事犯罪受害者，但必須謹記，受害的心理衝擊以及司法心理學家在受害者服務中所扮演的各種角色，在民事的脈絡下是相似的。

橋樑與縫隙：建立連結並培訓下個世代以滿足不同族群的心理健康需求

拉維塔・娜德卡尼 Lavita Nadkarni，PhD

在我的司法心理學旅程中，個人認同與專業認同的交集非常真實。《法醫昆西》（*Quincy M.E.*）是一九七七至八四年播出的電視劇，當時我在皇后大學念書，主修心理學並在監獄擔任志工（這所大學附近有五所監獄，所以這種情況其實滿普遍的）。我在一個低度戒護的監獄啟動受刑人探視計畫，並跟這個領域的前輩們（皇后大學的教授）學習。一九八三年，我進入約翰傑刑事司法學院的司法心理學碩士學程。當時《法醫昆西》仍然非常受歡迎，但很多人不知道司法心理學家要做什麼。後來我在艾德菲大學取得博士學位。三十年後，我擔任丹佛大學專業心理學研究所的司法研究主任，而目前我們的某些實習工作與畢業生的職業，便是法醫辦公室的死亡調查員。

上述內容呈現了我部分的專業認同。而有關我個人的敘述是，我是來自南亞的移民，我父母相當重視教育、社區服務，以及各種關係。因此，我非常清楚我的工作會對他人福祉造成影響，無論直接或間接。我以身作則，教導學生認識到這份工作的價值與限制。對於許多南亞家庭來說，心理學並不是職涯的選項，法律或精神醫學可能會是更傳統的選擇。我來自律師與法官的家庭；我母親是加拿大第一位成為入籍法官與地方法官的有色人種女性；我的曾祖父則是孟買高等法院的首席法官。他們所選擇的工作對於社區以及我的職涯選擇產生巨大影響。我花了許多心力尋找創造性的切入點，以符合我們社區的心理健

康需求——這是我繼續從事這項工作的熱情與靈感來源。

對我來說，歸屬感不是一種理所當然的事，所以我相當理解現在社會上許多移民所面臨的挑戰。我曾作為移民在三個國家生活，住在多元性的社區，與許多沒有得到足夠服務的族群工作。我在英國出生，在印度念幼稚園，並在加拿大度過我的童年，成年後移居美國讀研究所。我的父母永遠不會忘記加拿大社區的慷慨，他們花了無數的志工時數為公眾服務，促進社會正義，對抗不公不義的事情。這樣的移民之旅與服務楷模，影響了我對工作的選擇以及對社會正義的參與。我知道那種不被聽見、不被肯認、受到歧視以及被剝奪權利的感覺——這些也是許多個案在行為、心理健康及刑事司法系統中的經驗，這些系統並不能完全符合他們的需要。

[376]

在將近三十年的時間裡，我從事各式各樣心理健康的工作，提供有關創傷、移民與庇護、能力、社會安全失能、父母監護權與探視權、兒童虐待與忽視、家庭暴力的司法心理評估。現在，我透過我們機構內的門診，指導博士生進行法庭囑託的心理評估，並在碩士與博士班開設司法課程。

我告訴學生們，國家的心理衛生照護系統正陷於危機。具有嚴重心理健康問題的個體出現在急診室、監獄及收容所，但因為資源缺乏與精神疾病所伴隨的污名，許多需要心理健康治療的人卻得不到任何治療。我們需要訓練一批人力，他們能夠了解這個（經常）涉入法律問題的精神疾病（或障礙）的族群的各種需求。我們有義務協助減輕人們所面臨的痛苦與苦難。

娜德卡尼博士是一名臨床心理學家，擁有科羅拉多州與紐約州的執照。她是丹佛大學專業心理學研究所的副所長與司法研究主任，並從事私人的臨床司法實務工作。她是《司法報告寫作原則》的共同作者，共同撰寫與編輯許多有關各式議題的出版品。她目前是美國職業心理學學校與培訓項目委員會的主席。

多元文化主義與受害

多元文化主義（multiculturalism）就其最廣泛的定義，不僅包括種族與族裔，也涉及性別、性取向及障礙別（Bingham, Porché-Burke, James, Sue & Vasquez, 2002, P.75）。要能夠理智且有效地為受害者服務，認識並尊重個體在文化、宗教偏好、性取向、障礙及性別方面的差異，是非常重要的。透過文化與語言的經驗，每個人都有自己觀察世界的獨特方式。資料顯示，美國的種族／族裔構成，約有63%的白人、14%的黑人、5%的亞洲人、0.7%的美國印第安人與阿拉斯加原住民，以及16%西班牙裔、拉丁裔或西班牙血統（U.S. Census Bureau, 2011a）。目前每五十個美國人中，就有一人會被認定為「多種族」。根據美國人口普查局的資料，目前共有五十七種可能的種族組合，其中包括五個主要種族／族裔類別。因此現在已經越來越難將許多美國人歸類到特定的種族類別。到二〇五〇年之前，估計會有54%的人口屬於現在被視為少數族群的成員。現在美國原住民被承認的有超過五百個獨立的民族與部落，並擁有187種不同的語言（Ogawa and Belle, 2002）。

此外，估計有370萬的阿拉伯裔美國人（U.S. Census Bureau, 2011a），他們是這個國家最被誤解的族群之一（Erickson and Al-Timini, 2001）。其中三分之二集中在十個州，主要是加州、紐約州及密西根州。他們也是在文化與語言背景、政治與宗教信仰、家庭結構與價值觀、西方社會適應表現上最多樣化的民族之一。阿拉伯裔美國人包含了二十二個國家，包括埃及、黎巴嫩、摩洛哥、突尼西亞、敘利亞、巴勒斯坦及葉門。阿拉伯世界中大多數是穆斯林，但阿拉伯裔美國人也可能屬於其他宗教，或者完全沒有信仰。不過阿拉伯裔美國穆斯林目前是阿拉伯裔美國社區中人口增長最快速的。阿拉伯裔美國人與美國穆斯林的準確人數仍屬未知，因為他們常常基於害怕社會可能的負面反應而不願意表明自己的身分，特別是在二〇〇一年九月十一日的恐怖攻擊後，以及始自二〇一六年極具爭議性的總統大選對他們再度升高的攻擊之後。根據美國聯邦調查局的報告，在九一

[377]

一事件後的一年裡，針對這個族群的仇恨犯罪增加了1,600%（Padela and Heisler, 2010）。帕德拉與海斯勒在九一一事件兩年後所進行的一項調查發現，許多阿拉伯裔美國人仍持續經驗到負向的情緒狀態，可能導致各種心理健康問題，如憂鬱症與壓力障礙症。針對穆斯林美國人與阿拉伯裔美國人的強烈反彈持續了超過十年（U.S. Department of Justice, Civil Rights Division, 2011），並在二〇一六年大選期間飆升至九一一以來的最高點（Lichtblau, 2016）。

特別要強調的是，美國大多數少數族群的成員其實都是美國公民，他們可能在美國出生，或者已經入籍。有些人則可能持有各種暫時簽證（如學生或工作簽證），只有少數人是沒有合法身分文件的。在沒有合法身分文件者中，還包含了「追夢人」，也就是無證移民的子女，他們被父母或其他人帶到美國來。如果要公平地說，除了美洲原住民，其實我們都是外來的移民人口。不過，當我們討論移民人口的服務時，主要是指最近才移民進來、尚未完全融入主流文化的人。如同前面所述，估計到二〇五〇年，美國五成以上的人口將會是現在被認為是少數民族的人（Bernal and Sharrón-Del-Río, 2001; Hall, 1997）。預計在某些州，如加州與德州，種族／民族構成的轉變將會更為戲劇化，並會給受害者服務提供者以及其他社會服務的提供者帶來巨大的挑戰與機會。移民家庭的成員常常因為語言障礙、害怕被驅逐出境，以及對他們在社區的權利缺乏理解而害怕尋求協助（Ogawa and Belle, 2002）。如果他們是暫時居留或沒有合法身分證件，挑戰會更大，因為服務可能突然中斷，也很難進行長期的規畫。

> 一旦來到美國，（無合法身分證明者）很容易成為就業剝削、消費者詐欺、居住歧視及犯罪受害的目標，因為政府當局的援助會受到害怕被驅逐出境的現實所影響。例如無證件拉丁裔女性的性侵害盛行率是相當高的。（Ogawa and Belle, 2002, P.6）

正如第一章所論述的，近年來這些令人擔憂的狀況越演越烈，對「他

者」群體的非理性恐懼、移民政策以及不穩定的經濟狀況導致了這種混雜的狀況。在「移民改革」的大傘下，有意義、理智且富同情心的立法尚未在國會成功通過。儘管非公民並未能與公民享有相同的法律權利，但移民身分不應被用來決定個人是否能夠接受教育、獲得社會保障或接受受害者服務。近二十年前就有人指出，「全世界有近兩千萬的國際難民因極端人權迫害而被迫逃離母國。」（Gorman, 2001, P.443）而其中許多人逃到了美國。在當時，美國移民與歸化局（Immigration and Naturalization Service, INS；現在稱為移民與海關執法局〔Immigration and Customs Enforcement, ICE〕）批准了約二十萬件庇護案，另外有九萬名無證移民獲得特許留在美國（Gorman, 2001）。他們之中有許多人在母國受到虐待與折磨，而且很容易成為美國的犯罪受害者。舉例來說，二〇一六年，美國海關與邊境保護局就在美墨邊境攔截了近46,900名無人陪伴的兒童與超過70,400個中美洲家庭（Lesser and Batalova, 2017）。 [378]

面對難民，促進安全感是一項重要的任務，這需要高度的跨文化敏感性。現在有許多飽受戰爭蹂躪的中東國家難民試圖要在美國與其他西方國家建立新的生活。此外，有未知數目的移民，主要是女性與青少年男女，以工作為由被誘騙到西方國家，最後卻淪為從事性販運者的受害者。

訓練有素的司法心理學家與其他臨床工作者必須知道，衡鑑與治療取向中所使用的傳統心理學概念與理論，主要是在歐美文化下發展起來，因此將之適用於多元種族與文化族群可能會有所限制（Sue, Bingham, Porché-Burke & Vasquez, 1999）。克莉斯汀・飯島・霍爾（Christine Iijima Hall, 1997）曾告誡說，如果歐美心理學不能夠反映多元文化的觀點，可能在文化上就會變得過時。根據她的觀點，心理學必須「對其課程、培訓、研究及實務工作進行實質的調整」（P.642）。美國心理學會等專業組織也注意到這些意見，出版了與不同族群工作的指引，如我們在第一章所提到。舉例來說，美國心理學會出版了由大衛・松本（David Matsumoto, 2010）所編輯的《美國心理學會跨文化溝通手冊》（*APA Handbook of Intercultural Communication*），有助於進行實務工作的心理學家。

　　司法心理學家必須理解單一文化的心理學可能導致的潛在不公正與壓迫現象。霍爾表示，「有色人種與女性幾十年來一直受到心理學的誤診或不當對待。」（P.643）即使是有色人種或男同志／女同志／雙性戀／跨性別或來自多元背景的心理學家，也不一定總是能夠了解其他文化群體或自己所屬族群的心理議題。正如霍爾指出，「顏色、性別及性取向並不會使人們成為多樣性的專家。」（P.644）雖然這些挑戰在所有司法場域都至關緊要，但對於提供受害者服務的人來說尤其重要。若未能理解受害者的文化背景，則他們不僅是犯罪的受害者，也會成為不理解他們需求的刑事司法系統及心理衛生專業的受害者。

[379] **重點提示10.1**

移民人口服務

　　移民，也就是出生在其他國家（父母不是美國人）的人，對美國來說非常重要。近年來，那些比美國更熱情地歡迎移民進入的其他國家，如加拿大與某些歐洲國家，也許同樣如此。絕大多數的移民都是合法的，他們出於各種原因而自願移民，例如更好的經濟機會和教育。而部分的移民則是難民，他們離開原國家是為了逃離迫害、暴力或壓迫的政權。也有越來越多「環境難民」移民到美國以逃避環境災難或環境惡化（Bemak and Chi-Ying Chung, 2014）。如第一章所述，美國移民往往代表了教育與技能這個連續向度的兩端——一端是專業工作，另一端則是農業、服務業及建造業（APA, 2012）。

少數移民沒有合法的身分證明，因為他們的簽證已經過期或者是非法入境。近年來，這些無證移民受到政治與媒體的負面關注，而且正加速驅逐出境的程序。對於他們的人數與意圖有許多誤解，而且人們很少承認他們對社會做出的貢獻，例如他們繳稅卻不能享有福利。

司法心理學家越來越常被要求在不同情況下為移民提供服務，包括他們參與移民程序的能力，本書第五章曾討論過。

244

然而，本書付梓之際，當前政治氛圍下對無證移民的法律保護仍然相當脆弱。美國的政治氣候變化之快，以至於難以判斷政策變化與移民法的變革將會如何影響移民族群。合法移民與無證兒童也會受到影響，因為他們的家庭常常已經四分五裂，或其可照護的親人已遭到暫時停權。

然而，心理學評估與治療服務的需求是不太可能改變的（Bemak and Chi-Ying Chung, 2014; Butcher, Hass, Greene & Nelson, 2015; Vaisman-Tzachor, 2012）。以這些身分來說，他們可能會面臨語言與文化的障礙，因為某些移民，特別是難民，可能在溝通上會有些困難，或者不信任看起來像官方代表的施測人員。一項常見的任務是評估個體過去所經歷過的創傷，以及對未來可能發生之事可理解的恐懼。經歷過酷刑、強暴、性販運或饑荒等事件的移民與難民，常會出現創傷後壓力疾患（APA, 2012）。然而，專家們指出，創傷事件的影響可能會以不同的方式在不同的文化群體及教育或社會階層中表現出來（Butcher et al., 2015）。

司法施測人員必須謹慎選擇心理評估工具，因為許多工具並沒有發展針對移民人口的常模，無法適用於不同的文化（Butcher et al., 2015）。另外，測驗過程本身可能會令許多移民感到不安，他們甚至比非移民更可能將測驗視為是具侵入性的（Pope, 2012）。學者建議審慎挑選工具並進行結構化的專業訪談，同時檢視個案過往的紀錄。

問題與討論：

一、在目前的政治氛圍與對移民的擔憂下，討論提供移民族群服務的司法心理學家可能會面臨到的挑戰。

二、無證移民常會淪為犯罪的受害者。參與對無證移民受害者心理治療的心理學家會面臨哪些挑戰？

身心障礙的受害者

在受害研究與實務工作中，一個經常被忽視的領域是身心障礙者。這類受害情況不僅包括犯罪受害，也包括工作場合的歧視與騷擾，以及家庭中未達到刑事犯罪程度的情緒虐待與忽視。禁止在工作環境與公共服務中歧視身心障礙者的法律，為司法心理學家開闢了新領域的機會。值得一提的是，藥物成癮者往往也受到這些法律的保障。

> 不論是諮詢與判斷有精神、學習及智力障礙者合理的工作條件，以及為就業歧視案件提供專家證詞，心理學家都能找到發揮的機會。他們在神經學、學習及心理障礙方面的評估也扮演重要角色，並在幫助身心障礙學生與員工合理適應的過程中發揮功能（Gill, Kewman & Brannon, 2003, P.308）。

《美國身心障礙者保護法》

與身心障礙者有關的許多行動都是由一九九二年七月二十六日實施的《美國身心障礙者保護法》所促成，本書第二章已扼要討論過。該法適用於擁有十五名或以上員工的公家與私人雇主。它禁止在招聘過程、就業條款、環境及員工福利，以及工作相關便利設施、場所及功能的取得上的歧視（Goodman-Delahunty, 2000）。一九九八年的《身心障礙犯罪受害者意識法案》（第105-301號公法），目的就在提高大眾的意識，注意那些針對具發展障礙的受害者所進行的犯罪之程度與性質。《美國身心障礙者保護法》在通過之後就成為眾多訴訟與美國最高法院裁決的主題，但這些裁決對部分條款的解釋相當狹隘。有些研究者針對這些裁判發表評論，指出《美國身心障礙者保護法》從最初通過時是為了保障4,300萬的美國人，結果最後只保障到1,350萬人（Rozalski et al., 2010）。法律學者普遍認為，該法已經嚴重受限（Foote, 2013）。部分是為了回應法院與其他聯邦法院的裁定，國會通過了二〇〇八年《美國身心障礙者保護法修正法案》，旨在

[380]

再次擴大對於身心障礙者的保障。由於這個法案相對較新，現在要判斷它是否能對這個族群產生正向的影響還言之過早。

　　成為犯罪受害者的身心障礙者員工可能受重大且長期的心理問題所苦，從而影響或妨礙他們的就業機會、升遷及生活品質。有興趣的讀者可查閱相關文章（Goodman-Delahunty, 2000），其指出實務工作者與司法心理學家常見的一些法律陷阱，並就如何在為雇主或有心理障礙的員工提供服務時避免這些陷阱提出了建議。

　　大約有14%至20%的美國人口具有某種障礙（Gill et al., 2003; Harrell, 2012a; Olkin and Pledger, 2003），這種障礙在廣義上可以定義為顯著限制個體主要生活活動的身體或精神狀況。值得一提的是，在《心理學家的倫理原則與行為守則》中，身心障礙與種族、性別、年齡、性取向及其他層面的人類多樣性列在一起（APA, 2002）。因此，在司法場域中工作的心理學家需要專門的培訓與經驗，才能擔任為身心障礙者提供服務的合格專業人員。

　　針對身心障礙者的受害情況及對其生活影響，我們需要更多良好的研究。有些關於身心障礙者受害程度的資料正逐漸出現。犯罪受害數據指出，身心障礙者兒童與成人的受害率遠遠超過非身心障礙的個體（Harrell 2012a; Office for Victims of Crime, 2009）。舉例來說，身心障礙青年（十二至十九歲）遭受暴力的比例是無身心障礙青年的兩倍（Rand and Harrell, 2009）。對於十六至十九歲的身心障礙青年，比例甚至更高；他們遭受的暴力是沒有身心障礙青年的三倍多（Harrell, 2012a）。二〇〇九至一一年間，認知障礙者的暴力受害比率是最高的（Harrell, 2012a）。（見表10.1）

　　除了暴力受害，身心障礙者也經常受到騷擾、歧視及情緒虐待。許多身心障礙者特別容易受害，因為他們確實或被認為無法反擊、逃離或通知他人。約有68%至83%的發展障礙女性（包括嚴重的身心障礙）在其一生中遭受到性侵，這個數字比其他族群高出50%（Tyiska,1998）。此外，這些身心障礙者也更有可能再次成為同一人的受害者，而有超過半數的受害者從未尋求法律或治療服務的協助（Pease & Frantz, 1994）。

表10.1　二〇〇九至一一年針對身心障礙者的暴力傷害，以障礙別分類

障礙別	2009	2010	2011
聽覺	16.7	10.6	17.3
視覺	28.6	24.9	23.5
日間留院	20.5	19.7	22.7
認知	46.0	43.5	51.0
自我照料	18.3	17.8	27.8
獨立生活	24.4	26.4	25.7

資料來源：Harrell, 2012a
注意：上述百分比代表身心障礙者遭受暴力傷害的比例。舉例來說，二〇〇九年，估計有16.7%
的聽障者受到暴力傷害。二〇一一年則有51%的認知障礙者受到暴力傷害。自我照料或獨立生
活類別的人可能會有一個或多個障礙別。

[381] # 受害者的法律權利

　　雖然說犯罪的受害者，尤其是暴力犯罪的受害者，總是會受到發生在
他們身上的事件所影響，但社會已經採取一些行動試圖「彌補」他們所受
到的傷害。目前所有州都已經頒布了犯罪受害者權利法案，其中半數規
定，除非紀錄中出現令人信服的反對理由，否則一律要予強制回復原狀。
此外，至少有三十一個州通過了受害者權利憲法修正案，其中至少有十個
州規定了強制回復原狀措施（Murray and O'Ran, 2002）。目前每個州都有
某種形式的受害者權利立法。此外，國會於二〇〇四年通過了犯罪受害者
權利法。（有關此法案所保障的權利清單，參閱重點提示10.2。）

　　回復原狀（restitution）或**補償**（compensation）是在某種程度上恢復
經濟與心理完整性的補救辦法。目的是試圖恢復受害者在損失或受傷之前
原本的經濟、身體或心理狀況。毫無疑問，這是一個值得讚許、某種程度
上相當動聽的目標。然而，犯罪受害者持續表示，他們對於自己無法從加

重點提示10.2

二〇〇四年犯罪受害者權利法（二〇一三年修訂，但下述保障不變）

美國國會在二〇〇四年通過立法，給予犯罪受害者以下權利。各州都有相似的立法，或在其憲法或法院判決中承認受害者的權利。但各州法律有所不同。舉例而言，有些州將相關權利只限於嚴重犯罪的受害者。

聯邦法律下犯罪受害者的權利如下：

· 合理保護免於接觸被告的權利。

· 合理、準確且及時被通知任何有關該犯罪的公開法庭程序，或被告被釋放的假釋程序，或被告逃脫的訊息之權利。

· 不被排除於任何公開法庭程序外之權利，除非法庭接獲清楚且明確的證據，相信若受害者在程序中聽到其他證詞將會使其相當程度改變證詞。

· 在地區法院的任何公開程序中，就釋放、答辯、量刑或任何假釋程序發表意見的權利。

· 與案件檢察官協商的合理權利。

· 完整且及時回復原狀的法律權利。

· 免於不合理延遲之審理的權利。

· 平等對待且尊重受害者尊嚴與隱私之權利。

資料來源：18 U.S.C. Section 3771.

問題與討論：

一、討論執行這項法律是否有任何困難。換句話說，上述哪些受害者權利較難以確保？

二、上述權利清單是否完整，受害者還需要什麼特定的權利保障？

三、就聯邦犯罪而言，公布九一一事件罹難者電話錄音紀錄是否侵害了犯罪受害者的權利？

四、確認你居住州的受害者權利，與聯邦法律做比較。

害方與為此目的而分配的公共基金中獲得適當且及時的賠償感到相當挫折
（Karmen, 2013）。

犯罪受害者可以透過兩種司法體系伸張正義：刑事法院與民事法院。
刑事法院處理的是判定有無犯罪，並執行刑事制裁。刑事法院會允許受害
者在審判時發言，或向法庭宣讀其陳述。在某些州，受害者也會在開庭前
收到通知，如果被告最終被定罪與監禁，他們也會收到假釋聽證會的通
知。他們也可能有機會在這些聽證會上發言。近年來，隨著受害者權利法
的通過，某些受害者得以透過刑事司法程序尋求經濟賠償。

[382] 民事法院也允許犯罪受害者就他們因犯罪行為而遭受的身體、經濟、
心理傷害尋求民事救濟，允許為自己的權利辯護，並向加害者方尋求經濟
賠償的彌補（Gaboury and Edmunds, 2002）。正如一九九〇年初備受矚目
的辛普森案所呈現的，被告可能會在刑事法庭被宣告無罪，卻在民事法庭
被認定必須對死亡或攻擊負責，不過這類的案件很少發生。刑事法庭後來
判定辛普森在殺害妮可·布朗·辛普森與羅納德·高曼上無罪；然而後來
民事陪審團裁定他必須負起責任，並判給這些家庭350萬美元。

民事訴訟可以是一個複雜、困難且昂貴的過程。律師可能會請司法心
理學家，例如專門研究神經心理學的心理學家，協助確認受傷的程度。舉
例來說，如前幾章所提到，心理學家可能會評估犯罪或民事過錯的受害者
是否存在創傷後壓力疾患或其他受害的心理後遺症。這是用來判定受害者
所受到的傷害的價值，反過來則有助於陪審團判給損害賠償金。心理治療
費用也可以包含在判賠的內容中。

涉及個人傷害或民事過錯而與刑事犯罪無關的案例，包括性騷擾、性別
歧視造成的非法合約終止、不必要的醫療措施，以及使用錯誤產品所造成的
傷害等。性騷擾訴訟是一個特別具爭議性的領域，尤其當受害者出現可能的
創傷後壓力症狀。雖然民事與刑事訴訟過程都會對受害者構成壓力，但刑事
司法程序會特別令人感到害怕與挫折。某些受害者從報警的那一刻起，就會
發現自己要面對一連串難以控制的事件。舉例來說，他們可能會認為警察反
應不夠迅速；就算警方到了，受害者可能會認為警方對於他們所受的痛苦不

夠敏感。受害者常常難以理解為什麼無法要回他們的財產，或者如果討回來了，又為什麼不能立即歸還。暴力犯罪的受害者會害怕攻擊他們的人獲得交保；如果加害者被定罪與監禁，他們也會害怕對方獲得假釋。

　　法律上的現實是，美國憲法保護的是嫌疑人與被告的權利，而不是受害者的權利。正如我們在第三章所討論的，犯罪嫌疑人不需要對警方說明，而如果他們選擇這樣做，他們會被保障在警詢期間委任律師的權利（如果他們想要請律師的話）。被告有權在法庭訴訟的每一個重要階段委任律師，包括傳訊、審前聽證會、審判與判決。相反的，除非受害者選擇在民事訴訟期間雇用律師，否則他們將不會由律師代理。雖然說檢察官本質上就是受害者的律師，但技術上來說，檢察官應該算是政府的律師，可能很少會花心思在受害者的身體、經濟或情緒的需求。受害者常常必須請假出庭，當案件進入審判程序，他們也會受到媒體的嚴格檢視，並在法庭中與被告面對面接受殘酷的交互詰問。因此，受害者常常抱怨說，他們是刑事司法程序中被遺忘的部分，或是受到二次傷害——一次是在犯罪發生時，一次是在刑事司法程序中。

　　雖然上述現實讓許多人感到不公，但這是因為犯罪嫌疑人與被告在刑事司法的過程中，面對國家對個人的強大權力，是相當不利的。被指控犯罪的人將會失去自由，有時甚至是終生的。根據法律，如果我們準備剝奪一個人的自由，在某些情況下甚至是其生命，我們必須依據憲法提供的保護「正確行事」。法律並沒有剝奪受害者的自由，因此憲法就不會特別保障受害者的權利。[383]

　　然而，這樣的邏輯往往無法說服受害者或其辯護者。在一九七〇年代，國家看見了確保受害者應依法享有某些權利的趨勢。因此，一九八〇年威斯康辛州通過第一個「受害者權利法案」，之後各州陸續通過法律向受害者提供某些法定（如果沒有到憲法層級）的保障與保護。如前所述，國會於二〇〇四年通過了犯罪受害者權利法。該法反映了在各州的法律之下所給予受害者的諸多權利。

　　大多數州都要求在刑事司法過程的不同階段要**通知**（notification）受害

者。舉例來說，如果被控對受害人犯下暴力犯罪的人即將獲得保釋，受害者會收到通知；如果被定罪的加害者即將從監獄或監禁中釋放，受害者也會收到通知。即使加害者只會離開監獄一段有限的時間，例如工作釋放計畫，受害者也可能會收到通知。有些州在達成認罪協商時也會要求通知受害者。不令人意外的是，所有州都要求如果加害者越獄的話，必須通知受害者。

目前有幾個決策時間點可能會接受受害者的意見。被害者**最終陳述權**（allocution）即是在這些訴訟期間發言的權利。其中最主要的是交保審理庭、量刑審理庭及假釋委員會聽證會。在保釋金設置上，受害人有時可以主張更高的交保額，或更常見的是，要求禁止被告與他們接觸。所有的州都允許受害者在量刑聽證會上親自或以事先準備好的書面陳述發言。

判決前報告（由緩刑官或其他專業人員準備的文件，旨在協助法官做出量刑判決）通常會包括受害者所受衝擊的陳述。撰寫報告的人會與受害者會談，獲取有關其受苦程度的資訊。舉例來說，加重企圖傷害的受害者可能描述自己無法安穩地睡覺、反覆做惡夢、需要與精神科醫師進行昂貴的會談，以及如何持續害怕一個人在路上落單。如果沒有判決前報告，受害者可以向審判長陳述或出庭直接就他們的經歷作證。在死刑案件中，受害的倖存者被允許讓量刑的陪審團聽取他們所遭受的痛苦細節（*Payne v. Tennessee,* 1991）。某些州也允許受害者出席假釋委員會的聽證會，以對釋放加害者提出抗議。

雖然犯罪對身體與心理造成的衝擊被認為是最明顯的面向，但其造成的財務衝擊可能也相當具破壞性。「因犯罪而造成的財務損失，包括無法預估的醫療費用、心理諮商費用及替換被盜財產的需要，可能與犯罪受害者所遭受的任何其他傷害一樣耗人心神。」（Gaboury and Edmunds, 2002, P.2）

美國五十個州，加上哥倫比亞特區、波多黎各、維京群島，都有醫療與諮商費用、損失薪資與財務支持、喪葬費以及各種其他費用的補償方案（Eddy and Edmunds, 2002）。在某些案件中，補償金來自州稅或補助金；在其他案件中，可能來自加害者本身。也常見剝奪被定罪的加害者從他們

所撰寫的有關其罪行的書籍獲利的權利。這項法律又被稱為「山姆之子」（Son of Sam）法，源自惡名昭彰的連環殺人犯大衛·伯科維茨，他聲稱被一隻名叫山姆的惡魔狗控制；這些法律有時會將收入轉用於受害者或受害者的基金會。

儘管有上述法律，但它們似乎沒有對絕大多數的受害發揮作用。研究指出，甚至只有小部分的受害者知道這些法律的存在（Karmen, 2013; National Center for Victims of Crime, 1999）。如前述，受害者也表示，賠償需要時間，而且整體來說其實給的很少。

通知尤其困難，因為這會給刑事司法系統的代理人增加負擔。很多時候常搞不清楚誰有責任讓受害者知道情況，因此沒有人承擔這個任務。在受害者權利倡議或受害者協助方案資金充裕的社區，更有可能執行通知；但是在預算緊縮時，受害者協助方案可能就會是第一個被犧牲的。同樣的，大多數受害者不會行使他們在保釋、判刑或假釋聽證會上的全部權利。而當他們行使權利時，關於其有效性的研究參差不齊，儘管結果顯示他們對假釋決策者具有影響。舉例來說，幾項研究記載，出現在假釋委員會前的受害者成功擱置了罪犯的釋放（Karmen, 2009）。 [384]

不過，受害者通常無法成功讓刑期增加。研究者（Karmen, 2001）檢視有關受害者權利立法效果的調查後指出，「即使有這些新進展，司法系統中是否仍瀰漫著對受害者困境制度化的漠不關心？根據評估調查所收集的初步結果，答案似乎是肯定的。」（P.317）

修復式司法

有一種直接向受害者提供服務的哲學取向叫做**修復式司法**（restorative justice）。修復式司法，有時稱為療癒式司法（reparative justice），其實不太容易界定，因為它包含了刑事司法系統不同領域的各式實務工作（Daley, 2002）。「修復式司法不僅會被用在成人與少年犯罪事務，也用於民事事務的範圍，包含家庭福利與兒童保護，以及學校與職場的爭端。」（Daley,

2002, P.57）聚焦於修復式司法的專案常見於宗教組織，有些甚至會派代表進入設有教會或教團運作的監所。（參見第十三章觀點專欄13.1，提到這類方案。）修復式司法不僅關注懲罰加害者，其首要目標是為了讓社區中更多法官參與決定應該對犯罪加害與對受害者造成的傷害採取什麼作為。基本上，修復式司法的使命是「修復」受犯罪所苦的受害者與社區，同時酌情讓加害者重新融入社會（Karmen, 2001）。「它以強調受犯罪影響者的療癒與社會福利的價值為導向。」（Presser and Van Voorhis, 2002, P.162）典型來說，以社區重建委員會作為調解者，協助受害者與加害者解決衝突，以及進行恢復或修復。受害者在這個過程中扮演重要的角色，並可能得到某種形式的賠償。

修復式司法取向經常用於沒有犯罪但出現問題的學校或鄰里場域，如霸凌。其目標是以非正式的方式解決爭端，並達到相關各方滿意的結果。在學校，學生小組會一起討論共同的問題，並給予彼此支持（National Council on Crime and Delinquency, 2013）。促進方案進行的成人可能會是教師、社會工作者、受過訓練的社區志工，或心理健康實務工作者。修復式司法方案受到美國國家犯罪行為研究院（National Council on Crime and Delinquency）的讚揚，他們將這些方案視為傳統司法方案的替代辦法。

修復式或療癒式司法與「調解」的哲學密切相關，是一種試圖透過妥協與找到共同點，而不是以衝突性策略來解決問題的方法。今日的學童經常會面臨以調解策略來避免在遊樂場打架或解決各種同儕衝突，調解也可能用於解決職場工作者與監督者或管理者的糾紛。同樣的，在離婚的情況下，包括監護權糾紛，也可以嘗試和平解決。

[385] 調解的取向也被用在刑事場域，主要是作為轉化程序的一部分，避免讓被控或有可能被控犯輕微犯罪的人進到正式刑事司法程序。這些方案不只聚焦於調解，他們試圖讓加害者為自己的行為負責，讓他們對受害者與社區的傷害修復負起責任（Lemley, 2001）。這件事是透過協商、調解、受害者賦能及賠償歷程來完成（Rodriguez, 2007）。

修復式司法在刑事與民事脈絡中都占有一席之地。然而，在刑事案件

中，必須考慮到受害者與罪犯之間的權力平衡。舉例來說，當罪犯是成年人而受害者是兒童，或者在許多家內衝突的處境下，調解就不會是最佳的選擇。修復式司法在學校與職場亦別有價值。近年來，學校開始避免「零容忍」政策，在那樣的政策下學生會因不被接受的行為而被迫短期停學。這些政策的批評者認為，將一個行為不端的學生停學只會增加他在社區中不受監督以及與利社會同儕隔絕的機會。在學校設置修復式司法「圈」，可能是處理反社會行為的更好方式（NCCD, 2013）。無論如何，修復式司法方案——其發展與運作方式在全國各地不盡相同——仍需要持續的評估研究來衡量其成效。

犯罪受害資料

取得我們社會中有關受害的資訊，最佳管道是受害者本身。被侵害或遭到入室盜竊的人可以告訴我們犯罪是何時何地發生、他們是否向警方報案，以及他們受到身心傷害的程度。這些受害統計資料也有助我們了解犯罪的分布，包括犯罪的時空特徵。舉例來說，國內某些特定的區域是否比其他地區更「容易犯罪」？或者一年中某些月份更有可能看到犯罪的減少？當受害者對加害者有所了解時，受害資料也可以提供有關犯罪者的資訊。

受害的測量

〈全國犯罪受害調查〉

美國最傑出的受害調查是〈全國犯罪受害調查〉，由美國司法統計局資助，並由美國普查局進行。最新一期〈全國犯罪受害調查〉針對與95,760個家庭樣本（代表163,880名年齡十二歲以上的個人）的聯繫結果提出報告（Truman and Morgan, 2016）。以年為單位，首先詢問該家庭在過去六個月中是否有十二歲以上的人經歷過犯罪。如果答案是肯定的，則會對受害者做進一步的會談，討論犯罪受害的頻率、特點及後果。同一個家庭會在

每六個月後重新聯絡一次，為期三年。該調查近期主要在評估家庭與個人成為強暴與其他類型的性侵害、搶劫、攻擊、入室盜竊、汽車盜竊、偷盜受害者的程度。調查同時包括了已通報與未向警方通報的犯罪。因此，它的資料會與聯邦調查局的〈統一犯罪報告〉有所差異。

〈全國犯罪受害調查〉於一九七三年推出，當時被稱為國家犯罪調查。在那之前，政府主要用來測量美國犯罪的指標是聯邦調查局的〈統一犯罪報告〉，它反映的是警方知道的犯罪與逮捕資料。然而，出於各種原因，許多人並沒有向警方通報受害。國家犯罪調查旨在挖掘犯罪的「黑數」，也就是沒有被警方注意到的犯罪。他們會以每千名潛在受害者中的[386] 受害人數，向大眾報告受害率。〈全國犯罪受害調查〉的發展者推論，某些犯罪受害者可能更願意向訪員報告他們的受害經驗，而不是向警方報告。此外，訪員可以探索並了解更多受害的影響。多年來，這些預測都得到了證實，因為受害資料不斷指出，整體而言，至少有一半的犯罪並沒有向警方通報。毫不意外的是，這個圖像會因犯罪種類而異，例如汽車盜竊的通報率就明顯高於性侵的通報率。

國家犯罪調查於一九八〇年代做了修訂，並在一九九二年進行大規模的再設計，從而改名為〈全國犯罪受害調查〉。其中的變化包括增加了一些問題詢問受害者當他們報告受害情況時，執法人員如何回應他們。另外也會詢問受害者有關犯罪的更多細節，包括犯罪人是否受到酒精或非法物質的影響，以及他們在犯罪發生時正在做什麼（例如上班途中、購物）；也包含以更謹慎周全的方法詢問受害者有關性侵害的問題（Karmen, 2001）。除了家庭受害的報告，美國司法統計局也資助了補充報告，例如調查學校與職場的受害情況，以及商業機構的受害情況。

〈國家兒童暴力曝險調查〉

一九九九年六月，少年司法與犯罪預防辦事處（Office of Juvenile Justice and Delinquency Prevention）制定了「安全啟動倡議」（Safe Start Initiative），防止並減少兒童暴露在暴力的影響下（Finkelhor, Turner &

Hamby, 2011）。透過這個倡議計畫，以及疾病管制與預防中心的支持，該單位推出了〈國家兒童暴力曝險調查〉。調查目的是全面性呈現美國兒童與青少年受害的性質與程度。該專案評估了兒童對暴力、犯罪及虐待的暴露程度，包括兒童不當對待、霸凌、社區暴力、家庭暴力及性受害。該調查於二〇〇八年一月至五月進行，統計過去一年與曾在十七歲以下接觸下列暴力者，包含常規犯罪、兒童不當虐待、同儕與手足受害、性受害、目擊與間接受害、校園暴力與威脅、網路受害。

　　上述兩項重要調查以及其他研究共同提供了有關受害資訊。我們將會在下面介紹這些資料。

陌生人實施的暴力傷害

　　最新的〈全國犯罪受害調查〉指出，二〇一五年美國所有的非致命暴力中，由陌生人實施的暴力傷害約占四成（Truman and Morgan, 2016）。向警方通報的十二歲或以上的陌生人暴力，發生率為每千名中有2.8人。通報十二歲以上的陌生人嚴重暴力案件，發生率則為千名中有1.4人。這兩個比率相較於往年都有所下降。

刑事受害人的族裔／少數民族差異

　　由美國司法統計局（Rand, 2009）所列出的〈全國犯罪受害調查〉資料，提供了五個族裔／少數民族或種族群體的犯罪受害資訊：白人、黑人、美洲印第安人、西班牙裔及亞裔。其中美洲印第安人的分類是根據那些自我認同為印第安人、愛斯基摩或阿留申後裔的受訪者。亞洲人則被定義為日本人、中國人、韓國人、亞洲印地安人、越南人、太平洋島民。太平洋島民包括那些自我認同為菲律賓人、夏威夷人、關島人、薩摩亞人及其他亞洲人。認同自我為墨西哥裔美國人、奇卡諾人（Chicano）、墨西哥人、波多黎各人、古巴人、中美或南美洲人或其他西班牙裔者，則被歸類

[387]　為西班牙裔。所有的群體都極其多樣化，但迅速成長的西班牙裔／拉丁群體或許反映了最高的多樣性。由於這種多樣性，司法統計認為「西班牙裔」（Hispanic）這個類別可能包含了清單中任何種族的人。換句話說，有些西班牙裔也會認為自己是白人、黑人、美洲印第安人或亞洲人；在檢視犯罪與受害統計資料時，需要將這一點納入考量。

　　二〇一〇年的〈全國犯罪受害調查〉（Truman and Planty, 2012）顯示，來自多種族的人經歷到暴力犯罪的機率，比只隸屬於一個種族或族裔群體的人高出二到三倍。此外，美洲印第安人／阿拉斯加原住民比宣稱只有一個種族或族裔的人有更高的機率遭受到暴力。黑人群體在暴力犯罪受害中則排名第二（見表10.2）。幾十年來，黑人，尤其是年輕的黑人男性，在凶殺案受害者中的占比一直不成比例地高。黑人被謀殺的可能性通常比白人高出六倍，比其他種族的人高出八倍（Rennison, 2001; Smith and Cooper, 2013）。槍枝，特別是手槍，是最常使用的武器。根據報告，有73%的男性謀殺者與49%的女性謀殺者會使用槍枝（Smith and Cooper, 2013）。

表10.2　各種族十二歲或以上每千名人口中的暴力受害率

種族	2002	2010	2015
白人	32.6	18.3	17.4
黑人	36.1	25.9	22.6
西班牙裔	29.9	16.8	16.8
美洲印地安／阿拉斯加原住民	62.9	77.6	未報告
亞洲／夏威夷原住民／其他太平洋島民	11.7	10.3	25.7*
兩個或以上種族的人	未報告	52.6	未報告

資料來源：Truman and Planty , 2012, P.5; Truman and Morgan, 2016, P.9
*美洲印地安／阿拉斯加原住民與亞洲／夏威夷原住民／其他太平洋島民合併計算

犯罪受害作為年齡的函數

從一九九四至二〇一〇年，針對青年（十二至十七歲）的嚴重暴力整體犯罪率共下降了77%（White and Lauritsen, 2012）。雖然〈全國犯罪受害調查〉記載了這個狀況，但必須記得的是，大多數針對青年的暴力犯罪並沒有向警方通報（White and Lauritsen, 2012）。在二〇〇二至一〇年間，大約有56%的嚴重暴力犯罪與72%較輕微的暴力犯罪（單純企圖傷害）並沒有被通報。青年不向執法部門通報暴力犯罪的原因很多，包括：已經將事件報告給另一名官員（如學校人員）知道；受害人並不認為通報是重要的；或者當事人認為該事件是私人或個人事務，或害怕被報復。有些人則認為，無論如何警方都不會做太多。這些原因與成年人不通報其受害情況的原因有些相同。

研究顯示，大約有四成的城市青年曾經遭受過槍擊，有許多人表示曾經目擊嚴重的社區暴力（Gardner and Brooks- Gunn, 2009; Stein, Jaycox, Kataoka, Rhodes & Vestal, 2003）。在某些社區，許多青年表示自己是暴力行為的受害者，包括受到威脅、追趕、撞擊、毆打、性侵，或用刀或槍襲擊；85%的青年則表示曾目睹暴力行為（Kliewer, Lepore, Oskin & Johnson, 1998）。大約有25%的暴力犯罪的受害者受傷，其中有許多人傷勢相當嚴重（Simon, Mercy & Perkins, 2001）。有不少兒童（11%）表示有五次或五次以上直接暴露在不同類型暴力下的經驗，1.4%表示十次或十次以上的直接受害（Finkelhor, Turner, Hamby & Ormrod, 2011）。反覆遭遇直接受害，無論是一種罪行還是不同的罪行，都稱為**多重受害**（polyvictimization）。許多持續暴露在暴力之下的兒童與青年（六至十八歲）都會發展出注意力與學習方面的困難，以及焦慮、恐懼、憂鬱及創傷後壓力疾患。

各種暴力對親身經驗與目睹暴力的人會產生不同類型的影響。換句話 [388]
說，所有的暴力都不一樣。此外，有些研究顯示，暴力受害者所受到的心理衝擊與暴力目擊者有所不同（Shahinfar, Kupersmidt & Matza, 2001）。研究也發現，遭受身體虐待的青少年比那些只是目睹虐待行為的青少年，有

更高的風險會發生暴力行為（Shahinfar et al., 2001）。父母之間的暴力
（婚姻暴力）可能比在學校遭到毆打與追趕更傷害幼童的心理健康。此
外，使用槍枝或刀具等武器的婚姻暴力，可能比不涉及武器的事件更讓孩
子難過（Jouriles et al., 1998）。此外，個體對遭受暴力的反應是一種連續
軸，在軸的一端有些青年會表現出異常的韌性與因應能力，而另一端則是
更容易受到傷害。大多數的人處於中間的某個地帶。

犯罪受害的心理效應

暴力的心理衝擊

犯罪暴力的影響甚至延伸到直接受害者及其家人與朋友以外的範圍。
數十年來，普遍認知是人們都害怕成為犯罪的受害者，這種恐懼在女性與
老年人間尤其強烈（Dansie and Fargo, 2009; Schafer, Huebner & Bynum,
2006）。媒體每天對犯罪受害的報導會加劇這樣的恐懼，但其他事情也
會。對社區安全、自我保護能力的知覺，以及其他因素也可能有關。在美
國，自九一一事件以來，對恐怖主義的恐懼帶來了更多壓力。一些事件如
二○一三年的波士頓馬拉松爆炸案、二○一五年十二月的聖伯納迪諾（San
Bernardino）事件，以及二○一七年的夏律第鎮（Charlottesville）事件（許
多人可能會認為這是國內恐怖主義的例子）都加重了這些恐懼。恐怖份子
的活動在世界其他地方亦不陌生，在馬德里、巴塞隆納以及英國曼徹斯特
所發生的事件就是證明。

犯罪暴力對其直接受害者的心理衝擊相當巨大且影響深遠的。事實
上，在許多情況下，犯罪受害者所遭受的心理創傷可能比身體傷害或財產
損失更難處理。對犯罪受害的心理反應可能從輕微到嚴重。當兒童成為多
重受害者時，情況會變得更加嚴重。〈國家兒童暴力曝險調查〉發現，美
國約十分之一的兒童是多重受害者（Finkelhor et al., 2011）。對壓力的輕微
反應可能包含多種症狀，包括輕微的睡眠障礙、易怒、憂慮、人際壓力、

注意力不足及健康問題惡化（Markesteyn, 1992）。另一方面，嚴重反應可能包括嚴重的憂鬱症、焦慮症、酒精與藥物濫用，以及自殺的想法或嘗試自殺（Walker and Kilpatrick, 2002）。對犯罪受害最具破壞性且最常見的反應是創傷後壓力疾患。創傷後壓力疾患對於犯罪受害的理解與治療來說非常重要，因此有必要詳細討論其症狀以及目前對其的理解。

　　回顧前幾章曾提到創傷後壓力疾患。舉例來說，它有時會被用來當作犯罪行為的抗辯，在心理學家就民事損害（例如被告的疏忽或性騷擾造成的人身傷害）作證的案件中，它可能也高度相關。

創傷後壓力疾患

　　創傷後壓力疾患（PTSD）是對於高度令人不安的創傷事件的常見心理反應，通常以對該事件反覆侵入性的記憶為特徵。這種記憶往往在感官上 [389] 相當生動，相對不受控制，並會引起極端的痛苦（Halligan, Michael, Clark & Ehlers, 2003）。正如我們後面將會提到的，現有檔案記載，越戰、波灣戰爭、伊拉克及阿富汗戰爭的許多退伍軍人至今依然受到 PTSD 所苦，而更早期的戰爭老兵可能同樣患有 PTSD，雖然這種情況並沒有得到確認。根據 DSM-5，當一個人暴露於實際或死亡的威脅、嚴重傷害或性暴力時，就可能會出現 PTSD。它發生在當個體直接經驗創傷事件、目睹事件，或得知創傷事件發生在親密的家庭成員或親近的朋友身上時。

　　當創傷的生物、心理及社會效應嚴重到足以損害一個人的社交與職業功能時，心理健康專業人員會給予的 PTSD 診斷。它可能是急性（症狀持續少於三個月）或慢性（症狀持續超過三個月），或者受害者可能展現出延遲發病（delayed onset，現在稱為延遲表現〔delayed expression〕），亦即創傷事件與症狀開始的間隔時間是幾個月，甚至幾年。一般的病程是症狀在事件發生後不久最強烈，然後隨著時間而降低。如果受害者知覺創傷是故意造成，而不是意外或自然災害，症狀可能更嚴重且持續時間更長。換句話說，與遭受颶風、地震、龍捲風或意外飛機失事的人相比，強暴、戰爭

或恐怖攻擊等暴力的受害者更有可能出現長期且嚴重的症狀。

PTSD 的症狀包括強烈的恐懼、無助或恐怖。然而，應該特別指出的是，*DSM-5* 不再要求這些特定的情緒反應作為證據。根據 *DSM-5*，某些個體可能會表現出不同的情緒狀態、負面認知或解離症狀。另外，受害者會不斷在思緒與反應中再經驗創傷事件，持續逃避該事件的提醒物，並持續出現創傷前不存在的高度焦慮與壓力。症狀通常會時強時弱，來來回回一段時間後才緩解。然而，有些關於記憶的研究指出，人們記得的創傷往往會比實際所經歷的更多，而當他們有這樣的狀況時，會出現更多 PTSD 症狀（Strange and Takarangi, 2012）。這並不是說他們沒有實際經歷過那些創傷，只是要說明在心中重複播放事件可能會加強經驗的效應，而在個體身上造成更多的痛苦。（在第四章的觀點專欄4.1中，史崔吉博士也提到這項研究。）

據調查估計，美國成人 PTSD 的終生盛行率（即在其一生中的某個時候曾經經歷PTSD）約在7%至12%（Breslau, 2002; Kessler et al. 2005; Ozer, Best, Lipsey & Weiss, 2003），這個百分比在九一一事件後略有增加。在那之前，研究指出，50%至60%經歷創傷壓力的美國人口中，只有5%至10%的人會發展出 PTSD（Ozer et al., 2003）。這些資料顯示，人們對壓力的反應是獨特且有個別差異的。當 PTSD 症狀並不是明顯呈現的主訴時，常規的臨床實務就不足以將其辨識出來（Franklin, Sheeran & Zimmerman, 2002），但隨著對其存在有更多的了解，這種情況可能會發生變化。然而，對 *DSM-5* 中有關PTSD診斷準則的改變持批評態度的人認為，這些改變將會導致更多的誤診（Francis, 2013）。

女性 PTSD 的終生盛行率是男性的兩倍（10.4%與5.0%），依據全國5,877位年齡介於十五歲至四十五歲之間的代表性樣本（Kessler, Sonnega, Bromet, Hughes & Nelson, 1995），這個差距可能至少部分可以從性侵的案例來解釋。強暴被認為是所有創傷中最嚴重者之一，會造成多重且長期的負面後果（Campbell, 2008）。因此，強暴受害者（他們較偏好稱倖存者）常會有廣泛的被侵害後需求，需要各種健康與心理系統的協助。這些需求

有時會需要數月或數年才能讓受害者的生活有所適應或調適。然而，資料顯示，令人驚訝的是，倖存者很少（不到35%）會尋求心理健康服務，尤其是青少年（Ullman, 2007a）。相反的，大多數（約三分之二）的人會向朋友與家人尋求幫助。然而，許多受害者根本得不到心理專業照護。綜合 [390] 檢視相關文獻後，研究者寫道：「性別、種族及社會階層等多重互動向度需要給予特別關注，以從所有倖存者的角度，理解尋求協助這件事，以便發展創新的心理衛生服務，並將之提供給性侵的倖存者。」（Ullman, 2007a, P.77）

在一項針對男女越戰退伍軍人所進行的全國調查中（Weiss et al., 1992），據估計，30.9%的男性與26%的女性自從至越南服役以來，都曾經在某個時間點符合 PTSD 的診斷標準（Ozer et al., 2003）。在伊拉克與阿富汗戰爭中，50%尋求治療的退伍軍人在PTSD的檢測上呈陽性，雖然受到「官方正式」診斷的人數要少得多（Ramchand et al., 2010）。在未尋求治療的退伍軍人中，盛行率估計在5%至20%之間。對這些人所進行的其他研究顯示，軍事性創傷（性騷擾與性侵害）及因暴露於多種與戰爭有關的壓力源所導致 PTSD 症狀的數量，可能甚至高於先前報告的（Katz, Cojucar, Beheshti, Nakamura & Murray, 2012）。

暴露於創傷生活經驗的心理後果可能有高度的變異，有些人調適良好，有些人則表現出持續相當時間的嚴重負面情緒與心理後果（Marshall and Schell, 2002）。同樣的，在某些個體身上的記憶扭曲會加劇 PTSD 的症狀。某些犯罪受害者除了出現 PTSD，也會表現出憤怒的情緒（Orth, Cahill, Foa & Maercker, 2008）。此外，PTSD 症狀越嚴重，表達的憤怒就越強烈。許多研究者持續尋找可能導致PTSD的個體、社會及環境因素。然而，從研究中並沒有辦法清楚知道誰最可能罹患 PTSD。不過，顯然社會支持既是創傷的預防因子，也是協助個人在創傷後更快恢復的因素（Ozer et al., 2003）。

研究顯示，不同犯行受害者的心理傷害在性質上面並沒有不同，而是程度的問題。也就是說，雖然性侵、搶劫、入室盜竊及綁架受害者表現出的心

理反應在強度上會有所不同，但他們的痛苦本質是相似的（Markesteyn, 1992）。因此，研究者指出，一般而言，受害者的反應與復原可能會被三類變項所中介：一、受害者在受害前的性格特徵；二、受害者在受害後的因應能力；三、與犯罪事件有關的因素。受害前變項指的是民族／少數族群的背景、宗教或靈性信仰、社會經濟地位、性別及年齡等。如前所述，受害前最重要的變項之一，是支持性關係的品質與可得性。與犯罪事件有關的因素則包括所涉暴力的程度與犯罪地點（例如在家裡或外面）。比起那些在「不安全」的地點受到攻擊的受害者，在自己知覺為「安全」的環境中受到攻擊的受害者，會經驗到更多的負面反應（Markesteyn, 1992）。受害後因子則包括犯罪受害者可以利用的各種因應機制，例如適當追究責任的能力、知覺對生活的控制以及社會與專業的支持。受害後的反應中，對再次受害的恐懼尤為強烈。舉例來說，街頭搶劫的受害者表示，他們覺得自己更容易受到傷害，並強烈覺得自己是其他犯罪的潛在目標。他們會避免在夜間外出、改變工作地點、搬家，或購買自衛武器（Cohn, 1974）。廣泛回顧文獻後，研究者總結道：「幾乎無一例外，研究證明人們接收到的正向支持與他們適應且成功克服壓力事件的能力，存在正相關。」（Markesteyn, 1992, P.25）而受害者服務介入似乎尤其重要。

[391] 40%的受害者對於非家內攻擊（搶劫、加重與單純傷害）的短期心理反應包括憤怒、睡眠障礙、不安、困惑、慌張、否認及恐懼（Markesteyn, 1992）。20%至40%的受害者出現憂鬱、無助、食欲不振、噁心及精神萎靡等最嚴重的反應。大約有5%的受害者表示是終生的反應。未得到他人支持的受害者，特別是缺乏專業的介入與治療，尤其會有發展出後續心理問題的風險。

凶殺案受害

二〇一五年，美國約有13,455人被謀殺（或是非過失殺人的受害者）（FBI, 2016a）。 儘管在過去二十年間，向執法單位通報的凶殺案數量呈

現穩定下降，但二○一五年仍比二○一四年增加了11%。凶殺案的受害者是暴力犯罪受害者中比例最小的（1.3%），但那些倖存下來的人所經驗到的心理重創是相當龐大的。這個國家的青年特別容易受到傷害，每一萬名年輕男性中，有接近三人可能會在十八歲前成為犯罪凶殺案的受害者（APA，1996）。生活在大城市貧困地區的年輕少數民族男性的被謀殺率又更高，平均每333名成年男性中，就有一人會在二十五歲以前成為凶殺案的受害者。與其他已發展、工業化國家相比，美國青少年的凶殺率算是相當高。

殺害幼兒的行為主要是由家庭成員（71%）所為，通常是使用「個人武器」（如手腳）毆打、勒死或使受害者窒息（Finkelhor and Ormrod，2001b）。根據芬克爾霍與奧姆羅德的研究（Finkelhor and Ormrod），雖然受害的男孩與女孩人數相當，但加害者則有不成比例的女性。其中被害風險最高的是一歲以下的兒童。通常這個年齡層的兒童會被不想要孩子，或認為自己沒有能力養育孩子的親屬殺害。當年幼的孩子（五歲以下）被父母殺害時，通常是因為他們需要持續的關注所致。兩個最常見的幼兒凶殺案的導火線是：不斷哭泣以及如廁意外（U.S. Advisory Board on Child Abuse and Neglect, 1995）。這些死亡在生活貧困與離婚或父親的缺席的家庭中似乎更為常見。然而，攻擊者可能是家中另一位男性。

童年中期（六至十一歲）是凶殺風險相對較低的時期，而青少年（十二至十七歲）的凶殺風險則相當高，平均高於所有凶殺率10%以上（Fox and Zawitz, 2001）。與十二歲以下兒童的凶殺案不同，青少年的凶殺案相對較少（9%）是由家庭成員所犯下。

芬克爾霍與奧姆羅德指出，幼兒的實際凶殺犯罪率可能高於統計資料所顯示的狀況。幼兒的凶殺案很難記錄，因為它們可能會與事故及其他原因所造成的死亡相似。死於嬰兒猝死症候群（sudden infant death syndrome, SIDS）的兒童可能難以與被窒息區分開來，或者被丟落的兒童所受的傷害可能與意外墜落的兒童相似（Finkelhor and Ormrod, 2001b）。

受害者與加害者之間的關係

　　表10.3依據聯邦調查局二〇一五年所報告的資料，列出受害者與加害者的關係。如表所示，大約有13%的凶殺案是家庭成員所造成。表10.4則列出相較於其他已知的關係所造成的受害人數，家庭內被殺害的受害者人數。

表10.3　受害者與加害者的家庭關係

家庭謀殺受害者總數	1,711	100%
丈夫	113	6.5%
妻子	509	29.6%
母親	125	7.3%
父親	131	7.6%
兒子	255	14.8%
女兒	162	9.4%
兄弟	108	6.3%
姊妹	22	1.2%
其他家人	286	16.6%

資料來源：FBI, 2016a

表10.4　二〇一五年已知與未知的謀殺者關係

謀殺受害者總數	13,455 位受害者	100%
家人	1,711 位受害者	12.7%
其他認識的人（如熟人、男友、女友、鄰居）	3,909 位受害者	29.1%
陌生人	1,375 位受害者	10.2%
未知	6,450 位受害者	47.9%

資料來源：FBI, 2016a

死亡通知

通知因暴力犯罪而死亡的受害者家屬,是專業人員最具挑戰性的任務之一,他們的責任就是傳遞訊息(Ellis and Lord, 2002)。目前可得的最佳資料指出,美國人口中有將近2%的成人因犯罪殺人事件而失去直系親屬(Amick-McMullan, Kilpatrick & Resnick, 1991; Walker and Kilpatrick, 2002)。這也經常是家庭成員與所愛的人生命中最創傷性的事件。不僅僅是因為**死亡通知**(death notification)本身充滿壓力且來得強烈,更是因為倖存者也沒有時間做好心理準備。

不當或做得不好的通知可能會拉長倖存者的哀慟歷程,讓他們從創傷中復原的時間延後多年。在受害者學的文獻中,倖存者常被稱為**共同受害者**(co-victim),這個詞彙將會在下面進行定義與討論。在通知期間與之後,共同受害人的需求包含:宣洩情緒的機會;冷靜且令人安心的權威人士;恢復控制感;準備共同受害者下一步需要做的事(Ellis and Lord, 2002)。

司法心理學家最有可能參與死亡通知的階段,是對警官、精神衛生專業人員及死亡通知小組進行培訓與支持性的諮商,這些人員被期待要定期向暴力犯罪的共同受害者與家屬提供服務。目前有幾個用來培訓死亡通知員的模型,最著名且可能最受仰賴的模型是由反酒駕母親(Mothers Against Drunk Driving, MADD)所發展出來的模型(Ellis and Lord, 2002)。然而,即使有上述模型可用,許多死亡通知員仍然缺乏正式的訓練(Stewart, Lord & Mercer, 2001)。也有其他的手冊或指南可以提供有關死亡通知的培訓建議。美國犯罪受害者辦公室與全國警長協會合作,編寫《面對犯罪受害者的第一反應》(*First Response to Victims of Crime 2001*)(Gillis, 2001);國家受害者援助組織則出版了《社區危機應對小組培訓手冊》(*Community Crisis Response Team Training Manual*)第二版。該手冊的第六章就是死亡通知的程序以及建議。珍妮絲‧洛德(Janice Lord, 1997, 2001)是死亡通知實務發展的主要專家,並為美國犯罪受害者辦公室編寫了幾本刊物。一九九五年,該單位支援反酒駕母親組織的標準程序以修訂

其死亡通知的課程，並在七個地點進行了測試（Ellis and Lord, 2002）。一些有經驗的死亡通知員表示，他們最需要的教育訓練如下：

- 如何傳達死亡通知的具體細節
- 如何應對家屬當下的反應
- 如何管理自身的反應
- 死亡通知的一般面向

[393]

研究者表示（Ellis and Lord, 2002），死亡通知員應該要是敏感、成熟、正向且冷靜，並真心希望能成為通知員的人。充滿壓力、焦慮、對適當傳達訊息缺乏信心的人，基本上就不應該被選任為通知員。由於死亡通知對所有參與者來說都是一個壓力事件，因此對常規參與的專業人員來說，很容易有耗竭的風險。在這些情況下，心理學家的一個重要角色便是為受害者服務的提供者提供支持與諮詢，並注意耗竭的症狀。

凶殺案共同受害者的反應

> 十六年前，我弟弟在十五歲時被另一個孩子殺害了。我們家就再也沒有辦法像過去一樣。那些說什麼「解脫」或「回歸正常生活」的人根本就不明白。永遠都不會有「解脫」這件事。
>
> 我父親坐牢，因為他殺了我母親。他就在那裡被關到死。我不在乎。

以上是幾年前我們班上的學生說出來的話，凸顯所謂暴力犯罪的共同受害者所面臨的可怕苦痛與哀傷。而直接受害者與他們親近的人都會感受到傷害事件在未來許多年造成的影響。暴力犯罪尤其如此。

共同受害者一詞經常被用來強調凶殺案所造成的情緒衝擊的深度。在謀殺發生後，要與法醫、刑事與少年司法系統、媒體打交道的人，就是這些共同受害者。共同受害者可以擴大到任何謀殺所觸及的團體或社區，不論教室、宿舍、學校、辦公室或鄰里。組成這些社群的大多數人會在情感、精神及心理上受到謀殺案的傷害，有些人可能比其他人傷得更深

（Ellis and Lord, 2002, P.2）。二〇一二年桑迪胡克小學發生的悲劇就造成許多共同受害者，包括兒童與成人，雖然他們肯定更希望稱自己為倖存者。其他例子還包括二〇一二年科羅拉多劇院槍擊案、波士頓馬拉松爆炸案、以馬內利聖母教堂殺人案等眾多犯罪的共同受害者。某些共同受害者對這些悲劇做出回應，他們可能成為尋求修訂槍枝法的活躍份子，而有些人則選擇隱藏起來，避免公開露面。某些人會求助於受害者服務或其他的社區資源，而有些人則傾向於從彼此身上獲得支持。個人悲劇的共同受害者或倖存者，例如青年被殺害，也以類似的方式作出回應。

受害者服務的提供者必須有足夠的知識、經過謹慎的訓練，才能有效回應受害者與共同受害者的各種反應與需求，以及凶殺案所牽涉的調查與司法程序。他們必須認識到文化的多樣性，了解文化與族裔在個人與群體間所扮演的角色，並了解影響這些群體的社會經濟與政治因素（Hall, 1997）。共同受害者可能會以與其文化／族裔相容的方式回應死亡通知，並結合其心理、情緒及靈性上的優勢與弱勢。

當家人被謀殺時，家庭成員會表現出各式各樣的情緒。研究顯示，謀殺死亡事件的倖存者的反應完全不同於因非暴力事件失去親人而感到悲痛的反應（Sprang, McNeil & Wright, 1989）。對於謀殺受害者的家屬來說，[394] 哀悼的過程持續時間更長，而且更為複雜（Markesteyn, 1992）。凶殺案倖存者的哀傷反應似乎更深、更常表現出憤怒與報復的心態，並會導致持續更久的焦慮與恐懼反應（Amick-McMullen, Kilpatrick, Veronen & Smith, 1989; Markesteyn, 1992）。正如米勒（L. Miller2008）指出，「謀殺的目的性與殘忍的本質加劇了倖存者的憤怒、悲傷及絕望。」（P.368）知覺謀殺的故意與惡意程度越高，共同受害者的痛苦就越深。共同受害者經常會苦於侵入性與重複性的暴力畫面、惡夢，以及憤怒與哀傷的情緒起伏。過度思念死者、孤獨或空虛的感受、漫無目的或徒勞的感覺、情緒麻木或疏離感，也經常是他們的悲傷症狀（Carlson and Dutton, 2003）。除了這些症狀，凶殺死亡的哀慟反應還包括憤怒、對凶手的報復欲望，以及對刑事司法系統的失望（Murphy et al., 1999）。

如果死者曾遭受酷刑、性侵害或其他侵入性或令人髮指的行為，共同受害者的反應可能會特別強烈（Ellis and Lord, 2002）。共同受害者往往會需要得到保證，說死者的死亡是迅速且無痛，受苦是減到最低的。「如果死亡過程是相當折磨或持續很久的話，共同受害者的情緒可能會一直停留在受害者當時會感受到與經歷到的恐怖。」（Ellis and Lord, 2002, Chap. 12, P.8）。如果加害者是屬於另一個種族／族裔或其他少數族群，共同受害者可能會對該特定族群產生偏見，而需要在諮商中加以處理。

複雜性哀慟

對於諮商員與心理學家來說，尤其挑戰的是當倖存者無法從死亡中找到任何意義時；這種情況對於因暴力死亡（如謀殺或自殺）而失去孩子的父母來說很常見（Miller, 2008）。在奈米爾（Neimeyer, 2000）針對哀慟的文獻回顧中，他寫道：

> 綜合來說，這些研究說明了，「尋找意義」在絕大多數（70-85%）經歷突然、可能具有創傷性哀慟的悲傷歷程中，扮演著強而有力的角色，雖然仍有一定比例的少數人顯然是直接接受他們的失去，沒有對其意義進行深入反思。（P.549）

根據奈米爾的說法，從暴力死亡中尋找意義是個人的漫長旅程，但主要是在尋找這個經驗所帶來的益處——雖然在這個脈絡下，益處是一個不太適切的詞。哀慟輔導諮商員發現，從早期強調尋找「死亡原因」，轉向關注失去所帶來的正向好處，對倖存者來說是很有幫助的。舉例而言，一個人可能會在其生活中找到新的意義，並走上通往新的、積極的生活方向的道路。更具體來說，一個人可能會決定活在當下，對他人更富有同情心，而且更懂得向他人表達自己的感受。

有些專家指出，無法「找到意義」的倖存者更有可能經驗到一種被稱

為「複雜性哀慟」（complicated bereavement）的症候群（Neimeyer, Prigerson & Davies, 2002）。複雜性哀慟包含不健康的心理症狀，可能是長期且執著地思念逝者、被死亡相關的想法占據思緒、過度煩躁與痛苦、不信任、無法接受死亡等。另外也可能會因為渴望與逝者重聚，而出現嚴重的自殺想法。雖然某些症狀其實是哀傷歷程的特徵，但複雜性哀慟與「正常」哀慟的不同之處在於這些症狀的長度與強度。

文獻指出，親人因非暴力死亡，大多數倖存者最終都能有某種程度的復 [395]
原，並盡其所能繼續向前邁進。相較之下，親人因暴力死亡的倖存者會需要更長的時間才能復原。墨菲等人（S. A. Murphy et al., 1999）指出，孩子因暴力死亡的父母，有三分之一在事件至少兩年後仍然表現出創傷反應與心理痛苦。在後來的研究中（Murphy, Johnson & Lohan, 2002），則有三分之二的父母（同時包含母親與父親）在孩子因暴力死亡五年後，仍符合精神困擾（憂鬱、焦慮、認知混亂、與世界脫節）的診斷標準。研究哀慟現象的臨床工作者與研究人員認為，親人因暴力死亡後的哀傷歷程是一種獨特的反應，需要特殊的訓練與技巧才能有效加以治療（Carlson and Dutton, 2003）。

性侵受害

本節將概述性暴力受害的情況，包括受害者的特徵以及性暴力對受害者生活與心理健康的影響。攻擊者可能是親密伴侶、親戚、朋友、約會對象、認識的人或陌生人。性暴力有很大比例（大約三分之一）是由親密伴侶所為，可能是現任或前任伴侶、女友或男友。下一章我們將會介紹親密伴侶與家庭暴力，並將重點放在身體暴力與心理虐待。

受害者特徵

年齡

強暴與性侵害主要是針對年輕人的犯罪，至少根據現有統計資料是如

此。然而，有鑑於一般性侵害的低通報率，我們必須謹慎看待這些數據。舉例來說，老年女性、已婚女性、男性就比較不可能通報這類受害。全國婦女研究（Tjaden and Thoennes, 1998a）報告了有關受害者年齡的資料如下：

- 32%的性侵害發生在受害者年齡在十一至十七歲之間。
- 29%的強暴案發生在受害者不滿十一歲時。
- 22%的強暴案發生在十八至二十四歲之間。
- 7%的強暴案發生在二十五至二十九歲之間。
- 6%的強暴案發生在受害者年齡大於二十九歲。

同樣的，我們必須謹慎看待這些數據，因為在住所內對年紀較長者（包括老年人）的性侵犯，以及婚內與熟人強暴事件，可能不會被通報。舉例來說，根據一項自陳報告的調查估計（Rennison, 2002b），美國有63%的強暴既遂、65%的強暴未遂，以及74%的性侵害沒有被通報。

國家事件報告系統所收集的資料提供了更完整的樣貌，但年齡分布有所不同。該系統的資料指出，向執法機關通報的性侵受害者中，三分之二以上是青少年（十八歲以下）（Snyder, 2000）。一半以上的少年受害者年齡在十二歲以下。更具體來說，向執法機關通報的性侵受害者中，33%年齡在十二至十七歲之間，34%年齡在十二歲以下，14%的受害者年齡小於五[396]歲（見圖10.5）。

表10.5　性侵受害者的年齡分布

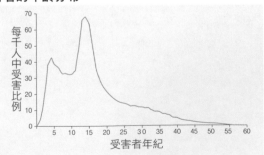

資料來源：Snyder, 2000

國家事件報告系統的資料顯示，青少年最常成為撫摸（84%）、肛交（79%）、以物體進行性侵（75%）的受害者，但不到一半（46%）的比例是強暴的受害者（Snyder, 2000）。

雖然保母在幼兒犯罪中所占比例相對較小（4.2%），但可能受到保母身體攻擊風險的兒童比面臨性犯罪風險的兒童（三至五歲）更年輕（一至三歲）（Finkelhor and Ormrod, 2001a）。通報警方的性犯罪保母大多數是男性（77%），而身體攻擊者則大多是女性（64%）。

性別

整體而言，根據官方統計，約九成的強暴與性侵受害者是女性（FBI, 2016a; Greenfeld, 1997）。研究資料顯示，美國有18%至26%的女性會在一生中的某個時間遭到性侵害（Finkelhor, Shattuck, Turner & Hamby, 2014; Kilpatrick, Resnick, Ruggerio, Conoscent & McCauley, 2007; Post, Biroscak & Barboza, 2011）。雖然很難找到男性受害者曾遭受性侵的人數統計資料，但最佳估計大約落在5%至14%（Finkelhor et al., 2014; Rosin, 2014）。然而，最近由美國疾病控制與預防中心以及司法統計局獨立進行的兩項調查發現，美國男性普遍存在性侵受害的經驗（Stemple and Meyer, 2014）。事實上，某些形式的男性受害「大致相當於女性所經歷的」（Stemple and Meyer, 2014, P.e19）。資料顯示「男女兩性的受害率高得驚人」（P.e19）。（有關此主題的詳細資訊，請參閱重點提示10.3。）兒童與大學生、身心障礙者以及被監禁的人最容易遭到強暴或其他性侵害。

兒童性加害者幾乎總是男性，但受害者可能是任何一種性別。然而，正如第九章所述，研究人員開始對「女性很少對兒童進行性侵害」的這個假設提出質疑（Becker and Johnson, 2001; Sandler and Freeman, 2007）。異性性侵害（男性成人與女童）似乎更為常見，根據現有資料顯示，有四分之三的男性性加害者只會選擇女性作為受害者（Langevin, 1983; Lanyon, 1986）。同性戀兒童性犯罪（成年男性與男童）似乎較少發生，大約占20%至23%的通報案例。只有很少數的兒童性加害者會選擇男女兩種性別的兒童。

[397]

重點提示10.3

男性的性受害

過去二十年間，有些眾所矚目的媒體報導點出一件事，那就是性侵害不能只以男性對女性來定義。在這些報導中，最主要是神父虐待醜聞，其中在美國與世界各地的男性都透露，在他們年輕男孩時期，曾經受到神父的虐待。（雖然也有女孩受到神父的虐待，但男孩的風險更高，因為他們經常作為輔祭與神父接觸。此外，儘管神父有獨身的誓言，神父與成年女性或男性有合意的性關係也早已不是新聞。）媒體報導的一則故事，是傑瑞・桑達斯基（Jerry Sandusky）的案件，他是一位賓州的助理足球教練，因一九九四至二〇〇九年間發生的約四十五件兒童性虐待案遭起訴定罪而入獄。而對少年機構中的性侵害與監獄強暴的研究則較少受到大眾關注，這些研究顯示男女受刑人都極容易受到監獄工作者與其他受刑人的性侵害。

在一篇精闢的文章中（Stemple and Meyer, 2014），研究者表示我們需要一種新的方法來研究性侵害。他們指出，官方統計與研究典範主要都側重於男性對女性的性侵害，並將女性視為無力與無助的受害者。某些假設（例如男性受害者所遭受到的傷害較小，或男性對所有性別都來者不拒）阻礙了男性受害的進一步調查。此外，雖然人們已經充分認識到女性強暴受害者常常不會向警方通報，但男性強暴受害者同樣可能不會報案，甚至有時是出於不同的原因。

該文章作者表示，由於收集性侵害資料的主要方法以及研究所使用的主要典範，我們忽略了男性被女性強暴、男性的同性性侵害，以及身心障礙者或機構環境中等易受傷害的男性所遭受到的傷害。

問題與討論：

一、性侵通常會因為許多不同的原因而沒有向當局通報。這些原因是否不管在什麼性別都相同？如果不是，哪些原因相同？又有哪些不同？

二、對成年女性的性侵害是否應被認為比對成年男性的性侵害傷害更大？

三、不平等的權力關係常常是女性與女孩遭到性侵害的根源（如獄卒對受刑人、叔叔對姪女、大學兄弟會學長對入會的一年級新生）。當男性受到侵害時，也是權力關係的作用嗎？

受害者的受傷程度

有關性侵害造成的身體傷害，資料顯示，58%的性暴力女性受害者會在襲擊中遭受身體的傷害，如割傷、擦傷、內傷、骨折、槍傷或強暴傷害（Planty, Langton, Krebs, Berzofsky & Smiley-McDonald, 2013）。性暴力指的是既遂、未遂或威脅強暴或性侵。約35%在襲擊中受到身體傷害的女性表示她們會尋求治療，通常是在醫院、醫師診間或急診室。

[398]

資料顯示，大多數的受害者不會呈現出多數人認為是暴力性攻擊特徵的明顯的身體證據。對成年男性的侵犯沒有被認真看待的一個原因，就是他們往往沒辦法證明所受到的暴力程度。〈全國犯罪受害調查〉資料顯示，女性通報強暴傷害而需要醫療照護，確實比男性來得多，但兩性確實都受到了嚴重的傷害（女性12.6%，男性8.5%）（Stemple and Meyer, 2014）。不幸的是，許多沒有看到明顯身體傷害證據的人會得出受害者當時一定有同意的結論。此外，即使有些攻擊並不會造成個人傷亡，但性侵害對受害者造成巨大的心理傷害，尤其是兒童。與女性相似的是，「遭受性虐待的男性會出現如憂鬱、自殺意念、焦慮、性功能障礙、自尊喪失及長期的關係困難等問題。」（Stemple and Meyer, 2014, P.e20）。

受害者與加害者之間的關係

親密伴侶與約會暴力

強暴的傳統法律範圍僅限於對與加害者無關的青少年與成年女性進行

性接觸或侵害。有鑑於強暴最常發生在熟人、親屬及配偶之間，這個傳統的定義已大為過時。舉例來說，一項調查（Kilpatrick、Whalley & Edmunds, 2002）提出令人信服的證據，證明大多數強暴者是親密伴侶，而不是陌生人。資料指出：

- 24.4%的強暴者是陌生人
- 21.9%是丈夫或前夫
- 19.5%是男友或前男友
- 9.8%為親屬
- 14.6%是其他非親屬，例如朋友或鄰居

〈全國犯罪受害調查〉在二〇〇五至一〇年的數據也顯示出類似結果（Planty et al., 2013）。調查指出，在性暴力的受害者裡，十位中有八位認識加害者。約有三分之一認識攻擊者的受害者表示，受害是親密伴侶造成的。另有6%的人透露，加害者是親屬或家庭成員，38%的人則表示加害者是朋友或熟人。陌生人犯下了22%的攻擊，這個比例從一九九四年至二〇一〇年基本上保持不變。

然而，許多人（包括受害者本身）並不會將性攻擊定義為強暴，除非攻擊者是陌生人。因此，如果受害者是被丈夫、男友或「約會」性侵，便不太可能會通報。根據這項研究，15%至20%的女大生表示曾經遭受過約會強暴或其他的約會暴力（Eshelman and Levendosky, 2012）。事實上，大學校園的性侵近來受到大眾關注，就像前面討論的軍中性侵。舉例而言，許多年輕女性表示，她們曾在兄弟會或其他聚會期間或之後遭到性侵，而其他人則是在從夜間課程步行到住處時遭到侵害。

約會與親密伴侶強暴的受害者可能會遭受到三種類型的虐待：性虐待、身體虐待、心理虐待（Eshelman and Levendosky, 2012）。性虐待包括拒絕使用保險套或其他的避孕措施，要求或以身體力量來強制進行性行為。身體虐待則包含「從打耳光或毆打，到更嚴重的行為如刺傷、燃燒及窒息」等一連串的行為（Eshelman and Levendosky, 2012, P.216）。心理虐待則包括恐嚇、社會隔離、羞辱，以及其他以控制受害者為目的的行為模

式。約會暴力的受害者往往會遭受「約會對象」或男友的反覆創傷，而重
複虐待的心理影響往往比單一事件虐待的影響更為嚴重。此外，「相較於　[399]
只暴露在一種虐待下，多重虐待類型的經驗更有可能導致心理健康問
題。」（Eshelman and Levendosky, 2012, P.224）憂鬱症與 PTSD 是與親密
伴侶或約會性暴力相關的兩種常見的心理問題（Taft, Resick, Watkins &
Panuzio, 2009）。

　　刑事司法人員與一般大眾經常認為婚內強暴或約會強暴並不重要，因
為他們認為這類強暴對受害者的心理創傷較小，而且更難證明。舉例來
說，一些檢察官承認他們比較不願意起訴婚內或約會強暴案件，因為擔心
很難讓陪審團相信丈夫或男友可能是性侵者。然而，如前文所述，現有資
料顯示，在強暴與性攻擊的總數中，有超過三分之一是由親密伴侶（通常
是配偶）所為（Planty et al., 2013）。

其他受害資料

　　大約九成的性侵受害只涉及單一的加害者，這個比例在過去二十年間
保持不變（Planty et al., 2013）。在二〇〇五至一〇年間，受害者報告攻擊
者擁有或使用武器的比率是11%。根據受害者的說法，6%的加害者擁有槍
枝，4%的攻擊中會出現刀。強暴或性侵害的成年受害者向警方報案最常見
的原因，是防止加害者對他們犯下更多罪行。而受害人不向警方報案的最
常見原因，是將之視為私人問題。就全美國而言，十六至十九歲、低收入
居民及城市居民的人均強暴率是最高的（Greenfeld, 1997）。各種族間的強
暴或性侵害率則沒有顯著差異。

　　青少年受害者比成年受害者更有可能在住所內受害（Snyder, 2000）。
青少年性侵害最常見的非居住地點是道路、田地／樹林、學校、旅館／汽
車旅館。性侵青少年最常使用的武器則是手與拳頭。

兒童性虐待

　　兒童性虐待是指為了其他人在性與控制上的滿足而對兒童或青少年進行剝削（Whitcomb, Hook & Alexander, 2002）。據估計，全球兒童性受害率在女孩間約為27%，男孩則約14%（Garcia-Moreno, Guedes & Knerr, 2012）。在美國，兒童性受害率在女孩約為25%至27%，男孩則是16%（Pérez-Fuentes et al., 2013）。一項調查顯示（Wurtele, Simons & Moreno, 2014），6%的男性與2%的女性表示，如果可以保證不會被抓或受到懲罰，他們有可能會與兒童（十二歲或以下）發生性關係。此外，有9%的男性與3%的女性透露，他們有可能會在網路上觀看兒童色情內容。

　　在大多數的兒童性虐待案件中，加害者與受害者彼此認識，甚至往往非常熟悉，而且犯罪經常涉及親屬（亂倫）。許多受害者只是尋求情感，只是想被擁抱或摟抱，或者與人接觸。有些加害者會以孩子表現得「具引誘性」來為自己的行為辯護。很多時候孩子參與猥褻主要是因為太害怕以致於不敢反抗。雖然對許多人來說可能難以理解，但研究指出，一般來說，兒童性加害者經常對受害者有好感，覺得他們是自願參與的，而且他[400]們往往對直系家庭的孩子下手（Miner, Day & Nafpaktitis, 1989）。然而，這些「好感」大概僅限於不涉及性插入的罪行。在許多案件中，加害者與同一兒童之間的性行為可能已經持續一段時間。

心理效應

　　研究強力指出，兒童時期任何形式的性虐待都會導致許多兒童、青少年及成人出現人際、社會及心理的長期問題（Cantón-Cortés, Cortés & Cantón, 2015; Domhardt, Münzer, Fegert & Godbeck, 2015; Hillberg, Hamilton-Giachrisis & Dixon, 2011）。某些心理與行為的問題甚至可以在學齡前的兒童受害者身上發現（Hébert, Langevin & Bernier, 2013; Langevin, Hébert & Cossette, 2015）。憂鬱、羞恥、自殺、睡眠障礙、藥物濫用、孤立感、恐懼及強烈焦慮的狀況，在男性與女性受害者中並不少見。憂鬱症

與PTSD是曾在兒童時期遭性侵害的青少年與成人最常見的症狀（Gospod-arevskaya, 2013; Wherry, Baldwin, Junco & Floyd, 2013）。有些研究報告指出，30%至40%曾在童年時遭受性虐待的個體會有終生的憂鬱症病史；相較之下，沒有童年性虐待史的人比例則為10%至20%（Musliner and Singer, 2014）。男性與女性受害者都會出現這些心理與人際上的問題。

臨床與實徵研究的大量證據顯示，大多數性虐待受害者都會承受事件所帶來的負面影響（Pérez-Fuentes et al., 2013）。然而，兒童性虐待的長期影響似乎因人而異。雖然有些受害者看起來並沒有受到長期負面後果所苦，但對成年人的研究肯定了臨床文獻所提到的性虐待對多數受害者的長期影響（Browne and Finkelhor, 1986）。

研究顯示，父親或繼父的性虐待可能會比家庭外施暴者造成更多負面影響。此外，不令人意外的，使用武力或身體脅迫往往會給孩童造成更大的創傷（Browne and Finkelhor, 1986）。相較於觸摸未有衣物覆蓋的乳房或生殖器的行為，性交或性交未遂以及以口接觸生殖器的經驗更令人苦惱。

兒童性侵害順應症候群

兒童性虐待症候群（CSAS），或**兒童性侵害順應症候群**（child sexual abuse accommodation syndrome, CSAAS），最初是由羅納德·薩米特（Roland C. Summit, 1983）所提出，指發生在曾受家庭成員或所信賴的成人性虐待的受害兒童身上的一系列行為。薩米特指出，兒童不一定本來就知道與成年人發生性行為是錯誤的。然而，如果性行為持續發生，成人通常必須施壓或威脅兒童，以防止其他人知道這件事。施虐者的威脅與壓力往往會讓孩童相信，如果這種「私密的」事情被大家知道，（也許家庭成員）就會發生可怕的事情。所以孩子必須對家人的福祉負責。而他們也不知道要如何停止這種行為。因此他們必須「順應」這些祕密，把它們融入日常生活模式中。

依據這個觀點，遭受性虐待的兒童可能會感到丟臉，無法通報虐待行為，並在被問到時加以否認。薩米特認為，如果精神健康專業人員發現了

CSAAS的行為指標，例如兒童發表早熟的性知識，可能就可以證實是否發生了性虐待。此外，那些支持CSAAS存在的人認為，訪談者可以用更具暗示性的方式詢問這些孩子，提出具體，有時甚至是誘導性的問題。

[401]　　　然而，CSAAS的效度仍然有疑慮，尤其它可能會促使兒童隱藏或否認虐待的發生，因此需要以誘導性問題來引出正確的資訊。檢視相關文獻時，布魯克與瑟希（Bruck and Ceci, 2009）指出，受虐的兒童最初可能因為上述原因而不會說出來。然而，當直接而非暗示性詢問時，他們其實並不會否認。「這些研究並不支持說，否認受虐的兒童必須接受持續的暗示性詢問，否則他們不會揭露受虐的細節。」（P.156）布魯克與瑟希也提到，雖然高度暗示性的會談能夠促使兒童說出虐待行為，但他們也可能會給出虛假的報告，或說出沒有發生過的事情。

　　　近三十年前，梅爾斯（J. E. B. Myers, 1991）觀察到，「迄今為止，專業人士就是否存在一種能夠察覺兒童遭到性虐待的症候群，尚未達成共識。」（P.82）研究者（Haugaard and Reppucci, 1988）寫道：「特定症候群的概念的主要問題是，沒有證據指出它可以區分遭受性虐待的兒童與遭受其他創傷的兒童。」（P.177-178）薩米特（Summit, 1983）所列出的許多行為可能會發生在經歷性虐待以外的任何其他創傷類型的兒童身上，雖然行為中通常不會展現出早熟的性意識。「因此，很難可靠地說，表現出某種行為組合的兒童就是曾經受到性虐待，而不是諸如被身體虐待、忽視，或由精神疾患或反社會的父母撫養長大。」（Haugaard and Reppucci, 1988, P.178）

　　　總之，要作為一個有意義的性虐待診斷工具或指標，CSAAS在效度上是值得懷疑的。即使早熟的性意識可能也不是反映虐待的證據。此外，當其對兒童進行具高度暗示性的詢問，從而導致虛假報告，就會特別構成問題。另一方面，有些人觀察到，兒童極容易罹患 PTSD，這在描述兒童性虐待所造成的心理衝擊上，是更有用的概念（Whitcomb et al., 2002）。

　　　在兒童性虐待案件中，司法心理學家可能會被囑託對兒童進行評估，以確定這些指控是否有所根據，以及如果有，是經歷了何種程度的創傷。

因此，心理學家必須理解有關兒童受害陳述能力的研究（Bruck and Ceci, 2009）。如同第六章所討論的，這些評估在刑事案件（當某人被指控虐待）以及民事案件（如兒童監護權）中都會是相關的資訊。司法心理學家也可能被囑託評估兒童作證的能力，並協助兒童準備作證。心理學家也可能會作為案件的專家證人，例如就兒童記憶的有效性或理解程度作證。

心理衝擊

性侵受害者會出現廣泛的心理反應。在討論性侵害的許多文獻中，「受害者」現在比較常被稱為「倖存者」，「一個強調優勢並避免與『受害者』相關的被動性含義的標籤。」（Felson, 2002, P.136）然而，在本章的脈絡下，我們會繼續使用更為人所熟知的「受害者」一詞，因為我們談論各種受害問題，以及目前可取得的許多受害者服務。儘管如此，經歷這種攻擊的人更願意稱自己為倖存者是可以理解的，因為它象徵著情感上的力量，並強調他們可以控制自己的生活。

性受害通常會引起某些反應，以及身體、社會、心理，還有常常是經濟或（在學生的案件中）學業上的損失。受到性侵害後，有些學生受害者會難以集中注意力、開始缺課、學業進度落後。有些人會從高中或大學退學。此外，服務提供者與心理學家應該要意識到，許多性侵受害者往往很擔心被別人知道，包括家人（Kilpatrick et al., 2002）。正如一位學生所說的，「我從來不想讓媽媽知道，這會傷透她的心。」

對性侵更常見的心理反應包括 PTSD、羞恥、無助、憤怒或憂鬱。生活品質通常也會受到損害，因為受害者會經歷失眠、惡夢、社會孤立、回憶重現，以及強烈的不安全感。研究發現，以受害者的 PTSD 發病率而言，強暴受害顯著高於非性的攻擊（Elklit and Christiansen, 2013; Faravelli, Giugni, Salvatori & Ricca, 2004）。部分證據顯示，受到陌生人性侵的女性比認識襲擊者的女性更容易出現 PTSD（Elklit and Christiansen, 2013; Ullman, Filipas, Townsend & Starzynski, 2006）。雖然這項研究聚焦於女性

[402]

作為受害者的狀況，但必須強調，男性受害者可能也有類似的狀況。研究發現，94%的強暴受害者在受到侵害不久後符合 PTSD 的症狀標準，47%的強暴受害者在侵害發生三個月後持續出現 PTSD 症狀（Foa, Rothbaum, Riggs & Murdock, 1991）。在另一項研究中，16.5%的強暴受害者在受到侵害十七年後才出現 PTSD 症狀（Kilpatrick, Saunders, Veronen, Best & Von, 1987）。某些心理健康問題在本質上甚至可能會威脅生命。強暴受害者考慮自殺的可能性是非犯罪受害者的四倍。另外，「強暴受害者企圖自殺的可能性也是非犯罪受害者的十三倍（13%與1%）（Kilpatrick et al., 2002, Chap.10, P.15）。

司法心理學家與在司法場域中工作的其他心理學家經常被囑託在性侵案件中進行評估、提供治療擔任專家證人。他們要評估受害者的痛苦、回應及反應，特別是當它們危及生命時。心理學家應該了解受害者的文化與民族背景，以及該文化如何看待性侵受害者。目前有些評分量表與心理量表可以用來記錄受害者的受創程度。

專家證詞會出現在刑事或民事案件中。民事案件可能包括受害人對被起訴的攻擊者提出告訴以尋求損害賠償，或因未能提供足夠的保護而向第三方提告。心理學家可能會作證支持受害者受到嚴重情緒傷害的主張，如 PTSD，從而導致受害者的社會、職業、犯罪與／或財務生活受到損害。

網路受害

網路性引誘

近年來，新聞媒體對網路的危險性發出了警訊，主要重點在於兒童與青少年的網路個資與其他社交媒體管道，經常會吸引具攻擊性的性掠食者（sexual predator）。一項大規模研究（Wolak, Finkelhor, Mitchell & Ybarra, 2008）提到：「有關網路發起的性犯罪研究清楚顯示，對於利用欺騙與暴力來侵害兒童的網路猥褻兒童者的刻板印象，很大程度上是不準確的。」

（P.112）他們發現，大多數網路性犯罪都是成年男性犯下，他們利用網路與未成年青少年見面並引誘他們參加性會面。正如第九章指出的，很常見的情況是，青少年其實知道他們正在與成人交流。然而，加害人的行為仍然是犯罪行為，因為即使發生的是「合意的」性接觸，他還是犯下了法定強暴罪。此外，他可能會被依「引誘」法規起訴。

許多網路上的性引誘者並不危險，因為很少（低於5%）有網路引誘者會因暴力接觸性犯罪而被捕（Seto, Hanson & Babchishin, 2011）。然而，專門利用網路對兒童與青年進行商業性剝削則是另一回事，包括傳播兒童或受侵害兒童的色情圖像等行為。這也包含引誘兒童進行性交易，以及以性為目的將兒童供應給他人，我們將會在後面討論到這個主題。二〇〇六年，美國估計有570人因網路兒童商業性剝削而被捕（Mitchell, Jones, Finkelhor & Wolak, 2011）。加害者與販運者越來越常使用網路進行兒童性交易與剝削。上述研究者指出，「由科技所促進的兒童犯罪領域具有兩個特點：快速增長與動態變化。」（P.46）網路是一種相當有效的媒介，可以把資料傳遞給那些對未成年人性剝削感興趣的廣大且多元的受眾。 [403]

目前有關網路對未成年人性剝削的資訊，大多來自國家青少年網上受害情況（National Juvenile Online Victimization, N-JOV）研究。該研究旨在調查針對未成年人的網路性犯罪的特徵與程度（Mitchell et al., 2011）。這項研究對新的技術，包括網路與其他數位媒體，如何被用來製作、宣傳、散布及銷售以性為目的利用未成年人的素材與聯絡資訊，提供了一些估計。

人口販運

人口販運（human trafficking）是世界第三大的犯罪事業，也是增長最快且可能代表了全球最有利可圖的犯罪事業（Cecchet and Thoburn, 2014; Rafferty, 2013）。人口販運是透過武力、詐欺或脅迫對個人進行的經濟剝削（APA, 2014c）。（見重點提示10.4，美國心理學會對人口販運問題的建議。）美國國務院（2010）將其廣泛定義為：「一人取得或控制另一人進

行強迫性服務。」（P.7）「販運發生在國內服務業、農業及食品加工、建築、觀光服務業、紡織服裝業、醫療保健及商業性交易等領域。」（Hume and Sidun, 2017, P.9）

　　雖然「販運」一詞意味著從一個地點旅行或移動到另一個地點，但受害者不必如字面上所說的被運送，才算是販運受害者（Miller-Perrin and Wurtele, 2017）。販運是以剝削而非移動來定義。

　　被販運的受害者人數極難估計。首先，目前並沒有統一的系統收集受害者資料（Miller-Perrin and Wurtele, 2017）。第二，人口販運的隱蔽性往往會妨礙查明受害者，特別是涉及性剝削的受害者。第三，受害者會害怕受到販運者的報復。受害者往往也非常不信任如執法單位之類的權威，因為他們可能是逃家者或或無證移民。儘管存在這些不利因素，最佳估計報告顯示，全球約有2,090萬人是受害者，其中許多是兒童（Muraya and Fry, 2016; United Nations Office on Drugs and Crime , 2012）。在聯合國毒品與犯罪問題辦公室（UNODC）《二〇一二年販運人口問題全球報告》中，性剝削是迄今最常見的人口販運形式（79%），其次則是強迫勞動（18%）。UNODC指出，其他形式的剝削，包括強迫或抵債勞動、家庭奴役與強迫結婚、器官摘取，以及以乞討、性交易及當兵來剝削兒童，並沒有充分地被

照片10.1
聯合國兒童基金會大使安吉‧哈蒙（Angie Harmon）與一位人權工作者安慰性剝削倖存少女
來源：© Kike Calvo/U.S. FUND FOR UNICEF via AP Images.

報告出來。雖然人口販運的受害者（倖存者）往往在對心理與身體有害的　[404]
生活條件下遭受奴役，本節重點主要還是在性剝削，特別是兒童與青少年
的部分。

兒童與青少年性販運

最有利可圖的人口販運是性剝削，尤其是對女性與女孩的性剝削。年
齡介於十二至十六歲的女孩面臨最高的剝削風險（APA, 2014c）。然而，
目前有報告指出，被販運兒童的年齡已經越來越小，從七歲到十歲都有
（Wilson and Butler, 2014）。

兒童性販運「是指以剝削為目的而招募、運輸、轉移、窩藏或接收兒
童的行為，不論其非法手段為何、發生在境內或境外。」（Rafferty, 2013,
P.559）通常該定義會包含十八歲以下的兒童與青少年。據估計，美國每年
有三十萬兒童與青少年成為商業性剝削的受害者（Adams, Owens & Small,
2010; Hopper, 2017）。有些是來自世界其他地方，包括非洲、亞洲、中美
洲與南美洲以及東歐。許多人來自墨西哥與加拿大。

雖然女性與女孩占了商業性剝削受害者的大多數，但有不少受害者是
男性與男孩（Raney, 2017）。那些自我認同是同性戀、雙性戀、生理或心
理跨性別而逃家、無家可歸的男孩，經常更容易受到傷害（J. A. Reid,
2012）。許多男孩因為性認同而感到被家人、朋友及同儕誤解與拒絕，他
們會向家庭以外的其他途徑尋求接受與陪伴。他們往往很容易成為販運者
的獵物。估計在美國約170萬逃家／被拋棄的兒童中，約23%被認為有遭受
性剝削的風險（Hammer, Finkelhor & Sedlak, 2002）。

兒童商業性剝削（sexual exploitation of children, CSEC）主要有兩種形
式：讓兒童賣淫，以及製作與散布兒童色情製品。販運者通常會選擇看起來
最脆弱的兒童，主要是因為他們更容易控制。不是只有陌生人會成為販運
者，還包括母親、父親、手足、親戚、朋友及成年熟識者。二〇一四年，最
高法院針對一件惡名昭彰的案件（*Paroline v. United States*），在有關事實

的敘述中指出，一名八歲的女孩被她叔叔強暴，加害者錄下侵害的影片並放到網路上傳播。最終執法人員單是在美國的家用電腦中就找到了35,000多張強暴的影像。這位叔叔後來被判有罪、監禁，並被要求支付賠償金。而該案主要是一名男子在他電腦上下載了圖片，並為此在監獄服刑一段時間。最高法院的裁判聚焦在根據二○○四年的《犯罪受害者權利法》（見重點提示10.1），他必須支付受害者多少賠償金。在類似案件中，美國各地的法院都附加了從一百到三千美元不等各種數額的賠償金。聯邦上訴法院裁定，帕洛林應對女孩所遭受的痛苦負責，估計費用為340萬美元。最高法院則採取不同的見解，表示國會應該提出某種公式來決定如何在類似情況下評估賠償。正如持不同意見的大法官卡根（Elena Kagan），讀者可能會想知道該如何設計這樣的公式。卡根大法官可能會要帕洛林支付全額賠償。

兒童商業性剝削受害者的心理效應

兒童商業性剝削受害者（包括青少年與兒童）經常會出現憂鬱、焦慮、羞恥、低自尊、絕望感、睡眠障礙症、PTSD 的症狀。另外，他們也可能受到身體的傷害、性傳染病，以及各種其他健康問題。

[405]　　臨床心理學家與其他心理健康專業發現，由創傷事件（如兒童商業性剝削受害者所經歷的）累積所引起的創傷，往往會導致一種更為廣泛且複雜的創傷後壓力疾患，稱為複雜性創傷後壓力疾患（Complex PTSD）（Muraya and Fry, 2016）。複雜性創傷後壓力疾患牽涉到重大的心理病理，包含多種心理功能，包括關係、情緒、行為及認知領域（Herman, 1992; Muraya and Fry, 2016）。兒童商業性剝削受害者在被囚禁期間，「可能會被封住嘴巴、剝光衣服、保持裸體、用毒、灌酒、挨餓、灼燒，甚至被切割生殖器。」（Wilson and Butler, 2014, P.497）這些狀況可能會存在很長一段時間，再加上反覆的性剝削。複雜性創傷後壓力疾患通常會在長期且反覆的創傷後出現。

兒童商業性剝削受害者往往來自不當對待的家庭。研究顯示，85%的

性剝削與被販運的兒童與青少年可能曾受到父母或照顧者的虐待或忽視（Gragg, Petta, Bernstein, Eisen & Quinn, 2007）。此外，被販運兒童與青少年的童年家庭，常常有父母藥物濫用、家庭暴力、貧窮及持續危機等特徵。在許多案件中，兒童與青少年離家出走並流落街頭，這樣的生活方式使他們容易遭到販運與賣淫。離家出走的青年常常會為了生活需要而轉向「性生存」（survival sex），也就是以性行為來交換住所、食物，以及在某些情況下換取毒品（Institute of Medicine & National Research Council, 2013）。另外，「同性戀與跨性別青年經常會與家庭及同儕切斷關係，他們經歷到相當大的污名與孤立，並更有可能成為街友，而這反過來又增加了販賣性行為的可能性。」（Miller-Perrin and Wurtele, 2017, P.132）

　　赤貧也許是使兒童、青少年及成人陷入商業性販運的主要因素之一。世界上有許多地方，父母會被迫將一個或多個子女賣給販運者，好讓家庭能夠存活下去。值得一提的是，世界上有許多區域的女性與女孩都經歷了性別不平等與性別歧視，並且被貶低作為人的價值（Miller-Perrin and Wurtele, 2017）。販運者會順勢利用弱勢社區中對女性與女孩的貶抑，並在招募策略中以低價支付她們的費用。

心理服務

　　不幸的是，針對性剝削受害者，很少有研究討論為其提供心理服務的範圍與方式。此外，對於有效解決商業性剝削受害者終生創傷的最佳做法，相關研究仍然很少（Rafferty, 2017; Wilson and Butler, 2014）。唯一清楚的是，介入必須從對每個兒童或青少年受害者的全面性評估開始。正如麥金泰爾（McIntyre, 2014）所主張，「對商業性剝削與販運的兒童倖存者進行全面性的評估，是提供援助的首要步驟。」（P.39）曾遭受這種性剝削的兒童可能會不願意、抗拒或無法說出他們是誰、來自哪裡，以及他們在剝削後的早期階段中究竟經驗了什麼（McIntyre, 2014）。全面性評估的過程應涵蓋受害者生活的兩個領域：販運經驗，以及其所來自的文化、社會

及家庭環境。

　　根據麥金泰爾的說法，對販運經驗的評估應分為四個階段：一、受害者在被吸收前就存在的脆弱性；二、用來吸收受害者的方法與策略；三、販運歷程，包括將兒童與青少年長途運輸、運送及轉移到剝削的地點（妓院、俱樂部、酒吧、旅館、私人住宅）；四、意圖剝削的類別。社會與個人環境的評估應包括受害者對自我的看法與知覺（包括優勢與弱勢）的敘述，以及有關原生家庭、文化及社區的社會史。麥金泰爾認為，增加孩子對個人優勢與資源的探索與能力，有助於受害者在復原中茁壯成長，並防範未來的威脅。

[406]

　　正如本書前面所述，心理學家與其他心理健康專業人員應該要能夠提供與文化相關的服務（Rafferty, 2017）。這對兒童商業性剝削倖存者的評估至關重要，因為他們通常來自發展中國家。心理學家必須具備對這些倖存者所來自的社群的信仰與價值觀的知識與敏感度。瑞佛蒂（Rafferty, 2017）強調，以西方文化為基礎的評估程序與治療方法並不總是相容或能有效處理發展中國家受害者的需求。舉例來說，某些文化並不贊成因情緒問題而接受幫助，並會看不起這樣做的人。靈性是另一個在許多文化與社群中解決問題的重要成分。瑞佛蒂建議在與兒童商業性剝削受害者工作時，可以進行一些非語言的活動，如藝術治療、音樂、舞蹈、運動治療、瑜伽、戲劇參與。

　　美國心理學會專案小組（APA, 2014c）、瑞佛蒂（2017）、克勞佛（Crawford, 2017）概述或找出心理健康實務工作者可以協助商業性販運受害者的多種方法。（相關清單見重點提示10.4。）許多研究者積極了解兒童商業性剝削倖存者的需求（如Salisbury, Dabney & Russell, 2015）。此外，由於兒童商業性剝削不容易被察覺，我們必須揭露那些不願透露他們身上發生了什麼事的兒童與青少年的遭遇。青少年尤其經常因輕微犯罪被捕，如偷竊、入室盜竊或持有毒品。根據研究（Andretta, Woodland, Watkins & Barnes, 2016），「在每年逮捕數千名青年的城市，迫切需要簡短、客觀且非侵入性的檢測方式，以發現兒童商業性剝削受害的可能性。」（P.266）

重點提示10.4

防止人口販運，協助倖存者

許多研究者、倡議者及心理健康專業人員對美國與全球商業性販運的程度感到擔憂。如本文所述，美國心理學會專案小組已經提出了一些建議來對抗這個問題，並對倖存者提供幫助。美國心理學會成員也在審議如《逃家與無家可歸青年及販運防制法》（Runaway and Homeless Youth and Trafficking Prevention Act）等立法時到國會作證。在證言中，心理學家強調，由於缺乏統一的資料庫，加上情況分歧，難以從受害方取得資訊，所以人口販運是極難測量的。他們也強調受害者會經歷到的嚴重身心後果，不過也強調他們可以且確實能夠獲得療癒。

以下是一些給心理學家的建議。鼓勵他們進行以下工作：

- 發展並驗證心理測量工具，評估受害者的心理健康與需求。
- 根據倖存者的文化與能力提供職涯諮商與心理治療。
- 透過社區參與、教學及教育給一般大眾，預防人口販運。
- 設計、執行、分析及發表與人口販運相關的調查。
- 在執法機構內進行人口販運問題的調查，協助起訴販運者。（這項建議特別是針對司法心理學家，他們會供執法部門諮詢、擔任審判顧問或出庭作證。）
- 對遭受性剝削的販運倖存者進行具有文化敏感性的評估。
- 對少年司法機構提供服務，找出曾遭受性剝削販運的受害青少年，並為受害者轉介適當的社會與心理服務。

問題與討論：

一、倖存者可以且確實能夠得到療癒。討論最有可能的治療方式。

二、你同意對所有被逮捕的少年進行檢測以尋找性剝削的證據嗎？或者對所有無家可歸或逃家的孩子？

三、上述《逃家與無家可歸青年及販運防制法》修訂了先前的法律，其中將庇護服務延長至三十天，並允許庇護所為青年提供了解創傷與性別友善的服務。我們應該對離家出走、無家可歸與／或遭受性剝削的兒童與青少年提供哪些其他服務？

[407] ## 摘要與結論

　　在未來幾年，將會有越來越多的司法心理學家與其他心理健康實務工作者受聘為受害者服務組織的顧問、講師、專家證人、評估者、治療師及服務提供者。在本章中，我們探討了在不遠的將來最需要他們服務的許多領域，並強調理解多元文化與多樣性的文化規範與價值觀的重要性。博學的司法心理學家也將能夠與許多身心障礙的受害者工作，他們代表了美國社會中一個規模龐大、多樣化但未得到足夠服務的群體。

　　我們檢視了受害者權利的一些要點，尤其是必須面對刑事司法系統的受害者。除了保障犯罪受害者權利的聯邦法律，所有州都為受害者的權利訂定一些規範。然而，計畫與服務提供者往往得不到足夠的資金，法院對法規的解釋也各不相同。

　　我們簡要介紹了犯罪受害的資料，聚焦在現有受害統計數據中所提到的種族與少數族裔群體的差異。我們也對犯罪受害，特別是暴力受害的心理效應作了詳細的描述。PTSD 似乎是對各種犯罪最常見的心理反應，儘管這種反應往往在暴力事件之後最強烈且持久。凶殺案的共同受害者，特別是當死亡的受害者是家庭成員時，尤其受到打擊，甚至在許多案例中可能永遠無法完全復原。性侵害也是一種高度創傷性的事件，往往會伴隨廣泛的心理反應與障礙症，尤其是 PTSD。兒童性虐待不僅普遍，也會對許多受害者造成長期的心理傷害。然而，本章也強調，每位受害者對創傷與災難的反應各有不同，有些受害者可能因應得非常好，有些人卻非常煎熬。因此，我們應該謹慎看待「教科書症候群」（textbook syndromes）作為一種

直接的受害結果，並預期許多（也許大多數）受害者可能不會表現出這樣的症狀模式。

現今有許多兒童是性犯罪的受害者，包括生產與散布兒童色情製品、網路引誘，以及兒童性販運。這些類型的受害所產生的心理效應不能加以低估，不過其影響會隨個案狀況而有所不同。心理學家經常必須為刑事與民事案件進行相關評估並提交報告。一九八〇年代所提出的兒童性虐待順應症候群沒有得到充分證明，其效度也令人存疑。有些心理健康檢查人員在受剝削的兒童身上發現了 PTSD 的證據，但不必然是普遍存在的。然而，負面的心理後果總是存在，就像針對兒童所進行的其他形式的性犯罪。

本章聚焦在嚴重、主要是暴力的犯罪，不過入室盜竊與身分冒用等財產犯罪也會對受害者造成損失。由於這方面的研究很少，我們在這裡只簡短提及。有關白領犯罪受害所造成的影響也需要更多的研究。所有犯罪都會造成心理效應，並在受害者身上留下情緒的傷疤。因此，對於那些有志研究的司法心理學家來說，這些尚未有足夠研究但非常普遍的犯罪會造成什麼樣的心理影響，是一個值得探索的領域。

關鍵概念 [408]

最終陳述權 383 Allocution	兒童性虐待順應症候群 400 Child sexual abuse accommodation syndrome	兒童性販運 404 Child sex trafficking
複雜性哀慟 394 Complicated bereavement	共同受害者 393 Co-victims	死亡通知 392 Death notification
人口販運 403 Human trafficking	多元文化主義 376 Multiculturalism	〈國家兒童暴力曝險調查〉 386 National Survey of Children's Exposure to Violence
通知 383 Notification	多重受害 387 Polyvictimization	創傷後壓力疾患 388 Posttraumatic stress disorder

問題與回顧

一、什麼是單一文化心理學？它給司法心理學家帶來了哪些挑戰？

二、身心障礙者更容易成為犯罪的受害者嗎？解釋你的答案。

三、犯罪受害者可以訴諸哪兩種司法體系？

四、列出並說明二〇〇四年《犯罪受害者權利法》賦予受害者的任五項權利。

五、在〈全國犯罪受害調查〉中可以獲得哪些關於受害的資訊類型？

六、列出犯罪對受害者常造成的一些心理效應。

七、關於凶殺案的共同受害者，司法心理學家可以扮演什麼角色？

八、關於性侵案的成年受害者，司法心理學家可以扮演什麼角色？

九、關於兒童性虐待受害者，司法心理學家可以扮演什麼角色？

十、描述薩米特的兒童性虐待順應症候群，並闡明與之相關的爭議。

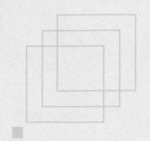

第十一章

家庭暴力與兒童受害者

[409] **本章目標**

- 檢視有關家庭暴力與其心理後果的各種議題。
- 描述親密伴侶暴力。
- 描述有關家庭與親密伴侶暴力的司法心理衡鑑，包括所使用的衡鑑工具。
- 檢視有關兒童虐待及其心理後果的研究。
- 強調人類記憶在受害與犯罪報告上的優勢與限制。
- 了解兒童誘拐與其心理影響。
- 介紹老年虐待與忽視，檢視其破壞性的影響。

　　由於兩棟公寓之間的隔牆很薄，因此布蘭達經常聽到隔壁傳來的吼叫與咒罵聲。聽到砰砰聲響的第二天，她去敲了鄰居的門，看見對方身上的傷痕，於是她趕緊聯絡一個女性庇護機構，他們有一位心理健康的專職顧問。

　　一天早上，總是悶悶不樂的艾瑞克臉上帶著擦傷來到學校，校方對此感到非常擔憂。在保健室的時候，發現他的手腕也扭傷了。現場有一位學校心理學家與艾瑞克談話，發現他在家中受到虐待，於是打電話給兒童保護機構。

　　在司法場域工作的司法心理學家與其他臨床工作者，經常會碰到家庭與親密伴侶暴力的加害者與受害者。他們執行的任務包含了衡鑑、為法律當局與社會服務單位提供諮詢，以及到法庭上作證。一般會建議進行兒童監護評估的心理學家（見第六章討論）將家中是否存在暴力，以及這種暴力對於家長與子女的影響納入考慮。在執法單位與矯治機構工作的司法心理學家，可能會舉辦預防與因應家庭暴力的工作坊，並且為受害者與加害者提供心理治療。如同本章將會提到的，家庭暴力會以各種形式發生在社會各個經濟階層，沒有任何年紀、種族、宗教或族裔群體能夠倖免。

本章首先討論針對配偶或親密伴侶的暴力，然後轉向兒童虐待與更嚴重或不尋常的身體虐待形式，包括殺嬰、代理孟喬森症候群（Munchausen syndrome by proxy），以及嬰兒搖晃症候群。潛抑與復原記憶也會在此有詳盡的討論，因為這個主題在研究與臨床文獻中都受到相當大的關注，而且有時會在涉及各種兒童虐待與其他創傷經驗的法庭中扮演重要角色；它至今仍然是臨床與司法心理學中最具爭議的議題之一。兒童與青少年綁架雖然相當罕見，卻是一個沒有得到應有專業關注的範疇。最後，本章將以一個被忽視的話題作結，也就是老年虐待。目前全美各地對於司法老年心理學家的需求迅速增加，我們也會在這個不斷擴張的學科領域中提出一些職涯機會。

親密伴侶與家庭暴力 [410]

廣泛所稱的**家庭暴力**（family violence）（也稱為家庭或家內暴力），指的是會導致一個或以上曾經或現在同住的家庭成員受傷或死亡的任何攻擊，包括性侵害與其他犯罪。它通常發生在親密關係中，例如現任或前任配偶、伴侶或重要他人之間。因此，它更常被稱為**親密伴侶暴力**（intimate partner violence, IPV），包含兩個人可能沒有住在一起（或曾經住在一起，但現在分居）的關係。大約有13%的凶殺案會涉及一名家庭成員殺害另一名家庭成員（FBI, 2013a）。在這些家庭凶殺案中，將近三分之一的受害者是被丈夫或前夫殺害的妻子，通常是發生在爭吵期間（見表11.1）（FBI, 2016a）。下表列出在家庭凶殺中，導致配偶被殺害的其他情況。美國、英國及澳洲婦女，大約每四位就會有一位表示曾經在一生中的某個時刻遭受到親密伴侶的身體攻擊（Bedi and Goddard, 2007; Perez, Johnson & Wright, 2012）。其中有40%表示，她們在最近一次的攻擊中受傷到需要就醫的程度（儘管她們不一定會尋求治療）（Perez et al., 2012）。

表11.1　二〇一五年的謀殺情境，按受害者與加害者的關係*

情況	家庭謀殺的受害者	受害者為丈夫	受害者為妻子
總數（家人殺害家人）	1,721	113	509
三角戀情	20	3	14
因錢／財產而爭執	35	2	5
其他爭執	637	64	242
酒精影響下的爭吵	21	0	2
毒品影響下的爭吵	14	0	2
縱火	5	0	2

資料來源：FBI, 2016a
*：配偶非受害者時，受害者為其他家庭成員，如子女、兄弟姊妹或其他親屬

　　家庭、家人、家內或親密伴侶暴力發生於所有民族與種族群體，以及所有社會經濟階層，也不分年齡、文化背景、生活條件。然而，研究指出，針對婦女的暴力行為更可能發生在貧窮、資源匱乏的社區、社會孤立的家庭，以及對性別不平等接受程度較高的次文化（Walker, 1999）。不過，近年來發現，女性已經逐漸成為家庭經濟的重要來源，並且可能會導致家庭暴力的減少（Powers and Kaukinen, 2012）。有些資料也曾短暫支持了這個假設，但最近的報告顯示凶殺案又有所增加（FBI, 2016a）。儘管狀況起起落落，但家庭暴力與親密伴侶之間的暴力仍持續發生於所有社會經濟階層，並成為一個重大的社會問題。

　　特別要強調的是，無論男性或女性都可能施暴，有些研究認為，兩性在攻擊性上的差異並不大（如Archer, 2002; Straus and Gelles, 1990）。然而，研究（Menard, Anderson & Godboldt, 2009）也指出，這些調查經常是奠基於大型的社區樣本，並使用如衝突策略量表（Conflict Tactics Scales, CTS）的自陳式量表來測量攻擊性；這個我們後面會再討論。在這種狀況下所得到的自陳攻擊性，可能包含了伴侶之間的口角，但不一定會到需要

報警的程度，也不一定代表持續或不斷加劇的暴力模式（Johnson，2006）。相較之下，官方資料如〈全國犯罪受害調查〉、庇護所的紀錄以及其他調查則指出，持續與不斷加劇的親密伴侶暴力主要都是由男性對女性所犯下的。雖然過去一直都以家庭暴力（domestic violence, DV）來定義伴侶的一方用以建立與維持權力及控制另一方的行為模式，但越來越多人會使用親密伴侶暴力來代表這樣的狀況（Daire, Carlson, Barden & Jacobson, 2014）。目前親密伴侶暴力已經成為用來描述各種類型的關係暴力的詞彙。「親密伴侶暴力包含了傳統以家庭暴力來描述的權力與控制暴力，也包括了非源自於一方企圖控制其伴侶的關係暴力。」（P.170）雖然親密伴侶暴力與家庭暴力在文獻中可以交互使用，戴爾等人（Daire et al.）仍認為親密伴侶暴力是一個更具包容性的詞彙，且反映了目前研究的趨勢。在適當的情況下，我們會使用親密伴侶暴力來代替家庭暴力。 [411]

　　儘管近年來在關係的趨勢上有些變化，但男女在使用暴力上似乎有不同的動機（Menard, Anderson & Godboldt, 2009，引用此領域的研究）。就像所有形式的人類暴力，親密伴侶暴力的動機是高度變動的，但一般認為虐待女性的男性加害者的主要動機，是建立或維持權力，以及控制對方。即便如此，我們還是不能假設這是所有男性在家內施暴的特徵（Kelly and Johnson, 2008）。當女性在家中對伴侶使用暴力時，最常見的是出於自我防衛、對受暴的預期，或者是對她們所受到的暴力採取報復（Meuer, Seymour & Wallace, 2002）。許多男性的施虐者都是連續施虐者。也就是說，如果他們主動或被動離開被他們虐待的伴侶，他們也會很快進入另一段關係，並在不久後開始虐待新伴侶。而且，正如我們所見，這種虐待的循環或模式相當不容易被打破。

　　然而，必須強調的是，最近的研究顯示，在許多關係中，一方想要控制另一方的欲望並不總是解釋暴力的主要因素（Kelly and Johnson, 2008）。有些研究甚至認為，以暴力控制伴侶的關係，其實是最不常見的家暴狀況（Jaffe, Johnston, Crooks & Bala, 2008）。舉例來說，在衝突引發的暴力中，暴力其實是由缺乏衝突解決技巧的伴侶雙方所為。研究指出，

這些案件「牽涉到男女雙方對於權力的主張，沒有固定的主要引發者，而且更經常在社區樣本中看到」（P.501）。然而，嚴重暴力最有可能發生在其中一方（通常是男性）持續使用武力、威脅、情感虐待，或其他脅迫手段的關係中。

奠基於權力與控制的親密伴侶暴力的典型發展

十幾年前，邁爾等人（Meuer et al., 2002）概述了此種暴力模式的典型發生次序，他們將其統稱為家庭暴力。鑑於近來的發現，必須強調的是，下面所概述的典型次序是用來描述一方對另一方尋求過度控制與權力的特定關係類型。

邁爾等人說明了家暴或親密伴侶暴力的九個階段。特別說明，以下會使用異性代名詞（他和她）來敘述，因為異性戀關係是社會上較常見的。我們也會將男性視為施虐者，因為這是這些虐待關係中比較典型的狀況。然而，親密伴侶暴力也會發生在同性關係，後面會再討論這個議題。

根據邁爾等人的描述，第一階段顯得美好而強烈，丈夫或伴侶會對另一方所做的一切以及她所到之處表現出濃厚的興趣。他想一直和她在一[412] 起、討好她、什麼都跟她說，而且表示想和她共度餘生。邁爾等人觀察到，許多受害者會將這些迷戀與控制的行為誤認為是愛的表現，而非導向虐待關係的警訊。第二階段則是他開始堅持要知道她任何時候的下落、開始為她做決定，並要求她對關係忠誠。他會說這段關係是他負責的、他會制定規則，希望她遵循這些規則，並照顧他的需求。在這個階段，他可能也會開始為前一段關係的問題指責前配偶或伴侶，例如他會說對方讓他無緣無故被逮捕，或無理地對他聲請限制令。在第三階段，女方會開始適應他所展現出的監控、嫉妒及控制。她會對他做出承諾，通常是在他的壓力下，她也會說服自己，她很高興和一個如此在乎自己的人在一起。第四階段的特點是開始透過心理與情緒虐待來過度控制對方。他開始要求控制與她生活有關的所有事情，包括衣服、髮型，以及她應該如何行動。如果她

違反了他的要求，他就會生氣。他會用行動來表達她沒有吸引力，或者她的穿著打扮不太對。

第五階段是第一次出現身體虐待事件。受害者可能會將對方的反應視為是不太可能再次發生的反常現象。施虐者也會說他很抱歉，以及這樣的事情再也不會發生。而她會接受他的道歉和解釋，並且想知道是她做了什麼導致他這樣的行為。在第六階段，心理與身體的虐待會再次發生。受害者會詢問施虐者為什麼重複這樣的行為，而施虐者則會反過來責怪受害者沒有達到他的期望，才造成他的虐待行為。他會明確表示她對於引發他的行為有責任，如果她改變她的方式，這種情況就不會再發生。受害者在這個階段會開始更徹底地將責任給內化。階段七與階段六大致上同時發生。邁爾等人將這個階段稱為隔離過程的開始。施虐者會想知道她和誰在一起，或要求她不要再與他們見面，或者強制禁止她這樣做。他會進一步讓她很難見到任何人，並在她與他以外的任何人相處愉快時，變得過度猜疑。最終，她不再去見他不認同的人，並且變得越來越孤立。

隨著關係的持續，她會經歷相當大的情緒衝突與困惑。這代表了階段八的開始。施虐者會責備受害者，而受害者對自己的錯誤感到困惑。在第九階段，施虐者會增加使用心理威脅與身體暴力來獲得與維持控制與支配的地位。如果她面質或威脅要離開他，他就會增加威脅與暴力的使用。受害者最後會得到的結論是，留在這個關係裡比離開來得更安全。她可能會因為各種原因覺得自己無法離開。

在後期階段，虐待行為通常會伴隨他不會再這樣做的保證。如同邁爾等人指出的，大多數的親密伴侶暴力的受害者會反覆試圖離開這段關係，但當他們認為無法克服那些遠離施虐者的障礙時，又會再次返回這段關係。

根據這些研究者的觀點，離開關係並不總是最好的辦法，這可能會增加受害者的潛在危險。不幸的是，有證據顯示，試圖離開的受害者經常會受到跟蹤、騷擾及持續不斷的威脅。即使已經聲請或獲准離婚，跟蹤仍然可能發生。原本以為，如果一個受暴婦女可以被說服離開這段虐待關係，

暴力就會停止，但是「許多施暴者會在對方離開後很長一段時間，持續騷擾、跟蹤並傷害對方，有時甚至會導致某個人的死亡」（Walker, 1999, P.25）。在許多案件中，大部分通報的家暴傷害都發生在伴侶分居之後。有些證據也顯示，離開施暴者的女性被施暴者殺害的風險會比留下來的女性高出75%（Wilson and Daly, 1993）。

[413] 「離開可能不是最好的辦法」這個觀點遭到親密伴侶暴力受害者的支持者強烈反對，他們認為擺脫這種關係是受害者必須做的。對於被虐待的人來說，這似乎是一個註定失敗的局面：「如果我留下來，情況只會變得更糟；如果我離開，他也會跟著我。」此外，社會在受害者的道路上設下重重阻礙。舉例來說，經濟上的選擇相當有限，而根深柢固的文化規範，也會要求受害者對自己所受到的暴力負責（Dobash and Dobash, 2000）。此外，社區的援助往往很難取得。如果庇護所、支持團體、支持性的法律因應一直都存在的話，成功逃離虐待的機會將會增加。一般來說，支持者認為，留下來的風險會遠大於離開的風險。這是一個相當複雜的問題，至今尚未有實徵的資料可以清楚給予答案。不過，可以說，大多數與受虐者工作的心理工作者會對他們離開的努力給予支持，同時協助他們尋找過程中必要的資源。

一個現實狀況是，出於各種經濟與心理的理由，某些受虐的女性經常

照片11.1
遭受家暴的一位母親帶著兩個兒子前往婦女庇護所
資料來源：Viviane Moos/ CORBIS/Corbis via Getty Images.

會回到施虐者的身邊，有時甚至是一次又一次（Bell, Goodman & Dutton, 2007; Eckstein, 2011; Silke, 2012）。對於這種現象有許多解釋，包含經濟資源的缺乏、為暴力指責自己、認為孩子需要父親、受虐傾向、來自家人的壓力、臨時住所的不足，以及對施虐者的強烈情感依附。

施暴者的心理特徵

施暴（battering）是一個專有名詞，經常用於在親密關係中經歷的身體暴力，如約會關係、婚姻或伴侶關係、分居與離婚等。某些研究者會用「施暴」一詞來表示更嚴重與頻繁的虐待，包括更嚴重的心理虐待。施暴者經常會否認或淡化他們對暴力的使用，或怪罪到別人的身上。事實上，對受害者的推、踢、打、窒息、毆打或拳打腳踢，往往並不被施暴者視為是虐待（Meuer et al., 2002）。相反的，他會認為他的行為是由受害者所挑起、引發，或是對受害者所做的事的反應。換句話說，他會知覺自己的行為是一種面對挫折自然且可以理解的反應。然而，我們必須再次強調，這是指透過施予暴力來對受害者施加權力與控制的關係。並非所有發生親密伴侶暴力的關係都會有這樣的特徵。

一個人是否會虐待其配偶或重要他人，一個強力的預測因子是他在成長過程中是否曾經於原生家庭經歷或目睹暴力的發生（Meuer et al., 2002）。暴力是一種會在世代間傳遞的習得行為（Eron, Gentry & Schlegel, 1994; Walker, 1999）。當然，並非所有來自虐待或暴力家庭的人都會成為施虐者。相較於不會成為施虐者的人，施虐者較難與他人產生連結、更衝動、更缺乏社交技能，並且對於女性、家庭中的男性角色、暴力會抱持不同的態度。有些研究指出，許多施暴者除了對女性的權力與控制慾使他們更容易使用暴力，還患有嚴重的精神障礙（Dutton and Golant, 1995; Walker, 1999）。因此，對於有心理病理徵兆的施虐者來說，聚焦於施暴的情緒問 [414] 題及錯誤信念與價值觀的治療方案，似乎會有助於改善親密伴侶暴力的問題。

　　與前幾章討論的其他加害者（如強暴犯、跟蹤者）相似，為了發展分類學或類型的概念，施暴者也成為研究調查的對象。有效的施暴者分類將能夠系統性地去了解不同人是如何與為何對其配偶與伴侶使用暴力，並能協助制定有效處理的預防與治療策略。研究者（Holtzworth-Munroe and Stuart, 1994）在審慎檢視關於家庭暴力的文獻後，找出了在多種研究中都一致出現的三種男性施暴者類型：家內施暴型、煩躁／邊緣型、廣泛暴力／反社會型。這個分類是奠基於婚姻暴力的嚴重性與頻率、暴力的普遍性（僅在家庭內或家庭外），以及施暴者在情緒或心理失能上的表現作為標準。

　　家內施暴者（family-only batterers）通常不會在家庭之外使用暴力，而且暴力的嚴重程度與頻率是最小的。他們的暴力往往是週期性的，主要發生在壓力與挫折達到高峰時，並且他們不會表現出嚴重精神障礙或心理病理的明顯跡象。此外，他們比較不可能有前科紀錄與酒精使用的問題，也是最有可能在暴力之後道歉的。他們最主要的問題是在關係中太過獨斷，並傾向曲解社交線索。因此，他們會訴諸暴力，而非以適當的非暴力手段來解決與伴侶之間的衝突。這種類型的人估計占已知施暴者的50%（Holtzworth-Munroe and Stuart, 1994）。

　　煩躁／邊緣型施暴者（dysphoric/borderline batterers）會表現出精神障礙、心理困擾，以及情緒的不穩定。這些人經常涉入中度至重度的配偶虐待，包括心理與性虐待。雖然這個群體的暴力主要侷限在家庭裡，但他們也可能會表現出一些家庭外的暴力。他們的憤怒本質上是普遍且易引發衝突的，每次他們感到挫折時就容易展現出來。這種煩躁的施暴者往往也容易有嚴重的酒精與藥物濫用問題。根據估計，這類型約占已知施暴者的25%。

　　廣泛暴力／反社會型施暴者（generally violent/antisocial batterers）除了涉入家庭外的暴力，更可能使用武器，且更容易對妻子、伴侶及其他家庭成員造成嚴重傷害。他們也更有可能與警方有廣泛的接觸史，包括逮捕與定罪。廣泛暴力的施暴者往往具有高度的衝動性與衝突性。此外，他們

會有嚴重的酒精與藥物濫用問題，並且許多人會表現出心理病態的特徵。整體而言，他們可能占施暴者群體的25%左右（Holtzworth-Munroe and Stuart, 1994）。

心理健康專業人員在施暴者的治療上取得了一些進展，無論在社區還是監獄環境中都推行了治療方案。然而，假設提供者都有同等訓練以及完整的治療策略，針對目前是否有任何特定的方法明顯比其他方法在治療施暴者上更有效，研究仍尚未有定論（APA, 2003b）。大多數的治療方案都包含了某種形式的認知行為心理治療，儘管具體細節會因加害者的類型而異。研究認為，廣泛暴力型的施暴者與煩躁型的施暴者不太可能從以憤怒管理為焦點的短期治療中受益（Waltz, Babcock, Jacobson & Gottman, 2000）。根據前述研究的看法，這些治療取向常錯誤假設，只要學會憤怒控制與改變態度就已經足夠。然而，各種廣泛而複雜的問題可能都會干擾短期治療取向的成效。聚焦於認知行為與心理病理議題的長期治療策略可能會更加有效。然而，這些策略對於心理病態的施暴者有多少成效，仍是一個未竟事宜。基本上沒有足夠的實徵資料了解什麼才會對這個令人不安 [415] 的族群有效。

對於家內施暴者來說，聚焦在暴力、虐待行為以及關係問題的治療可能會有效，因為他們似乎對他人的需求更為敏感且具同理心。然而，可以確定的是，心理衛生專業人員所使用的治療方式必須處理加害者對於支配與控制的問題，以及其暴力行為背後的態度與認知。

退出治療計畫是許多臨床工作者與個案會面臨到的一個常見問題。研究發現，完成治療計畫的施暴者再犯的可能性較低（Cattaneo and Goodman, 2005）。有趣的是，轉介的來源與監督似乎對治療的完成有一定影響；也就是說，由法院轉介而不是自願參加的施暴者，以及在參加治療時受到監督者，更可能會完成治療（Barber and Wright, 2010）。因此，顯然應該從三個方面努力：強制治療；鼓勵留在治療中；監督加害者，降低他們退出計畫的可能性。

受暴婦女症候群

受暴婦女症候群（battered woman syndrome, BWS）最早是由心理學家萊諾爾‧沃克（Lenore Walker, 1979）所提出，他在一群中產階級的受虐女性志願者樣本中發現該症候群。在臨床實務工作中，沃克觀察到了一系列她認為在已經被伴侶施暴與心理虐待一段時間的女性中經常會被發現的行為、認知及情緒的特徵。之後她基於對435名不同社經地位的受虐女性進行長時間的訪談資料，就受暴婦女症候群作出了更完整的紀錄（Walker, 1984）。她所發現的核心特徵包含了習得性無助（Seligman, 1975）、存活而非逃避技能的發展（例如安撫施暴者，而不是計畫離開）、低自尊，以及憂鬱的感受。後來，沃克（2009）開始將受暴婦女症候群視為創傷後壓力疾患的一種形式。近年，她更發展並修訂了「受暴婦女症候群問卷」（BWSQ）。

在她最早且至今仍然常被引用的作品中，沃克（1984）認為施暴關係通常循三個階段的暴力循環：緊張期、急性施暴事件期、蜜月或懺悔期。該循環與邁爾等人（2002）後來提出的九階段有相似之處。在緊張期，可能會有輕微的身體、情緒或言語虐待，而受害者經常會試圖安撫施虐者，但收效甚微。之後則是第二個階段，其特點是家中的嚴重身體暴力，並且女性無論做什麼都無法安撫施暴者。在這個急性施暴期之後是「蜜月期」（也稱為「愛與懺悔階段」），施暴者會對其攻擊行為表達悔意，並發誓自己會改變。他可能會送花、送禮物、噓寒問暖。然而，在某些時候，他會向她表示暴力事件是她的錯。很快的，暴力循環又會再次重演。

根據沃克（1979）的看法，當一位女性經歷了這個完整的週期至少兩次，她就符合了受暴婦女症候群的標準。沃克（1989）進一步指出，循環的第三階段經常會隨著關係的持續惡化與暴力的增加而消失。她認為，隨著時間經過，緊張期會變得更普遍，而懺悔期最終則會完全消失。除非能夠採取一些有效的介入，否則當第三階段消失時，許多受虐的女性會有成為凶殺案受害者的嚴重危險。

雖然沃克承認並非所有受暴的女性都會出現她所描述的許多特徵，但
其他研究者仍對受暴婦女症候群的一般主張（Levesque, 2001）及其科學的
效度提出質疑（McMahon, 1999）。有些人觀察到，症候群的一般證據，包
括受暴婦女症候群，已經在法庭中受到挑戰，因為它的科學基礎可能是有
問題的（Petrila, 2009）。李維斯克（Levesque, 2001）認為，不分青紅皂白
地對所有受虐婦女貼上受暴婦女症候群的標籤，危險之一是可能會錯誤地
使大眾、立法者及法院認為女性在暴力關係中的位置本質上是相同的。正
如李維斯克所指出的，跨文化分析顯示，在美國的主流文化研究中所發現
的虐待關係，可能不適用於其他社會、文化，甚至美國國內的其他次文
化：「因此，不同群體可能會有不同的不當對待經驗，這可能會加深其他
人在被貼上相同標籤的情況下所面臨的困難。」（P.51）

受暴婦女症候群也描繪了受暴婦女無助、被動或心理缺損的刻板形
象，而施暴關係也被視為符合所有家庭暴力的單一刻板模式（Dutton,
1996）。不同於憂鬱、無助及被動性刻板模式，許多受虐女性其實展現出
廣泛的行為模式與情緒，而這常常反映了她們的生存技能，以及對嚴重、
危及生命的狀況的有效適應。不幸的是，這個標籤破壞了許多在跨文化與
社會環境中受暴婦女的巨大因應技巧與心理強度。

艾文・史塔克（Evan Stark, 2002）強烈建議心理學家與其他心理健康
實務工作者在準備司法衡鑑與法律證詞時，應強調某些施暴者所使用的獨
特的脅迫控制過程，而不是把重點限縮在假設所有受暴婦女都會經歷到的
普遍心理創傷。史塔克認為，強調在特定關係中對於虐待、脅迫及控制的
系統性使用，以及與這種支配狀況所連結的傷害，比僅僅試圖去發現對受
害者造成的心理傷害來得更有意義。他指出，許多受害者並沒有表現出許
多文獻中所描述的明顯心理不適應、憂鬱及無助，儘管他們可能在長期關
係中遭受令人難以置信的脅迫、支配及虐待。此外，史塔克從現有的研究
中得出結論，認為大多數的受暴女性既沒有經歷暴力的循環，也沒有習得
性無助。某些人會經驗到一系列在受暴婦女症候群範圍外的心理與行為問
題，而有些人則幾乎完全沒有表現出心理健康問題。史塔克提醒我們一種

普遍性誤解，也就是認為家庭暴力的嚴重程度可以透過警察與醫療人員所能注意到的身體傷害與情緒障礙來測量。他們並不了解，只要長期實施專制控制與低程度的暴力，就能夠嚴重影響受害者的生活品質。而這些行為可能不會符合可被辨別的症候群表現。

同性親密伴侶暴力

近年來，研究者對同性之間的親密伴侶暴力問題給予相當的關注。做為一般命題，幾乎上述所有文獻研究也都適用於同性伴侶的脈絡。舉例來說，研究者發現同性親密伴侶暴力與異性親密伴侶暴力在暴力循環與虐待階段存有顯著相似之處（Potoczniak, Mourot, Crosbie-Burnett & Potoczniak, 2003）。與異性親密伴侶暴力的加害者相似的是，同性親密伴侶暴力的加害者也會指責他們的伴侶、極端地控制、高度地以自我為中心。兩者也經常會有許多相同的特性（Hellemans, Loeys, Buysse, Dewaele & DeSmet, 2015; Messinger, 2011）。異性親密伴侶暴力與同性親密伴侶暴力事件的主要差異，可能在於社區、警方、醫療人員以及可得的社會服務方案（例如婦女庇護所），對受害者所做出的回應。

[417]

特瑞爾（Turrell, 2000）針對女同志（lesbian）、同志女性（gay women）以及男同志之間的同性家庭暴力進行調查（女性參與者可在女同志與同志女性的標籤之間做選擇）。研究發現，在過去或現在的關係中，男同志性虐待的盛行率為13%，同志女性則為11%，女同志為14%。通報性虐待的人們中，其他的身體虐待也是相當常見。具體來說，44%的男同志、58%的同志女性、55%的女同志表示在過去或現在的同性關係中，他們曾經遭受過身體的虐待。

波圖契尼可等人（Potoczniak et al., 2003）指出，根據希爾（J. Hill, 2000）的一項研究，涉入親密伴侶暴力的男同志、女同志及雙性戀者（GLB）會被陪審員認為其道德品質低於異性戀的親密伴侶暴力者。與這類推論一致的是，陪審員還會認為，雙性戀者對另一雙性戀者的強暴並不

如異性戀強暴來得嚴重，因此在司法中應受到較輕的處罰（Hill, 2000）。

　　研究也指出，同性親密伴侶暴力的女性受害者與異性親密伴侶暴力的女性受害者會向不同地方尋求協助。例如異性親密伴侶暴力受害者認為家庭暴力庇護所比許多其他的資源來得更有幫助，但同性親密伴侶暴力的女性受害者卻表示這些庇護所的幫助是最小的（Potoczniak, Mourot, Crosbie-Burnett & Potoczniak, 2003; Renzetti, 1992）。此外，同性親密伴侶暴力的女性受害者最常認為朋友是最有幫助的資源，其次則是諮商人員和親屬。不意外的是，他們也認為警方、律師、醫療專業人員一般來說是沒有幫助的。而極少數針對同性親密伴侶暴力男同志受害者尋求協助行為的研究（Merrill and Wolfe, 2000）發現，許多男性受害者不僅會尋求朋友與諮商人員的協助，他們也發現同志家庭暴力方案是非常有幫助的（Potoczniak et al., 2003）。

暴露於親密伴侶暴力的兒童心理健康需求

　　有關親密伴侶暴力對兒童影響的研究始於一九八○年代初，之後迅速增長（Goddard and Bedi, 2010）。當兒童「看到、聽到、直接參與或經驗到其照顧者之間暴力的後果」時，他們就暴露於親密伴侶暴力之下（Olaya, Ezpeleta, de la Osa, Granero & Doménech, 2010, P.1004）。根據這樣的定義，美國每年約有1,550萬的兒童暴露在親密伴侶暴力事件中（McDonald, Jouriles, Ramisetty-Mikler, Caetano & Green, 2006）。甚至有些人認為這個估計值還太低了（Knutson, Lawrence, Taber, Bank & DeGarmo, 2009）。

　　有大量的研究顯示，暴露在親密伴侶暴力之下的兒童與未暴露者有不同的心理健康需求（Goddard and Bedi, 2010; Olaya et al., 2010）。更具體來說，這些兒童更容易出現創傷後壓力疾患、情緒問題、寂寞感、自尊心下降，以及較多的自傷傾向。其他研究（Cummings, El-Sheikh, Kouros & Buckhalt, 2009; Gelles and Cavanaugh, 2005; Goddard and Bedi, 2010）指出，親密伴侶暴力會影響兒童調節情緒的能力，並似乎與青少年及進入成

年期後較多的暴力傾向有關。目睹家庭暴力也與成年男性加害者的心理病態特質有關（Dargis and Koenigs, 2017）。

麥基（McGee, 2000）（引自Bedi and Goddard, 2007）描述了一些由暴露於親密伴侶暴力下的兒童與青少年所提供的自陳報告。

[418]　　一個噩夢是，當我睡著時，他拿一把刀刺傷我。（男孩，五歲；P.71）

我會想到媽媽被打，然後我就離開學校走路回家……我不喜歡她跟他在一起，所以我就一直待在家。（女孩，十五歲；P.81）

兒童虐待與親密伴侶暴力暴露的關係一直備受爭議。某些研究者與實務工作者認為兩者是不同的，因此應該保持不同的類別。另一方面，指出親密伴侶暴力會導致負面結果的研究證據，使得如澳洲與美國等一些國家，思考將親密伴侶暴力視為一種兒童心理虐待的形式，我們將會在下一節討論這個主題（Bedi and Goddard, 2007; Goddard and Bedi, 2010）。

臨床工作者處理困難兒童的第一步，是辨認親密伴侶暴力的家庭環境，也就是親密伴侶暴力是否發生，如果是，其嚴重性與頻率如何？大多數暴露於親密伴侶暴力的兒童會抗拒報告或討論，他們可能會感到羞愧、罪惡或恐懼（Olaya et al., 2010）。此外，心理學家必須理解，可能不只有成年伴侶之間會發生暴力。研究指出，在家暴的家庭中，同時發生不同形式的兒童虐待是很常見的（Margolin et al., 2009）。越頻繁、越嚴重的親密伴侶暴力，各種兒童虐待事件發生的可能性也就越大。

司法心理學家在親密伴侶暴力案件中的角色

司法心理學家經常被要求在刑事司法程序的各個階段對施暴者進行風險評估，包括從審前評估、量刑，到矯治釋放。在初期，伴侶虐待的受害者可能會向法院聲請限制令或保護令。這是一項司法命令，要求施虐者在特定時間內不得與受害者接觸。心理學家在民事或刑事審理期間可能會被

要求作為專家證人。如果施暴者是刑事案件的被告，心理學家可能會被要求在下一次出庭前評估其假釋的危險程度。在被告涉及毆打或殺害受虐伴侶的刑事程序中，辯方可能會聲請司法心理學家來確認被告是否符合受暴婦女症候群或創傷後壓力疾患的條件。在刑事案件的陪審團選任過程中，司法心理學家也可能會被要求評估陪審團或社區內對於家庭暴力的迷思；一旦選出陪審員，陪審顧問則可能會被要求評估這些人會如何回應案件雙方所提出的證詞。在民事案件中，心理學家則可能會被要求評估家庭動力或父母的適任程度，協助進行兒童的監護裁定。最後，在許多狀況下，心理學家與其他心理健康專業人員會提供危機介入或治療諮詢，或自行提供各種服務。

風險評估：受害者安全了嗎？

司法心理學家在這個脈絡下最常見的任務就是風險評估，也就是預測再犯的可能性。所有從事家庭暴力工作的實務工作者皆一致同意，受害者的安全必須是首要考量（Petretic-Jackson, Witte & Jackson, 2002）。如果未能將這個因素納入預測公式，很有可能會導致一個或多個家庭成員的死亡或嚴重受傷。如同前幾章所討論，許多風險評估工具，包括精算式與結構化的專業判斷，都可以用來評估暴力的風險。就親密伴侶暴力而言，司法心理學家可能會使用**安大略省家庭攻擊風險評估**（Ontario Domestic Assault Risk Assessment, ODARA；Hilton et al., 2004），這是一種簡短的精算式測量工具，可以由警方進行評分，裡面包含他們隨手可得的資訊項目（例如先前的家暴史、兒童人數、藥物濫用、暴力威脅）。ODARA的測量結果過去一直被用來協助早期刑事司法程序的保釋決定。持續有研究指出，[419] ODARA對親密伴侶暴力加害者整體的再犯風險具有預測力。該研究指出，這些加害者經常具有犯罪史，包括跟蹤、性侵和一些非暴力的財產犯罪（Eke, Hilton, Meloy, Mohandie & Williams, 2011; Hilton & Eke, 2016）。（回顧第八章厄克博士的觀點專欄。）

研究者也針對ODARA結合其他風險評估工具的延伸應用進行研究（如Hilton, Harris & Rice, 2010a, 2010b）。由於司法心理學家可以提供更多可用的案例資料，研究者認為如加害者的反社會行為、精神障礙的有無、童年虐待、少年紀錄等資訊，若能與 ODARA 中可獲得的資訊結合應用，將會使家暴的風險評估更為可信。但有趣的是，他們發現上述的那些變項並沒有辦法在 ODARA 以外增加顯著的資訊量。然而，有關加害者反社會行為史的臨床資訊仍然是至關重要的。而反社會行為資訊可以透過心理病態檢核表修訂版（PCL-R）來取得。因此，研究者發展了一個新的測量工具，**家庭暴力風險評估指引**（Domestic Violence Risk Appraisal Guide, DVRAG；Hilton, Harris, Rice, Houghton & Eke, 2008），它結合 ODARA 與 PCL-R 中所標定的危險因素，以期可以更有效地測量家庭暴力累犯的男性攻擊者再犯的可能性。它並不是要取代 ODARA，而是作為一個共同施測的工具。由於DVRAG 還很新，還需要對其有效性進一步檢驗。迄今為止，ODARA 與DVRAG 在親密伴侶暴力的文獻中都得到了正向的評價。然而，正如第四章所討論的，它們也受到與其他的精算式工具同樣的批評。

另一個可用來預測家庭暴力風險的工具是由克洛普等人（Kropp, Hart, Webster & Eaves, 1998）所發展的**配偶傷害風險評估**（Spousal Assault Risk Assessment, SARA）。SARA 是一個二十題的檢核表，旨在針對可能涉及配偶或家庭暴力的個人危險因子進行篩檢。當臨床工作者希望了解某人對其配偶、子女或其他家庭成員構成威脅的程度時，就可以使用。SARA 也是一種結構化的專業判斷工具。回顧前述，結構化的專業判斷工具為臨床工作者提供了指引，鼓勵他們針對某個案子所呈現的相關危險因子進行權衡（運用他們的專業判斷），也希望能夠基於評估結果對風險管理有所幫助。

另一個專門用來預測家庭暴力再犯風險的非精算式風險評估工具，是由賈奎琳・坎貝爾（Jacquelyn Campbell, 1995）所發展的危險評估（Danger Assessment, DA）。危險評估的第一部分會給受害者看過去一年的日曆，為的是了解施暴的嚴重程度與頻率。接著會請她（或他）標示身體虐待事件發生的大致日期，並將事件的嚴重性按一至五分的量尺（一分

最低，五分則是使用武器）進行評分。第二部分則是十五個是非題的問卷，希望透過這些題目概略了解施暴者所使用的策略。

同樣的，研究者與臨床工作者持續爭論精算式與結構化專業判斷工具的效度。研究報告指出（Hilton, Harris & Rice, 2010b），危險評估與SARA區分累犯與非累犯的能力並不高。不過，也有其他調查提出更好的結果（Belfrage et al., 2012; Helmus and Bourgon, 2011）。臨床工作者現在可以找到許多有關風險評估工具的後設分析與個別的研究，協助他們決定要使用哪種工具。

親密伴侶暴力的司法衡鑑 —— 其他因子

除了預測再犯可能性，心理學家經常會參與家庭暴力受害者與加害者的治療。就受害者而言，心理健康工作者必須敏銳意識到文化與生活方式對於受虐者對施暴者的反應及其復原歷程所造成的影響（Dutton, 1992; Jackson, Petretic-Jackson & Witte, 2002）。舉例來說，許多文化與社會環境 [420] 的障礙就阻礙了不少文化群體的求助行為。在一些文化中，暴力甚至可能在家庭保密下得到寬恕，儘管全世界都在試圖改變這種容忍（Kozu, 1999; McWhirter, 1999）。對於一些弱勢婦女或移民，語言障礙也會使得尋求協助與支持變得加倍困難。

在針對受暴與施暴者的衡鑑與治療上，最常建議採用的是多重模式取向。多重模式指的是結合心理工具與資訊蒐集策略，包括開放式訪談、結構化訪談、問卷調查，以及標準化的心理測量工具。然而，如上所述，當聚焦在再犯可能性時，確實有一兩種主要的工具在研究上得到了良好的成果。不過，大多數臨床工作者很快指出，雖然這些工具確實提供幫助，卻不足以對問題進行更整體的衡鑑，因此不應該單獨使用。

一個開放式的會談允許人們「用他們自己的語言」回應，或者在臨床工作者最少的引導之下，去講述他們「自己的故事」。它給了臨床工作者相當大的彈性，調整對受訪者的目標、問題、整體的資訊流向。結構化會

談則涉及更標準化的程序與問題，降低了臨床工作者調整資訊蒐集歷程的自由度。它通常會詢問特定、預設的問題，而這些問題會限制評估者在會談中的探問。不過，結構化會談程序中的預設問題在行為預測上較為準確，但開放式會談的問題則對於了解完整故事最有幫助。

衝突策略量表（CTS）

其中一個最常用來評估親密伴侶暴力程度（而非再犯可能性）的評估工具是穆雷·斯特勞斯（Murray Straus, 1979）所發展的**衝突策略量表**（Conflict Tactics Scale, CTS）。CTS 測量的是伴侶在爭吵中所做行為的頻率與嚴重性（Levensky and Fruzzetti, 2004）。

在量表發展的早期階段，CTS 產生的資料相當令人驚訝且備受爭議，它指出有六分之一的婚姻中會有身體暴力事件，而且親密伴侶暴力似乎在女性與男性身上發生的機率一樣高（Langhinrichsen-Rohling, 2005）；根據此項研究，CTS 資料讓我們能一窺門後早就發生的親密伴侶暴力。雖然CTS 現在仍然廣泛被使用，研究者與實務工作者也發現其中許多的限制（對其限制的完整討論見Levensky and Fruzzetti, 2004）。如同前面所述，有些使用CTS的研究得出了一個誤導性的結論，也就是男性與女性在涉入人際暴力上有相同的可能性，但這個結論沒有將行為的形式與動機納入考量。為了解決這些批評，後來也發展了修訂版的衝突策略量表與子女和家長版的量表。

受害者反應評估

雖然本章前面所討論的受暴婦女症候群在研究社群中受到相當大的反對聲浪，但仍然存在親密伴侶暴力的受害者會出現 PTSD 症狀的證據，比率大約在45%到84%（Jackson et al., 2002; Jones, Hughes & Unterstaller, 2001; Perez et al., 2012）。舉例來說，與沒有住在庇護所的受暴婦女相比，被安置在家暴庇護所的受暴婦女出現創傷後壓力疾患的比例與嚴重程度較

高（Perez et al., 2012）。部分原因是因為他們在庇護前遭受暴力的比率較高，而且害怕逃離家中會使自己遭到施虐者的報復。因此，確保倖存者的長期安全會是優先考量。缺乏保障是受暴婦女在尋求庇護所協助後返回家 [421] 中的一個原因，特別是當施虐者承諾會改進，或威脅如果受害者不回去，將會進一步傷害子女，甚至寵物。

　　幾個常用來評估 PTSD 症狀的測驗工具包含 PTSD 症狀量表（PTSD Symptom Scale; Foa, Riggs, Dancu & Rothbaum, 1993）、創傷後診斷壓力量表（Posttraumatic Diagnostic Stress Scale; Foa, Cashman, Jaycox & Perry, 1997）、犯罪相關創傷後壓力症量表（Crime-Related Post-Traumatic Stress Disorder Scale; Saunders, Arata & Kilpatrick, 1990）、困擾事件問卷（Distressing Event Questionnaire; Kubany, Leisen, Kaplan & Kelly, 2000）、創傷生活事件問卷（Traumatic Life Events Questionnaire; Kubany, Haynes, et al., 2000）。

　　如果傷害案件被起訴，加上為了治療的目的，對受害者的PTSD進行衡鑑就變得相當重要。PTSD 的紀錄資料在許多方面都很關鍵。舉例來說，它可能會促使檢察官更積極地追查案件；在認罪協商或量刑時，這可能也會是一個需要納入考慮的因素。PTSD 的紀錄可能也會與最終針對施虐者的民事案件有關。在極少數受暴女性殺死施虐者的狀況下，基於 PTSD 的辯護方向會比受暴婦女症候群來得更有效。PTSD 的紀錄也會與暴力與性侵害受害者以及女性加害者的處遇有關。

　　司法心理學家可能會進行正式的心理測驗與量表，或運用其他適當的心理測量工具來了解是否有任何因虐待而導致在態度、認知功能、行為以及情緒上產生的明顯改變。在任何司法環境中，書證在衡鑑過程的所有階段都至關重要。書證可能包含了法庭紀錄、警方報告、心理健康與醫療紀錄、朋友、家人、鄰居或其他證人的調查報告，以及相關的法律程序，如書面證詞、審判筆錄、保護令。評估者應當意識到「非傳統來源」的資料也可能提供寶貴的書證，包含「行事曆、日誌、電話留言、日記、信件（包括伴侶的威脅信）、錄音帶、照片及其他紀錄」（Stark, 2002, P.232）。

家庭組成與處境也有關，包括考慮家庭成員的年齡、社會階層、職業地位、文化同化程度、先前的受暴史、對暴力的一般認同程度、家庭結構，以及文化因應策略（Jackson et al., 2002; West, 1998）。臨床工作者必須理解，受害者可能會有扭曲的信念，認為自己是造成虐待的原因，並且對此感到不知所措。不幸的是，目前針對受虐女性治療介入效果的實證研究還很少（Petretic-Jackson et al., 2002）。

當施虐者在關係結束之後進行跟蹤、各種形式的騷擾及暴力威脅時，PTSD 在親密伴侶暴力中尤其普遍（Eshelman and Levendosky, 2012）。如前所述，「跟蹤定義為針對特定人士的行為，它會造成一般理性人的恐懼。」（Catalano, 2012, P.1）暴力的威脅對於受害者的心理健康尤其具有破壞性。當法院考慮核發永久保護令時，風險評估程序就顯得特別重要。雖然在大多數的司法管轄中獲得臨時限制令並不困難，但永久命令則需要更有力的證據，證明相對人對聲請人構成威脅。

然而，研究指出（Cattaneo and Chapman, 2011），風險評估雖然對於預測來說相當有用，但在風險管理方面卻沒有特別的幫助。也就是說，臨床與實務工作者與親密伴侶暴力案件合作的目標在於防止未來的虐待，而不僅僅是預測。這就是為什麼一些研究者傾向使用結構化的專業判斷工具，而非精算式工具；前者透過鼓勵臨床工作者建立可能的暴力情景，並根據這些情況發展管理計畫，從而促進風險管理（Douglas et al., 2014）。

正如克洛普（Kropp, 2004）所指出，風險評估一詞並不等同於受害者安全計畫。他寫道，「在實務工作中……有關風險的決定可能包括考慮暴力的迫切性、本質（如情緒、身體、性）、頻率及嚴重性，以及暴力發生的可能性。」（P.678）另外，克洛普強調，在配偶或親密伴侶暴力的脈絡中，不存在「無風險」的情況。所有配偶或親密伴侶施暴者在某種程度上都是危險的，風險評估工具並不會完全排除危險。然而，風險評估可以告訴我們「有關危險的性質、形式以及程度」（P.677）。有些司法風險評估工具相當能夠預測未來的暴力，包括親密伴侶暴力，但在未來暴力的預防上，還需要更多的研究關注。

[422]

親密伴侶暴力評估的必要訓練

與親密伴侶暴力及其受害者工作的司法心理學家及其他心理衛生工作者應該要接受特別的培訓，強調由親密伴侶造成的傷害是一種獨特的暴力形式，在許多重要的方面都與其他形式的暴力有所不同。陌生人的暴力往往是獨立的、一次性的事件，但親密伴侶暴力是持續發生的，其特點是遭到曾經信任的人持續虐待很長一段時間。簡單來說，親密伴侶暴力是一個隨時間而具有不可估量的累積效應的過程。此外，受害者可能覺得被困在家裡或情境中，常常知覺不到任何逃跑的希望。「由於婚姻承諾、經濟關係、子女照顧等緣故，親密伴侶暴力的受害者不能夠像非親密虐待的受害者那樣輕易擺脫這種處境。」（Petretic-Jackson et al., 2002, P.300-301）這種絕望感可能會導致憂鬱以及一些無助的壓抑感受，但許多其他的受害者對這種處境的處理方式卻大相逕庭。因此，司法心理學家與其他臨床工作者必須為受害者可能展現的各種心理症狀與因應機制做好準備。

親密伴侶暴力，以及一般的家庭暴力，也容易引起心理學家的各種反應，特別是如果他們或身邊的人曾經親身經歷過這種暴力。與家庭虐待的受害者（包含成人與兒童）工作尤其具有壓力，而且當臨床工作者接觸到創傷受害者時，往往會導致專業耗竭的高發生率。**替代性創傷**（vicarious traumatization）一詞有時就被用來描述臨床工作者因為與受創者合作所經驗到的心理苦痛（Harris, 2013; Lambert & Lawson, 2013; Petretic-Jackson et al., 2002）。

兒童虐待

「兒童是所有人口中最大比例的受害者。」（Finkelhor, 2011, P.14）二〇一一年，美國的州與地方兒童保護服務中心總共收到約340萬起兒童受虐或忽視的轉介（U.S. Department of Health and Human Services, 2017）。其中估計有683,000名兒童是合併多種如忽視與身體虐待等不當對待的受害

者。通報受到虐待或忽視的兒童中將近有四成的年齡在六歲以下。受到不
當對待的兒童中約有五成被發現受到兩次、三次或更多的不當對待。整體
而言，研究估計美國有七分之一的兒童在一生中曾經遭受某種形式的不當
對待（Finkelhor et al., 2009）。目前，大多數的警察部門都指派了特別調
查員負責調查兒童虐待事件。

二〇一一年，美國約有1,750名兒童死於不當對待，比例大約是每千名
兒童中有2.1人。在兒童不當對待造成的死亡中，大約有82%發生在四歲以
下的兒童身上。其中一歲以下兒童的受害率是最高的（每千名兒童中21.2
人）。在美國，死於不當對待的兒童大約有五成先前已經轉介到兒童保護

[423] 機構（National Resource Center on Child Sexual Abuse, 1996）。父母與其
他照顧者約占所有兒童暴力犯罪的五分之一，而其中一半以上是針對兩歲
或以下兒童的暴力犯罪（Abrams, 2013）。

不當對待的類型

兒童虐待有四種主要類型：忽視、身體虐待、性虐待、情緒虐待。忽
視是指未能滿足兒童的基本需要，例如缺乏適當的監督或未能提供必要的
食物、住所或醫療照顧，這是不當對待中的最大的類別。忽視也可能包含
未能給予兒童教育或未能照顧到其特殊的教育或情感需要。身體虐待則是
指任何可能導致身體傷害的行為，如揍、踢、咬、搖晃、丟擲、刺傷、窒
息、燃燒或毆打。這種類型的不當對待是第二常見的（見圖11.2）。性虐待
則包括父母或照顧者一些如性愛撫、強暴、肛交、猥褻暴露、以及透過賣
淫或製作色情材料所進行的商業剝削行為。情緒虐待則是指損害兒童情緒
發展或自尊或價值感的行為，可能包括持續的批評或拒絕。

根據美國衛生與公共服務部的統計（2010），超過三分之二（70%）
的不當對待受害者遭受到忽視。大約有15%的人受到身體虐待，9%的人受
到性虐待。只有7%的人表示受到情緒虐待，但這個數字有可能是過度低估
的結果。男童和女童遭受忽視或身體虐待的比例大致相同，但女童遭受性

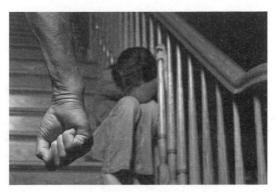

照片11.2
兒童在憤怒的成人面前蜷縮哭泣
資料來源：©iStock/princessdlaf

虐待的可能性是男童的四倍。大約有四分之一的受害者遭受過一種以上的不當對待。估計有60%因身體虐待傷害而就醫的兒童會因為更多的受傷而再度回診。大約有10%的人最終會死於持續性的虐待。送入急診室的所有兒童中，大約有10%會有某種形式的非意外傷害。雖然所有社經階層都會發生虐待傷害，但致命的虐待案件在較貧窮的人口階層最為常見。所有種族與族裔的兒童都有可能會經驗到兒童虐待。

必須要特別指出，自一九九〇年代以來，兒童性虐待的比率已經下降了62%（Finkelhor and Jones, 2012）。這個結果來源是奠基於三個獨立的機構資料與四個大型的受害者調查（Finkelhor and Jones, 2012）。然而，下降的趨勢還沒有在其他形式的兒童虐待中被報告出來，特別是身體虐待。比例下降的原因是多重且複雜的，其中包括了提高覺察與預防方案等因素。

寵物虐待

研究發現，寵物虐待往往伴隨著兒童虐待出現（Arkow, 1998; Levitt, Hoffer & Loper, 2016）。也就是說，會虐待兒童的成人也傾向會虐待家中

的寵物，這些寵物通常是受虐兒童的重要夥伴。施虐者經常會威脅要傷害或殺死寵物來讓孩子對虐待保密，特別是性虐待。寵物虐待與配偶虐待之間也存在著很強的連結。在一項研究中，一個女性收容所中有半數以上的受害者表示，她們的寵物受到伴侶的傷害或殺害，而她們因為擔心留在家中的寵物會受到傷害，延遲前往收容所的時間（Ascione, 1997）。越來越多的研究指出，暴力的人經常會對動物相當殘忍，尤其是對寵物與流浪動物（Merz-Perez, Heide & Silverman, 2001）。研究發現（Levitt, Hoffer & Loper, 2016）發現，在150名被控虐待動物的成年男性加害者中，有144人在虐待動物罪之前或之後會有其他刑事犯罪的紀錄。列維特等人（Levitt et al.）針對警方與維安部門、動物控制機構及美國各地的地區檢察官辦公室的四百起有關成年男性虐待與忽視動物的報告進行調查。十八歲以下的男性會被排除在研究之外，因為青少年的紀錄通常是保密的，而女性則因為病例很少同樣被排除在外。

列維特等人將虐待動物犯行分為三類：積極、消極及性虐待。前兩種類型可能對大多數讀者較為熟悉，而第三種可能就會令人相當驚訝。積極虐待包括絞殺、踢、打、刺、燒及斷肢。消極虐待則包括未能提供足夠的食物、水、居所或獸醫照護。動物的性虐待包括如陰道、肛門或口腔插入、愛撫、使用物體插入、為性滿足而殺死或傷害動物等廣泛的行為（Vermont Humane Federation, 2017）。

在列維特等人（2016）的研究中，因積極虐待而被捕的人，超過50%會因人際暴力（包括家庭暴力）而被捕。此外，因虐待動物而被捕的人，有三分之一因性侵他人而被捕，而其中許多受害者都還未滿十八歲。在該研究中，消極虐待與犯罪行為之間的具體關係尚不明確。

至今為止，有關動物性虐待的研究其實很少。然而，從二〇一六年開始，國家事件報告系統開始蒐集更多有關虐待動物的報告資料，從鬥狗到動物性虐待都包含在內。根據研究者表示（DeGloria, 2015），之所以會擴大蒐集資料，是因為聯邦調查局的調查人員發現，在連環殺人的加害者中，動物性虐待的發生率很高。有鑑於各種形式的動物虐待與人類暴力之

[424]

間有著明顯的關聯，這個主題勢必要再持續研究。

家庭暴力的動力

受虐家庭往往與社會隔絕，並且缺乏可以得到社會、經濟及情緒支持的廣大網絡。這些家庭處境通常不太穩定，夾雜著成年人的爭吵關係、一個或多個被討厭或不想要的孩子、經濟困難、酗酒或吸毒、被困住無路可走的感覺。如本章稍早所述，男性施虐者往往是衝動、不成熟、充滿挫折感，並且認為「一家之主」有權利支配女性。不過，並非所有的家庭暴力都是奠基在這種控制的需求上。本章前面已經介紹了與成人暴力相關的資料及與概念。在本節中，我們將會聚焦在針對兒童犯下的暴力行為。

與虐待有關的心理因素可能因性別而異，也可能因人而異。有些男性在女性去工作而被迫擔任主要照護者時，會變得特別具有虐待性，因為他們會將這種情況解釋為喪失自尊與傳統男性角色。女性施虐者則常常是過度緊張、憂鬱且沮喪的。而對於男性與女性施虐者來說，虐待的促發事件常常是嬰兒或兒童的哭鬧或缺乏如廁能力。

過去有個案例，一位離異的年輕母親正在接受社會救助，她帶著三個三歲以下的孩子（包括一對十八個月的雙胞胎），住在遠離父母和兄弟姊妹的一間小公寓裡。她的支票未能按時兌現，她無法維持家中足夠的溫暖或購買足夠的生活用品；她的電話和電源都被切斷了，房東也威脅要把她趕走。當雙胞胎之一的孩子不斷哭泣時，她「失去理智」動手打了他，留下嚴重的傷痕，甚至幾乎打斷他的手臂。這類案件經常在新聞媒體上被報導出來，而在檔案紀錄與助人工作者的心中，這類案件更是層出不窮。

兒童虐待對受害者往後的心理病理究竟有多少影響仍不確定（Knapp [425] and VandeCreek, 2000）。

> 對減緩因子的影響目前所知甚少，例如擁有其他正向的父母形象、在虐待後早期接受治療，或具有堅韌的性格或強大的社交網絡。同樣的，對

於加劇因子的影響也需要更多了解，例如擁有其他具破壞性的父母形
象、在受虐後受到責備或得不到治療、脆弱的人格或缺乏強大的社會網
絡。（Knapp and VandeCreek, 2000, P.370）

殺嬰、殺害新生兒及殺害子女

　　父母殺死或試圖殺死他們的孩子，會讓人覺得毛骨悚然。雖然這種情
況很少發生，但它們不可避免地引起媒體的廣泛關注。在多年前所發生，
但對許多人來說仍然印象深刻的震驚社會案件，就是安德魯・葉茨把她的
五個孩子淹死在浴缸裡。如同我們在第五章指出的，葉茨因心神喪失而被
判無罪，目前仍然住在精神機構治療。在另一起悲慘的案件中，律師喬
爾・史坦伯格（Joel Steinberg）動手打了他和伴侶赫達・納斯邦（Hedda
Nussbaum）非法收養的六歲女孩麗莎，女孩在被送進醫院不久後就因為傷
勢過重而身亡。另一名同樣非法收養的男嬰，也被發現遭綁在嬰兒床上，
之後被交還給他的親生母親。與史坦伯格一起生活約十二年的納斯邦遭到
嚴重的毒打，符合受暴婦女的典型形象。雖然第一次被逮時她作證指控
他，但他並沒有被起訴。這兩位成年人顯然都是吸毒者，而且孩子們遭遇
身體與情緒的忽視。一張麗莎在過世前於學校拍攝的照片中，我們看到一
位有黑眼圈、非常悲傷的小女孩。史坦伯格後來被撤銷了律師資格，並被
判過失殺人罪。他在獄中度過了十七年，並在二〇〇四年獲得了假釋。納
斯邦則在案件後不久改名並移居到別的州。

　　據估計，每年有1,200至1,500名幼兒被父母或其他人所殺害，約占美國
凶殺案總數的12%至15%（Child Welfare Information Gateway, 2012; Emery
and Laumann-Billings, 1998）。二〇一五年，估計全國有1,670名十二歲及
以下的兒童死於虐待與忽視，約當全美人口中平均每十萬名兒童有2.25人因
此死亡（DHHS, 2017）。二〇一五年，在所有因虐待與忽視所造成的兒童
死亡案例中，有四分之三（74.8%）的比例是三歲以下，其中許多小於一
歲。男童的死亡率略高於女童（男童每十萬人有2.42人，而女童則是2.09

人）。42%的死亡兒童是白人，31%是非裔美國人，15%則是西班牙裔。非裔美國人的死亡率大約是白人兒童的2.5倍，是西班牙裔兒童的3.0倍。家長要對大多數五歲以下兒童的凶殺案負責，其中33%是被父親所殺害，30%則是被母親殺害；其他的死亡中，主要則是在重大案件中被男性加害者所殺害（80%）（Cooper and Smith, 2011, P.6-7）。

殺嬰（infanticide），雖然這個詞從字面上意思是殺害嬰兒，但目前已涵蓋殺害兩歲以下的幼童。由於在出生後二十四小時內殺害嬰兒的父母與殺害稍微大一點的孩子的父母有顯著差異，因此在研究與臨床文獻中經常使用另外兩個專有名詞。具體來說，**殺害新生兒**（neonaticide）是指在出生後的二十四小時內加以殺害；**殺害子女**（filicide）則是指殺害出生超過二十四小時以上的孩子。必須要注意的是，在法律場域中很少使用殺害新生兒這個詞；殺嬰是立法者與法律學者偏好的法律術語（Nesca and Dalby, 2011）。同樣的，在法律系統中的殺嬰就是指殺害兩歲以下的兒童。我們將會在本節中繼續使用「殺害新生兒」一詞，因為研究人員向來都是用它來區分加害者不同的心理動機。此外，幾乎所有的研究都聚焦在討論殺害 [426] 子女的女性，而不是男性。

殺害新生兒的母親常常是年輕的未婚女性，她們否認或隱瞞懷孕的事實，擔心家庭與社會的反對或拒絕（Dobson and Sales, 2000）。而殺害子女的母親（一天以上、兩歲以下的孩子）往往年紀較大、已婚，並經常出現憂鬱的症狀。後者往往處在無助與可怕的處境中，她們相信殺害孩子是防止其在逆境下遭受痛苦或潛在痛苦的唯一途徑。然而，當母親殺死或試圖殺死一個以上的孩子時，這些年齡差異可能就不適用。

傳統上，法律系統與大眾常常認為殺害子女（無論子女的年齡多大）的婦女很可能受到嚴重的精神問題所苦。當孩子是嬰兒時，臨床診斷通常是「產後憂鬱症」（postpartum depression），一種常被認為是由分娩所引起的憂鬱發作。不過，必須要了解的是，在產後可能會有三類明顯的心理反應：產後憂鬱（postpartum blues）、產後憂鬱症及產後精神病（postpartum psychosis）（Dobson and Sales, 2000）。最常見的是產後憂鬱，其特徵是哭

泣、易怒、焦慮、混亂及快速的心情變化。大約有五至八成的女性在產後一至五天內會表現出產後憂鬱的一些輕微特徵（Durand and Barlow, 2000）。症狀可能持續幾個小時到幾天左右，並且明顯與分娩有關。雖然研究者指出，症狀一般不會持續超過十二天，但伴隨許多分娩造成的極度疲憊，可能會延長「憂鬱」的時間。產後憂鬱與殺嬰之間的關聯並沒有被研究支持。如同道布森和夏爾斯（Dobson and Sales）所指出的：

> 這種精神障礙不太可能在殺害新生兒或殺害子女中扮演主要的致病角色，因為它發生的時間太晚，無法影響殺害新生兒的女性的精神狀態，而且其持續時間太短，不到十天，無法在殺害子女中扮演主要的角色；殺害子女可能在產後第一年的任何時候發生。（P.1105）

特別要注意的是，道布森和夏爾斯以一歲而非兩歲作為殺害子女的切截時間。

產後憂鬱症發生在分娩後的幾週到幾個月內，症狀包括了憂鬱、食欲不振、睡眠障礙、疲勞、自殺想法、對新生兒不感興趣，以及對日常活動普遍失去興趣（其中某些也出現在產後憂鬱）。患有產後憂鬱症的女性常常因為自己在應該對新生兒感到快樂時卻感到憂鬱，而產生罪惡感。北美婦女的發病率在7%至17%之間（Dobson and Sales, 2000）。然而，與產後憂鬱相比，產後憂鬱症似乎並不直接與分娩有關，而是分娩前就出現的一種臨床憂鬱症形式，它可能會也可能不會在女性的生命週期中反覆發生。雖然產後憂鬱症的女性可能會殺嬰或殺害子女，但研究發現在分娩後這種情況並不常見，而且孩子的死亡也並非直接是由它所引起。

第三種與產後相關的精神問題是產後精神病，這是一種罕見的嚴重精神障礙，每千名分娩後的女性就有一人罹患這種精神障礙症。一般來說，精神病性特徵與嚴重的雙極性憂鬱症的症狀非常相似，並似乎與分娩直接相關。許多年前，有一位年輕的母親開槍打死了約三個月大的嬰兒。在悲劇發生前的幾個星期間，她一直待在家中，整個人籠罩在陰影下，拒絕丈

夫希望她尋求心理健康服務的懇求。檢察官後來沒有因為這起死亡案件起訴她，因為他們找不到任何心理健康的專家來證明她沒有罹患產後精神病。雖然有些人認為這是檢察官濫用裁量權，並認為該婦女得到了特殊的待遇，但檢察官顯然相信，辯方很容易找到心理健康專家來證明產後精神病的存在。 [427]

正如道布森和夏爾斯所指出的，「一些流行病學的研究提供了明確的科學證據，支持分娩與產後精神病之間的關聯。」（P.1106）有時候精神病甚至會嚴重到使母親想要自殺，同時企圖殺死她的孩子（Kendall and Hammen, 1995）。有些紀錄顯示，許多殺害子女的女性（估計從20%到40%）深受產後精神病所苦（Dobson and Sales, 2000）。

研究者認為（Nesca and Dalby, 2011）許多殺嬰案，包括殺害新生兒與殺害子女，可能是創傷後壓力疾患的結果。他們指出，調查顯示，在一般順利的分娩之後，PTSD 的盛行率為24%至33%。他們進一步提出，使用綜合評估的司法研究顯示，PTSD 結合憂鬱症是這些調查的主要臨床發現。雖然將這些結果用來解釋殺害嬰兒的行為頗為吸引人，但顯然在得到任何暫時性的初步結論以前，還需要進行更多的研究。

整體來說，殺嬰很少是由受到憂鬱、絕望、PTSD 或精神病所苦的母親所為。在殺害新生兒的案件中，「通常是由經常隱瞞懷孕的女性所為，她們往往在醫院外分娩，並將他們不想要的新生兒悶死、勒死或淹死，再加以藏匿屍體。」（Porter and Gavin, 2010, P.99）不過，實際狀況是，另一個成人，比如嬰兒的父親或母親的父親，也可能造成嬰兒的死亡。在某些情況下，嬰兒的父親就是嬰兒母親的父親。

造成母親失能的精神疾病其實很少是殺嬰的原因。然而，殺嬰也可能是由不作為所造成的，例如在危險環境中疏於照看孩子；或者是因作為所造成，例如快速拍打哭泣的嬰兒好讓他安靜。這些案例更有可能遭致過失殺人（非疏忽）的起訴或判決；儘管該成人可能並非故意要造成死亡，但仍應對此負責。

代理型孟喬森症候群（醫療兒童虐待）

　　代理型孟喬森症候群（Munchausen syndrome by proxy, MSBP）是一種罕見的兒童虐待形式，指的是父母（幾乎都是母親）持續且長期地讓兒童接受醫療照顧，卻不存在任何「真正的」醫療條件或症狀。「孟喬森的特點是成年人長期不懈地尋求醫療，包括結合有意識地自傷與虛假報告的症狀。」（Robins and Sesan, 1991, P.285）孟喬森症候群是由倫敦的醫師里察‧艾許（Richard Asher, 1951）所創，用來描述那些不斷編造有關自己的虛假故事以接受不必要的醫療檢查、手術及治療的病人。艾許以一七二〇年出生的德國著名的士兵與政治家孟喬森男爵的名字來命名這個症候群（Dowdell and Foster, 2000）。孟喬森男爵會告訴朋友、熟人和他的醫師許多編造的故事，包含了令人難以置信的旅行與英勇的軍事功績（Raspe, 1944）。目前研究者常以醫療兒童虐待（medical child abuse）取代冗長的MSBP一詞（Yates and Bass, 2017）。

　　在代理型孟喬森症候群中，孩子身上所出現的症狀可能是偽造或直接由父母所誘發的。事實上，代理一詞即是指父母在向醫務人員呈現症狀時那種主導性的影響力。父母最常報告的症狀包括癲癇發作、生長遲緩、嘔吐、腹瀉、氣喘／過敏、感染（見Sheridan, 2003, P.441-443有完整的症狀清單）。父母所誘發的症狀可能包括在糞便中添加油脂以製造實驗室檢驗數據的異常、引發兒童的饑餓、在實驗室檢測前將血液放入兒童的尿液採樣中，或將污染或有毒的物質透過靜脈注射到兒童的血液中（Murray, 1997; Pearl, 1995）。

　　MSBP 案例存在於所有社經地位的家庭，而且受害者最常是六個月至八歲大的兒童。男女性別似乎都同樣容易受害。連環 MSBP 一詞則用於在同一家庭中涉及多個子女的案件（Alexander, Smith & Stevenson, 1990）。

　　在 MSBP 的案例史中，通常會有一個「過度涉入」的母親與一個「情感疏離」或實質上不存在的父親。MSBP 的母親經常被描述為「情感空虛」與寂寞的，並常常在她們的童年與成年早期經歷過重大的情緒、身體

[428]

及性虐待（Robins and Sesan, 1991）。她往往在別人的眼裡看來是完美的母親，非常關心、奉獻、細心又有愛心。然而，她也會顯得過度保護，並且時時刻刻都被孩子的疾病占據心頭（Brown, 1997; Voltz, 1995）。

　　這些加害的母親往往對醫療條件相當熟稔，並且對醫療的手續與診斷有些入迷，甚至可能自己就是健康專業。當父母對孩子異常關注，在檢查或治療期間非常不願意離開孩子身邊時，就應當懷疑 MSBP 的可能性。不過，這個現象也可以在許多家長身上觀察到。一個比較明確的徵兆是，當一個孩子有一系列反覆出現卻對治療沒有反應的醫療狀況，或是一種持續、令人費解及無法解釋病程發展。另一個指標則是當實驗室證據或症狀呈現高度異常且與現存的醫學知識不符時。這種兒童虐待的極端形式可能會導致嚴重的傷害或死亡。當症狀在犯罪嫌疑人與受害者分開後就消失時，也可以進行MSBP的驗證（Sheridan, 2003）。

　　雖然文獻中提到許多MSBP的案例，但仍然很難確定其盛行率或發生率，主要是因為難以確定這是一種真實存在而非捏造出來的疾病，而且對於這種不尋常形式的兒童虐待仍然普遍缺乏知識。最佳估計數為一歲以下的兒童每十萬人中約有2至2.8人，十六歲以下兒童則為每十萬人中有0.4人（Ferrara et al., 2013; Schreier, 2004; Sharif, 2004）。前述研究提出一些證據，說明在某些群體中，這種疾病的盛行率可能會更高。此外，MSBP受害者兒童發生窒息與中毒的死亡率似乎在6%至10%（Ferrara et al., 2013）。中毒可能發生在父母或照顧者注射或強迫兒童攝入毒性物質以使其生病時。窒息則可能發生在強迫攝入毒品、藥物或導致呼吸問題的物質。

　　據報告，在某些情況下，「代理」的對象會是家中的寵物（Tucker, 2002）。在一份發給一千名獸醫的問卷中，調查了有關動物的非意外傷害，少數受訪者認為他們遇到了一些由寵物主人所加害的 MSBP。換句話說，有些寵物主人可能會故意傷害他們的寵物，以獲得同情與醫療關注。

　　在大多數情況下，如果懷疑有MSBP的可能性，兒童保護服務就會發揮作用。但除非該行為導致嚴重的傷害或兒童的死亡，否則很少提出刑事告訴。司法心理學家可能會參與案件的兒童保護與起訴階段。如果父母不願

意或無法停止這種行為，孩子可能就需要從家裡被帶走，直到能對父母進行有效的介入或適當的安排為止。如果案件嚴重到足以提出刑事告訴，司法心理學家可能就會成為法院囑託的評估者，也就是法院會直接要求他們提供相關的資訊（Sanders and Bursch, 2002）。第一章提過，許多州現在會要求為法院提供相關服務的人要經過特殊的培訓與認證（Heilbrun and Brooks, 2010）。

在MSBP的案件中，心理學家必須審查孩子與具有嫌疑的父母所有的醫療紀錄，並為父母與孩子進行心理衡鑑。根據調查研究（Sanders and Bursch, 2002），有許多涉入偽造子女疾病的女性也會抱怨自己有許多未經證實的疾病。其他兄弟姊妹也應該要進行評估，因為他們也有可能受到MSBP。在大多數情況下，法院會關心是否有發生兒童虐待的證據，以及兒童是如何在據稱的虐待中受到傷害。法院也可能想知道對犯罪者的治療選項以及建議的管理或治療方案。不過，根據司法工作指引，心理學家應該避免同時擔任評估者與治療的提供者。

[429]

虐待性頭部創傷

另一種兒童虐待的形式是**虐待性頭部創傷**（abusive head trauma, AHT），以前被稱為**嬰兒搖晃症候群**（shaken baby syndrome）。這是發生在父母或照顧者用力搖晃嬰兒，而導致嚴重的腦損傷。這些腦損傷可能造成智力障礙、語言與學習障礙、失明、癱瘓、癲癇發作、聽力損傷或死亡。嬰兒的大腦與血管都非常脆弱，很容易因揮鞭式的運動（如搖晃、抽搐及顛簸）而損傷。他們的頸部肌肉還不夠強壯到可以控制頭部的運動，而頭部的快速運動可能會導致大腦因為撞到頭骨壁而受損。

嬰兒搖晃症候群很難被診斷出來，除非目擊者能夠精確地描述事件的發生。醫療人員報告說，許多有虐待性頭部創傷症狀的嬰兒是因為跌倒、呼吸困難、癲癇發作、嘔吐、意識改變或窒息而被帶來就醫。在這些案件中，有時候成年人會承認他們搖晃了嬰兒，但這樣做只是為了使嬰兒甦

醒。為了診斷虐待性頭部創傷，醫師會尋找是否有視網膜出血或視網膜剝離、大腦出血，以及頭圍異常增加，代表腦組織液過度堆積。可能也會有明顯的瞳孔放大、無活動及呼吸問題。另外，可能也會有脊髓損傷與肋骨骨折，取決於嬰兒在搖晃過程中被抱的方式。

雖然有關虐待性頭部創傷的統計並不完全，但有個共識是，腦部創傷是嬰幼兒死亡與殘疾的主要原因（Dubowitz, Christian, Hymel & Kellogg, 2014）而許多這類的案件都涉及了身體搖晃（Duhaime, Christian, Rorke & Zimmerman, 1998; Showers, 1999; Smithey, 1998）。研究者寫到（Russell, 2010），在那些被診斷患有嬰兒搖晃症候群的兒童中，大約30%會因為這個傷害而死亡，其中只有15%能在沒有持續影響的狀況下存活。據估計（Ellis and Lord, 2002），在所有與虐待及忽視有關的嬰兒死亡案件中，10%至12%可歸因於虐待性頭部創傷。另外，研究指出，70%至80%的虐待性頭部創傷的肇事者是男性，而且大多數都是兒童的父母（Child Abuse Prevention Center, 1998; Ellis and Lord, 2002）。加害者的年齡通常在二十出頭左右（Showers, 1997）。男嬰與女嬰同樣容易受害，而虐待性頭部創傷的發生橫跨所有社經階層。因嬰兒不斷哭鬧或進食及如廁的問題所帶來的挫折感，常會被報告為導致劇烈晃動的前置事件。對搖晃嬰兒所帶來的危險一無所知是相當常見的，絕大多數的加害者的育兒技巧都不太好。如今，在許多醫院，家長都會被要求在帶著新生兒離開醫院之前觀看有關虐待性頭部創傷與嬰兒護理的教育影片。

潛抑與復原記憶

二十世紀後期，司法心理學最具爭議的話題是，在虐待或其他犯罪中「丟失」的記憶，能否在之後被找回來。現在有些研究者仍然對這個主題非常感興趣，儘管對於重要的記憶在被埋藏後又突然恢復有越來越多的質疑（如Alison, Kebbell & Lewis, 2006）。這個議題通常被稱為**潛抑記憶**（repressed memory），或復原記憶（recoverd memory），或者較少被稱為

[430]　錯誤記憶（false memory，暗示所提出記憶的有效性是存疑的）。這個激烈的爭論（也稱為「記憶戰爭」）在一九九〇年代尤為突出，當時有關兒童性虐待與撒旦儀式虐待的潛抑記憶報告急劇增加（Patihis, Ho, Tingern, Lilienfeld & Loftus, 2014）。其中一方相信個人創傷事件的記憶可能會被潛抑，並且許多年都無法提取；他們也相信，透過好的治療，當患者在心理上覺得安全的時候，這些潛抑的記憶就可以被完全且精確地恢復。另一方則認為潛抑記憶存在的可能性很小，至少值得懷疑；他們認為，對虐待的復原記憶大部分是虛假的記憶，有時可能是治療師在不經意間發展出來的。

　　潛抑記憶的概念至少在佛洛伊德（Sigmund Freud, 1915/1957）的時代就已經存在了，他無疑是將這個概念帶入鎂光燈下最有影響力的人。佛洛伊德曾寫道，「潛抑的本質僅僅在於將某種東西拒斥在意識之外。」（P.105）為了最小化焦慮與恐懼的情緒，想像上我們會把痛苦或極度可怕的記憶推到意識覺察的範圍外，並且它假設我們是在潛意識中做這件事的。目前的臨床思維則將「潛抑」一詞擴大，包括廣泛的認知歷程。

> 潛抑是指因與某物有關的不愉快情緒而將其隔絕在覺察範圍以外的心理歷程。這個「某物」可能是一段記憶（或記憶的一部分）、一個幻想、想法、念頭、感覺、願望、衝動、關聯，諸如此類。（Karon and Widener, 1999, P.625）

　　潛抑可能包含創傷的記憶喪失（失憶症），以及部分和破碎的記憶。
　　根據佛洛伊德（1915/1957）與一些當代臨床工作者的說法，潛抑或掩蓋的記憶會在潛意識中繼續徘徊，直到在心理治療或某些其他的狀況下被找回，例如夢境分析、催眠，或一些其他的「復原方法」。對許多人來說，這些潛抑的記憶永遠不能夠被好好地提取出來，並可能在其一生中造成心理問題和損害；至少這是部分臨床工作者所持的立場。這些臨床工作者相信，他們在常規的實務工作中會遇到各種形式的潛抑，尤其是對早期童年虐待的記憶。而另一邊則是一些認知科學家，他們質疑「真實」潛抑

發生的頻率，以及對於這種潛抑是如何發生與為什麼發生的臨床假設。

法院不得不在許多案件中面對潛抑記憶的問題。那些據稱是虐待（特別是性虐待）受害者的成人，會在民事或刑事審判中主張，他們原本忘記這些創傷經驗，但後來又回憶起來，通常是在治療師的說明或引導之下，並且常常是在催眠或其他「證據開示」（discovery）的過程中發生。法院將潛抑後復原的記憶稱為「延遲證據開示」（delayed discovery）。而被指控的施虐者，常常是父親或其他的家庭成員，他們會否認施虐並反駁受害人的記憶是假的，是由心理治療師、調查員或評估者所植入的（Partlett and Nurcombe, 1998）。這些回憶的準確性一直是近三十年來專家們與出庭作證的專家所爭論的焦點。正如相關研究指出（Patihis, Ho, Tingern, Lilienfeld & Loftus, 2014），「在法庭上，有關記憶的信念往往會決定潛抑記憶證詞能否被採納為證據。」（P.519）

值得一提的是，一旦超過犯罪追訴時效後，就不能再提起刑事訴訟（*Stogner v. California*, 2003）。訴訟時效是提起刑事或民事訴訟的法律時限。在刑事案件中，訴訟時效通常在事件發生後一至三年；謀殺案除外，沒有期限。在民事案件中，提起訴訟的時效各不相同，但通常都會在幾年內提出。然而，許多州已經開始延長訴訟時效，特別是涉及性虐待的民事案件。這是因為認識到性虐待的受害者可能需要數年時間才能挺身而出，即使沒有潛抑記憶的問題。那些支持延長期限的人認為必須為性虐待的倖存者伸張正義；然而那些不支持延長的人則認為，這樣對被指控犯罪或民事過錯行為的人不公平。 [431]

在民事與刑事案件中，辯方會試圖傳喚專家證人對控方或原告證人所提供的證詞提出質疑。重點通常會放在質疑原始報告產生的脈絡，以及調查人員或其他相關專業人員的會談方法（Berliner, 1998）。有些受害者在心理治療師的反覆敦促且經常結合催眠等探索方法下，開始記起（經常是突然）他們受到父母、兄弟姊妹、親戚或陌生人的性虐待。由於相信這些虐待是生活失衡或障礙的核心因素，或相信施虐者應該受到處罰，有許多受害者會透過法院（主要是民事法院）尋求補償。雖然這些復原記憶在有

些（可能很多）案件中可能有其基礎，但在進入法律領域前，司法心理學家仍必須仔細評估這些主張。立林菲德與羅芙托斯（Lilienfeld and Loftus, 1998）寫道，「創傷記憶能否被長期（數年或幾十年）潛抑，然後再以完整形式突然恢復，這個問題或許是當今臨床心理學最具爭議性的問題。」（P.471）（有關兩個潛抑記憶案例的討論，參見重點提示 11.1。）

在臨床實務中，有關潛抑究竟多常發生的資訊還很少。迄今為止少數進行的研究中，研究者指出（Polusny and Follette, 1996），在接受調查的心理學家中，72%的人在過去一年裡都沒有遇到「潛抑」記憶的案例，15%的人則在這段時間裡只見過一個潛抑記憶的案例。然而，臨床工作者繪聲繪影表示在實務中看到許多潛抑記憶的例子，這種情況不算罕見。

潛抑記憶的特殊專家小組

有關兒童性虐待的潛抑與復原記憶之爭議，是心理學史上最為激烈的論辯之一（McNally, Perlman, Ristuccia & Clancy, 2008）。為了澄清一些關於潛抑或復原記憶的爭議與爭論，美國心理學會指派了一個由研究者與臨床工作者組成的「工作小組」研究這個議題，並就已知的知識以及如何進行工作，達成了某種共識。透過這個被稱為美國心理學會兒童虐待記憶調查工作小組（Final Conclusions, 1998），臨床工作者與研究者得出以下五個結論：

一、兒童性虐待在美國是一個複雜而普遍問題，但在歷史上一直沒有得到承認，有關成人回憶的爭議，不應掩蓋這個事實。

二、大多數在兒童時期遭受性虐待的人都記得他們身上所發生的全部或部分的事情。

三、人們有可能會憶起那些被遺忘了很長時間的虐待記憶。

四、人們也可能會對未曾發生過的事件建構出令人信服的偽記憶。

五、我們對於會導致準確或不準確地回憶童年虐待記憶的發生歷程仍然所知有限。

重點提示11.1

法庭上的復原記憶：兩個案例

有關創傷記憶能否在被埋葬多年後恢復的問題，有些爭議已經獲得解決，但其他爭議仍然激烈論辯著。許多心理學家，主要是參與記憶研究的心理學家，他們表示雖然創傷事件的細節可能會被遺忘並可能被恢復，但個體在到達一定年齡後所發生的創傷事實（通常在五歲或以上）並不會被忘記。舉例來說，如果你在八歲時遭到性侵，你是不會忘記的。然而，其他人，主要是臨床工作者，則相信創傷事件可以被潛抑並在之後恢復，無論是透過自發或是治療方法來達成。

喬安・布洛維克（Joan Borawick）在三十八歲時起訴了她的阿姨與叔叔，聲稱多年前當她從華盛頓州的家到康乃狄克州探望他們時，他們曾對她進行性虐待。她主張發生虐待的時間點是一九六一年與一九六四年，當時她分別是八歲與十二歲。布洛維克主張，她有許多年都不記得這些虐待事件。在她所指稱的事件發生二十年後，她開始經歷恐慌發作。她尋求並接受了精神與慢性身體疾病的治療。另外，她還與使用回溯療法的催眠師進行了十二至十四次的治療。在審前筆錄證言中，催眠師作證說，布洛維克曾在這些治療中揭露了性虐待一事，但他並沒有告訴她這一點，因為這些虐待行為可能會在某個時間點浮上表面。而就像他預測的那樣，在她上一次治療後幾個月，有關於性虐待的非催眠記憶就開始浮上意識層面。她主張自己對父親、其他家人、父親的朋友以及阿姨與叔叔的怪異儀式與虐待有所記憶。

在「布洛維克訴薛伊」（*Borawick v. Shay*, 1995）案中，上訴法院維持下級法院的意見，認為布洛維克的記憶是因催眠而更新，而該技術沒有達到進入法庭程序所需的科學可信度。法院指出，催眠中所回憶的記憶很容易是實際事件、無關事件、幻想及想像的細節所共同拼湊出的馬賽克。值得一提的是，法院並沒有完全禁止由催眠所獲得的證據；只是他們列出了一份證據能力的要求或保證清單，但在這個案件

中，大多數都不符合這份要求或保證。因此，布洛維克不能就她遭受虐待的記憶提出證詞。她後來向美國最高法院提出上訴，但法院駁回了聲請。

另有一起牧師虐待案（*John Doe 76C v. Archdiocese of Saint Paul and Minneapolis.* 2012）。約翰・杜爾提起民事訴訟，指控他在一九八〇年與一九八一年共遭到四次性虐待，當時他還是青少年，而加害者是一位教區牧師。無可置辯的是，牧師曾性虐待兒童這件事，主教直到一九八〇年代中期才向大眾公佈。媒體廣泛報導此事後，有許多受害者挺身而出。當時杜爾並不在其中，因為他說他對這些事件毫無記憶。然而，在二〇〇二年時，他開始閃現這些事件的記憶，並透過治療來處理他所感受到的暴怒與氣憤。

根據明尼蘇達州的法律，該案的追訴時效已過，但杜爾仍然試圖引入有關潛抑與復原記憶的專家證詞，支持他起訴的主張。換句話說，他說他不可能更早提起訴訟，因為他潛抑了該創傷事件的記憶。為了決定是否要允許專家就潛抑記憶進行作證，該案的地方法庭首先舉行了聽證會，請雙邊立場的心理學家和精神病學家就此一議題進行作證。一位支持杜爾的專家表示，他見過幾十名潛抑與復原記憶的病人。然而，在聽取了所有證詞後，法院認為，潛抑與復原記憶的理論對於進入法院的標準來說基本上是不可靠的，因此杜爾不被允許請代表他的專家出庭，案件也被立即駁回。

後來中級的上訴法院推翻了這個決定，裁定專家證詞可以受理，但明尼蘇達州最高法院仍然裁定杜爾敗訴。即使認知到其他法院對於潛抑記憶的證據採取更為接受的態度，該法院仍然傾向同意下級法院的見解，認為記憶潛抑與復原的理論是不可靠的，不符合法庭納入的科學證據標準。

問題與討論：

一、如同布洛維克一案，使用催眠來復原記憶並不罕見。既然法院在該案中不允許因催眠而更新的證詞，為什麼法院不在所有的案件中全面禁止此類的證詞？

二、有些法院允許潛抑與復原記憶的專家證詞，其他法院則不允許，但民事訴訟中的原告基本上還是可以主張，「我之前忘記了，但現在我想起來了」。讓專家代表原告作證有什麼好處？是否有缺點？

三、約翰·杜爾案是民事案件。你認為檢察官會對牧師提起刑事訴訟嗎？請解釋你的答案。

　　然而，美國心理學會工作小組仍無法在一些重要的議題上達成共識，主要是關於虐待的早期記憶的性質及其恢復。儘管該小組確實努力尋求共識，但一些臨床工作者與研究者之間的爭論顯然變得更加激烈且兩極化，導致在一九九八年十二月的《心理學、公共政策及法律》期刊上出現一個專題，介紹雙方的不同論點。在本節中，我們將會聚焦在認知與發展科學家普遍接受的主流觀點，但也會對其他觀點適時給予關注。

　　在繼續討論之前，要特別提到，在美國心理學會工作小組開會前不久，一個類似的潛抑或復原記憶專家小組在英國召開會議。這個名為英國心理學會復原記憶工作小組的召集，是為了向英國心理學會成員、媒體及感興趣的公民發表有關這個現象的立場聲明。最終的檔案花了十個多月才定稿，稱為 BPS 報告（British Psychological Society, 1995）。總體而言，BPS 報告的結論與上述美國心理學會的最終報告是一致的。舉例來說：

　　與 BPS 報告相同，美國心理學會最終報告的結論是，人們有可能會記起那些長期被遺忘的虐待記憶，但也有可能對從未發生的事件建構令人信服的偽記憶。（Davies, Morton, Mollon & Robertson, 1998, P.1080）

　　然而，戴維斯等人也主張，美國心理學會工作小組忽視了一些本來應該列入考量的重要研究結果。例如他們認為該小組並沒有建立一個共同協定的科學架構作為討論的基礎。更具體來說：

對相關證據與證明方法似乎沒有什麼共識。缺乏這種基本原理的情況下，嘗試重新回到政治框架下去討論，而這麼做從理論與實務的角度來看是毫無成效的。（Davies et al., 1998, P.1080）

　　但與我們在這邊的討論更為相關的，是下面所敘述的觀察：

[434]

美國心理學會的最終報告對於記憶機制究竟如何中介這麼多元的影響，幾乎沒有什麼認真的討論：認知學家就只是指責治療師執著於科學上並未受到支持的潛抑觀點，而治療師們則反過來以范德寇近期的研究（Van der Kolk and Fisler, 1995），為創傷相關的一種特殊與不同形式的記憶提供了解釋的原理。（Davies et al., 1998, P.1080）

　　有關潛抑記憶的爭辯現在走到了哪裡？在最近的一項研究中，瑪格努森和梅琳達（Magnussen and Melinder, 2012）詢問挪威有執照的心理學家，他們是否相信創傷事件的復原記憶是存在的？63%的心理學家回答「是」。而在美國，帕蒂斯等人（Patihis et al., 2014）發現，大學生對潛抑記憶有很高的相信程度（78%）。這些學生大多數（65%）認為潛抑記憶可以透過治療被準確地恢復。對美國一般民眾的調查也發現類似的結果，84%的人接受潛抑記憶的存在，而78%的人相信這些記憶可以被準確地恢復。另一方面，帕蒂斯等人的研究發現，迄今為止，實驗與研究臨床心理學家對潛抑記憶及其復原最抱持懷疑的態度。然而，其他心理健康專業，包括實務臨床心理學家，則對潛抑記憶的可能性有較高的接受程度。

　　由於潛抑或虛假記憶在司法心理實務中是非常重要的議題，因為它為證人記憶歷程與專家證詞的理解提供了舞臺，因此本節將會對這個問題特

別著墨。我們首先會概述一些人類記憶研究的發現。

人類記憶及其侷限性的研究速寫

簡單來說，記憶涉及了習得、儲存及提取。習得，也稱為編碼或輸入階段，是記憶過程的第一步，與感官知覺的歷程有相當大的重疊。感官知覺是將感官接收到的訊息組織並賦予意義的過程，如視覺、聽覺、嗅覺、味覺、本體感覺受體，以及前庭和運動性感官。記憶儲存，也稱為留存，則是指訊息「駐留於記憶中」（Loftus, 1979）。而在提取階段，大腦會搜尋相關資訊，並將其提取出來，有點像在檔案櫃或電腦中搜索檔案的過程。

任何有關司法與記憶的討論，從該領域三位頂尖的科學家所提出的記憶四要點開始切入將會很有幫助——這三位專家是彼得·奧恩斯坦（Peter Ornstein）、史蒂芬·瑟希（Stephen Ceci）、及伊麗莎白·羅芙托斯（Elizabeth Loftus）（1998a）。

- 不是所有的事物都會進入記憶。
- 進入記憶的東西在強度上可能會有所不同。
- 記憶中的訊息狀態會隨著時間而有所變化。
- 記憶提取並不完美（不是所有儲存的訊息都會被提取出來）。

關於第一點，有些經驗可能無法被回憶，因為它們根本沒有進入記憶。人類認知系統的訊息處理能力是有限的，沒辦法同時處理環境中發生的一切。我們的注意力是有所選擇的。因此，有大量的訊息是從未經過處理的。此外，訊息處理也會受到先驗的知識與經驗所影響。換句話說，為了理解與詮釋所經驗到的東西，大腦會將「新」的材料與「舊」的儲存材料進行比較。打個比方，新的材料會被放到「認知範本」中，看看它比較起來如何。一個人會如何「看見」這個世界，很大程度上是由「認知範本」所決定的，而這些範本是根據先前的經驗與知識而形成的。

奧恩斯坦等人所提出的第二點（1998a），是指有些因素可能會影響記 [435]

憶「痕跡」的強度與組織。此外，強的記憶痕跡可能很容易被提取，但較弱的痕跡則可能更難恢復。痕跡的強度取決於如接觸事件的長度、暴露次數、個體的年齡，以及該事件對於個體的重要性。隨著年齡的增長（至少過了成年早期後），根據過往經驗所發展出來的訊息處理技巧與認知範本也會相應發生變化。

第三點則是指訊息被儲存後會發生的事，這或許是司法議題中的要點之一。也就是說：

> 記憶痕跡從個體經驗到報告出來之間是可以被改變的。時間以及各種介入的經驗，都可以強烈地影響儲存訊息的強度與組織。（Ornstein et al., 1998a, P.1028）

大量的研究指出，人類會不斷地改變與再建構他們對於過去經驗的記憶，而不只是永久且不變地儲存過去的事件（Loftus, 2005; Strange and Takarangi, 2015; Sutton, 2011）。記憶並不像攝錄影機可以準確地儲存過去的事件，以在必要時重新播放。（回顧第四章史崔吉博士的觀點專欄 。）另外，這種改變或「再建構歷程」往往是在個體沒有完全覺察到的情況下所進行的。個體會對記憶的內容有所覺察，但通常很少覺察到編碼、保留及提取過程中所發生的轉換。這種記憶會持續受到改變的觀點，被稱為**記憶重構理論**（reconstructive theory of memory）。雖然，整體而言，這種再建構的歷程可能不會很大程度地改變多數人原始記憶的主題，但它確實會在事件的特定描述中加入一些錯誤。舉例來說，車禍的目擊者可能都會表示有兩輛汽車相撞（而不是一輛汽車與一輛卡車），但事故的具體細節卻可能不盡相同。

> 此外，在不重新建構事件或經驗（例如透過排練、提示或視覺化）的情況下，記憶痕跡的強度會隨時間而降低，並且這個痕跡的消逝會與延遲間隔中的干擾相互結合，使得取得儲存資訊與成功提取變得更加困難。

（Ornstein et al., 1998a, P.1028）

　　在幼兒身上，記憶痕跡往往不會那麼強，因為兒童通常缺乏充分理解事件的必要知識與經驗。因此，他們的記憶痕跡可能會比更年長的兒童更快消逝。越來越多的研究指出，幼兒（如學齡前兒童）通常會比更年長的兒童與成人更容易受到事件發生後所接收到的誤導性訊息影響。（Bruck and Ceci, 2009; Ceci, Ross and Toglia, 1987; Ornstein et al., 1998a）。

　　第四點指的是一般性的觀察，即並非所有的記憶內容都可以隨時被提取。社會壓力、緊張、焦慮、資訊超載、資訊本身的強度較低，都是在特定狀況下可能干擾快速與立即提取的因素。對許多人來說，人名是特別難提取的訊息。

　　許多臨床工作者相信，創傷事件的記憶可能與平凡小事的記憶編碼不同（Alpert, Brown & Courtois, 1998）。更具體來說，有些人認為，正常休息狀態與高激發狀態的巨大差異可能會導致記憶的儲存與提取歷程改變。如前所述，在美國心理學會工作小組的報告中，臨床工作者相當依賴范德寇與斐斯勒（Van der Kolk and Fisler, 1994, 1995）的研究作為記憶潛抑的證據。正如戴維斯與其同事（1998）所指出的，范德寇與斐斯勒強調創傷 [436] 事件的記憶與壓力事件記憶的差異。更具體來說，范德寇與斐斯勒指出，創傷記憶可能某種程度上以原來的形式被「凍結」，而無法被後續的經驗所改變。因此，提取這些創傷記憶可能會使人再度受創，因為提取它們事實上就好像再經驗了一次創傷。但要注意的是，這種現象指的是積極地避免提取創傷，而不是將該事件給潛抑。如果要說有什麼不同的話，在於戴維斯等人指出，范德寇與斐斯勒所指的是狀態依賴記憶，而非被潛抑的記憶。**狀態依賴記憶**（state-dependent memory）指的是當我們處於某種情緒或生理狀態下（如快樂、恐懼，甚至酒精中毒）所經驗到的東西，有時候當我們重新回到相同狀態時，會更容易回憶。例如研究顯示，如果可能的話，應立即約談有些喝醉的證人，而不是等到他們「清醒」（Compo et al., 2017）。（更多關於這個有趣的現象，請見重點提示11.2。）雖然一個不想

再次經歷同樣痛苦與創傷的人可能會盡量避免這樣做，但不意味著這個人就是在潛抑記憶，至少根據潛抑的典型臨床定義來說是如此。

此外，科學證據清楚顯示，嬰兒早期的記憶非常不可靠、不完整且充滿錯誤。發展心理學家很早就注意到嬰兒或童年「失憶症」的這種現象（Dudycha and Dudycha, 1941）。（見重點提示11.3。）**嬰兒經驗失憶**（infantile amnesia）指的是一種常見的現象，即成人通常無法回憶起三歲之前發生的事。例如根據 BPS 報告（BPS, 1995），「一歲生日以前的事件無法被準確地回憶出來，二歲生日以前的事則很少被準確回憶。四歲生日前的事情都不太記得是正常的。」（P.29）我們大多數人要記住七歲時發生的某些事情幾乎不會有什麼困難，如生日聚會或特殊場合，但在那之前，記憶往往變得相當模糊。甚至某些關於我們七歲生日或童年早期其他的一般記憶，可能不過是根據父母或親戚告訴我們的故事來重新建構的（Knapp and VandeCreek, 2000, P.367）。然而，科學家們對於究竟大多數兒童的嬰兒經驗失憶時期何時結束（Bruck and Ceci, 2012; Ornstein, Ceci & Loftus, 1998b），或具體為什麼會發生（Harley and Reese, 1999）並沒有完全的共識。

重點提示11.2

狀態依賴記憶

狀態依賴指的是在某種意識狀態下所習得的記憶，而在個體回到相同意識狀態之前都無法被回憶的現象。如果個體處於不同的心理狀態下，就難以記起這些事件。舉例來說，如果一個人在酒精影響的狀態下學習新東西，他往往會在再次受到酒精影響的時候才能夠有比較好的回憶表現。

狀態依賴學習於一七八四年首次被提出，但直到一九六〇年代才有大量的科學研究（Schramke and Bauer, 1997）。早期的研究集中在藥物和酒精引起的差異，接著轉向心情或情緒狀態對記憶與學習的影響。舉例來說，研究發現，當人們處於負面情緒時，比較容易回憶起負面

事件（Lewinsohn and Rosenbaum, 1987），而正向的事件則是在正向情緒下較容易被憶起（Ehrlichman and Halpern, 1988）。研究後來發現，狀態依賴的學習可能會受到藥物、心情、激發程度（例如焦慮程度）、警醒（睡眠與清醒）或環境設置（習得原始記憶的地方）所影響（Slot and Colpaert, 1999; Weingartner, Putnam, George & Ragan, 1995）。有關環境設置的問題，如果你不小心把鑰匙放錯了地方，試圖去回想放置的地方往往不如在實際情境中追溯你的步驟來得有效。如果有一個人在酒醉時把錢藏起來，結果忘了自己把錢藏在哪裡，那麼可能可以透過相似的酒醉狀態與回到同一個環境中來提升回憶的能力。

問題與討論：

一、在警方調查犯罪的過程中，有哪些方法可以應用狀態依賴學習研究的結果？

二、當一個人處於正向情緒時，較容易記得正向事件；當一個人處於負面情緒時，更容易回憶負向事件。有什麼可以解釋這樣的研究發現？

[437]

重點提示11.3

嬰兒經驗失憶

心理學家普遍認為，大多數的人無法回憶起三歲以前發生的事，這種現象稱為嬰兒經驗失憶。出於一些未知的原因，青少年與成人對於童年早期事件的記憶似乎始於三歲或四歲生日之後。因此，所有與嬰兒相處的時間，包括哄睡、玩耍、換尿布、餵食、歡笑及擁抱，都可能永遠消失在嬰兒的腦海裡。童年的記憶是相當脆弱的，但最常見的假設是嬰兒的記憶幾乎是不存在的。

然而，有些研究顯示（Bauer, 1996），嬰兒可能會將這些事件儲存在另一種「前語言記憶」（preverbal memory）中。隨著時間經過，即使是一歲的嬰孩，似乎都能夠保留一些特殊情節的資訊（Mandler, 1988, 1990），但由於他們沒有語言技能，沒辦法在往後將這些經驗訴諸文字。非常年幼的孩子常常要倚靠不依賴語言處理的記憶形式（例如運動記憶）將訊息儲存到認知系統中。

其他因素可能也會造成童年早期記憶的回憶困難。研究者提出童年的記憶會隨著認知自我的發展而浮現（Howe and Courage, 1997）：認知自我是「一種知識結構，其特徵是用來組織發生在『我』身上的經驗的記憶」（P.499）。如果認知自我尚不成熟，回憶的能力就會雜亂無章而使得部分資訊無法被取得。隨著兒童年紀的增長，維持與組織資訊的能力似乎會逐漸增加。其他可能影響童年記憶的發展面向則是童年早期發生的神經與知覺上的劇烈變化。

雖然對於三歲以前的記憶能否復原仍然存在一些質疑，但近來一些研究顯示，在兒童四歲時所發生的情緒負載事件會被記憶到童年晚期與成年時期（Peterson, Morris, Baker-Ward & Flynn, 2014）。此外，曾與父母就最近經歷進行詳細討論的學齡前兒童，更可能在往後將事件給記住（Peterson et al., 2014）。另外，被鼓勵以連貫敘述來說明發生在他們身上事件的幼兒，似乎也增進其往後對於童年早期事件的記憶。

問題與討論：

一、你最早的童年記憶是什麼？你記得事件發生的時候你大概幾歲嗎？是充滿情緒的事件嗎？

二、根據上述引用的研究，想想與學齡前兒童討論會造成情緒負載的事件，不論是發生在他身上及國家層面，會有什麼利弊。

　　童年虐待的主張是相當複雜的，因為虐待的定義是依文化而定，而且有些被成人明確認定為虐待的行為，可能並不會被兒童以類似的方式看待；反之亦然（Ornstein et al., 1998b）。舉例而言，正如奧恩斯坦等人指出的，在生命的最初幾年，肛門栓塞、導尿管插入、其他侵入性的醫療程序，可能都會被幼兒視為「虐待」。

　　許多實務工作者認為，受創的兒童更有可能重新演出創傷事件，而不是用語言來描述（Alpert et al., 1998）。雖然許多兒童無法用口語描述早年發生的事件，但他們會在行為與玩耍中重演虐待事件，展現出記憶的證據（Alpert et al., 1998）。顯然兒童會根據他們的發展與成熟程度來解釋與因應創傷，但是目前對於兒童行為模式的描述仍相當有限。萊諾爾·泰爾（Lenore C. Terr, 1991, 1994）發展了兩種兒童創傷的模型（來自對數百名受創兒童的臨床觀察），每種模型都有相應的記憶編碼與提取的描述。根據她的敘述，第一型的創傷包括了突然的、外部的、單一的事件，這些事件導致童年創傷後壓力疾患的刻板症狀，以及詳細的記憶，但也會包含對事件特徵的錯誤知覺與時間錯置（mistimings）。第二型創傷則是指涉及「長期或反覆暴露於極端的外在事件」的創傷。根據泰爾的說法，記憶喪失在這種類型的創傷中最為常見。然而，正如奧恩斯坦等人（1998b）指出，研究記憶的科學家發現，重複可能會增強記憶，而非削減記憶：「對兒童與成人記憶的研究指出，人們更容易忘記單一事件，而非一系列重複發生的事件，即使這些重複的事件可能會融入典型的腳本中。」（P.1000）

[438]

　　也許對法院與心理專業人士來說，更麻煩的是，在某些情況下，有關虐待的虛假記憶是可以被創造或植入的，而且常常就是由心理治療師或評估者所造成。要特別注意的是，這與兒童的當代虐待事件報告是不同的議題，我們曾經在上一章討論過這個主題。正如羅迪格與柏格曼（Roediger and Bergman, 1998）指出，「大量的實驗證據（有許多傳聞的案例所支持）顯示，從未發生過的事件也可以被生動地記住，或者事件也可能會以與原本發生狀況完全不同的面貌被記住。」（P.1102）反覆的暗示、當面質問或使用高度暗示性的「記憶復原」技術，都很可能會創造出不正確的記

憶（Knapp and VandeCreek, 2000）。（回想一下，高度暗示性的面談在取得當代虐待報告方面也是相當有問題的。）

越來越多文獻進一步指出，在某些人身上相對比較容易創造出假記憶，但對另一些人來說可能比較困難。「現有的證據顯示，長期暴露在反覆的暗示性技術下的個體，有時會提供非常詳細且連貫的敘述，但這些敘述都是虛假的。」（Ornstein et al., 1998a, P.1045）催眠作為一種記憶復原的技術，尤其存在創造、扭曲或放大記憶的風險（參閱重點提示 11.1的案例討論）。如果不說是灌輸記憶的話，至少許多司法專家認為以催眠作為一種發現的技術是非常危險的說服方法。另一方面，有些受過良好訓練的催眠師所使用的技術，能有效地讓被催眠的人（如受害者或證人）放鬆，想起本來不記得的案件事實（Scheflin, 2014）。因此，如同第三章所述，催眠術可能會在警方調查的早期階段被使用。

臨床工作者在無意中使其患者產生症狀或回憶的傾向，稱為**醫源效應**（iatrogenic effect）（*iatros* 是醫師的希臘文，原本用來指原因）。換句話說，相信並對某些症狀作為特定障礙症的指標相當敏感的臨床工作者，可能會讓病人以類似的方式思考。就此而言，某些治療師相信童年的性虐待是許多不適應症狀的根本原因，他們可能會傾向把許多行為都視為是性虐待的症狀。結果就是，臨床工作者可能會鼓勵病人記憶的再建構，包括可能從未發生過的性虐待。此外，科學研究顯示，無論是在心理治療期間，或更廣泛地透過日常生活，幼兒都特別容易受到暗示性的影響（Ceci and Bruck, 1993）。然而，研究者也指出（Bruck and Ceci, 2004），容易受到暗示所影響的情況在兒童中期也是相當常見。

總而言之，司法心理學家在進行深入的調查與合理評估及衡鑑時，應該注意由心理治療師或透過自助書籍和工作坊的暗示所帶出的兒童虐待潛抑記憶與復原。我們並不是要說它不可能發生，只是大部分的研究證據都[439]顯示，它很可能會出錯，需要其他獨立來源進一步佐證與仔細評估。

正如，羅迪格與柏格曼（1998）兩位受人尊敬的科學家所說的：

更神祕難解的是，那些以某種解離或潛抑的機制被放逐到潛意識多年的痛苦事件記憶，如何能夠重回意識中，並被真實地憶起⋯⋯在大量關於人類記憶的文獻中，沒有任何證據讓我們認為這是可能的。（P.1095）

對於突然回憶起存在「潛意識」裡、二十至四十年前發生的創傷事件的成年人來說，尤其如此。此外，正如麥克納利與傑瑞茲（McNally and Geraerts, 2009）所指出，某些「復原」的記憶常是極其難以置信的，包括了撒旦儀式虐待、太空外星人綁架、前世的記憶。再者，人們通常是在經歷了專門設計來釋放潛抑記憶的步驟之後（如引導想像、催眠），才憶起這些情節。第三，有許多表示恢復了可怕的虐待記憶的人，後來又撤回他們的說法。最後，有些研究顯示，在某些人（約30%的大學生）的身上可以創造出虛假記憶（Porter, Yuille & Lehman, 1999）。整體而言，麥克納利與傑瑞茲表示，幾乎沒有令人信服的科學證據支持潛抑記憶與復原的典範。

研究清楚指出，對於情緒事件的記憶通常是良好且準確的，而且極少會被潛抑或遺忘（Alison et al., 2006; Roediger and Bergman, 1998）。許多人以相當的準確性說出對高衝擊事件的記憶，這種現象被稱為**閃光燈記憶**（flashbulb memory）（Brown and Kulick, 1977）。六十歲以上的人能生動地說出聽到甘迺迪總統遇刺時，自己當時在做什麼；三十五或四十歲以上的人記得一九八六年載著教師宇航員克里斯塔·麥考利芙（Christa McAuliffe）的挑戰者號太空梭爆炸時，自己身在哪裡。二〇〇一年九月十一日，當兩架被劫持的客機撞向世貿中心時，我們大多記得自己當時正在做什麼。你可能也會回憶起童年期間發生的一些高衝擊事件。人們常常覺得，他們能以高度的準確性記得像是地震、龍捲風、其他自然災害這類情緒事件中微小的細節（Roediger and Bergman, 1998）。不過，這些都不是個人的創傷事件，如性侵害。

有趣的是，現今大多數美國民眾對於記憶的信念與廣大的記憶研究結果背道而馳。舉例來說，三分之二的美國公眾仍然相信記憶就像攝錄影

機，近半數的人認為記憶是永久且不變的，而超過一半的人認為記憶可以透過催眠來增強（Simons and Chabris, 2011, 2012）。

司法心理學家在兒童虐待案件中的角色

過去臨床工作者很少在案件判決之前參與處理兒童虐待案件的司法議題（Melton, Petrila, Poythress & Slobogin, 1997）。然而，這種狀況在近年來有了改變。現在司法心理學家會參與整個司法過程中更早的階段。他們可能會在案件的早期階段擔任關鍵角色，然後在審判與宣判階段時被要求回到「中立」的專家角色。舉例來說，法院可能會要求臨床工作者評估是否可能有發生虐待兒童或忽視兒童的情事，如果是的話，應對此採取什麼措施。而對於第二個問題（應該做什麼）的答案，可能需要立即（緊急）、短期或長期的預測與決定，本質上屬於風險評估的判定。

根據研究者的主張（Melton, Petrila, Poythress & Slobogin, 1997），第二個問題著重在兒童處於立即危險的程度。在案件的早期，這可能涉及為了保護兒童而將其從家中帶走，通常只有在有可信證據指出兒童受到虐待或忽視時才會發生。至於什麼才是兒童虐待或忽視的可信證據，則因州而異。如果可信的證據確立之後，就會接著採取相關措施以確保兒童的安全。過去向兒童保護服務中心提出的所有投訴中，約有五分之四沒有得到證實，可能是因為缺乏可信的證據，或者是因為虐待並不存在。不幸的是，當引人關注的兒童虐待案件被公諸媒體時，往往都有傳聞證據指出，早已有人投訴卻沒有得到適當的調查。

[440]

在大多數的州，有關可信證據的標準並不一定需要心理學家或心理健康專業人員（通常是個案工作者）衡量相互衝突的證據，或完成案件的綜合報告，「僅僅要求事實提出者提供最低限度的證據來支持對其所聲稱的加害者的指控。」（Owhe, 2013, P.316）在美國大多數地區，任何人都可以舉報涉嫌虐待兒童或忽視兒童的行為，而且通常是匿名進行的。也許更重要的是，發現虐待或忽視可能存在（無論舉證標準為何），會對兒童與家

庭造成顯著影響（Owhe, 2013）。

特別要強調的是，許多司法轄區正開始建立跨學科小組，對兒童虐待或忽視案件進行調查、衡鑑及介入。因此，司法心理學家很少單獨或在沒有其他精神衛生專業知識下進行工作。然而，正如莫頓等人（1997, 2007）所指出的，司法心理學家可能會被視為該小組在各種衡鑑與預測方面的唯一專家。

案件的審判與處分主要是針對所謂的施虐者所進行的刑事程序。然而，也可能會在民事訴訟中發生，例如監護權聽證會，或決定是否允許探視的聽證會。在審判期間，有四個可能會涉及司法心理學家的議題：

一、最適合採集兒童證言的程序是什麼？

二、兒童的庭外陳述（傳聞）在什麼樣的條件下是可以被採納的？

三、兒童是否有能力在虐待案件中提供準確的證詞？

四、虐待或忽視是否發生？如果是，誰應該對此負責？

第一個議題（一開始是出現在性虐待案件中）關注的是找到特殊的程序，讓兒童能夠不必在面對被告的巨大脅迫下作證。在許多案件中，即使不是唯一的證據，兒童的揭露都是最強的證據，這對身分查驗與起訴都至關重要（McWilliams, 2016）。此外，「在指控會導致分居的結果時，兒童在指證施虐者，特別是父母時，尤其容易受到傷害。許多孩子在面對父母分居的現實下，會有很強的易受暗示性，而容易撤回證詞。」（Partlett and Nurcombe, 1998, P.1260）當監護權訴訟期間因虐待的指控而使父母的一方較占優勢時，撤回證詞與易受暗示性的問題尤其令人困擾。

在刑事案件中，許多州的法律規定在某些特殊情況下，允許透過閉路電視、在兒童作證時關閉法庭，或以其他的方式取得兒童證詞，以限制辯方與兒童的對質。因此，陪審團可以觀察與聽取證詞，並進行交互詰問，同時儘可能減少兒童的痛苦與被告的威嚇。如果要對被告與證人對質詰問權加以限制，首先需要評估兒童「在特定情境下與特定成年人互動」的情緒後果（Melton et al., 1997, P. 458）。一九八七年，美國最高法院（如 *Maryland v. Craig*, 1987）「打開了精神衛生專業在聽證會上作證的大門，

以確定是否有必要採取特別的措施來保護特定的兒童證人」（Melton et al., 1997, P.458）。

[441]　　對受虐兒童進行評估的臨床工作者必須有相當技巧，對多種因素有足夠的敏感度。舉例來說，在與幼兒進行會談時，開放式問題被廣泛認為是最能揭露出較高品質資訊的方法（McWilliams, 2016）；封閉式問題（是／否或強制選擇問題）則會導致資訊顯著減少。另一方面，暗示性問題則可能會對兒童（或成人）的記憶與可靠的資訊造成污染；它會暗示或引導出某種答案，可能導致兒童給出錯誤的訊息。

　　此外，報告必須「公平、公正，並達到與指控及即將發生的後果之舉證標準同等的鄭重與嚴肅」（Owhe, 2013, P.325）。研究報告指出（Budd, Felix, Poindexter, Naik-Polan & Sloss, 2002）：

臨床工作者可能會被要求針對兒童的發展或情緒功能與需求、虐待對兒童的影響、兒童在與父母重聚時受到傷害的風險、與親生家庭分離對兒童功能造成的影響、潛在的探視或安置選項的優缺點進行評估。（P.3）

　　〈兒童保護事務心理評估指引準則〉（Guidelines for Psychological Evaluations in Child Protection Matters）在一九九九年首次通過，並於最近進行修訂（APA, 2013b）。該指引準則列出了心理學家經常被要求解決的六個問題：一、發生了哪些不當對待（如果有的話）？二、兒童的心理健康受到多大程度的影響？三、建議採取什麼樣的治療介入方式？四、是否能夠成功對父母進行治療，以防止在未來對兒童造成傷害？若是，該如何做？若否，理由為何？五、如果回到父母家，會對兒童造成什麼樣的心理影響？六、如果與父母分離或終止父母的權利，會對兒童造成什麼樣的心理影響？

　　該指引準則與許多專業文獻中的其他指引都告誡心理學家，不要讓個人偏見與價值觀影響了衡鑑，並建議在衡鑑的過程中使用多種方法（測驗、訪談），與兒童監護評估相同。心理學家應該對於與兒童處境相關的

文化、社會經濟及多樣性議題有高度的敏感度與知識，並對任何可能相關的文化常規（例如大家庭成員的涉入、訓練取向的差異）有所覺察。有關其他章節所討論到的終極問題（例如是否應該讓孩子脫離父母的監護），提供答案與否則留給個別的心理學家決定。但是如果選擇提出這樣的意見，建議「應基於既有專業與科學標準的清楚假設、資料、解釋及推論」（Guildline 13）。

就兒童保護事務進行衡鑑是很常見的，對於如何進行這些衡鑑的建議也很常見（Condie, 2014）。很少有調查詳細描述當前實務的做法，例如它們實際上是如何完成，或者哪些程序是最有用的。博笛等人（K. S. Budd et al., 2002）在對一個城市少年法庭系統的調查中發現，心理學家共執行了九成的兒童個案評估。不幸的是，許多評估並不是基於多重來源、多次會談的資訊，而是奠基在較為有限的資料。然而，許多評估確實強調了兒童的優勢。

在某些案件中，偵訊娃娃（anatomically detailed dolls）會被用來協助疑似遭到性虐待的幼兒，在性議題上以言語表達自身的觀點。然而，這樣的實務做法遭到質疑。一些專家（Bruck, Ceci & Francoeur, 2000; Ceci and Bruck, 1993）認為，這些娃娃會提高兒童的易受暗示性，從而促進了虛假的故事。另一些人（如Koocher et al., 1995）則認為，由訓練有素的專業人員操作，只要謹慎使用，它們可能還是一個有用的溝通工具。

近年來，司法心理學家在會談技巧的訓練上已經有了相當進步（Lamb, 2016）。適當的訓練並不是一朝一夕就能完成的。根據上述研究，「已有 [442] 清楚證據顯示，唯有當訓練課程透過模組化、跨時間進行，且會談者有反覆的機會可以固化學習成果，並獲得有關他們所進行的會談品質的回饋時，會談實務才會有可靠的改善。」（P.710）

兒童誘拐

如果一個人非法帶領、帶走、引誘或拘留特定年齡以下的兒童，意圖

將兒童藏匿起來，使其父母、監護人或在法律上擁有監護權的其他人無法找到，便犯有**兒童誘拐**（綁架）（child abduction, kidnapping）罪。兒童誘拐在針對兒童與青少年的暴力犯罪中占相對少數。在向執法部門通報的所有針對青少年的暴力犯罪中，這類犯罪占不到2%（Finkelhor and Ormrod, 2000）。兒童誘拐通常根據加害者的身分分為三類：家庭綁架（占綁架案件的49%）、熟人綁架（27%）、陌生人綁架（24%）。以下許多統計資料都是來自美國司法部的報告《少年綁架》（*Kidnapping of Juveniles*, Finkelhor and Ormrod）。

家庭綁架

家庭綁架多數是由父母（80%）所為，這種現象在兒童誘拐案件中相當普遍，因此也被稱為父母綁架。「父母綁架包括一系列的非法行為，涉及父母一方帶走、拘留、藏匿或誘使其子女離開有監護權的父母。」（Wilson, 2001, P.1）美國司法部（2010）估計，美國每年有二十萬起父母綁架案件。非監護父母誘拐通常涉及六歲以下的兒童，最常見的是兩歲左右。而男女受害的比例相當。加害者平均分布在男女之間（各占50%）。綁架一般始於家庭之內。那些成為家庭綁架受害者的兒童往往陷入充滿不確定性與孤立的生活，因為綁架者總是害怕他或她會被發現，會被送回擁有監護權的父母身邊。

比起完全陌生的人，青少年更容易被家人或熟人綁架。熟人是指他們認識但不是家庭成員的人。熟人綁架往往針對十幾歲的女性受害者（72%），而加害者也常常是青少年（30%），經常是男朋友或前男友（18%）。最常見的動機是因被拋棄而尋求報復、強迫和解、進行性侵害，或逃避想要破壞他們關係的父母。在某些例子中，幫派成員會綁架其他（他們認識的）青少年以進行恐嚇、報復或招募。第三類熟人綁架則涉及家庭朋友或雇員（如保母），他們為了進行性侵或報復而將兒童從家裡帶走。與其他形式的綁架相比，熟人綁架的受害者有更高的比例會遭受到

傷害，可能是因為這類型綁架的受害者通常年齡較大，因此更有可能進行抵抗。另一個可能的原因則是恐嚇，這往往牽涉更多實質的強制力，也是許多這類綁架的主要動機。

父母與照顧者對於執法人員處理家庭綁架的方式並不特別滿意。在一項廣泛的調查中，只有45%的人對於警方如何處理家庭綁架的情況感到滿意；相較之下，75%的人對於警方處理陌生人綁架通報的做法感到滿意（Hammer, Finkelhor, Ormrod, Sedlak & Bruce, 2008）。

熟人與陌生人兒童誘拐

熟人是指兒童或青少年認識或見過，但並非直系親屬或其他親屬的人。孩子可能會認出對方是住在附近的人、在學校做修理工作的人、曾在操場上看過的人，或者在當地的冰淇淋店工作的人。陌生人綁架者則是兒童不認識的人，儘管這些加害者通常會對孩子有某種程度的熟悉（例如他們可能會從遠處看著孩子）。

[443]

根據道格拉斯（A. J. Douglas, 2011）的說法，雖然父母通常會告誡孩子要遠離陌生人，但大多數父母忘了告訴他們，不能讓任何人未經父母同意就帶他們到某個地方去，即使是他們認識或認得的人。許多父母會與孩子建立一個「通關密語」，告誡他們不要與警察以外的熟人一起走，除非對方使用了這個通關密語。悲慘的是，有些綁架者也可能會假扮成警察。

受害者通常會在戶外的公共場所或他們自己的住處被綁架。戶外場所如街道、高速公路、公園、遊樂場、海灘、湖泊及遊樂園，都是陌生人綁架者特別喜歡的地方（Finkelhor and Ormrod, 2000）。根據國家事件報告系統的資料，學校通常不會是兒童誘拐的地點，包括家庭綁架。

珍納特・華倫（Janet Warren）與其同事，以及薛頓等人（Shelton, Hilts & MacKizer, 2016）近期就熟人與陌生人兒童誘拐問題進行了兩項重要的研究。華倫的研究調查了463起被聯邦執法機構認定為嚴重的單一受害者綁架兒童事件。薛頓的研究則調查了32起兒童在其居所內被綁架的事

件。薛頓的資料是從聯邦調查局行為分析小組以及地方與州執法部門所蒐集而來的。

兩項研究都發現，大多數熟人與陌生人綁架的動機是來自加害者對兒童的性興趣，而大多數受害兒童是介於六至十七歲的白人女性（平均年齡為十一歲）。令人驚訝的是，綁架者中很少人的名字會出現在州或聯邦的性加害者資料上。華倫等人發現，55%的被綁架女性與49%的男性受害者已遭到殺害或從未被找到。在大多數情況下，窒息是導致死亡的主要原因。

其他研究報告顯示，兒童被謀殺的時間點通常是在綁架後的前二十四小時內（Lord, Boudreaux & Lanning, 2001）。有些兒童誘拐調查的專家認為，前三個小時最為關鍵，因為有74%的被綁架兒童都在這段時間內遭到殺害（Bartol and Bartol, 2013）。這些極端綁架事件的兒童倖存者中，約有三分之一受到傷害而需要醫療照顧。

如上所述，薛頓等人（2016）的研究聚焦於熟人或陌生人的住處綁架。大約有60%的住處綁架者是受害者或受害者家屬認識的人。在大多數案件中，加害者都是由前門進入，而門通常沒有上鎖。時間往往發生在午夜到上午八點間，也就是家人正在睡覺的時候。離開住所後，年紀大到足以自己行走的孩子毫無抵抗地跟著加害人一起走，這說明了加害者在接近時是沒有威脅性的。值得注意的是，在綁架發生期間，兄弟姊妹有時會與受害者睡在同一個房間裡，並常常目擊事件的發生。據薛頓等人的說法，手足很少提到看到綁架案件，可能是因為害怕加害者的報復。他們建議受過訓練的司法晤談者應參與調查過程，以發掘手足對事件的了解。

對陌生人與熟人綁架事件的研究指出，許多加害者都有犯罪前科，但大多不是性犯罪（Beasley et al., 2009）。最常見的前科是竊盜犯罪。

平均而言，每年約有115起陌生人綁架案最後以兒童死亡告終（Bartol and Bartol, 2013）。由於陌生人或準陌生人（near-stranger）進行兒童誘拐的嚴重性，聯邦執法部門通常會參與案件調查，由兒童誘拐快速反應（Child Abduction Rapid Deployment）小組採取行動。雖然115這個數字比起家庭或熟人綁架的數量相對較少，但這種犯罪的性質會對家庭與整個社

會都造成深遠且創傷性的影響。另外，這些綁架案件會受到媒體極大關注，影響大眾對陌生人綁架性侵殺人的風險與發生率的看法。

NISMART

[444]

〈全國失蹤、誘拐、逃家及被拋棄兒童發生率研究〉（The National Incidence Study of Missing, Abducted, Runaway and Throwaway Children, NISMART）（Finkelhor, Hotaling & Sedlack, 1990; Johnston and Girdner, 2001）是一份於一九八八年進行的全國電話調查結果的報告。該調查估計了國內外家庭誘拐人數。這是目前可得最新、最全面的研究。更重要的是，NISMART還調查了父母誘拐者的一些共同行為與心理特徵。研究者概述了以下特徵：

- 父母誘拐者很可能會否認並否定對方對於孩子的價值。他們相信，他們比任何人都更了解什麼對孩子才是最好的。在某些案件中，誘拐的動機也可能是想要保護兒童免於接觸可能構成騷擾、虐待或忽視的另一方父母；在某些狀況下，這可能是合理的擔憂。
- 父母誘拐者通常會帶著非常年幼的孩子（平均年齡為二至三歲）。這些兒童更容易移動與藏匿、不太會以言語表達抗議，因而可能無法告訴別人他們的姓名或提供其他身分資訊。
- 大多數父母誘拐者可能擁有家人、朋友或社群的支持性社會網絡，提供協助以及情緒與道義上的支持。當誘拐者在兒童被帶離的地區缺乏經濟或情感連結時，這樣的模式尤為普遍。
- 大多數違反監護權的人並不認為其行為是違法或在道德上是錯誤的，即使在檢方介入之後也是如此。
- 母親與父親同樣可能誘拐孩子，儘管可能會在不同的時間點發生。父親常常是在兒童監護令裁定之前進行誘拐，而母親則較常是在法院正式裁定監護後（P.5）。

父母誘拐者會表現出偏執、非理性的信念，以及與現實不符的妄想

（Johnston and Girdner, 2001）。有家暴史、曾因精神障礙症而住院或嚴重藥物濫用的綁架者，這樣的風險特別高。他們可能會對離婚感到不知所措，並深信是前伴侶背叛與剝削他們。報復可能會是誘拐的最主要動機。值得慶幸的是，這類型的父母誘拐者相對少見。一項研究發現，大約75%的男性誘拐者與25%的女性誘拐者過去曾出現暴力行為（Greif and Hegar, 1993）。

家庭誘拐的心理影響

家庭誘拐的經驗對於孩子與失去子女的父母來說，都會在情緒上造成相當的創傷（Chiancone, 2001）。使用武力綁架、藏匿或長期關押兒童的案件，尤其具有破壞性。根據NISMART的調查，使用武力的父母誘拐比例約在14%，而脅迫威脅的比例則為17%（Chiancone, 2001; Finkelhor et al., 1990）。與父母分離的時間長度是案件對於被誘拐兒童產生情緒影響的主要因素之一（Agopian, 1984）。根據基安柯（Chiancone）的說法，被短期拘留（少於幾個星期）的兒童通常不會放棄與父母團聚的希望，也不會受長期誘拐中的情緒反應所苦。

然而，對於長期遭受誘拐的兒童來說，情況就不同了。以亞戈皮安（Agopian）的研究為參考，基安柯寫道：

[445]　　他們（兒童）經常被施以誘拐的父母欺騙，並經常搬家，以避免被找到。假如孩子有上學的話，這種遊牧、不穩定的生活方式會使他們很難交到朋友與適應學校生活。久而久之，年幼的孩子會很難記得自己被誘拐前的父母，這會在他們重逢時造成嚴重的影響。年齡較大的孩子會對父母雙方的行為感到憤怒與困惑，因為誘拐者讓他們遠離另一方父母，而另一方父母則未能營救他們。（P.5）

基安柯還指出，子女遭誘拐的父母通常會經驗到失落、憤怒及睡眠上

的障礙，有半數以上的人表示孤獨、恐懼及／或嚴重的憂鬱。社會支持與專業的介入對於協助他們調適這種創傷經驗來說是相當重要的。兒童與子女遭誘拐的父母所遭受的心理傷害促使美國五十個州與哥倫比亞特區都頒布了法律，在某些情況下將家庭綁架視為重罪（U.S. Department of Justice, 2010）。

老年虐待與忽視

每年大約有一百萬至兩百萬的美國老年人口成為各種虐待的受害者（National Center on Elder Abuse, 2013）。此外，在一九八〇至二〇〇八年間，所有謀殺案受害者中，約有5%是老年人（Cooper and Smith, 2011）。**老年虐待**（elder abuse）被定義為老年人的身體、經濟、情緒或心理傷害，年齡通常在六十五歲或以上（Marshall, Benton & Brazier, 2000）。一些研究者（Acierno et al., 2010）將六十歲作為研究老年虐待受害者的最低年齡。

遺棄通常被列入忽視的定義之下，其特徵是將老人遺棄在醫院、護理之家或其他類似機構或公共場所（如公車站）。在老年虐待的案件中，財務虐待也十分普遍。這是指非法或不當使用老年人的基金、財產或資產。另一方面，性虐待則相對少見，指的是與老年人進行任何形式的非自願性接觸。保護老年人的法律與老年虐待的定義因州而異，儘管所有州都有某種形式的立法來處理這個問題（Berson, 2010）。許多州已經通過法律，要求警方與法院正式回應虐待老人的控告（Morgan, Johnson & Sigler, 2006; Payne, 2008）。此外，有十六個州都規定，某些特定專業人員若懷疑有老人虐待的狀況，就必須加以通報（Payne, 2008）。

根據全國老年人不當對待研究（Acierno et al., 2010），一項基於受害者自陳報告的一年期研究，美國老年人情緒虐待的盛行率為4.6%，身體虐待為1.6%，性虐待為0.6%，疏忽5.1%，家人財務虐待5.2%。整體而言，大約有十分之一的老年受訪者表示在二〇〇八年間經歷了某種形式的虐待。

照片 11.3
年長者臉上的傷痕與表情是遭受虐待的跡象
資料來源：©iStock/triffitt.

向當局通報這類不當對待行為的案例則相對較少。

[446]　　成年子女是年邁父母最可能的虐待者（NCEA, 1999）；其他家庭成員與配偶則被列為下一個最有可能施虐的人。男性常常是最可能對老年人做出不當對待的加害者，而女性更可能捲入對老年人的忽視（Admin-istration on Aging, 1998）。大多數老年虐待與忽視的案件都發生在家中，因為大多數年長者都住在家裡，而不是養老院或機構。

　　情緒或心理虐待的範圍可能從辱罵或「冷戰」，到恐嚇與威脅。它也可能包括將老年人當作孩子一般，將他們與家庭、朋友或日常活動隔離開來。由於老年人不當對待往往難以察覺，且幾乎沒有明顯或可識別的跡象，因此很難確認每年究竟會發生多少案例。最佳估計指出，即使許多州頒布了強制通報的法令，每十四起家內老人虐待事件中，仍然只有一起會引起當局的注意（Acierno et al., 2010; Pillemer and Finkelhor, 1988; Payne, 2008）。研究者寫道，「照顧者、刑事司法人員、助人工作者、研究者及政策制定者必須有個共識，不介入老年虐待案件本身，就是一種不當對待。」（P.711）滿足老年人的許多需求是當今心理學家的一個重要角色，有些人專門研究這個領域而被稱為老年心理學家（geropsychologist）。

司法心理學家在老年虐待案件中的角色

莫頓與其同僚（1997）認為，對於司法心理學家來說，老年虐待與忽視的議題在許多面向上與兒童虐待案件密切相關：「評估者應該會在意向評估中發現許多相同範疇的問題，並且應該對於許多相同的潛在問題與角色混淆有所警覺。」（P.479）意向評估（dispositional evaluation）是指針對個體態度、願望及動機的衡鑑。然而，在兒童虐待與老年虐待的司法評估上，有兩個主要的不同。

首先，對涉及老年人或其他受撫養成年人的案件進行意向評估的臨床工作者，需要了解身心障礙成人的服務選項，並且需要以現實的觀點來看待受害者所提出的照護需求。就此而言，老年人不當對待案件的評估範圍可能會與限定監護的評估有許多共同之處。（Melton et al., 1997, P.479）

監護是指在個人被認為不能管理其自身事務時，將個人或遺產的權力指定給另一人。監護（在第六章中有簡要論述）可以有多種形式，但在這裡最相關的兩種是一般與特定或特殊監護。顧名思義，一般監護人是負責個人與不動產的一般照顧與控制的人，而特定監護人則是指對該個體具有特殊或有限權力和義務的人。舉例來說，特定監護人可能只有做出某些特定治療決定的法律權力，但在其他領域，個體則可以自由做決定。

兒童虐待與老年虐待評估的第二個主要區別是，與兒童虐待或保護案件不同，老年虐待受害者在法律裁定做出之前，是被假定為有能力的。此外，在老年虐待的案件中，約有四分之一的投訴人是受害者本人（Melton et al., 1997）。此外，老年虐待案件可能會存在嚴重的財務利益衝突，特別是當被指派的照顧者在經濟上（以及或許在情感上）相當依賴受害者。因此，臨床工作者需要了解與察覺監護人與受害者之間可能的複雜關係。

美國心理學會（2014d）發表了《老年人心理實務工作指引準則》，協

[447] 助心理學家評估與老年人合作的準備程度。該指引準則是二〇〇三年所發表的準則的更新版。在新版中，美國心理學會強調：

> 毫無疑問，隨著老年人口與多樣性的增加，加上需要心理服務的中年與年輕世代逐漸邁入老年，未來幾年我們將會越來越需要對於晚年健康、文化及臨床議題有深刻理解的心理學家。（P.35）

　　該指引準則列出了二十一項建議給提供與預計提供老年服務的執業心理學家。

摘要與結論

　　司法心理學家對於暴力受害的結果非常了解。當加害者是家人或親密伴侶時，影響尤其具有破壞性。心理學家會對暴力犯罪的受害者進行衡鑑，評估其心理傷害的程度。這些評估的結果可能會被用於民事或刑事訴訟。心理學家也可能會對暴力加害者進行評估或治療，這個主題將在其他章節中做更多討論。本章聚焦於為家庭暴力受害者所提供的服務，以及目前所蒐集有關犯罪本身的特徵與範圍程度的資訊。

　　現今家庭暴力是一個非常廣泛的概念，包含了配偶或親密伴侶暴力、兒童虐待、手足之間的暴力，以及其他的排列組合。本章重點在於親密伴侶暴力、兒童虐待、老年虐待。我們也討論了非監護父母與陌生人綁架兒童的問題。另一個日益令人關切與研究關注的領域則是動物虐待，它也與對兒童和伴侶的暴力有所關聯。

　　現今許多研究者會使用「親密伴侶暴力」這個詞，而非配偶施暴或成年伴侶之間的家庭暴力。因為許多親密伴侶其實並沒有結婚，或沒有住在同一個住所。然而，暴力的特徵與彼此的關係仍然是相似的。目前有關親密伴侶暴力的研究已經取得相當的進展。早期的研究主要側重於女性受害者，並經常將她們描述為被動、消沉且無助的樣子；後來的研究則比較著

重於描述虐待關係以及男性施暴者的特徵。同樣的，研究者也探索了同性伴侶之間以及女性作為施虐者的親密伴侶暴力。然而，在絕大多數的親密伴侶虐待中，施虐者仍然以男性居多。我們也探討了司法心理學家在施虐者與受害者治療上所面臨到的一些問題，以及在提供專家證詞時會面臨的挑戰。近來研究人員更關注親密伴侶暴力對於目擊兒童的影響。許多人認為，讓兒童暴露在成人之間的暴力下，也算是某種形式的情緒虐待。

　　兒童虐待（也稱為不當對待）可能會以一種或四種形式發生：忽視、身體虐待、性虐待及情緒虐待。無論哪一種形式，這都是一個持續且令人不安的問題。回顧這類犯罪的統計資料後，我們聚焦在最嚴重的形式，包含殺嬰、性虐待、很少被研究的代理孟喬森症候群（或醫療兒童虐待），以及虐待性頭部創傷。對據稱受到虐待（包括性虐待）的兒童進行評估，是心理學家在司法實務中面臨的最大挑戰之一。這些評估往往會發生在第六章所討論的離婚訴訟中。另一個相關的領域，也就是據稱發生在久遠前的兒童虐待，對許多心理學家來說則是極度具有爭議性的。這些案件經常（但並非不可避免）圍繞著潛抑或復原記憶的議題打轉。我們呈現了與該議題相關的研究，以及美國與英國工作小組的結論。儘管潛抑記憶的問題還難以解決，而且它經常讓研究心理學家與臨床工作者陷入對立，但必須強調的是，目前的實徵研究並無法支持廣泛被遺忘的記憶。不過有些性侵受害者確實可能會忘記受害經驗，直到多年後才想起來。

　　本章最後涵蓋了對老年群體的服務與老年虐待的問題。直到最近，心理學都還未對此有足夠的研究，但法律或為受害者發聲的團體並沒有忽視這個議題。資料顯示，老年人往往不會向官方通報他們受到家庭成員的虐待或忽視。當這樣的虐待被通報時，可能會透過監護程序將老年人的照料與監護從家庭成員轉移到其他個人或國家。司法心理學家可能會在參與此類監護程序或民事能力評估時，如遺囑能力或表達同意或拒絕治療的意思表示能力，遇到這些議題。隨著老年人口的增加，未來可能會相當需要這類相關服務。

[448]

關鍵概念

虐待性頭部創傷 429 Abusive Head Trauma	受暴婦女症候群 415 Battered woman syndrome	毆打 413 Battering
兒童誘拐 442 Child abduction	衝突策略量表 420 Conflict Tactics Scale	家庭暴力風險評估指引 419 Domestic Violence Risk Appraisal Guide
煩躁／邊緣型施暴者 414 Dysphoric/borderline batterers	老年虐待 4445 Elder abuse	家庭暴力 410 Family violence
家內施暴者 414 Family-only batterers	殺害子女 425 Filicide	閃光燈記憶 439 Flashbulb memory
廣泛暴力／反社會型施暴 者 414 Generally violent/antisocial batterers	醫源效應 438 Iatrogenic effect	殺嬰 425 Infanticide
嬰兒經驗失憶 436 Infantile amnesia	親密伴侶暴力 410 Intimate partner violence	代理孟喬森症候群 427 Munchausen syndrome by proxy
殺害新生兒 425 Neonaticide	安大略省家庭攻擊風險 評估 418 Ontario Domestic Assault Risk Assessment	記憶重構理論 435 Reconstructive theory of memory
潛抑記憶 429 Repressed memory	潛抑 430 Repression	嬰兒搖晃症候群 429 Shaken baby syndrome
配偶施暴風險評估 419 Spousal Assault Risk Assessment	狀態依賴記憶 436 State-dependent memory	替代創傷 422 Vicarious traumatization

問題與回顧

一、概述邁爾、西摩及華勒斯（Meuer, Seymour & Wallace）的家庭暴力階段理論。

二、對於親密伴侶暴力的受害者來說，離開這段關係會碰到哪些障礙？

三、為什麼「受暴婦女症候群」一詞會有爭議？

四、目前在施暴者的治療上已經取得了哪些進展？

五、同性親密伴侶暴力與異性親密伴侶暴力的主要差異是什麼？

六、請列出用於衡鑑創傷後壓力疾患的五個測量方法。

七、請簡要描述兒童不當對待的四種主要類型。

八、代理孟喬森症候群（醫療兒童虐待）的重要心理特徵為何？

九、美國心理學會兒童虐待記憶調查工作小組做出了哪些結論？

十、司法心理學家在兒童虐待、父母綁架、老年虐待案件中扮演的角色為何？

第六部

矯治心理學

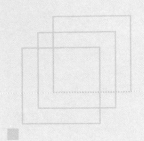

矯治心理學：
成人場域

本章目標

- 描述心理學家與其他心理健康專業者在成人矯治工作中的任務。
- 概述矯治系統與其運作方式。
- 概述受刑人的法律權利，包括治療權。
- 檢視有關監禁的心理效應的研究。
- 描述對特定加害者群體的治療取向。

　　為大學生到最高度戒護矯治機構參訪進行「導覽」的矯治人員似乎正在享受他百忙中難得的空閒。早些時候，他捲起褲管向學生們展示他與受刑人打架留下的傷疤；接著他向他們展示了從牢房裡沒收的臨時武器。行經囚室區時，他停下來，將兩位參觀學生推到一個受刑人的囚室前，還開了個玩笑，而那名受刑人對著兩位年輕女性不懷好意地笑。旁邊牢房裡的另一名受刑人一直低著頭，可能希望自己可以找個地洞鑽進去。導覽員快速帶學生經過幾個觀察室，有些患有精神疾病的受刑人被關在空無一物的房間裡，其中一個正暗自啜泣。當這群人離開機構時，一個學生喃喃地說：「拜託快點讓我離開這裡吧。」

　　在另一場監獄參訪中，研究生被允許旁觀一場懲處聽證會，在聽證會上，一名受刑人因為在監獄庭院發生鬥毆，面臨三十天的單獨監禁。一旦判定他必須對此事件負責，他也會失去減刑的加分機會，延遲可能的出獄日期。該名受刑人有機會為自己辯護，但他什麼也沒說。這場聽證會持續不到五分鐘，受刑人就被轉移到單獨監禁的牢房。

　　現今的矯治工作是一項引人矚目且複雜的工作，消耗聯邦政府與幾乎所有州很高的營運預算。然而，從二〇〇八年開始，美國受矯治監督的人數開始下降（Kaeble and Glaze, 2016）。到二〇一五年底為止，約有

6,741,400人受到這種監督，比前一年減少約115,600人（Kaeble and Glaze,
2016）。在二〇一五年底，有2.7%的成年人受到某種形式的矯治監督，為
一九九四年以來的最低比率。受矯治監督的人包括被關在監獄與看守所，
以及在社區、緩刑或假釋中的人。（相關比較見表12.1。）

　　數字下降主要是因為聯邦與州監獄裡的監禁人數減少；看守所裡的人
數下降則沒有那麼戲劇性。然而，許多因素可以解釋受矯治監督的整體人
數減少，包括犯罪率下降，以及將等級較低的罪犯轉送特別法庭，這兩點
在前面章節中都討論過。此外，在一九九〇年代，法院裁定要求解決監獄 [452]
人滿為患的問題，促使各州將某些罪行除罪化或將刑期縮短。舉例來說，
在聯邦最高法院的「布朗訴普拉塔」（*Brown v. Plata*, 2011）一案中，加州
輸掉一場耗時長久的法律戰；最高法院最終判決維持下級審法院的決定，
要求州政府必須設法降低在監人數。加州的監獄系統原本是為八萬名受刑
人所設計的，但在第一場訴訟開打時，監禁人口已經增加了一倍。對精神
衛生專業者來說，該判決中最重要的調查結果，是監所擁擠不堪導致受刑
人精神健康狀況嚴重惡化。

表12.1　二〇一一與一五年受成人矯治系統（聯邦與州）監督的人數估計

矯治人數	2011		2015	
	人數	百分比	人數	百分比
總數	6,994,500	100%	6,741,400	100%
緩刑	3,973,800	56.8	3,789,800	56.2
假釋	855,500	12.2	870,500	12.9
監獄	1,599,000	22.9	526,800	7.8
地方看守所	735,600	10.5	728,200	10.8

註：數字不包含領土監獄、軍事基地和在印地安地區的監獄，但包含私人監獄及如監獄醫院等
特別機構。
資料來源：Kaeble & Glaze, 2016, P.2

　　受刑人或收容人的精神健康是一個重大的問題，不僅在監獄如此，在看守所也是。看守所主要是作為審判或案件決議等待者的臨時羈押場所，以及刑期較短（通常不到一年）的定罪罪犯所待的機構。雖然有些罪犯會因其他目的（如等待被移交監獄或等待引渡到另一個國家）而進入看守所，但大多數都是被羈押者或被判犯有輕罪的短期受刑人。看守所的環境往往相當不穩定、人滿為患，而且人手不足。二〇一四年初，一名無家可歸的老兵遭控非法入侵，被羈押在紐約的里克斯島（Rikers Island），於羈押期間死亡；里克斯島是美國最大的看守所之一，平均每日人數12,000人。由於暖氣系統故障，他所住的牢房升溫到華氏一百度。該事件導致所長降職，並任命了一名新所長，但新官上任僅三年，就於二〇一七年辭職。雖然在他任職期間有些正向的改變發生，但由於涉及公器私用的行政醜聞以及不斷惡化的監禁條件與暴力，導致他去職。

　　在另一個看守所的另一起事件中，一名被羈押者因無法取得必要的心臟藥物而死亡。像這類不太會被媒體大篇幅報導的事件，在美國監獄中其實並不罕見。本章稍後將討論監獄暴力與心理健康的議題。

　　二〇一四年三月，聯邦監獄局（Federal Bureau of Prisons, BOP）負責監護與照顧超過215,566位受刑人；到了二〇一五年底，這個數字已經降到195,700（Kaible and Glaze, 2016）。大多數聯邦受刑人是因涉及武器、非法毒品或銀行搶劫的犯罪而服刑（Tyner, 2013）。少數則是因為貪污、銀行與信用卡詐欺、證券違規行為等「白領」犯罪而服刑。

[453]

　　聯邦與州系統的所有罪犯（大約三分之二）都受到社區監督，包括緩刑、假釋及其他許多形式。軟禁、電子監控、新釋放的罪犯的中途之家、每日報告、高強度的監督，這些都是**社區矯治**（community corrections）一詞所包括的制裁。傳統上，緩刑犯代表社區監督下的大多數罪犯（Kaeble and Glaze, 2016; Glaze and Herberman, 2013），因為他們主要都是非暴力罪犯。社區監督主要包括緩刑與假釋，可能有或沒有如密集監督方案與中途之家等中間措施（intermediate measures）。**緩刑**（probation）是法院下令在社區進行矯治監督的一段時期，通常是作為監禁的替代方案，但也可能

會發生在於看守所短暫停留之後。**假釋**（parole）則是在服刑期滿後在社區有條件監督之下釋放的時期，約占社區監督中罪犯的18%。

　　另一群人則是根據移民法被拘留的人。二〇一五年，美國國土安全部（包括邊境巡邏隊、移民與海關執法局）總共逮捕了460,000人，是自一九七一年逮捕420,000人以來最少的（Baker and Williams, 2017）。此外，從二〇一四到一五年，逮捕率下降了三成以上，主要是由於西南邊境墨西哥國民的逮捕持續減少。這進一步顯示自二〇一一年出現的逮捕高峰以來的持續下降趨勢。儘管非法移民有減少的狀況，移民與海關執法局仍然維持世界最大的移民拘留制度，在全美各地都設有運營中心，關押被逮捕與被遣送出境的非法移民。每天平均有32,000名移民被拘留（Baker and Williams, 2017）。大約有95%是墨西哥國民與來自北三角的移民（Honduras, Guatemala & ElSalvador）。（回顧第五章討論在遣送程序為移民提供的服務。）

　　值得注意的是，在本書付梓之際可能即將崛起的民營監獄。雖然近年來監獄人口已經有所下降，但也有人擔心基於「法律與秩序」的懲罰心態（law-and-order punitive mentality），這種狀況不知道能持續多久。我們無法預測未來人口調查會出現怎樣的數據，但有一點可以肯定：聯邦政府與許多州皆對由民營單位管理受刑人表現出興趣。這些營利性機構在一九八〇與九〇年代迅速發展，後來因為研究者對其有效性提出質疑，導致它們開始失去青睞。現在人們似乎又重新考慮民營監獄。（有關民營監獄的更多討論，參閱重點提示12.1。）

　　本章重點在於司法心理學家為受矯治監督的各種各樣的人所提供的服務，特別是在監獄與看守所。正如第一章指出，這類司法心理學家有時更喜歡稱自己是矯治心理學家。他們有些人也關注，在司法心理學的廣大領域中，對於那些將來想從事矯治工作的學子，相關培訓並沒有獲得充分重視（Magaletta et al., 2013）。由於矯治系統亟需合格精神衛生專業人員的服務，矯治心理學家提倡在研究生的職涯早期就給予見習與實習的機會（Magaletta, Patry, Cermak & McLearen, 2017）。

在美國，矯治心理學是一門欣欣向榮的領域。在加拿大，矯治心理學具有悠久且豐富的傳統，對此領域產生相當大的影響，尤其是對美國與歐洲（見Wormith & Luong, 2007，有完整檢視）。加拿大的矯治心理學家對於矯治治療的研究（如Andrews and Bonta, 1994; Hanson, Bourgon, Helmus & Hodgson, 2009; Hanson and Harris, 2000），有助這門學科發展成一個可持存的專業。

本章首先檢視與心理學概念相關的受刑人的重要概念以及法律權利。接著檢視矯治心理學家在衡鑑與治療上的角色，以及會阻礙有效治療的監[454]獄與看守所環境。迄今為止，很多研究聚焦於在矯治機構中工作或提供諮詢的心理學家，但矯治與司法心理學家其實接觸更多處於社區監督下的人。因此，在本章的後半部，我們將討論社區矯治以及司法心理學家在這方面的貢獻。

機構矯治

美國是所有工業化國家中**監禁率**（incarceration rate）最高的，在過去二十五年間，被監禁的受刑人數持續穩定增加，直到近年來才開始減少。監禁率指的是每十萬人中被監禁的人數。二〇一二年，美國每108名成年人中約有一人被關在監獄或看守所（Glaze and Herberman, 2013）。二十世紀末，每個州都面臨矯治機構人滿為患的問題。然而，近年來，這種過度擁擠的狀況稍有緩解，因為越來越多州採取措施，將罪犯從機構中移出，或將其轉移到社區專案，如同本章開頭所提到的。

讓犯罪者入監的原因不僅是那些最令人髮指的罪行。截至二〇一一年，在州立監獄中，53.5%的罪犯是因暴力犯罪而服刑，16.6%因毒品犯罪，10.6%因公共秩序犯罪，18.6%因入室竊盜或非法侵占等財產犯罪（Carson and Golinelli, 2013）。正如所料，搶劫、謀殺、強暴／性侵、加重企圖傷害占州監獄罪犯所犯暴力犯罪的絕大多數。暴力犯罪的分布相當均勻，從10.3%（攻擊）到13.7%（搶劫）。雖然搶劫是一項嚴重的犯罪，

且對受害者造成不少影響，但它不一定包含武力的使用。透過武力威脅（如向受害者展示武器）取得財產，就足以將犯罪歸類為搶劫。

女性比男性更不會因暴力犯罪而被監禁。然而，一九九一至二〇一一年間，因暴力犯罪而被州立監獄關押的女性增加83%（相比之下，男性增加30%）（Carson and Golinelli, 2013）；然而，據我們所知，沒有人預測女性會在這方面「趕上」男性。二〇一四年底，州與聯邦機構共關押了201,200名女性，以及1,978,700名男性（Kaeble and Glaze, 2016）。

儘管監禁人數很高，但監禁似乎沒辦法嚇阻或改變為數眾多的犯罪者。關於再犯的研究——通常以再次被逮捕、定罪，或者有時會以自陳的數據來測量——並不樂觀。政府針對十五個州的出獄者所進行的一項調查發現，在三年期間，很多人會再次被捕，特別是那些因財產犯罪被監禁的人；這項調查經常被引用但也有些過時（Langan and Levin, 2002）。在出獄的272,000人中，68%會因重罪或狀況較嚴重的輕罪再次被捕，47%因此再次遭定罪，25%因新罪行再度入獄。雖然這些數據顯示，無論是監禁或提供給受刑人的專案，都沒有對再犯產生正向影響，但我們必須謹慎解釋再犯的數據。

首先，被逮捕不一定代表個人確實犯了另一項罪行。即使是，也不代表犯罪者並沒有受益於矯治環境所提供的矯治與心理健康方案。正如本章稍後會指出，我們不應僅以個人是否再犯來評估矯治系統的各種方案與心理治療成效（Rosenfeld, Howe, Pierson & Foellmi, 2015）。

重點提示12.1

[455]

懲罰的企業化

二〇一六年八月，美國總統歐巴馬在卸任前不久敦促聯邦監獄局開始分階段停止將聯邦罪犯關入民營監獄。二〇一七年二月，司法部長傑夫・塞申斯（Jeff Sessions）卻宣布了相反的立場：在新政權下，民營監獄是受到鼓勵的。他認為，這麼做可以讓監獄管理局在受刑人管

理上有更多彈性。這項聲明對於希望在監獄營利性上前景可期的州來說，是一項鼓舞人心的消息。二〇一六年總統大選後，兩家最大的民營監獄企業CoreCivic（原美國矯治公司）與Geo Group的股價整整上漲了一倍。

營利性監禁機構在矯治方面有悠久歷史，但它們的主要對象大多是青少年，而且可能更強調復歸社會。在現代，它們在一九八〇年代重新出現，並在一九九〇至二〇〇九年間迅速發展。在這二十年間，民營監獄的囚犯數增加了1,600%以上（Shapiro, 2011）。民營監獄現在關押了大約6%的州囚犯和16%的聯邦囚犯。二〇一六年，移民與海關執法局報告，民營監獄關押了近四分之三的聯邦移民拘留者。此外，許多少年機構仍然是由民間經營。然而，隨著對法律與秩序的重新聚焦以及對監禁的重視，在不久的將來，監獄越來越多不會令人意外。

公營監獄養一名受刑人的年費用往往高於一年的大學學費。民營監獄的支持者表示，它們更具成本效益，可以減少再犯，並創造就業機會。然而，大量研究指出，其實省下的費用有限，民營監獄不比公營監獄更能減少再犯，而且它們對所有服務的影響都是負面的（Bales, Bedard, Quinn, Ensley & Holley, 2005; Mason, 2012; Shapiro, 2011）。許多有關民營監獄環境的傳聞也指出其他的問題，例如對工作人員的培訓不足、醫療品質不良、暴力程度高。聯邦最高法院在二〇一二年的一項判決（*Minneci v. Pollard*），限制了私營監所受刑人對其監禁處以侵害憲法基本權為由起訴的權利選項。

受刑人倡議團體擔心監獄與少年機構的民營化，將導致包括心理健康在內的服務持續削減，因為這些機構追求的是利潤。此外，由於填補床位的需求，增加監禁人數的誘因會高於減少監獄人口。

問題與討論：

一、查詢更多與CoreCivic或GEO相關的資訊，針對資料進行討論。

> 二、政府（聯邦或州）是否有義務直接「管理」罪犯？或者你認為將這種管理責任交由民營單位承包是可以接受的？
>
> 三、矯治心理學家在公營與民營機構中工作的優缺點？

　　如上述的再犯統計數據，讓有些觀察者質疑監禁是否是處理犯罪問題的最佳途徑，而有些人則質疑復歸社會是否是實際可行的目標。此外，許多法律學者與社會科學研究者關注貧窮者與種族或族裔等弱勢族群不成比例的監禁問題。許多監獄的條件，包括監獄內人滿為患與暴力的問題，都值得進一步的關注。舉例來說，近年來，監獄強暴這個令人擔憂的議題越來越受到研究注意（Neal and Clements, 2010; Stemple and Meyer, 2014）。雖然很少有學者主張徹底廢除監獄與看守所，但許多人呼籲尋找監禁的替代方案，特別是對非暴力罪犯。

　　因此，在矯治機構內工作或從事諮詢的司法心理學家，必須找到方法在一個必須證明其運作正當性的系統中效力，其中有不少人表現得令人欽佩（Gendreau and Goggin, 2014; Morgan, Kroner, Mills & Batastini, 2014）。（克羅納博士在觀點專欄12.1討論他身為矯治心理學家在監獄環境與學術界的職涯。）大眾希望監獄存在，但又對其財政成本感到不滿。此外，儘管民意調查顯示對社會復歸的支持，但從事矯治工作的人早已明白，在需要削減預算時，特別是在州立監獄，以復歸為導向的方案會是最早被刪減的。但即使計畫縮減，國庫用於矯治的預算往往比教育預算來得多。

觀點專欄12.1

[456]

在監獄心理學家與學術界之間往返
戴洛‧克羅納 Daryl G. Kroner，PhD

　　一九八六年，我展開了矯治心理學的職涯。我完成北卡羅來納州立大學的臨床心理學碩士學位，接下了格蘭達卡齊（Grande Cache）矯治

中心的心理師職位。這個地方美得令人驚豔，符合我背包旅行、釣魚及攝影的嗜好。

我對應用所學到的臨床技能感到興奮，期待可以透過研究得到新的知識。第一次踏入中心大門、遇見了誰、第一天早上過得如何，這些都還歷歷在目。那個監獄當時才剛建好，裡面的家具都還是新的。在幾個月內，我對罪犯的文化多樣性與心理症狀的範圍感到驚訝。除了試圖了解這個族群的臨床需求，我也開始收集自陳報告、員工評價及機構數據。

研究工作面臨實務的挑戰。我必須取得矯治系統的同意，有些人會選擇不參加，也有填答不完整的狀況，而且我必須說服一些人，告訴他們這是一個值得的研究。

由於一名罪犯的紀律隔離事件，我學到了寶貴的一課。我第一次見到他時，他是心理上無行為能力之人，以一種胎兒的姿勢蜷曲著。在對 DSM 更熟悉之後，事後回想，我認為他屬於短暫的反應性精神病。不過，當時我強烈建議應該取消他的紀律隔離，因為他的精神功能相當低。他被安置在該機構一個更開放、有更多互動的替代性舍房。幾天後，他開始展現出非常具有攻擊性的行為，之前就是這種行為讓他被隔離。這個罪犯後來被送往另一個機構。其實讓他解除紀律隔離是正確的決定，但工作人員認為我的作法不恰當。因為這件事，我的研究計畫幾乎沒有得到任何合作，並被擱置了幾個月。最後這個專案還是完成了，但花費了更久的時間。機構裡的角力是我學到的一個教訓。

另一個在實務中遇到的教訓則是與罪犯數據的性質有關。一九八○年代，在罪犯身上使用不是根據犯罪者資料所發展的心理測驗是很常見的。對罪犯進行的基礎心理測量研究，使用不同的評定量尺、因素結構（通常更簡化）、較差的構念與預測效度。由於罪犯資料經常有問題，讓我們必須對測驗的臨床解釋更加謹慎。因此，相較於倚靠非犯罪者的常模，我們的目標是以先前的標準化量尺收集罪犯的常模。

一九九〇年代末，我在卡爾頓大學完成博士學位。能在那裡和唐・安德魯斯（Don Andrews）、阿黛兒・佛斯（Adelle Forth）、鮑伯・霍加（Bob Hoge）、金・柏塔（Jim Bonta）共事真是太棒了。擔任二十二年的監獄心理學家之後，我接受了南伊利諾大學的教職。在學術環境中工作的一個好處，是能夠將在臨床實務中萌芽的計畫給完成。無論是風險評估還是改變治療，能夠完成計畫都是令人充滿成就感的。這是在監獄環境中無法總是能做到的，因為每天都有實務工作需求要配合。第二個好處是可以與學生互動。學生們有充沛的精力為許多議題帶來不同的觀點。舉例來說，如果沒有他們足夠的好奇心，就不會發現亞臨床診斷的重要性。

我的日常包括早上六點剛過就進辦公室，把門關著直到上午十點（閱讀與研究時間），午餐時間走路去健身房，下午五點左右離開辦公室。現在我的日子不是去探視罪犯，而是與學生開會、上課、做研究。也許學生會感受到一些我曾與罪犯一起工作的經歷。

克羅納博士是南伊利諾大學犯罪學與刑事司法系的教授。在這個工作之前，他以矯治心理學家的身分受雇超過二十年。在這段期間，他在最高、中級及最低安全性的機構工作過，為罪犯提供介入服務。他目前的研究興趣包括風險評估、介入成果的測量、精神障礙者的介入、犯罪中止。

在矯治機構工作的心理學家，必須面對經常會降低治療成功可能性的環境。受刑人會被轉移到其他監獄、矯治人員可能不支持心理學家的角色、行政單位可能會削減預算、幾乎沒有時間進行研究、保密性的限制等等，在在顯示心理學家是監獄管理的一環，更勝於主張他們自己的權益。本章稍後會介紹這些議題。 [457]

目前許多專業團體制定了在矯治機構中提供服務的各種指引與標準。其中包括國家矯治健康保健委員會（National Commission on Correctional

Health Care, 2008）所發布的《監獄健康服務標準》（Standards for Health Services in Prisons），以及國際矯治與司法心理學會（International Association for Correctional and Forensic Psychology, IACFP）所發展的新版標準（Althouse, 2010）。IACFP 發表了六十六項標準，旨在為實務工作者提供方向與支持。重點提示 12.2 列出了這些標準所涵蓋的議題清單。此外，從事矯治工作的心理學家應該遵守美國心理學會的倫理準則。《司法心理學專業準則》（APA, 2013c）也與在矯治領域工作的心理學家有關。最後，心理學家必須認識與監獄和看守所受刑人之照顧和監護有關的州與聯邦法規。

矯治機構概述

被拘留、控告或被定罪的人，如果不被允許留在自己家中，則會被安置在幾種類型的機構：拘留所、看守所、監獄、社區機構。拘留所（detention center）主要是指在身分審查時（如移民身分）暫時拘留人員的聯邦機構，但由地方政府所管轄的看守所也會被用來拘留。而看守所（jail）與監獄不同，它們主要是用於短時間的關押。看守所中的人是因等待審判或其他法庭程序，或在輕罪確定後被判處監禁而暫時羈押。監獄（prison）則是聯邦政府與所有州為被判重罪的人所設置的機構，通常是被判處一年以上的監禁。至於以社區為基礎的設施往往戒護程度較低，像是中途之家或過渡之家等這類基本上設立宗旨就是用來對加害者施以中級制裁（intermediate sanctions）的措施，其安全戒護等級會比看守所或監獄來得低，但是比一般限制住居的管束或限制來得高。本章稍後將會對社區機構進行討論。

平均而言，看守所中大約有一半的人可能是無辜的；他們只是被羈押，而未被判定有罪。其中有些人可能最後會遭有罪判決確定，但在此之前，他們都會被認為是無辜的。另外大約一半的人則是因輕罪短期服刑。然而，被羈押者與被判刑的輕罪者的比例會因管轄權而異。在某些機構

中，多達七成的人口是無力支付保釋金或因被認為危險而遭駁回交保的審前被羈押者。看守所也可能會關押大量等待被移交到監獄、精神病院、另一個州、少年機構或軍事羈押機構的人，不過等待移交的人通常只占一小部分（很少超過5%）。實際上，看守所在刑事、民事或軍事司法程序的不同階段都收了一些人。在某些社區，看守所也會被當作臨時過夜的庇護所，接收那些被警方以輕微罪名逮捕的人，因為他們可能會需要一個安全的避難所。

重點提示12.2

國際矯治與司法心理學會的標準

[458]

國際矯治與司法心理學會的前身是美國矯治心理學會，該學會制定了一套標準，為地方、州或聯邦的機構，以及社區中關押的罪犯，提供最低可接受限度的心理服務（Althouse, 2010; Standards Committee, 2000）。以下是標準中所涵蓋部分主題與子題。建議有興趣的讀者可以閱讀這份標準（Althouse, 2010），裡面有個討論區解釋了每個標準背後的理由。

- 角色與服務：適當的角色包含但不限於提供矯治管理者對心理健康方案設計的諮詢；對專門的精神衛生單位聘用的安全人員進行心理篩檢；心理健康專案的任務分類；培訓工作人員；精神疾病的衡鑑、診斷及治療；危機介入；心理健康方案與服務的倡議與評估。
- 用人條件：矯治機構的心理服務人員至少要有一人擁有博士學位，且該博士學位主要是心理學，具有執照／認證，並具有矯治心理學的培訓／經驗。
- 文件管理：所有服務與心理健康資訊都要依當前的專業及法律標準與準則進行記載或保留在罪犯專屬的檔案中。
- 保密性：以口頭與書面方式告知受刑人有關保密的限制，以

及法律與行政上強制規定的警告義務。

- 知情同意：在所有的篩檢、評估、治療、程序之前，都應該先進行知情同意的程序。
- 雇主與倫理／實務標準的衝突：有明文規定的政策可解決機構與心理服務人員之間的衝突。
- 篩檢／評估：所有篩檢都只能由心理工作人員或他們所培訓的機構工作人員進行。受刑人管理者無法取得這些心理資料（包括歸檔）。
- 受刑人治療：向機構的受刑人提供診斷與治療的服務；需要緊急評估與（或）治療的人將會被安置在特別指定的區域，由工作人員或受過訓練的志工密切監督，並有足夠的安全保障。
- 在職培訓：明文制定機構與社區工作人員培訓的程序（包括如何辨識心理緊急情況以及轉介心理服務的程序）。
- 研究：鼓勵心理服務工作人員進行應用與（或）基礎的研究，以改善心理服務的提供。

問題與討論：

一、上述是一些標準，但並不是法律要件。檢視本章稍後有關受刑人的法律權利，討論上述哪些標準需要放到法條下進行規定。

二、選擇任何一個標準，討論如何在最高安全等級機構中實施。

　　如前所述，在聯邦制度中，審前被羈押者會被關押在拘留所。當聯邦拘留所沒有空間時，被指控犯有聯邦罪行或等待判刑的人將被羈押在州或地方看守所。自九一一恐怖攻擊以來，聯邦拘留所一直備受關注，因為政府基於懷疑涉及恐怖活動而拘留了許多人。他們設置了「臨時」（make-shift）拘留所，許多人被交到移民及歸化局（Immigration and Naturalization Services，即現在的移民及海關執法局），並在移民法官完成祕密遣返程序

之後被驅逐出境。二〇一六年，移民及海關執法局指出，有將近四分之三的聯邦移民被拘留者被拘留在私人機構中。

監獄是由州或聯邦政府所管理，基本上只關押被判重罪的人。監獄以 [459] 受刑人的安全戒護層級分為最低度、中度、最高度；時而也會出現一些介於前述三種主要選項間的過渡戒護等級。在監獄內與不同的監獄之間也有不同的管制等級。因此，基於在監懲戒目的，受刑人可能會在中級安全監獄中遭到密切戒護，而最高戒護等級監獄的受刑人則可能已達到「優良受刑人」（trustee）的地位，而只需要最低限度的監管。

在一九九〇年代，聯邦政府與大約四十一個州引入**超高度安全管理監獄**（supermax prisons）。這些極高度安全級別的機構（或是最高安全監獄內的單位），據說是用來容納最棘手、最暴力的受刑人。然而，正如本章稍後會看到的，人們對這些機構與一般單獨監禁都提出許多關切。監獄系統內還包括一些專門設施，如受刑人勞動營（work camp）、醫院、受刑人風險分類中心（classification center）、精神障礙受刑人收容單位。此外，為主要犯下非暴力罪行的年輕罪犯所設置的少年感化院、監獄農場、林業中心、牧場等，都是專門設施的例子。

在某些州，看守所是由州政府而非地方政府管控，而且將看守所／監獄的功能合併。因此，被羈押者與被判刑的罪犯，包括輕罪者與重罪犯，可能會被關押在同一個機構內，雖然他們可能會被安置在不同的舍房單位。前述這些「混合系統」經常採取的一種方式，是指定其一或兩項設施為最重度戒護設施，其他設施則是中度或最低度戒護，收容被控犯罪的嫌疑人及遭定罪或科刑之人。

聯邦監獄系統是由聯邦監獄局組織與集中管理，包括監獄、矯治機構、集中營、中途之家，以及前面提過拘留中心等。它們分為五個安全級別：最低、低、中、高、行政管理層級。位於科羅拉多州佛羅倫斯的一個超高度安全管理機構，就被歸類於行政管理層級。該監獄容納了大約九百名男性受刑人。（有關心理學家在聯邦監獄局的就業機會，見重點提示12.3。）除了上述特徵，看守所與監獄的不同還可以透過一個會影響心理學

家工作的重點來呈現。監獄比看守所更有可能提供包括娛樂、工作計畫、物質濫用治療，以及各種復歸等專案計畫。這可以歸因於幾個因素。首先，由於待在看守所的時間相對較短，受刑人不太可能受益於有意義的專案。其次，大多數的看守所都是由地方政府經營，沒有資金可供監管以外的功能使用。第三，大多數的看守所都是由執法專業人員，如郡縣層級的警長，而不是矯治專業人員所管理。執法專業並沒有受過為罪犯或嫌犯提供服務的訓練，他們受的是執法、保護民眾、為社區服務的訓練；為被拘留者與受刑人設計專案並不是他們的首要考量。然而，我們也可以在全國性的看守所發現一些例外與專案的設計，包含如一些短期的專案，還有物質濫用、家庭暴力、疾病預防的計畫。此外，美國看守所協會（American Jail Association）發表了看守所的運作標準，其中包含了人員培訓與為拘留者與受刑人提供各種服務的內容。

[460]
重點提示12.3

聯邦監獄局的就業機會

美國聯邦監獄局的就業機會預期將會變多，並且持續需要心理衛生專業人員的效力。聯邦監獄局表示，他們在全國各地的機構會持續需要博士級的臨床心理學家（Magaletta et al., 2013）。加拿大的矯治系統也有類似的就業機會，為實習課程提供了多種機會（Olver, Preston, Camilleri, Helmus & Starzomski, 2011）。聯邦監獄局中大約有六成的博士級心理學家在聯邦監獄完成實習。有些人還通過了司法心理學的資格認證。

這些心理學家的角色因機構的整體定位而異（McKenzie, 2013）。該局在為有志成為專業或矯治心理學家的學生提供高品質的博士前實習培訓方面，是國家級的領頭羊。這些實習工作得到美國心理學會的官方認可，這是認同其所提供的培訓是廣泛且有意義的重要象徵。實習生約可領取49,000美元的津貼、年（特休假）假與病假，以及從事專

業工作的責任保險。實習生會接受臨床角色的逐步暴露，隨著技能與信心的提升，漸漸以更高的獨立性進行練習（Tyner, 2013）。他們會不斷舉辦一些臨床與教育研討會，增加實習生的臨床知識基礎。
聯邦監獄局的心理學家自主性相當高。他們是心理健康服務的主要提供者（與某些州立監獄系統與精神科醫院中的心理學家相比），他們並不隸屬於精神科醫師的監督之下。廣義來說，心理學家提供急性自殺與精神病患者的危機介入，以及為希望解決情緒與行為問題的人提供長期心理治療。他們也提供定期的評估。他們有機會參與以下的工作：

- 為聯邦法院進行司法評估
- 為證人保護專案的潛在對象進行心理評估
- 針對性加害者為可能的民事監管程序進行評估
- 人質談判培訓
- 藥物濫用治療專案
- 自殺防治專案
- 創傷受害者的危機介入因應小組
- 博士前實習訓練專案
- 員工協助方案
- 住院治療心理健康計畫
- 工作人員訓練
- 研究

資料來源：美國監獄局（http://www.bop.gov）。

　　雖然心理學家在看守所參與治療方案的可能性較監獄來得低，但這些短期環境往往會需要他們提供評估與危機介入服務。舉例來說，對審前被拘留者進行就審能力與第五章所討論到的其他能力評估。無論能力是否受到質疑，審前被拘留者常常對他們的社會、法律、財務狀況感到疑惑、害

怕、擔心。在混亂、嘈雜、擁擠的環境中，被拘留者可能會經驗到「入境衝擊」（entry shock）。對於第一次被關押的人來說尤其如此。自殺是看守所的首要死因（Clear and Cole, 2000）。研究顯示，看守所的自殺率比監獄來得高；有些估計指出至少高出了五倍（Cohen, 2008; Steadman, McCarty & Morrissey, 1989）。雖然非心理工作人員通常會在被拘留者或受刑人進入機構時對他們進行自殺風險的初篩，但還需要精神衛生專業人員進行更全面的評估，並為有自殺風險的人提供治療。儘管如此，看守所向受刑人提供完善心理健康服務的可能性仍然比監獄少得多（Steadman and Veysey, 1997）。因此許多社區現在開始實驗第四章所討論的精神衛生法庭。

[461] 　　矯治機構，包含看守所與監獄，可能是暴力、嘈雜、混亂、貶低人格的地方，透過使用壓倒性的權力（往往是透過灌輸恐懼）讓人變得孤立、無助、屈服。雖然大型城市的看守所與最高安全級別監獄尤其如此，但顯然也有例外。與公營矯治機構相比，聯邦監獄局所經營的機構往往不那麼暴力、嘈雜、混亂及雜亂無章。不過，總體來說，許多矯治專業人員認為，看守所與監獄都可以以人道的方式運作，並可以達到社會保護大眾免受犯罪威脅與使罪犯復歸社會的雙重希望。

受刑人的法律權利

　　受刑人進入監獄後並不會就失去憲法所保障的權利，這是一項公認的法律原則。美國最高法院的許多裁判中，特別是在一九六〇和七〇年代，具體規定了憲法保障受刑人所享有的最低限度的權利。法院裁判的案件包括看守所與監獄的程序、實務作法、監禁條件。除了聯邦憲法的保障，受刑人還擁有依據州憲法或聯邦與州法規、州法院所保障的權利（例如探視權或受教權）。本節將會概述心理學家為矯治系統提供諮詢、為受刑人提供直接服務的主要原則。其中必然會漏掉一些對受刑人很重要但對心理學專業來說只是附加的法律保障，舉例來說，受刑人有收信（儘管可能受到審查）與遵守宗教習俗（包括飲食習慣）的憲法權利，除非這些作法會對

機構安全造成干擾或過多的經濟負擔。讀者可以參考弗瑞德‧柯漢（Fred Cohen, 1998, 2000, 2003, 2008）及帕默爾等人（J. W. Palmer and Palmer1999）的優秀論文，以對矯治法律有更全面的了解，包括許多這裡無法討論的領域。

表12.2　本章所提及美國最高法院處理受刑人權利的主要案件

案例	重要意義
Estelle v. Gamble,1976	治療權，包括心理健康
Bell v. Wolfish, 1979	限制審前拘留的權利
Vitek v. Jones, 1980	轉移到其他心理健康機構前的聽審權
Hudson v. Palmer,1984	限制個人在囚禁室內的隱私權
Ford v. Wainwright, 1986	禁止對嚴重精神障礙者執行死刑
Panetti v. Quarterman, 2007	有精神障礙的受刑人必須理解自己為什麼被判處死刑。只是知情並不足夠。
Washington v. Harper, 1990	可以違反個人意願施予精神藥物；要經行政聽審程序
McKune v. Lile, 2002	喪失拒絕參與治療計畫的權利
Brown v. Plata, 2011	加州政府必須降低擁擠的監獄人口
Atkins v. Virginia, 2002	禁制對智能障礙者執行死刑
Hall v. Florida, 2014	各州可以設立智能障礙的標準
Moore v. Texas, 2017	各州有關智能障礙的標準必須加以檢視
Correctional Services Corp. v. Malesko, 2001	限制控告私人監獄的權利
Minneci v. Pollard, 2013	控告私人監獄的權利再次受限

下文將討論的原則顯然適用於監獄囚犯，但也適用於看守所的案例。因此，這裡使用「受刑人」（inmate）這個更通用的詞彙，將兩個群體涵蓋在內。不過審前被拘留者的權利有些不同，因為他們並沒有被定罪。然而，如後面所述，被拘留者可能會以機構安全的名義受到許多與被判刑的輕罪者相同的狀況。然而，有個問題是，所有這些權利多大程度也適用於關押在民營監獄的受刑人。在兩起涉及被關押在民營監獄的聯邦受刑人的最高法院案件中（*Correctional Services Corporation v. Malesko*, 2001; *Minneci v. Pollard*, 2012），法院認為受刑人無權控告民營監獄人員侵犯其憲法權利，並認為國家可以提供足夠的侵權補救措施。「米納奇訴波拉德」（*Minneci v. Pollard*）案涉及一名受刑人聲稱被剝奪了適當的醫療，違反憲法第八修正案有關禁止殘酷與不尋常的懲罰的規定。（治療權是憲法的基本保障。）露絲‧貝德‧金斯堡（Ruth Bader Ginsburg）大法官則對此案持不同意見，指出如果波拉德是被關押在聯邦或州的公共監獄，就不會被剝奪控告監獄人員的機會。

治療權

與心理學家密切相關的權利是受刑人得到充足治療的憲法權利。確立這項權利的案例是「埃斯特爾訴甘布林」（*Estelle v. Gamble*, 1976）一案，其中一名受刑人主張，監獄官員未能照顧他的醫療需求，違反了憲法第八修正案對他免受殘酷與不尋常懲罰的保護。

[462]　　甘布林是德州的一名受刑人，他在執行監獄工作時，裝載在貨車上的一大綑棉布掉落在他身上。之後三個月，他反覆去看了獄中的醫務人員，這段期間他被開立了肌肉鬆弛劑與其他藥物。三個月後，他接受許多不同的藥物、抽血檢查、量血壓，以及允許他留在牢房的通行證。有一次，由於工作人員的疏失，長達四天沒有按照處方給他藥。結果他開始拒絕工作，說他持續感到疼痛，接著他被帶到監獄紀律委員會，然後被關進獨居房作為懲罰。在獨囚的時候，他因為胸痛而要求看醫生；十二小時後，一

名醫療助理來看他，並將他送往醫院治療。

　　雖然「埃斯特爾訴甘布林」一案牽涉到各種身體疾病的治療，它也被擴大解釋到包括對嚴重精神障礙的心理或精神協助（Cohen, 2008）。剝奪受刑人充足的醫療照顧違反了憲法第八修正案中禁止殘酷與不尋常的懲罰。問題是，「什麼是『充足的』醫療？」受刑人顯然沒有權利接受「最先進的」處遇或治療。事實上，在該案中，即使是未對受刑人的下背部進行 X 光檢查，也沒有被視為是不充分的治療。雖然最高法院在該案中明確表示受刑人有**接受治療的權利**（right to treatment），但他們並沒有批評選擇不做 X 光檢查的醫療專業人員的決定。

　　「埃斯特爾訴甘布林」是一個相當重要的案件，因為它不僅明確說明受刑人有憲法規定的醫療權利，也為決定是否違反憲法設下了標準。指控 [463] 自己的權利被違反的受刑人，必須證明監獄人員是「故意漠不關心」其嚴重的醫療需求。單純的「疏忽」不足以構成違憲（雖然疏忽在某些州法律中就足以構成充分條件）。在後來的「法默爾訴布瑞南」（*Farmer v. Brennan*, 1994）案，法院表示，除非監獄人員明知卻無視受刑人在健康與安全的高度風險，否則不必承擔責任。法院補充說，如果監獄人員應該要知道重大風險卻不知道，而該人員無法減輕風險則不構成殘酷與不尋常的懲罰。

　　延伸到心理治療的脈絡，顯然受刑人若有嚴重的精神障礙症，包括精神病、臨床憂鬱症、思覺失調症，必須能夠接受治療。國際矯治與司法心理學會（Althouse, 2010）的標準沒有區分嚴重與較輕微的障礙症，而建議所有精神障礙都應該要能得到心理健康的治療。此外，該標準指出，需要急性、長期、療養性精神照護的受刑人，一般是不適合在看守所與監獄中接受治療的。他們應該要轉到專門為治療目的而設置的機構。不過，這只是理想的狀況，現實中很少發生。

受刑人罹患精神障礙症的情況

　　實際上，看守所與監獄中都關押著大量患有嚴重精神障礙症的人。儘

照片12.1
一位從囚室小窗向外望的男性受刑人剪影
資料來源：© AP Photo/Troy Maben.

管近年來矯治人口有所減少，但幾乎沒有跡象顯示患有嚴重精神障礙的受刑人比例正在下降。美國各地的看守所與監獄都缺乏足夠的精神健康照護，這是評論者與法院普遍承認的現狀（Cohen, 2008; Heilbrun and Griffin, 1999; Morgan, Gendreau et al., 2016）。在美國最高法院的「布朗訴普拉塔」（*Brown v. Plata*, 2011）一案中，法院同意了下級法院的觀點，認為加州監獄的精神健康照護狀況已經惡化到違反了憲法第八修正案所保護的受刑人權利。

許多精神障礙患者在沒有充分的心理處遇下繼續被關在看守所與監獄中受煎熬。據估計，在看守所與州立監獄中，至少有10%至15%的男性受刑人患有嚴重的精神障礙，並且有接受治療的需求（Ax et al., 2007; Lamb, Weinberger & Gross, 2004; Steadman, Osher, Robbins, Case & Samuels, 2009）。心理健康盛行率計畫（Mental Health Prevalence Project, MHPP；Magaletta, Dietz & Diamond, 2005）的資料初步顯示，聯邦受刑人罹患精神疾病的比率可能沒有多大不同：

我們的整體估計指出，其人口組成實際上可能比先前所想的更相似。雖
然這兩個轄區（即聯邦與州）所安置矯治的人確實在人口學與和犯罪學
向度上有所不同，但心理健康可能不是其中之一。（Magaletta,
Diamond, Faust, Daggett & Camp, 2009, P.241）

　　研究也指出，女性受刑人對此的需求甚至比男性大（Magaletta et al.,
2009），不過這個估計可能受到一個事實影響，也就是與男性相比，女性
更可能自我揭露她們對精神健康服務的需求。有些研究顯示，在州立矯治
機構中，有三分之二的女性受刑人會報告出心理與精神障礙的症狀（Faust
and Magaletta, 2010; Reichert, Adams & Bostwick, 2010）。一項針對女受刑
人的調查，研究者表示（James and Glaze, 2006），77%聯邦矯治系統中的
女性與70%州矯治系統中的女性，在監禁期間會使用精神健康的服務。此
外，60%的男性受刑人在監禁期間也接受了這些服務。福斯德與瑪格烈特 [464]
（Faust and Magaletta, 2010）發現，在監禁前曾有精神健康治療（住院與
門診）、自殺未遂、藥物濫用史的女姓受刑人，使用心理服務的程度會高
於那些沒有這些監禁前特徵的女姓受刑人。福斯德與瑪格烈特的結論是，
這些結果顯示，「一但被監禁，那些熟悉社區精神衛生服務的人更能適
應，且能夠要求取得這些服務。」（P.6）

　　將罹患精神障礙症的受刑人隔離引發了許多法律問題。法院目前允許
將嚴重精神障礙的受刑人安置在空無一物的觀察房內（有時又稱為「安全
房」），以保護他們自身安全。在等待被轉到治療機構或直到他們能夠以
適當的藥物穩定下來之前，可能會被關在極其嚴酷的條件下，不過這種禁
閉是有法律限制的。對紐約矯正署的訴訟（*Perri v. Coughlin*, 1999）就是一
例。派瑞是紐約州立監獄系統中一個極具破壞性、嚴重失序的受刑人。他
被關在觀察房三次，總共108天。牢房裡只有一個水槽和馬桶，而且一整天
都開著刺眼的光。他沒有衣服也沒有毯子，必須赤裸著身體睡在地板上。
觀察單位沒有提供任何運動、娛樂或團體治療的機會給他。長時間的監
禁，加上未能提供治療，導致法院裁定要求紐約州矯治局承擔損害賠償責

任（Cohen, 2000）。醫療服務的充分性，包括身心健康，是被監禁者所提起的集體訴訟中一個常見的重點。（集體訴訟是代表據稱受到被告行為傷害的一群人所提起。）

拒絕治療權

雖然囚犯有接受治療的權利，但不能被迫參加治療方案。這一點同時適用於身體與心理的治療。然而，如果國家強烈希望看到受刑人的行為改變，就會留一些轉圜的空間。在最高法院的「麥坤訴立萊」（*McKune v. Lile*, 2002）一案，法院允許監獄官員實際處罰拒絕參與方案的一位受刑人，雖然國家主張而且法院也同意這不是處罰性的行為。

立萊在刑後被釋放的兩年間犯下強暴罪。堪薩斯州希望讓他參加性加害者治療計畫，該計畫要求他揭露自己的犯罪史，但並不保證會將這些資訊保密。這種要罪犯對自己行為負責的要求，在治療中相當常見，且並不限於性加害者。立萊顯然擔心資訊的揭露可能會導致他因過去未被指控的罪行而被起訴，所以拒絕參與。監獄人員告訴他，拒絕可能導致他被轉到一個安全與限制級別更高的單位，在那裡他可能會失去如進入食堂與接受更具吸引力的工作任務等權利。立萊隨後主張，他基本上是被迫自證其罪，這麼做違反了憲法第五修正案；而聯邦上訴法院也同意他的主張。然而，在五票對四票的裁判中，美國最高法院的法官多數對此並不認同。因此，雖然仍然不能強迫受刑人參加治療方案，但是只要國家高度關注復歸的可能性，可能會以喪失權利的威脅來說服受刑人這樣做，就像本案的情況。

同樣的，受刑人有權利拒絕用藥，但這項權利可能會被取消。顯然受刑人不能拒絕會對監獄人口造成風險的傳染病治療，如結核病。所隱含的意義是，保護生命可能比受刑人自己的意願更重要。舉例來說，在一九九五年的一個案例中，一名患有糖尿病的受刑人被迫接受血糖監測以及服用醫師所開立的胰島素或其他藥物（*North Dakota ex rel. Schuetzle v. Vogel*,

[465]

386

1995）。另一方面，加州法院允許一名四肢癱瘓的受刑人拒絕強迫餵食與
其他痛苦的醫療介入而有尊嚴地死去（*Thor v. Superior Court,* 1993）。有人
可能會認為，如果讓患有糖尿病的受刑人隨心所欲，監獄系統將會因與其
疾病相關的併發症而面臨巨額的醫療費用。四肢癱瘓的受刑人則不會造成
這樣的經濟威脅。然而，這些案件並不是以經濟因素來決定，而是關於有
行為能力者對醫療需求進行自決的權利與國家保護生命利益之間的平衡。

美國最高法院曾就受刑人拒絕接受精神藥物治療的權利作出一項裁判
（*Washington v. Harper,* 1990）。在華盛頓州，患有嚴重精神障礙的重罪犯
會被安置在監獄系統的一個特別單位。抗精神病藥物經常被用來控制他們
的破壞性行為。如果受刑人拒絕接受這些藥物的治療，會被允許在行政聽
證會上對由一名心理學家、一名精神科醫生、一名監獄管理部門的成員所
組成的三人小組提出治療上的挑戰。該案當事人哈波與其他受刑人希望可
以在一個獨立的法院進行司法審查，而不是行政審查。他們也希望獲得請
律師的權利，而不是只有行政聽證會所允許的外行顧問。然而，最高法院
在六票對三票的裁判中，認為程序上並沒有過錯。基本上，監獄人員可以
違背受刑人的意志施以精神性藥物，但必須事先經過行政聽證會確定這種
藥物對於控制受刑人的破壞性行為是必要的。然而，值得注意的是，某些
州的成文法可能比前述標準更加限縮，對於基本上可能只是給予監獄管理
者行政便利但並沒有真切醫療上理由的藥物，均予以禁止施用。

法院也開始處理強迫受刑人服藥以使其具受刑能力的的問題。在「佛
德訴溫萊特」（*Ford v. Wainwright,* 1986）一案中，美國最高法院裁定，對
一名「瘋狂」或精神失常、不能理解所發生事情的死囚執行死刑是違憲
的。（另參閱*Panetti v. Quarterman,* 2007，其中法院以五票對四票表示，精
神失常的罪犯知道國家即將將他處死的事實是不夠的，他必須理解這樣做
的目的。）自從溫萊特案的裁判以來，許多司法心理學家與精神科醫生一
直感到困擾。有些心理學家拒絕參與評估受刑人的受刑能力，因為知道他
們的建議可能會促進受刑人的死亡。有些精神科醫生（他們有開藥的權
力）不想要開立可以穩定受刑人的精神藥物而使其得以被判處死刑。此

外，代表這些死囚的律師主張，他們應該有權拒絕服藥。二〇〇三年二月，聯邦上訴法院成為第一個裁定死囚沒有這種權利的聯邦法院。

復歸的權利

　　人們常常驚訝地發現，雖然受刑人有治療身心障礙症的權利，但並沒有在矯治場所進行**復歸**（rehabilitation）的憲法權利。在此脈絡下，復歸是指各種理論上應該可以減少受刑人出獄後再犯可能性的方案。在許多案件中，受刑人會要求法院給予他們參加藥物濫用方案、職業訓練方案、教育方案、暴力加害者方案等憲法所賦予的權利。不過這類的請求長期以來在實務上都遭到拒絕。意思當然不是說這類的方案不應該存在。事實上，「可以肯定的是……刑事制度的運作不能妨礙受刑人嘗試讓自己復歸社會的能力，或僅在於避免受刑人身體、心理或社會的惡化。」（Palmer and [466]　Palmer, 1999, P.221）是以，一旦矯治體系欠缺任何有意義的復歸處遇機會，尤以監所體系為甚，法院即應原則上就此採取質疑之立場。關鍵問題在於，憲法並未賦予個別囚犯參加任何特定方案的權利，因此矯治管理人員有權決定誰會被分配到這些方案中。

移監

　　憲法並未賦予受刑人被關押在特定機構中的權利，包括在其家鄉或離家人較近的處所。在許多監獄系統中，將受刑人從一個監獄轉移到另一個監獄的狀況並不罕見，而且往往很少或根本不會通知。一位著名的矯治學者就挖苦地說道，在他居住的州中，每天大概有一半的監獄人口都在坐車通勤。

　　具有憲法含義的**移監**（prison transfer）類型是轉移到強制治療的精神機構。精神障礙的受刑人如果要被轉移到監獄系統外的精神健康機構，他們有權在被移監之前獲得聽證程序（*Vitek v. Jones*, 1980）。實際上，移監

到精神機構這件事很少會受到挑戰（Cohen, 2000, 2008）。此外，罹患精神障礙症的受刑人通常會被送到監獄系統內的精神衛生單位或機構。由於這類移轉是否需要舉行聽證仍不清楚，因此如果受刑人對移監提出抗議，監獄系統有時會以官方政策為由來予以說明。此外，國際矯治與司法心理學會的標準（Althouse, 2010）認為聽證會原則上均屬必要事項：「此一要求並不因接收受刑人的機構與移轉受刑人的機構位於同一個司法轄區，或者受移監的特殊管理單位位於同一個矯治機構，就可以免除。」（Standard D-36, Discussion）

隱私權與保密性

受刑人在監獄或看守所環境中幾乎沒有任何隱私權。儘管受刑人經常會稱呼他們的牢房為「宅」或「家」，但法律並不是這樣對待他們。在這個議題的重要案件「哈德森訴帕爾默」（*Hudson v. Palmer*, 1984）中，法院就給了矯治人員很大的自由度，讓他們可以在沒有受刑人在場的情況下，無預警地對牢房進行突襲檢查。囚犯們要求允許他們在進行牢房搜查時在場，聲稱他們的財產，包括具有情感意義的物品，有時會在搜查後被弄壞或不見。雖然法院多數法官不會縱容惡意破壞財產，但以維護機構安全為名，將搜查權留給監獄人員酌情決定。

心理紀錄的保密性是司法心理學家非常關心的一個議題。心理學家有盡最大可能保護受刑人的資料保密性的倫理責任。國際矯治與司法心理學會的標準（Althouse, 2010）指出，非心理工作人員只能在「有知道的必要」的基礎上才能取得這些保密的資訊，心理工作人員應該要對這類資訊的釋出與解釋進行監管。

如果要向機構內外的第三方提供心理資訊，應由受刑人填寫「保密資訊釋出」表單並保存在檔案中。該標準還明確規定，應在口頭與書面上對受刑人說明保密性的限制。舉例來說，應該要告知他們，如果心理學家知道了越獄或傷害另一名受刑人的計畫時，就有通報監獄人員的義務。此

外，心理學家應該要在進行評估或開始治療之前，取得受刑人完整的知情同意書。

　　然而，相較於保密性，更基本的條件是紀錄的確實充分。儘管下級法院已經明確表示，充分的紀錄是持續照護的先決條件（Cohen, 2008），人們還是普遍擔心許多矯治機構的紀錄保存不良。根據律師暨矯治法學者柯漢的說法：

[467]

> 在我自己大量的監獄工作中，心理健康紀錄的普遍缺乏是最常遇到的問題……令人驚訝的是，即使在相對複雜的系統中，心理健康紀錄有時也非常不足，以致於常常沒有治療計畫，或者只有一個從未調整或更新的舊計畫；只能找到一些難以辨認的紀錄；沒有病史紀錄，或臨床上不足以判斷；治療建議很少或根本沒有；也沒有後續追蹤或病程紀錄。（P.10-12）

　　柯漢補充說，實際上在某些情況下，可能會有「像樣的治療」，但無法從檔案中明顯看出這一點。他在二○○八年出版的書中納入一份有用的指南，確保心理健康檔案的準備。

　　對於許多正考慮投身矯治環境的心理學家，保密性的限制與知情同意的要求是一大問題。根據國際矯治與司法心理學會（Althouse, 2010）：

> 矯治心理健康服務提供者的工作對象是他們的個案，但對政府部門、機構或單位來說，必須要能夠在矯治機構的倫理或法律義務、社區安全、罪犯、受刑人、治療個案之間做區分與取得平衡。（Standard C-6, Discussion）

　　對於習於為個案提供服務與協作的心理學家來說，上述這種作法可能會有其難處。此外，有些心理學家擔心，不少「同意」接受評估與治療的受刑人，是因為他們認為自己別無選擇。

隔離

隔離措施也稱為單獨監禁或孤立監禁，是指將一個受刑人與監獄或看守所的其他人分開。這麼做有可能出於各種原因，例如上述提到將患有精神障礙症的人關到觀察房的隔離手段。此外，受刑人可能會被置於**懲戒性隔離**（disciplinary segregation），作為違反規則的懲罰手段；或可能被納入**保護性監護**（protective custody），使他們遠離其他可能傷害他們的受刑人。超重度或極重度戒護的安全管理機構可能會將大量被認為暴力且冥頑不靈的受刑人進行多年的**行政隔離**（administrative segregation）；同一詞彙有時也會用在調查中對被指違法的受刑人所進行的暫時性隔離。當然，在有死刑的州，死囚通常會被單獨關押在單一牢房裡長達多年。

無論使用何種名詞、出於何種目的，將囚犯單獨監禁顯然是北美（美國與加拿大）的常見作法（Morgan, Gendreau et al., 2016）。雖然在任何時點都大約只有5%的囚犯會遭到單獨監禁，但根據估計，在美國有近五分之一的囚犯都曾被隔離過一段時間（Beck, 2015）。必須強調的是，隔離的條件往往與一般監禁有很大的差別。在隔離中，囚犯一天幾乎有二十三小時都待在牢房裡（餐點會送進去），只有一個小時被允許在小院子裡做些運動。通常每週只可以洗三次澡。有些監獄會允許有限度的探視，而且或許可以讓被隔離的囚犯讀些書報，甚至看電視。（在電視劇《沉冤昭雪》（*Rectify*）中，死囚丹尼爾‧荷頓（Daniel Holden）透過牢房之間的通風口與其他死囚聊天，他可以聽牧師帶來的錄音機裡的音樂，但是不能把錄音機放在牢房裡。）

法院允許矯治人員將受刑人隔離，但對監禁的期限與條件施加了一些 [468] 限制，特別是在紀律隔離的情況下。受刑人在進到紀律隔離之前有權參與聽證會，但這個權利很少被行使，即使行使了，聽證會常常是以敷衍的方式進行，本章開頭的小故事就說明了這一點。而對隔離做出的挑戰很少會成功。

法院對隔離條件的監控比對持續時間更為謹慎，雖然條件往往與持續

時間有關。因此，關在一個四十八小時沒有機會洗澡的簡陋牢房裡可能不會構成法律上的問題；但在相同條件下關押兩週就可能會是問題。衛生、營養、牢房的實際狀況、受刑人的身體狀況都會納入考量。「對於在各種情況下進行的懲罰性隔離，顯然目前尚未就其是否構成酷刑與不尋常的懲罰，設定天數或其他條件的最低標準。」（Palmer and Palmer, 1999, P.80）。因此，儘管心理學家擔心隔離會對受刑人的精神狀態造成影響，以及雖然受刑人認為隔離本身就是殘酷與不尋常的懲罰，但法院只對最惡劣的情況施加限制。

對保護性監護或行政隔離的期限則幾乎沒有限制，但同樣要仔細審視其條件。最高法院尚未審理涉及超高安全管理監禁條件的案件，但下級法院已就此議題進行權衡。如上所述，這些機構的條件因州而異。將受刑人安置在超高安全管理機構所需的極高安全監管，會導致極端的孤立與對個人自由的極度限制（DeMatteo, 2005b）。本質上來說，這些機構的運作往往遊走「憲法的邊緣」（Collins, 2004, P.2）。

下級聯邦法院已明確表示（*Madrid v. Gomez*, 1995），上述狀況對有心理風險或目前精神上有障礙的受刑人來說特別有害。法院對加州鵜鶘灣州立監獄（Pelican Bay State Prison）的安全舍房單位（secure housing unit, SHU）的條件進行審查，發現以下情況違反憲法中對酷刑與不尋常的懲罰的禁止：機構內矯治人員過度使用武力的模式、沒有供應充足的醫療與精神照護，以及將患有精神疾病的受刑人關押在安全舍房。

然而，對於穩定的受刑人，法院並未發現安全舍房違反憲法的狀況：

> 對於具有正常韌性的人來說，安全舍房的條件可能遊走在人類容忍範圍的邊緣，尤其是在持續長時間的情況下。然而，除了本意見所標認的特定人口（精神病患者），它們並未違反嚴格的憲法第八修正案標準。（*Madrid v. Gomez*, 1995）

絕大多數的心理文獻都對長期單獨監禁做出譴責，尤其是對精神狀態

脆弱的受刑人（如Grassian, 1983; Haney, 2008; Immarigeon, 2011; Toch, 2008）。全國各地的公民自由組織都試圖要限制看守所與監獄中極端隔離的作法（如Kim, Pendergrass & Zelon, 2012）。雖然共識是，作為短期對暴力受刑人的懲罰性措施來說，隔離可能是必要的，但據信隔離措施也被不必要且長時間地使用。依據轄區與監獄的不同，隔離措施可能從乾淨的狹小牢房，到與另一名受刑人一起被關在一個停車位大小的牢房裡。金恩等人（Kim et al., 2012）報告說，對受刑人、家人、矯治人員的訪談，以及對監獄文件的審查，記載了單獨監禁對受刑人與矯治人員的高度負面影響。 [469]

　　然而，並不是每個人都同意隔離一定會有問題。在科羅拉多州對單獨監禁進行為期一年的研究（Metzner and O'Keefe, 2011; O'Keefe, Klebe, Stucker, Sturm & Leggett, 2010）顯示，只有一小部分的罪犯（7%）會受到不良的影響，大多數的人情況都算穩定，而且20%的人實際上有表現出功能的提升。這項研究受到廣大的批評，因為它的主張與其他文獻中發現隔離的負面影響大相逕庭。然而，它也因其方法學上的嚴謹而受到肯定（Gendreau and Goggin, 2014）。研究者指出，科羅拉多州的研究必須在其他司法管轄區也能複製，這是非常重要的。

　　近來摩根等人（Morgan, Gendreau et al., 2016）提出兩篇有關行政隔離對受刑人福祉的影響的後設分析回顧。這些回顧分析是同時進行的，但兩組研究者並不知道彼此正在做的事。這兩組人馬，一組在辛辛那提大學（十四項調查）、另一組在德州理工大學（十九項調查），都得出了基本上相同的結論：隔離的負面影響確實被誇大了。其中有十項調查是重疊的，也就是它們同時出現在兩個後設分析中。

　　研究者發現，儘管存在負面影響，但隔離的受刑人與一般監禁或非隔離的監獄人口所經驗到的負面影響並沒有顯著差異。即使隔離發生超過六十天，一個被認為極其有害的時間，研究者也沒有發現更需要擔心的理由。他們研究了對憤怒、憂鬱、精神病、認知功能、身體健康等的影響。然而，有兩個例外被凸顯出來：有些受刑人會表現出情緒障礙和自我傷害行為，但並未達到先前的研究預期的程度。研究者也發現，出獄之後的再

犯率有小幅上升，但機構中的不當行為則有所減少。

精神衛生專業人員的意見則是，以非常有限的方式實施單獨監禁，並避免將其用於罹患精神障礙症的罪犯。摩根等人（Morgan, Gendreau et al., 2016）強調，儘管他們的研究結果必須被慎重解讀，但他們並不主張更大量地使用隔離或把受刑人長期隔離。他們也指出，對於被安置在這些限制性環境中的囚犯，應該要提供心理健康服務。「目前這些服務通常包括精神藥物、在受刑人的囚房前進行短暫問診或晤談、不定期與臨床工作者私下會談。」（P.458）他們認為這麼做是不夠的，也不是最佳的實務作法。

審前被羈押者的權利

根據法律，被控犯罪並被羈押在看守所或拘留所的人不得受到懲罰。如前所述，除非嫌疑犯最終被證明有罪確定，否則他們便是無罪。因此，不能將被羈押人置於懲戒隔離並剝奪其減刑的機會，因為他們並非在服刑。然而，法院允許將被羈押者置於高度限制性環境，並准許以機構安全之名對其隱私進行嚴重的侵害。此外，被羈押者可能會因違反機構規範而被隔離。在有關此議題的聯邦最高法院指標判決「貝爾訴沃爾夫什」（*Bell v. Wolfish*, 1979）一案中，聯邦機構中的被羈押人對監所管理人員以機構安全之名所採取的措施提出挑戰。舉例來說，被羈押人被分成三人與三人以上的小組，監禁在原本應收容兩人的牢房；有時還因為過度擁擠，被羈押人會被安置於臨時住所。被羈押人不被允許起身或檢查自己所處的囚室是否曾遭搜查。他們不能收受來自機構外裝有食品或個人物品的包裹。被羈押人在每次與所外訪客會見之後，都必須接受以目視方式進行的體腔搜索。在六票對三票所做成的裁判中，聯邦最高法院認定上述這些都不算是懲罰性措施，而且以機構安全的名義來說堪稱正當。

[470]

除上述所討論到的憲法保障，受刑人可以根據州憲法或州立法機構通過的法律享有某些權利。紀錄的保密性、參加復歸方案的權利以及探視權（例如探視親生子女的權利）都是各州差異很大的領域。因此，在矯治環

境工作的心理學家不僅必須了解美國憲法所保障的權利，也必須了解機構所在的特定州法。

矯治心理學家的角色

矯治心理學家有時與在矯治機構工作的心理學家不太一樣。矯治心理學家通常會有「關於矯治哲學、系統、罪犯管理、司法報告撰寫、旨在減少再犯的治療、臨床實效研究的特定學術與／或方案的訓練」（Althouse, 2000, P.436）。許多從事矯治工作的心理學家並沒有這種特殊的背景。此外，並非所有的心理學家都擁有博士學位，無論是哲學博士（PhD）還是心理學博士（PsyD）。雖然據估計，在聯邦監獄局工作的心理學家，九成以上擁有博士學位，但在州立監獄與地方看守所工作的人似乎更有可能是碩士學位或高級學習證書。然而，未來在聯邦與州矯治機構中會有更多為博士級心理學家提供的就業機會。

各級心理學家顯然都能為矯治提供有價值的服務。因此，就我們的目的來說，會在矯治工作中交替使用矯治心理學家與心理學家兩種稱呼。這與國際矯治與司法心理學會（Althouse, 2010）的標準一致，其指出無論服務提供者的培訓或教育背景為何，都需要相同程度的專業實務。該標準也提到這些服務提供者往往包括其他專業團體以及心理學家。最後，正如第一章與本章稍早所提到的，矯治心理學家往往不會認為自己是司法心理學家，儘管從廣義來說，我們在書中是這麼分類。對某些心理學家來說，在矯治環境工作的一個限制，是他們能夠分配給研究的時間不多。（克羅納博士在觀點專欄12.1提到了這點。）在一項研究中（Boothby and Clements, 2000），心理學家表示，研究工作大概占2%的時間。國際矯治與司法心理學會（Althouse, 2010）也承認，由於對心理服務的需求不斷增加，很難有時間進行研究。不過，標準F-1鼓勵應用或基礎研究，建議為合格的心理健康工作人員「提供參與至少一個與矯治或司法心理學實務相關的評估或研究計畫的機會」（Standard F-1, Discussion）。在可能的狀況下，心理健康

專職人員也可能受到外部鼓勵而促成研究計畫。

　　某些研究顯示，投身矯治環境的心理學家對工作只有「中等滿意」，尤其是因為發展機會與專業氛圍缺乏（Boothby and Clements, 2002）。其他研究則顯示，與最低安全管理機構相比，矯治心理學家在安全管理級別較高的機構工作時，會有較高的工作滿意度（Garland, McCarty & Zhao, 2009; Magaletta, Patry & Norcross, 2012）。 儘管人們可能會認為原因在於安全問題，但一項類似的研究（MacKain, Myers, Ostapiej & Newman, 2010）則發現，安全不是心理學家的主要關注，也不是前述研究（Boothby and Clements, 2002）的一個因素。

[471]　　許多其他研究對矯治機構人員的工作滿意度或耗竭進行檢驗，雖然這些研究通常不限於心理學工作者（如Garland et al., 2009）。其中有兩項研究是例外（MacKain, Myers, Ostapiej & Newman, 2010; Senter, Morgan, Serna-McDonald & Bewley, 2010）。麥肯等人使用和之前研究（Boothby and Clements, 2002）類似的量表，調查北卡羅來納州的監獄心理學家的工作滿意度，發現經濟（醫療福利、工作保障）、職場關係、行政支援等因素，都與工作滿意度有關。而矯治心理學家似乎比在公立精神病院等環境中工作的心理學家更滿意他們的個人生活。這些結果顯示，應該讓在矯治機構工作的心理學家了解其工作的潛在壓力源。此外，預計加入矯治心理學家行列的學生應該要接受有關矯治環境中的固有壓力源及其優勢的課程。另外，壓力源可能並不像人們所想像的那麼明顯，就像麥肯等人（MacKain et al., 2010）所發現的那樣。總之，正如瑪格烈特等人（Magaletta et al., 2013）所指出，一般司法心理學領域需要為學生的職涯做出更好的準備。

矯治中的心理衡鑑

　　心理衡鑑（psychological assessment）指的是用於測量與評估個人的過去、現在、或未來心理狀態的所有技術。衡鑑通常會包括但不限於使用心

理測驗、人格量表、問卷，或其他測量工具。在二十世紀的最後二十年裡，專門在司法與其他臨床環境中使用的商用測量工具與測驗大幅增加，包括目前在美國各地監獄與看守所使用的各種心理測量工具。舉例而言，所有進入聯邦監獄局的受刑人都會填寫心理服務受刑人問卷（Psychology Services Inmate Questionnaire, PSIQ），這是一份用來評估過去的心理健康服務與當前的心理問題的填空式自陳表單（Magaletta et al., 2009）。除了問卷與其他心理工具，衡鑑也包括與被評估者會談、與他人會談、直接觀察，以及檢視病歷紀錄。

在矯治過程中，至少會在受刑人生涯的幾個階段進行衡鑑：一、進入階段，即剛當進到矯治系統時；二、對罪犯重返社會作出裁定時；三、在心理危機發生時。然而，除了這些最低要求，應該也要持續進行重新評估。「受刑人的行為會隨時間而變化，需要持續評估與解釋。」（Palmer and Palmer, 1999, P.307）

也需要根據轄區進行更特定類型的評估。舉例而言，在有死刑的州，心理學家可能會參與對受刑人的智能障礙進行評估（參見*Atkins v. Virginia,* 2002; *Hall v. Florida,* 2014; *Moore v. Texas,* 2017）或罹患精神障礙症的程度（*Ford v. Wainwright,* 1986），這些都與受刑能力有關。（更多有關*Moore v. Texas*的資訊，參閱重點提示12.4。）在聯邦政府與設有高危險連續性罪犯法律的州，心理學家可能會對即將被釋放的受刑人執行衡鑑，以評估未來從事性犯罪的可能性。如前文所述，這樣的風險可能會導致性犯罪危險者的非自願民事監管。

對於致力追求戒護安全以及復歸目的的矯治體系而言，心理衡鑑也是提供治療處遇的關鍵。為了提供處遇治療，詹姆斯‧邦塔（James Bonta 1996）找出衡鑑評估的三代歷史。在第一代，衡鑑主要由倚賴自己專業經驗和判斷力的臨床工作者進行。第二代則採用標準化的衡鑑工具，雖然這些工具主要包括靜態風險因子（如前科紀錄或矯治設施內暴力事件的數量），其重點仍在於判斷犯罪者的監禁層級。第三代，也就是現在的衡鑑，同時包含風險因子及需求因子。因此，標準化的風險／需求因子衡鑑

工具，會同時考慮到先前的暴力事件（風險因子）和罪犯對權威的態度（需求因子）。稍後我們將更詳細地討論風險／需求衡鑑及其相關的RNR（風險／需求／責任）模式。

[472]

重點提示12.4

「摩爾訴德州」（*Moore v. Texas*）：重新審視智能障礙與死亡

一九八〇年，巴比・詹姆斯・摩爾（Bobby James Moore）在一起搶劫未遂案中犯下殺人罪，他開槍射殺了一名七十歲的雜貨店員。案發時他二十歲，之後他被判處死刑。一九九五年，他獲准進行新的量刑審理程序，因為其辯護人在第一次審判中並未提出有利其減刑的證據，包括心智發展受損等事實。二〇〇一年，他再次遭判處死刑。二〇一七年，美國聯邦最高法院撤銷了該死刑判決。

摩爾小時候有兩次一年級不及格的紀錄，但因為學校認為他應該和同齡的孩子在一起，因此還是升上了二年級。五年級時，他被其他孩子用鏈子和磚頭砸傷。對他進行檢查的神經心理學家指出，他很可能因此受有創傷性腦損。他小時候常被稱他是智障的父親毆打。他在學校因為「社交理由」而隨其他同學升上高年級。十三歲時，他還無法判讀時間，也不知道星期幾、一年的十二個月或四季。他被趕出家門，住在街上；他會打撞球，靠著修剪草坪打工維生。入獄後，他很遵守監所內的規定，也能夠學習些許技能。

一九七一至八九年間，摩爾共接受了七次智力測驗，平均智商分數為70.66；這表示他有輕微的智能障礙。另外，心理健康實務工作者檢視他在認知、社會、應用技能等各方面的適應性表現，都發現上述領域的能力有顯著的缺損。

雖然下級法院判決認為這些缺損應該足以構成其減至無期徒刑之事由，或甚至因此已經足堪構成再審事由，不過德州的最高刑事上訴法院顯然並不同意。首先，該上訴法院聚焦於摩爾歷次智力測驗所得分

數中的78分與74分，而忽視其他低於70分的成績。該院也未曾諮詢專業領域以確認現代判斷智能障礙的醫學標準；在最高法院的判決中，就有一位大法官針對此點對該院判決提出質疑。再者，該上訴法院所引用判斷被告是否屬智能障礙的標準根本就已經過時，事實上應該把重點放在摩爾是否具備適應能力，而非其缺損。該最高刑事上訴法院在前述重重問題下，判決摩爾的死刑應予維持。

摩爾對此判決提出上訴到聯邦最高法院，主張應該適用現代的心理學與精神醫學判定智能障礙的標準，而不是那些已過時的標準。美國境內與國際的相關機構也都對本案提出法庭之友狀，包括美國心理學會。這些法庭之友狀主張，依照當前的專業判斷標準，摩爾是一名智能障礙者，因此依據「阿特金斯訴維吉尼亞州」（*Atkins v. Virginia*）與「霍爾訴佛羅里達州」（*Hall v. Florida*）兩案的判決，不得被判處死刑。美國聯邦最高法院最終以五票對三票，判決本案應適用現代的智能障礙判斷標準，並將摩爾一案撤銷發回德州法院原審，依據最高法院判決意旨另為量刑判決。

問題與討論：

一、顯然僅憑智商分數並不足以判定某人可否被判處死刑。美國聯邦最高法院在之前案件中，就是否構成智能障礙的判斷為各州自設標準留下空間。那麼，本案的判決是否代表最高法院的立場已經有所退縮？假設死刑在美國某些州仍然是科刑的選項，你認為針對判定智能障礙的基準，是否有必要建立全國一致的標準？

二、上述三件最高法院的判決，多數意見均同意應該給予心理學／精神醫學專業判斷相當之尊重，這等於是說現代的專業標準應該做為法律裁判之參考而使其充實，但並非由專業標準來主導法律裁判。不過，對此抱持不同意見的大法官們則認為，此一對專業與專家意見之尊重（deference）於法無據。你的見解如何？

> 三、顯然摩爾仍具有某些能力，還能設法生存下去。那麼為何聚焦在
> 適應能力的缺損（而非適應能力的優勢），在認定是否應該判處死刑
> 的議題上會如此重要？

[473] ## 收容人初始篩查與分類

以機構或體系的政策而言，矯治機關需要進行初始評估，以便對囚犯進行「心理層面的分類」（psychologically processed），並將其分配到特定的設施或單位。在理想情況下，未經心理篩選程序判定是否有行為或精神狀態問題前，任何收容人都不應被安置在接受矯治的整體中。是以，收容人一旦進入這些設施後便應盡快進行篩查。

在看守所，特別是對審前被羈押者，上述這種篩查過程可能非常粗略，只把重點放在是否具自殺風險、藥物濫用跡象、住院史和藥物史，以及暴力指標。由於很少有心理衛生工作人員時時值班，因此上述提到的初始篩查可能就必須由矯治管理人員進行，如個管人員或監所管理員。只要這些人受過心理工作的基本訓練，且已經檢視所有書面報告資料，那麼國際矯治與司法心理學會標準就不排斥這種做法。一旦有證據顯示精神障礙、自殺意念、憂鬱或焦慮程度高於正常水準，則應立刻將個人轉介以進行更廣泛的衡鑑。就此而言，幾乎所有看守所都會對受刑人進行初始精神病症狀的篩查衡鑑（Steadman et al., 1989）。

至於在監獄系統，上述提到的篩查與分類變得更複雜。在許多州，犯罪者首先會被送到分類或收容中心（classification or reception center），該中心可能位於罪犯最終被送入的設施內，也可能不在其中。擁有大型監獄體系的州（例如德州、紐約州、加州和佛羅里達州）則有集中處理中心（centralized processing centers）。新的受刑人可能會在此中心待上幾天，甚至幾週，與已經進入監獄系統者分開，直到根據安全需要和具體方案被分配到特定設施為止。例如分類委員會可以建議將囚犯分配到攻擊性控管

計畫或教育計畫，以提高其閱讀能力。委員會也可能建議為囚犯提供便利
其與子女接觸的藥物濫用治療計畫。

　　許多監所中的收容單位會有包括心理學家、精神醫師、社會工作者或
其他專業人員任職；這些人負責進行衡鑑、晤談罪犯、審查紀錄，以及提
供處遇方案的設計還有治療建議。依據國際矯治與司法心理學會的標準，
所有新到監所的受刑人在「被安置於一般囚犯房間或牢房之前」，應接受
精神障礙和自殺風險的快速篩查，一旦發現需要更全面的心理健康評估
時，應立即轉介給合格的心理健康服務提供者（Standard D-17a）。標準
D-17b 至 D-17g 則提供了上述篩查的詳細建議。「在剛進入矯治機構的這
個關鍵時點，對受刑人的心理健康情況進行初始評估，可以防止其他併發
狀況，包括攻擊他人、自殺未遂，或認知和情緒迅速惡化。」（Standard
D-17, Discussion）。

風險／需求／責任原則

　　在矯治過程中，也必須針對需求和風險進行評估，特別是如果要遵循
處遇或治療方案。在前幾章中，我們點出一些會使個人更可能從事反社會
行為（例如犯罪提早出現）的風險因子，以及對個人產生緩衝或保護功能
的保護因子（例如一個對個案有愛心的成年人）。時至今日，**風險／需求
／責任原則**（principles of risk/needs/responsivity, RNR）（Andrews and
Bonta, 1994）已扎根於犯罪學文獻中，且經證明在實現社會復歸目標方面
是有效的（Gendreau and Goggin, 2014）。

　　研究者確立了兩大類需求（Andrews and Bonta, 1994）：**致犯罪型與非
致犯罪型**（criminogenic and non-criminogenic needs）。致犯罪需求是動態
因子（Gendreau, Cullen & Bonta, 1994），有可能發生變化。犯罪者對就業
的態度或酒精使用程度就是一例。「致犯罪需求的重要性在於它們正是處
遇目標，當處遇計畫成功降低這些需求時，我們便可以合理期望再犯率降
低。」（Gendreau et al., 1994, P.75）非致犯罪需求則是那些可能發生變
化，但對犯罪行為影響甚微的需求。心理狀態，如憂慮、焦慮或自卑就是

[474]

例子。雖然這些狀態可能導致個人的適應問題，但它們與絕大多數犯罪行為並沒有很強的關聯性。不過這些需求仍應在治療處遇方案中加以解決，憂鬱或高度焦慮的犯罪人需要適當的協助。

在矯治處遇中，最重要的風險／需求量表之一是**服務層級量表修訂版**（Level of Service Inventory-Revised, LSI-R）（Andrews and Bonta, 1995）。此量表是加拿大矯治機構所開發，後來引入美國矯治體系。類似的工具是**服務層級／案件管理量表**（Level of Service/Case Management Inventory, LS/CMI）（Andrews, Bonta & Wormith, 2004b），有助於辨識風險和需求，同時可用於改變罪犯模式的介入措施。LSI-R（依據對犯罪者的紀錄審查和訪談進行評分）會針對犯罪者在十個領域中的致犯罪需求進行評估，包括個性特徵、親犯罪態度、家庭、婚姻史、藥物濫用等。LSI-R一直是許多研究關注的重點（如Gendreau, Little & Goggin, 1996; Simourd and Malcolm, 1998）。許多研究都支持此量表適用於男性犯罪者（Hollin, Palmer & Clark, 2003）、女性犯罪者（Folsom and Atkinson, 2007; E. J. Palmer and Hollin, 2007），以及未成年的男女犯罪者（Catchpole and Gretton, 2003）。然而，並非所有研究都認為此量表適用於女性犯罪者，正如我們隨後會指出，大量研究顯示女性犯罪者的需求其實有所不同，問題是有許多精算式衡鑑工具並未考慮到這一點（Van Voorhis, Wright, Salisbury & Bauman, 2010）。雖然先前研究指出美國心理學家不太傾向使用精算式衡鑑工具（Boothby and Clements, 2000; Gallagher, Somwaru & Ben-Porath, 1999），不過目前已經有所改變，至少對從事司法心理學業務的臨床工作者來說是如此（Heilbrun and Brooks, 2010）。部分原因在於，正如研究者所預測（Otto and Heilbrun, 2002）：隨著法院日趨要求科學的解釋，擔任評估鑑定的專家越來越傾向尋求具有良好預測效度的工具。不過若讀者回顧前幾章對結構化專業衡鑑工具的討論，應該會記得許多臨床人士仍然更偏好為專業判斷留有餘地的工具。

當受刑人服刑接近刑期結束或假釋日期時，心理學家可能會被要求針對其再犯的風險進行評估，包括前文所提到的性侵累犯。此外，當矯治機

構的官員考慮調整受刑人的的風險級別時（例如從中度戒護級別調到最低戒護級別），也可能要進行類似評估。因此心理學家必須了解各種衡鑑工具可被用於進行風險分類和釋放之決策。

有關決定受刑人釋放的衡鑑，通常會應州假釋委員會的要求而進行（Brodsky, 1980），尤其是對於那些有精神障礙或掠奪行為史的受刑人。在這類評估程序中，心理學家通常會與受刑人會面晤談，審查其監獄相關檔案紀錄，並進行心理測驗。正如我們在前幾章所見，心理學在過去二十年間已經在風險評估工具的開發上取得重大進展（如J. Monahan, Steadman et al., 2001; Steadman et al., 1989）。研究發現（Boothby and Clements, 2000），風險評估的心理衡鑑工具並未被廣泛使用。不過，被建議使用的衡鑑工具則包括修訂版的心理病態檢查表（Psychopathy Checklist, PCL-R）、暴力風險評估指南（Violence Risk Appraisal Guide, VRAG），以及歷史、臨床與風險管理量表（Historical, Clinical, and Risk Management Scale, HCR-20），前述這些在前幾章都曾提及，還有專門用以評估性犯罪者風險的工具。

危機介入

[475]

無論是看守所或監獄中的收容人，都會受到各種心理危機的影響，因此需要司法心理學家的衡鑑和治療技能。心理學家漢斯・托赫（Hans Toch, 1992; Toch and Adams, 2002）針對有關「絕望的馬賽克拼圖」（mosaic of despair）此議題有廣泛的書寫描述，這些在矯治過程中出現的心理危機，可能讓部分受刑人覺得無力承受，甚至導致他們自傷或自殺。諸如自我懷疑、絕望、恐懼或遭遺棄之類的心理危機，在被監禁者中並不罕見，尤其是心理健康較脆弱的受刑人（Toch, 2008）。此外，任何受刑人都可能面臨需要心理諮商的情況，像是其他受刑人遇害、親人死亡，或者假釋申請被拒絕等，都可能會引發原本看似穩定的受刑人的心理危機。當這些危機發生時，矯治官員就會希望心理學家可以提供立即解決危機的短期措施和長

期的解決辦法，以避免將來出現類似的問題。

　　如上所述，受到單獨監禁的囚犯有特定的心理健康需求，包括隔離所產生的直接結果。雖然部分收容人說不定會喜歡隔離所得到的喘息空間，以及因此免於遭受獄中暴力，不過長期隔離仍會產生嚴重問題。讀者不妨回想摩根等人（Morgan, Gendreau et al., 2016）敦促心理學家找出並進一步採用有益於單獨監禁囚犯的最佳作法。

受執行死刑之能力

　　與死刑有關的議題，非常需要矯治心理學家的衡鑑技能。美國憲法禁止處決因精神障礙以至對施予其身之刑或者其行刑意義無法理解的犯罪者（*Ford v. Wainwright*, 1986）。任何被判死刑或者在待決期間出現嚴重精神障礙者，都可以就此提出受刑能力的問題（Zapf, 2015）。

　　嚴重的智能障礙也可以使犯罪者免於被處死。在二○○二年的「阿特金斯訴維吉尼亞州」案中，最高法院判決不得處決某些智力失能者（當時還稱為弱智者〔mentally retarded〕）。智能障礙是一種長期疾患，因此理想的狀況應該在死刑宣判之前就將此因素列入考慮。不過，由於聯邦最高法院直到二○○二年才就此議題作出裁判，因此在此判決前以上述方式對死刑執行之受刑能力提出質疑者，多已經等待處決。問題是，阿特金斯案的法院並未具體說明該如何判斷心智障礙。在後來與此議題有關的另案判決（*Hall v. Florida*, 2014）中，最高法院仍然未就標準具體說明；不過它確實指出，不能僅憑被告的智商分數就作出執行死刑的決定。最後，最高法院在有關此議題的最新裁判（*Moore v. Texas*, 2017）中（本書前文與重點提示12.4均有討論）明確指出，對於智能障礙的評估衡鑑，應符合現代最新的心理健康專業標準。

　　總之，如果死囚因精神障礙或智能障礙而對其受刑能力提出質疑，便可以延請司法心理學家對受刑能力進行評估。不過，我們也應當指出，如果是罹患精神障礙而不解行刑意義的犯罪者，那麼他們是不得拒絕服用抗精

神病藥物以恢復其死刑受刑資格。此一法律的詮釋方式，引發心理健康從業人員的道德疑慮；他們拒絕僅為了使死囚恢復接受死刑的受刑能力，便違背死囚意願開立處方藥物（Weinstock, Leong & Silva, 2010）。

最高法院的上述裁判重新點燃了一場持續的哲學論辯：究竟心理健康專業工作者對被判死刑的受刑人扮演什麼關鍵角色？（例如Bonnie, 1990; Brodsky, 1980; Mossman, 1987; Weinstock et al., 2010）。（與死刑有關的其他問題討論，參閱重點提示12.5。）關於「心理學家（或精神專科醫師和其他精神衛生專業人士）是否該參與這類評估，以及該參與到何種程度」此一議題，在針對死刑犯的受刑能力方面，一直充滿爭議和論辯（Zapf, 2015, P.229）。

重點提示12.5

[476]

「死」有不同

在所有北美與西歐國家中，美國是唯一仍實施死刑的國家。過去三十年來，公眾對這種作法的支援率持續下降，目前全美大約僅有三分之一的成年人支持這種刑罰。大約三十一州以及聯邦政府目前仍在法律中保留死刑，不過實際上被執行的人數很少。至少有四、五個州的州長已下令永久性暫停執行死刑。截至二〇一七年六月，約有2,800名囚犯被關在「死囚牢房」（death row），被監禁的時間從從一年多（如波士頓馬拉松炸彈客）到二十多年不等。特別諷刺的是，波士頓馬拉松爆炸案的犯罪者之所以被判處死刑乃是依據聯邦法律，但是該州卻沒有死刑的刑罰。

本書在各種不同狀況下提及死刑，包括死刑受刑能力的評估衡鑑、哪些人才能被判死刑、符合什麼資格的陪審團可以評議死刑案件、死刑案件中的陪審團指示、用於執行死刑的致命藥物注射標準程序的合憲性，以及量刑陪審團所扮演的角色等議題。

至於反對死刑的主張，有可能是出於道德層面、實務考量、本於研

究，或者三者兼具。它們包括但不限於以下內容：

- 政府以死刑方式剝奪人民生命在道德上站不住腳。
- 死刑的執行費用極端昂貴，高於終身監禁的費用。
- 死刑案件的適格陪審員在人口分布、教育程度、政治傾向上有相當歧異。
- 死刑適用於弱勢或少數族群的成員比例過高（尤其是非裔美國人）。
- 被害者的種族往往會影響被告是否獲判死刑；當被害者是白人、加害者是黑人時，比起其他任何族裔的被害者和加害者組合，更容易獲判死刑。
- 冤案不斷發生，目前身在死牢中的人有部分可能是冤案。
- 使用於死刑注射的藥物過難取得且／或效能太差，往往在行刑過程中導致受刑人遭受不必要的巨大痛苦。
- 相較於死刑，將某人終身監禁在牢中的處罰來得更重。
- 縱使某人犯下殺人罪行，日後仍有在獄中悔改獲得矯治，並做出正面貢獻的可能。
- 在美國境內犯下同等罪行的人，可能僅是因為身處不同州就因而獲判死刑或沒有被判死刑，顯然違反平等原則。

問題與討論：

一、你認為近年來大眾對於死刑的支持率不斷下降的原因是什麼？

二、支持死刑的論點何在？這些支持論點是否比起反對論點來得更加有力？除了以上所列，還有其他反對死刑的論點嗎？你自己對此議題的立場又是如何？

三、在支持或反對死刑的主張中，何者與心理學研究或司法心理學的實務有關？

絕大多數在矯治環境中工作的心理學家不會被要求針對受刑人接受死刑的受刑能力進行評估，主要有兩個原因。首先，在有死刑的州，死囚通常被監禁在最重度戒護的監禁設施（至少當接近行刑日期時），而只有少部分心理學家在這些設施內工作，或與這些設施有簽約提供服務。第二，被判死刑的受刑人更有可能以其他理由（例如律師協助不足）對其死刑判決提出上訴，而不會提出受刑能力的問題。不過，最高法院最近對「霍爾訴佛羅里達州」（2014）和「摩爾訴德州」（2017）等兩案的判決，可能會使得受刑人以智能障礙為由對執行死刑提出質疑的案件顯著增加。 [477]

針對受（死）刑能力進行評估的司法心理學家，有些同僚提出了建議（如Heilbrun, 1987; Heilbrun, Marczyk & DeMatteo, 2002; Small and Otto, 1991），尤其在精神障礙的案件。在一份模範樣本報告 [1] 中（Heilbrun, Marczyk & DeMatteo）提到，心理學家馬克・康寧漢（Mark Cunningham）在其受刑能力衡鑑中使用了以下技術：

- 對受刑人的臨床和司法會談；
- 心理衡鑑，包括 MMPI-2 和人格評估量表；
- 訪談死囚牢房單位的矯治人員；
- 牢房觀察；
- 與受刑人的二度面談；
- 與受刑人朋友、親戚、前妻，精神或宗教靈性指導者等進行電話會談，時間從十二分鐘到七十分鐘不等；
- 檢視眾多相關的法律、衛生、軍事和監獄紀錄，包括足以用於申請特赦的受刑人日記、札記或書信。（P.96）

調查研究指出（Small and Otto, 1991），對受刑人告知評估衡鑑的目的、描述評估流程、解釋誰將收到評估結果，以及調查結果的影響會是什麼，至為重要。此外，他們建議在法院可審查衡鑑過程的前提下，對整體過程進行錄影，記錄所採取的步驟。他們認為，評估的核心在於臨床會

---

1. 譯按：model report，即在該領域當中被視為標準，涵蓋所有必須列出問題或項目之報告。

談，臨床工作者應該確認受刑人是否明白其獲判有罪並即將被執行死刑。在聯邦最高法院的一件判決（*Panetti v. Quarterman*, 2007）中，最高法院認為需要納入更多步驟。受刑人「知道」其犯罪且即將被執行死刑並不足夠，還必須理解到其將被執行死刑是因為自身之行為所導致。在上述判決中的受刑人有妄想症狀，而被認定會影響他理解自身的犯行與即將因此被執刑的關係（Weinstock et al., 2010）。單就本案中最高法院試圖為心理衛生專業人士就此關鍵議題提供更多指引，就足以讓許多參與此類評估程序的專業人士卻步。

矯治機構內的處遇與復歸

心理學家在矯治體系內的主要任務是提供心理治療；此一詞彙涵蓋一系列廣泛的策略、技術及目標。研究報告指出（Boothby and Clements, 2000），直接治療占了心理學家在矯治環境內約26%的時間，僅次於行政工作。除了為精神障礙的受刑人提供服務，心理學家還直接為藥物濫用者、性犯罪者、心理病態者、縱火犯以及家庭暴力者等容易出現暴力行為的人提供服務。此外，無論受刑人犯了什麼罪，都可能出現需要治療的症狀，如憂鬱、焦慮和壓力（包括創傷後壓力），但這些症狀未必達到臨床上精神疾患的程度。

[478]　　　研究指出（R. D. Morgan, Kroner, Mills & Batastini, 2014），治療目標大致可廣泛描述為維持心理健康的穩定狀態或社會復歸治療。第一個目標，是協助受刑人適應環境，發展有效的應對技巧。因為聽到配偶正在尋求離婚或害怕在獄中受到攻擊而感沮喪的受刑人，需要維持心理健康的穩定。監獄中存在的高程度暴力以及過度使用單獨監禁等狀況，可能增加受刑人的心理健康問題。第二個目標則是提供治療促使個人停止未來的犯罪。藥物濫用治療、憤怒管理和性犯罪者治療，都屬於第二類。最近的幾項統合分析研究指出，只要提供治療就會有其效果（R. D. Morgan et al., 2014）。

矯治機構中最常見的治療方法，是以個人為中心的治療（person-centered therapy）、認知療法、行為療法、群體和環境治療、人際溝通分析、現實療法、責任療法（Kratcoski, 1994; Lester, Braswell & Van Voorhis, 1992）。近年來，人們更加重視進行激勵性會談（motivational inter-viewing）的好處，其目標在於「提高犯罪者對問題的接受度和辨識度，強調改變的好處，協助其在持續支持自我效能的同時也做出改變的決定」（Rosenfeld et al., 2015）。此外，辯證行為療法（dialectical behavior therapy）也受到相當關注，特別是針對憤怒、攻擊和衝動進行治療（Rosenfeld et al., 2015）。

如前所述，今日的心理治療往往遵循安德魯斯與邦塔（Andrews and Bonta）所提出風險／需求／責任原則，特別是透過降低罪犯的致犯罪需求來進行（Andrews and Bonta, 2010; Gendreau and Goggin, 2014）。其他研究發現，與不遵守風險／需求／責任原則的治療或完全不治療相比，堅持該原則的治療既能有效降低再犯率，又能降低成本效益（Romani, Morgan, Gross & McDonald, 2012）。

在此我們應當指出，心理學家只是提供這種療法的專業團體之一。精神專科醫師、社會工作師、心理健康諮詢師等也會參與大多數的矯治計畫。這一點頗為重要，因為所使用的治療方法很大程度取決於臨床工作者的專業訓練和定向。舉例而言，精神專科醫師更傾向納入精神藥物作為治療方案的一部分，儘管近期研究指出有越來越多的藥物治療會輔以個人療法（Heilbrun and Griffin, 1999）。社工則更傾向採用團體治療方法，在其中受刑人可以談論他們的擔憂、經歷和焦慮，而社工則通常扮演指導和控制主題流程的角色。正如相關研究顯示（Boothby and Clements, 2000），團體治療似乎不是矯治設施內心理學家傾向使用的常態，但仍然受其他臨床專業人士廣泛運用。在這項研究中，心理學家所提供的治療中，六成是以個人形式進行。有鑑於美國看守所和監獄對心理健康服務的高需求，研究者認為這種做法有其問題。

另一項針對代表一系列專業團體的162名專業人士（R. D. Morgan,

Winterowd & Ferrell, 1999）所進行的調查則顯示，團體治療的使用率要高得多。在這項研究中，72%的受訪者會向受刑人提供集體治療，而實施治療的時間在團體治療與個人治療間約略相同。這些專業人員估計，在其所屬的矯治機構中，20%的受刑人曾接受團體治療。如果可以有效提供的話，團體治療在矯治環境中比個人治療多出一些優勢。當然，有鑑於治療者數量有限，而監獄人口眾多，因此團體治療更為實際。此外，團體治療為受刑人提供了社交、群體決策、發展利他主義，以及發展個人治療通常無法提供的功能性同儕關係（functional peer relationships）的機會（R. D. Morgan et al., 1999）。

[479]　　不過，從比較消極的面向來看，上述研究中少有專業人士（只有16%）指出其部門正在對團體或其他治療的有效性進行研究。也許更發人深省的是，竟然有20%的受訪者表示，對於團體治療的治療師不存在任何型態的監督。

矯治環境常見的心理治療

　　在矯治環境中提供治療的司法心理學家會進行各式各樣的治療方案（Kratcoski, 1994）。由特定人員所採用的治療模式或治療方法，可能會受到許多因素影響，包括心理學家自身所受的訓練、對「什麼才有效」的看法，當然還有設施內的可用資源。在一項研究中（Boothby and Clements, 2000），絕大多數受訪者（88%）表示自己使用認知模型（cognitive model），69% 使用行為模型（behavioral model），40%使用理性情緒療法（rational-emotive approach）。從上述百分比可以明顯看出，心理學家會根據不同的狀況使用各種模型。

行為模型

　　一九六〇年代，為矯治機構提供諮詢的心理學家廣泛利用行為調整（behavior modification）作為鼓勵囚犯改變的手段（Bartol, 1980）。所謂

行為調整包括對受刑人在矯治設施內的「良好行為」提供獎勵，以及在行為不可接受時取消其特權。例如一個月內無違紀的受刑人，其前往販賣部或監獄商店的次數可能會被增加，而破壞性的行為則可能導致失去會面特權。就其本身而論，這種基於強化策略（reinforcement strategies）的方法成效有限。對這種作法的主要反對意見是，一旦囚犯獲釋，在監獄內所產生的行為改變並不會被概括投射到現實世界。此外，也有法律倡議者主張，有時在某些矯治設施中對受刑人所施加的懲罰是任意妄為的，囚犯的權利因此受到侵害。因此，把行為模式當作治療的唯一方法，最終失去心理學家的青睞。

認知行為模型

認知模型以改變個人行為所依憑的信念和假設為目的。一些研究者曾主張（如Mandracchia, Morgan, Gross & Garland, 2007; Walters, 1996, 2006），犯罪者作為一個群體，具有特殊的思維模式或犯卜思維錯誤，以致讓他們持續做出反社會行為。認知模型以社會學習理論為基礎，鼓勵受刑人審視自己的信仰和假設，辨識導致他們犯罪活動的判斷問題，培養自我意識，並對其行為承擔責任。一旦完成這項任務，受刑人將依據其需要習得決策策略和社會技能，以親社會行為取代那些使他們陷入麻煩的行為。由於認知模型通常具有與行為模型類似的元素，因此會使用認知行為此一詞彙。例如許多認知行為治療計畫會採用契約與代幣式的象徵性經濟系統，也就是個人只要展示出親社會行為時就能獲得積分。

認知行為方法在各種治療環境中似乎是最有前景的（Rosenfeld et al., 2015; Wormith et al., 2007）。一項調查針對六十九項關於行為治療和認知行為治療有效性的初步研究進行統合分析（Pearson, Lipton, Cleland & Yee, 2002），結果發現後者與較低的再犯率有顯著關聯。然而，影響主要來自認知的元素，而非行為調整的介入手段。換言之，諸如解決問題、人際技能培訓、角色扮演、談判技能訓練等認知方法，皆與有效性相關。代幣經濟（token economy）、意外管理（contingency management）、行為契約

[480] （behavioral contract）等所有這些都與行為改變有關，但收效甚微。根據安德魯斯與邦塔（Andrews and Bonta, 2010）的理論以及風險／需求／責任原則，認知行為療法在最佳狀態下還能降低致犯罪需求。

沃爾米斯等人（Wormith et al., 2007）也討論了正向心理學（positive psychology）的現象；正向心理學與認知心理學的原則密切相關。正向心理學「提倡能促進身心健康最佳狀態的思想和原則，擊退精神疾病和功能失調的思想、感覺和行為」（P.886）。在矯治環境中使用這種方法的臨床工作者會試圖幫助受刑人朝向理想目標前進，如在生活中實現意義和幸福。沃爾米斯等人指出，雖然這似乎不符合刑事司法的懲罰性報復模式，確實值得考慮作為傳統治療方式的替代方案。

對於特殊群體的治療

與一般人一樣，犯罪者的背景經歷和需求差別往往相當懸殊。雖然治療應盡可能個人化以反映這些差異，不過機構能做的往往僅止於制定治療計畫，滿足犯罪者群體的共同需求。例如監獄（或看守所）可能會為年長或非常年輕的受刑人、殺害施虐者的女受刑人、性犯罪者、精神病犯、身為父母的受刑人、藥物濫用者、智能障礙的囚犯和被判死刑的待決者提供不同方案。雖然本書無法涵蓋所有類別，讀者可以進一步搜尋矯治心理學的廣泛文獻，它們可以涵蓋上述每個領域（如Becker and Johnson, 2001; Kratcoski, 1994; R. D. Morgan et al., 2014，以及其中的參考文獻）。

物質濫用犯罪者

藥物濫用往往會伴隨精神障礙一起發生。然而，許多有藥物濫用問題的人並沒有精神障礙。先不論是否伴有精神障礙，藥物濫用者在矯治機構內的人數持續增加。近年來的統計數字顯示，各州在監人數的約五分之一，以及聯邦在監人數的略過半，都是因毒品犯罪而入獄。更明顯的問題

是，單看二〇〇四年，就有53%的州和45%的聯邦在監囚犯符合 *DSM-IV* 關於藥物依賴或濫用的準則（Welsh, 2007）。即使最近已經採取盡量避免對被判犯下毒品罪行者處以自由刑的政策，濫用藥物的問題仍持續存在。

雖然矯治機構知道需要治療有物質濫用問題的受刑人，但專業治療的可得性確實有限（Belenko and Peugh, 2005）。威爾許（Welsh, 2007）指出，儘管有將近一半藥物成癮的受刑人已經參加了藥物濫用計畫，但有機會接受專業人員治療的人不到15%。同儕諮商或自助團體（如匿名戒酒會或匿名戒毒會）或毒品教育更有機會取得。值得注意的是，目前關於受刑人待遇的文獻往往沒有提到藥物濫用治療（如R. D. Morgan et al., 2014），而是側重於治療特殊群體，像是嚴重精神障礙者、智能障礙者、暴力罪犯和性犯罪者。除了需要更多的專業治療方案，也迫切需要對如何辨識受刑人的具體需求以及其在治療方案中的表現等議題進行更多研究（參見Simpson and Knight, 2007）。

一個獲得研究成果支持的藥物濫用者治療方法，是治療社群（therapeutic community, TC），本章稍後會再次討論。在這個模型中，訓練有素的輔導員會與一小群受刑人互動，建立治療關係，讓他們參與一個為藥物濫用行為負責並加以改變的治療過程（De Leon, Hawke, Jainchill & Melnick, 2000）。採行治療社群的監所通常會將此計畫外包給私人供應 [481] 商，而此治療法通常是提供給準備離開監所的受刑人。在最佳效能狀態下，監獄內的治療社群對於有物質濫用問題的受刑人非常有效。一般來說，當治療社群可以密集進行，基於行為且聚焦於受刑人的藥物使用問題時，研究結果支持此一療法的有效性（MacKenzie, 2000）。然而，過程中也不是沒有障礙，包括未經適切訓練的工作人員、工作人員變動、預算刪減、治療提供者的變動（Farabee, 2002; Saum et al., 2007）。不過總體而言，「監獄的治療社群加上社區的後續治療（aftercare），可以降低再犯率與吸毒行為的復發。」（Wormith et al., 2007, P.883）

暴力犯罪者

　　暴力行為被定義為：在沒有充分社會理由的情況下，故意且惡意對他人造成的物理傷害（Blackburn, 1993）。許多矯治機構普遍會對犯下暴力罪行或以其他方式表現出暴力行為傾向的受刑人提供心理服務。矯治員對於控制監獄與看守所環境中的此類行為，以及在囚犯獲釋後降低暴力發生可能性，向來將之列為高度優先。因此，透過治療方案處理受刑人群體的上述問題是容易被理解的，一般也比較容易拿到相對充足的預算。然而，作為一個群體，暴力犯罪者的治療可說極具挑戰性。「與其他罪犯相比，他們在治療時往往欠缺動機，更會抗拒或不遵守治療方案，退出率較高，治療期間表現出積極的行為變化較少，治療後再犯率較高。」（Serin and Preston, 2001, P.254）

　　塞林與普雷斯頓（Serin and Preston, 2001）指出，治療暴力罪犯的主要障礙之一，在於對這類人口群體的定義混淆，以及拒絕承認犯下暴力行為的個人不盡相同。他們強調，既然不具備同質性，就需要以不同方式處理，但問題是很少能提供這種區別性的治療。例如針對暴力罪犯的治療計畫往往無法區分表現出工具性攻擊的罪犯，以及有憤怒控制問題的犯罪者。為了實現特定目標，工具性攻擊的暴力類型會在冷靜狀態下犯罪。因此，將一個工具性攻擊的罪犯置入一個教導他如何控制憤怒的治療計畫，是沒有意義的。另一方面，控制憤怒對於下列類型的人而言，是應該發展的一項重要技能：衝動類型的人、有藥物濫用問題或精神障礙者，或者缺乏社交、人際關係或親職技能者。雖然區別治療是一個重要目標，但實際上很難實現，尤其是在體制內。正如塞林與普雷斯頓表示，很少有矯治機構有資源（無論是經濟或人力）為不同類型的暴力罪犯提供多種不同的治療方案。即使提供多種治療方案，要辨識並配對受刑人與相對應的治療方案也是具有挑戰性的任務。此外，心理病態的暴力罪犯又需要一套不同的策略，這一點我們稍後會討論。

　　摩根等人（R. D. Morgan, 2014）對暴力者的治療方案採取比較樂觀的

立場，前提是這些治療方案應至少持續六個月，並且基於風險／需求／責任原則。他們的目標是協助罪犯學習非暴力的替代方案，提供辨識負面生活方式的技能，並「提高他們對暴力、責任和控制的認識」（P.809）。這些計畫的基本元素包括鼓勵罪犯處理自己的認知扭曲問題，並培養有效的衝突解決技能。

針對暴力罪犯的計畫在方法上有相當大的差別，但許多方案具有兩個共同點：一、傳授受刑人自我調節攻擊性（self-regulating aggression）的技巧；二、處理認知缺損。在第一點，有動機學習的受刑人會被教導放鬆技巧或「壓力免疫」（stress inoculation）的方法，減少足以導致不當攻擊的刺激。在第二點，有學習動機的暴力犯則是要面對導致暴力的非理性信念或偏見。以敵意方式定義問題或未能預見暴力攻擊行為的後果就是一個例子。因此，解決認知缺損的方案會致力於改變犯罪者的思維模式，說服他們過去的作法並未讓他們在社會或其他關係中取得好結果。然而，上述計畫要能成功的先決條件，在於暴力犯罪者的動機。 [482]

雖然各種暴力犯罪者治療方案產生正面的效果，但「很少有人願意多做一點（例如進行對照組實驗），從而主張對暴力成年人的介入手段可減少暴力再犯」（Serin and Preston, 2001, P.260）。暴力犯罪者治療方案的倡議者認為，此類方案至少可以降低未來發生暴力行為的風險，且在理想情況下，一旦因犯獲釋後就應接受社區監督和治療。此外，雖然調查未看出有積極的治療效果，但是研究調查本身的設計（而不是提供的治療）也可能是問題所在。這方面需要更多方法論上完備的研究，繼續朝設計更多有效方案的方向邁進。

部分研究指出，與受控的監所環境相比，為社區中的高風險犯罪者提供密集治療要困難得多。儘管在矯治機構或設施環境中持續存在諸多挑戰，但臨床工作者在居家治療方案中擁有更大的主控權。此外，環境治療（milieu treatment），就像在矯治機構內的治療社群中可以找到的，也是一種可能性。機構內治療的一個主要缺點是治療成果往往難以類推適用於非機構環境（Quinsey, Harris, Rice & Cormier, 1998）。

在此也應該指出，管理暴力罪犯亦會採用藥學方法，特別是針對暴力行為可部分歸因於生物因素的犯罪者，包括腦損、思覺失調症、失智症，以及臨床憂鬱症等疾患。抗精神病藥物也經常被用於監獄環境，以控制危機情況下的急性暴力行為，像是急性精神病發作。不過，絕大多數暴力犯罪者既不需要也不可能從藥物治療中受益（Serin and Preston, 2001），而矯治心理學家不太可能提倡這種治療方法。因此在使用這種治療方案時，還應伴隨使用諸如上述的心理介入措施。

心理病態犯罪者

被判定為心理病態的犯罪者（criminal psychopath），往往對社會和監獄管理人員是個特殊挑戰。長期以來，人們一直認為心理病態者基本上是無法治療的，這些人在治療或復歸方案中也不斷表現出低動機。海爾（Hare, 1996）主張：

> 目前對於心理病態並無已知的治療方法……這並不一定意味著心理病態者的自我中心和冷酷無情的態度與行為是無可改變的，只是目前還沒有方法論上周延的治療方法或「再社會化」（resocialization）計畫，被證明可以對心理病態者發揮療效。不幸的是，刑事司法系統和公眾經常誤以為情況並非如此。（P.41）

事實上，海爾認為，集體治療和洞見取向（insight-oriented）的治療反而有助心理病態者發展出更好的方法去操縱和欺騙他人。

心理病態者經常會自願參加各種監獄治療方案，表現出「顯著的改善」，並把自己塑造成模範囚犯。他們善於說服治療師、顧問和假釋委員會，讓這些人相信他們已經變得更好。然而在獲釋後，他們有可能會再次犯罪，而且再犯率通常不會在治療後降低。「許多心理病態者參與治療可能只是表面工夫，主要是為了印象管理。」（S. Porter et al., 2000, P.219）

其他研究的結論則是：心理病態者尋求治療的動機較低，更有可能中途退 [483]
出治療，而且與未接受治療的人相比，更有可能在治療後再次犯罪
（Polaschek and Daly, 2013）。

　　一項調查針對在最重度戒護的精神病院內所提供的密集治療社群計畫
的有效性進行研究（Rice, Harris & Cormier, 1992）。這項研究是回顧性
的，因為研究者在治療方案完成十年後才去檢視紀錄和檔案。研究結果顯
示，參與治療的心理病態者比未參與治療的心理病態者表現出更高的暴力
再犯率。對於非心理病態者而言，結果正好相反：非心理病態者如果參加
該治療計畫後，就不太會再犯罪。研究者指出，在其調查中，心理病態者
是一個特別嚴重的罪犯群體，其中85%的人有暴力犯罪史。如果是一群較
不嚴重的犯罪者，有可能會表現出更好的結果。無論如何，研究者主張：
「綜合結果顯示，治療社群並非心理病態者的首選治療方法，尤其是那些
有廣泛犯罪史的人。」（P.408）

　　在此應該指出，萊斯等人（Rice et al., 1992）的文獻中所提出的治療方
案有些爭議點，包括獄囚之間充滿情感的會心團體（encounter group，也就
是談心治療小組）。雖然此研究經常被引用作為心理病態者難以有效治療
的證據，不過這項研究的結果不能夠概括推論到其他機構環境內的心理病
態者。正如史基姆等人（Skeem, Polaschek & Manchak, 2009）所言，這些
高風險罪犯往往被迫接受密集、激進且非自願的治療。

　　研究者指出，對心理病態患者治療的悲觀研究主要是依賴PCL-R量
表，並以再犯率作為成果（Rosenfeld, Howe, Pierson & Foellmi, 2015）。問
題是，這種主流使用的量表無法偵測到心理病態特質的短期減少，然而有
些現代的治療方法確實可能實現這種效果。例如有些研究指出，在某些情
況下，有些心理病態者確實會因為治療而受益（Skeem, Monahan & Mulvey,
2002; Skeem, Polaschek & Manchak, 2009）。具體而言，如果在傳統的降低
暴力治療方案中為心理病態者提供密集治療，其暴力程度和犯罪頻率都會
出現顯著降低。史基姆等人（2002）發現，在十週內接受七次或七次以上
治療的心理病態患者，相較接受六次或六次以下治療的心理病態患者而

言，其暴力可能性會低大約三倍。這些研究成果也支持薩利金（Salekin,
2002）早先的研究結果；他發現，一系列治療介入措施似乎對心理病態患
者來說會出現中度成功效果，特別是如果治療時間長且密集的話。

　　同樣的，邦塔（Bonta, 2002）建議，心理病態應被視為一個動態因
子，而不是一個靜態變項：「反社會人格……其實毋需被當作是如此固定
且難以改變的人格面向。」（P.369）要注意，邦塔並未區分心理病態與反
社會人格障礙（antisocial personality disorder, APD），而後者有可能是未
來看待心理病態的主流觀點。換言之，心理病態者和反社會人格障礙者都
可能接受類似治療。邦塔認為，反社會人格的某些特徵，如衝動、冒險、
無情漠視他人、膚淺的情感、病態性說謊行為等，都可以與現實的治療目
標連結。而所有這些特徵也都是心理病態患者的特徵。

性犯罪者

　　正如第九章所指出，性犯罪者其實是異質性極高的一群。絕大多數的
研究都聚焦在兩個主要群體：強暴犯以及兒童性侵犯，或稱兒童性犯罪
者。這兩個性犯罪群體是最可能遭到監禁，也可能是最難治療的對象；儘
管在每一個群體內，還是有部分的加害者相對容易治療。回顧我們先前為
了理解這些犯罪者曾經探討的分類學。然而，要特別強調的是，應用這些
分類的時候要非常謹慎，因為它們很少經過實證研究檢證其效度（Heilbrun
[484]　et al, 2002）。由麻州治療中心研究小組所開發並修訂的分類系統（第九章
討論過）是截至目前為止最受推崇的系統，不過也相對複雜。此外，特別
負面的分類標籤（例如施虐性強暴犯）很可能對於個人造成極為不公的後
果。在監獄中，這樣的標籤很可能阻礙犯罪者對監禁的適應，影響戒護層
級與人身自由，甚至會限制提早出獄的機會。此外，雖然許多心理學家相
信設計用於性犯罪者的風險評估工具有其效用，不過這類的衡鑑工具同樣
有許多限制（T. W. Campbell, 2003）。

　　截至二〇一一年底，在州級的矯治體系監管下的性犯罪者人數為

166,383，占州級監獄總人數的12.4%（Carson and Golinelli, 2013）。到二
〇一二年七月為止，聯邦監獄局總共關了21,717現為或曾為性犯罪者的受刑
人，占聯邦監獄局總受刑人數的10%左右（Cameron, 2013）。聯邦性犯罪
主要包括下列三者：兒童色情／跨州散布或製造兒虐圖像；非法性活動之
運輸（亦即性販運）；在聯邦轄區或地域所發生的性虐待犯罪。

　　心理學家與其他臨床工作者持續尋找有效策略以預防由性犯罪者所犯
下的未來罪行；這些性犯罪者作為一個群體而言，可能對於改變其偏差行
為模式會出現高度抗拒（Bartol, 2002）。依據聯邦監獄局的報告，在其管
轄的監獄裡所監禁的性犯罪者，有半數被評為具有再犯風險，其依據則是
這些人在靜態-99（Static-99）量表所得的分數（Cameron, 2013）。對於這
些性犯罪者進行的心理治療（以自願治療為前提）則是集中在增進基本認
知技能，例如減少犯罪思維或犯罪生活模式、強化情緒面自我管理以及人
際技巧。至於成功率，在上述報告內則未提及。

　　在廣泛檢視有關性犯罪者治療的研究與臨床文獻後，費比等人（Furby,
Weinroth & Blackshaw, 1989）表示，「到目前為止，沒有證據顯示臨床治
療可以降低性犯罪的一般再犯率，也沒有適當的資料可以評估究竟治療是
否對於不同類型的犯罪者可以產生相異的個別效果。」（P.27）前述費比等
人的論述中涵蓋了所有治療方法的變形。

　　雖然上述評估看來悲觀，不過其他的評論則是相對樂觀許多。例如，
針對性犯罪者的治療文獻所進行的統合分析指出，整體而言，性犯罪者如
果可以接受治療，相較於無治療的狀況，會有所進步（如Gallagher et al.,
1999）。另外一個檢視了六十九項調查的統合分析研究（Schmucker and
Losel, 2008）則是認為，認知行為治療方案有其正向的效果。此外，認知
行為治療也得到一些正面評價（Laws, 1995; Hanson, Bourgon, Helmus &
Hodgson, 2009）；上列研究者針對在機構與社區內提供的二十三個治療計
畫進行統合分析。分析研究指出，在美國與加拿大境內大多數的性犯罪者
治療方案，都是認知行為與社會學習取向（Oliver, Nicholaichuk, Gu &
Wong）。

　　這種治療主張，適應不良的性相關行為跟正常的性行為一樣，都是透過學習而來，而且大部分是因為個人態度與信念所造成的結果。相較於傳統的語言、洞見取向治療，認知行為治療已被證實短期內針對暴露癖與戀物癖（Kilmann, Sabalis, Gearing, Bukstel & Scovern, 1982）、某些類型戀童癖（W. L. Marshall and Barbaree, 1990），以及性暴力與攻擊行為（N. G. C. Hall, 1995; Polizzi, MacKenzie & Hickman, 1999）具有治療有效性。目前認知行為治療法在協助有動機的個人暫時停止偏差性行為方面，可說是最有效的方法。（參見重點提示12.6，了解認知行為治療方案的共同特徵。）

[485] **重點提示12.6**

認知行為療法：關鍵要素

　　在諸多曾經被試用於矯治體系的治療介入手段中，認知行為療法看起來似乎是最具有前景的。這種方法包含了諮商（團體與個人）及訓練；犯罪人透過訓練發展出認知技能，有助他們採用替代性的親社會行為，而非造成他們定罪入獄的反社會行為。目前並沒有普遍通用的認知行為治療方案；相反的，治療提供者會依據與其自身訓練背景一致的方法以及接受治療的受刑人的需求，決定採用哪種方法。下列元素可能出現在認知行為治療計畫中：

- 社交技巧發展訓練（例如學習如何溝通、如何主張自己的想法但毋需表現出攻擊性，以及如何適切的解決衝突）。
- 決策技巧（例如學習權衡各種選項的輕重、學習延遲滿足）。
- 辨識並避免思維錯誤，也就是最終導致犯罪加害行為的那些被誤導的假設（例如「女性就要有人好好教她們誰才是老大」）。
- 解決問題的訓練（例如與親密伴侶之間的問題）。
- 自我控制訓練與憤怒管理（例如避免敵意歸因）。
- 建構自我尊嚴（例如認識自己的優點並進行自我增強）。
- 認知技巧訓練（例如學會講理）。

- 預防復發（學習避開可能造成下一次犯行的狀況）。
- 實用技能訓練（例如如何申請工作）。

正如本文所述，只要能適當的實施與運用，加上犯罪人也有改變動機，認知行為方法已經被證明可能成功。當然，它並不完美。然而，雖然其他治療方法（如行為調整）未能得到正面結果（有些例外），但至少認知行為治療提供我們懷抱希望的理由。

問題與討論：

一、假設上述所列要素都很重要，你認為還有哪些服務與計畫方案應該提供給受刑人？

二、認知行為治療是否可能會因為對象是特定群組的加害人而增加或降低成效？

與認知行為治療的成功相關的關鍵詞有兩個：「暫時停止」（temporary cessation）與「有動機的個人」（motivated individual）。研究者和臨床工作者基本上已有普遍共識：性犯罪者難以「治癒」。認知行為療法（和所有治療方法）的挑戰，不在於讓有動機的犯罪者停止偏差的性行為模式，而是預防在各種時間與情境下的復發。因此，有一種在治療性犯罪者上展現出相當希望的治療方法，被稱為**復發預防**（relapse prevention, RP）。「復發預防是一種自我控制計畫，旨在教導那些試圖改變自己行為的人該如何預測和處理復發的問題。」（W. H. George and Marlatt, 1989, P.2）該治療方案強調自我管理；個案當事人必須自己負起解決問題的責任。

然而，根據安德魯斯與邦塔（2010）所提出的原則，臨床工作者仍需積極降低高風險性犯罪者的致犯罪需求，使治療方式與個案的學習風格相符（Hanson et al., 2009）。不好的同儕關係、漫無目的的時間運用、反社會的生活方式、偏差的性興趣，以及對性犯罪抱持容忍態度等，都是致犯罪需求的例子。此外，研究者發現（Bourke and Hernandez, 2009），因涉

及網路兒童色情相關犯罪而遭定罪的聯邦囚犯,其自陳先前犯下兒童性犯罪事件的比率頗高。雖然作者們確實已經說明這項研究屬於先期研究,仍有待複製研究進行檢證,但此研究仍因其方法論與過早斷論而受到批評。

[486] 　　各州和聯邦監獄系統中都有性犯罪者的治療方案,這些計畫是許多人的努力,包括矯治心理學家,以及治療個案中有性犯罪者的社區心理學家。團體治療是與性犯罪者合作的常見方法,就像與暴力犯罪者或藥物濫用者。絕大多數治療方案的第一步,是要求犯罪者為自己的罪行承擔起責任。事實上,否認犯罪責任被認為是未來犯罪的重要風險因子。回顧「麥坤訴立萊」(2002)一案,聯邦最高法院基本上允許懲罰拒絕參加治療計畫的受刑人;該受刑人之所以拒絕參與治療的部分原因,在於被要求揭露他未經起訴的犯罪,也不能保證一旦這些犯罪揭露後他不會被起訴。這正是典型的兩難困境(Catch-22)。不過,近期有些研究指出,上述要求因犯揭露犯罪的假設,應該被重新考慮。在一項研究中發現,即便性犯罪者否認自己的罪行,其參與治療仍然會產生效果(Watson, Harkins & Palmer, 2016)。在另一項研究中則是發現,否認犯罪責任與某些類型犯罪者的再犯之間並無顯著關聯(Harkins, Howard, Barnett, Wakeling & Miles, 2015)。(參見第九章觀點專欄9.1,哈金斯博士提到這項研究。)

　　性犯罪者的治療方案無論在方法、評估的範圍,以及評估研究的成功程度,差別都很大。最近的統合分析研究(Hanson et al., 2009)在找出治療方案中最可能降低再犯率的共通點上已有所進展。另外,由於看守所監禁的短期性質,因此其收容人比較不太可能取得治療方案。不過,獲釋回到社區的收容人仍可被轉介到社區治療方案。

女性受刑人

　　近年來,女性監禁率的上升速度已經快於男性,儘管如前所述,很少有學者預測女性的監禁率會「迎頭趕上」男性。一九七〇年,監獄中只有5,600名女性;到了一九八〇年,則是12,500人;一九九八年已經有超過

75,000人（Reichert et al., 2010）。如本章開頭所提到，二〇一二年共有101,289名女性在監服一年以上的自由刑，而男性則是1,225,933人（Carson and Golinelli, 2013）。大多數婦女是因吸毒（7%）或財產犯罪（20%）而入獄。典型的女性犯罪者往往是貧窮、教育程度低、無一技之長，以及肢體與性虐待的受害者（Reichert et al., 2010）。

雖然對女性監禁者的研究已經越來越趨重視，但與被監禁的男性相比，說女性仍然是被遺忘的犯罪者並不為過。近期的研究已開始聚焦在女性犯罪者的需求評估，以及檢證精算式風險評估衡鑑工具（如Folsom and Atkinson, 2007; E. J. Palmer and Hollin, 2007; Van Voorhis et al., 2010）；不過，對女性犯罪者有效治療方法的研究，仍不多見。問題是，有關女性犯罪者的心理健康疑慮已日趨明顯。舉例來說，一項研究（Reichert et al., 2010）指出，60%被監禁在州立監獄的女性出現創傷後壓力疾患或其他精神障礙的症狀。其他研究也發現了類似的統計數據（Owen, 2000）。由於大多數女性受刑人可能有被虐待史（60%至85%），因此她們一般會需要創傷治療（Messina, Grella, Burdon & Prendergast, 2007）。絕大多數女性犯罪者也需要藥物濫用的相關服務。

如前所述，許多服刑的女性都有受害經驗，經常是由其父親、配偶或親密伴侶所施加的暴力。正如歐文（Owen, 2000）所指出，「與心理健康議題密切相關的，是需要理解到女性犯罪者所經歷的肢體、性和情感等層面虐待的影響。」（P.196）那些足以增強她們自信心、面對受害事實同時又能使她們掌控自己的生活，並教導她們生活技能的治療方法，方能為被監禁的女性提供最大的希望。

學者們一致認為，女性受刑人面臨的問題與男性相似，卻也有其不同之處。舉例而言，由於監獄中女性人數很少，現有的矯治設施也不多，從而嚴重限制女性囚犯在被監禁期間與家人接近或從事職業、教育、社會活動的機會。更重要的是，她們與子女的關係往往會受到嚴重阻礙，因而造 [487] 成更加嚴重的剝奪（相較於在監服刑的父親）（MacKenzie, Robinson & Campbell, 1989）。這種親子關係剝奪對於在監獄服長期自由刑的受刑人尤

其嚴重，當他（她）們失去親職角色時，可能也會隨之失去自我身分認同的主要來源（Weisheit and Mahan, 1988）。基本上，文獻建議對於被監禁的女性要給予不同的優先治療的選項（Van Voorhis et al., 2010）。

看守所環境內的治療

看守所內收容人的心理治療與在監獄環境的待遇大不相同。看守所監禁的短期性，代表危機介入與有限的治療目標才是典型。此外，在看守所內的治療更有可能包括鎮定藥物而非真的治療。儘管如此，即使在短期監禁的看守所，前面提到的治療模式還是可以實施。

向未經判刑的看守所收容人（被羈押人）提供治療服務，尤其具有挑戰性。首先，難以預測此人將在看守所內被羈押多久；對大多數收容人而言，審前獲釋是可能的。一些被羈押人的公訴罪名可能遭到駁回，或者他們也可能認罪，這就代表他們將可能獲得緩刑或被轉移到監獄。第二，即使在羈押期間，個人的行程安排也會造成許多干擾。例如出庭、會面探視、與律師見面、清點人數，甚至休閒機會等等，都難以預期。第三，治療服務必須一體適用，而且與犯罪無關，因為被羈押人只是遭到公訴而不是被判有罪確定。是以，對受到無罪推定的被羈押人，在其經證明有罪確定前若予以適用性犯罪者或家暴施虐者的治療方案，並不適當。

即使是身處看守所服刑的被定罪犯人，同樣會對司法心理學家形成挑戰，主要是因為這些人的刑期往往只是短期。所以，哪怕治療師認為長期治療目標更符合治療個案的更大利益，還是必須放棄。「願意致力於實現較不傳統的治療目標的心理健康專業工作者，在看守所內可以採用最小目標衝突的方式發揮功能。」（Steadman et al., 1989, P.103）因此這些治療者也被建議要發展符合收容人釋放計畫的目標，建立個人與社區精神衛生機構的連結。此外，在看守所服務的治療者也要謹記看守所環境本身多半擁擠嘈雜，缺乏隱私，而收容人對自己的生活幾乎無法控制。這樣的情況會加劇精神障礙。因此，理所當然的，「看守所收容人的主要治療目標通常

是在監禁期間內要控制危機狀況的穩定，以及維持適當水準的功能。」（J. F. Cox, Landsberg & Paravati, 1989, P.223）

正如本章開頭所提到，看守所有許多特質可能會影響提供治療的努力，有時甚至比監獄還多。時至今日，有限的預算和人滿為患往往是大家的主要關切（Luskin, 2013）。出於上述原因，若能在專門的精神衛生法庭處理罹患精神障礙的罪犯，將會是一個好的選擇，尤其是如果他們被控的罪行屬於輕罪。正如許多研究者指出，為監獄和看守所內罹患嚴重精神障礙的收容人提供精神衛生服務的費用極其龐大（Heilbrun et al., 2012）。對於剛被捕的嚴重精神障礙者，運作良好的精神衛生法院才能協助他們轉向分流到有效的社區資源，進行治療與處遇。

受刑人治療的障礙

矯治環境本身往往會給為囚犯提供服務的臨床工作者帶來許多挑戰。以下將討論一些主要的障礙。

保密義務

[488]

如前幾章所述，司法心理學家經常發現，他們無法對接受其評估衡鑑或治療的個案盡到完全保密的義務。對於在矯治機構（特別是監獄與看守所）工作的心理學家，顯然也是如此。例如當矯治機構的安全受到威脅、囚犯面臨自殺風險，或者第三人已經身處於危險的時候，就難以擔保保密義務不受違反。保密義務的界限，包括「知悉越獄計畫、意圖在監獄內犯罪、將非法物品（例如違禁品）引入監獄、自殺或殺人的想法和意圖、法庭傳票，以及有關兒童或老年人遭到虐待或忽視的報告」（R. D. Morgan et al., 1999, P.602）。建議心理學家、臨床工作者與其他治療提供者，在提供評估衡鑑和治療服務之前，先將這些保密義務的限制清楚告知受刑人（IACFP標準）。由於上述限制，受刑人可能會認為治療提供者是行政部

門的代表。在這種情況下，心理學家在矯治機構的工作也會變得尤其具挑戰性（Milan, Chin & Nguyen, 1999）。

強迫性

成功治療的另一個障礙在於其強制性的層面。機構內治療的運作往往（儘管未必一定）認為心理層面的改變可以透過強制力而來。相反的，唯有在個案願意且有動機參與的情況下，各種形式的傳統心理治療方式才有成功的可能。這個基本原則適用於無論是住在社區內的個案，或在機構高牆內生活受到高度控制的囚犯。從而，雖然囚犯有權拒絕治療，但這類拒絕所造成的問題遠比勉強接受來得多。例如拒絕治療可能代表囚犯會被轉移到另一個設施、釋放日期延後，或其特權遭到限制（*McKune v. Lile,* 2002）

近年來，一些研究者開始質疑強制力和治療不能共存的傳統觀點（參見Farabee, 2002）。關鍵變項似乎不是個人遭到監禁的事實，而是個人有無意願參與治療，或是否察覺到治療的需求。此外，有些研究指出，即使是冥頑不靈的囚犯最終也能從治療方案中獲益（如Burdon and Gallagher, 2002; Gendreau and Goggin, 2014; Harkins et al., 2015; Prendergast, Farabee, Cartier & Henkin, 2002）。

摩根等人（R. D. Morgan, 2014）檢視有關囚犯參與治療的研究指出，受刑人不願意尋求治療可能會是一個主要的障礙。在這種情況下，受刑人並非拒絕協助，而是決定不尋求協助。除了擔心保密性，受刑人可能認為需要尋求心理協助是一種示弱，害怕因此遭到其他受刑人的污名化。再者，在某些情況下，受刑人也會擔心尋求治療將導致遭到隔離監禁，或因此失去可以提前獲釋的減刑分數。摩根等人建議，心理健康專業工作者應透過新進受刑人說明時段，提供可用資源與如何利用等相關資訊，同時提供受刑人與外界資源聯繫的服務，設法克服上述障礙。

環境狀況

在監獄和看守所內的有效治療的另一個障礙，是監禁環境本身的異常特質。這些異常特質足以列出一張負面特徵清單，範圍從過度擁擠、暴力、來自其他受刑人與監所人員的加害，乃至於與家人隔絕，以及對生活缺乏掌控的無力感等等。

一九五〇年代末到一九六〇年代，一些在矯治機構工作的心理學家建 [489]
立了治療社群，協助在獄中面臨適應問題的受刑人（Toch, 1980）。正如本章前面所述，這些治療社群是特殊的居住區域，參與者除了與其他受刑人分開居住，也會參與決策、團體治療，以及負責居住區域在監獄大環境下的運作。雖然相較於其他受刑人，治療社群受刑人的再犯率沒有顯著改善（Gendreau and Ross, 1984），但對他們而言，監獄生活變得更加可以忍受，而監所人員的工作滿意度也有所提升。不過，現在少有監獄的專案計畫能夠提供治療社群，主要是因為預算和空間的雙重限制。就算有預算跟空間，更可能被提供給有藥物濫用問題的囚犯。總體而言，治療社群如果能密集施作、本於行為且聚焦在犯罪者藥物濫用的問題，其有效性是受到研究支持的（MacKenzie, 2000）。事實上，持續的研究顯示出治療社群對於毒品罪犯的積極成效（Saum et al., 2007）。

許多觀察者指出，今日的監獄環境比起一九六〇年代剛開始提出治療社群的時候，變得更嚴峻了。人滿為患、充斥暴力和日益惡化的物理環境，已經是全國許多監獄和看守所的共通點。舉例來說，截至二十世紀末，州級監獄作為一個群體而言，收容人數已經超出最大負荷上限達15%以上；而聯邦監獄的收容人數則是比其最大容量還要高出31%（Bureau of Justice Statistics, 2001）。至於看守所，人滿為患的問題更形嚴重。過度擁擠的狀況促使法院下令減少監獄收容人數（*Brown v. Plata*, 2011）。雖然近年來監獄人口有所減少，但目前無法保證這些人口能保持穩定。此外，如果美國司法部持續鼓吹民營監獄，監禁率就可能再次上升。尤其諷刺的是，相較於公共設施，私營監獄更不可能提供有效的心理服務（Bales et al.,

2005; Shapiro, 2011）.

暴力在許多監獄中是一個普遍存在的問題。據統計，全國監獄和看守所每年發生約25,000起非性侵犯罪和近300,000起性侵犯罪事件（Clear and Cole, 2000）；而這還被認為是保守的統計。事實上，根本無從得知真實的案件數，因為監所內的許多加害事件可能根本沒有被通報。為了解決這個問題，美國國會在二○○三年通過了《消除監獄強暴法》（Prison Rape Elimination Act），授權監獄和看守所通報所察覺到的強暴案件。此外，心理衛生專業工作者已發表文獻探討監所內的強暴問題，以及為此設計預防與治療計畫的需求（Stemple and Meyer, 2014; Neal and Clements, 2010）.

從心理角度來看，遭到懲戒或可能出於保護目的而加以隔離的受刑人（如精神障礙者），其生存條件面臨嚴重的問題，尤其是如果單獨監禁的期間延長數月，甚至數年的話。不過，如前所述，並非所有人都認為單獨監禁必然有害，特別是因為犯罪者往往會在不同條件下遭到監禁。雖然主張說幾乎所有監獄或看守所都會面臨這些棘手問題可能有失公平，但事實是矯治體系內的心理學家經常會遇到這些問題，而它們也加劇囚犯和監所工作人員所承受的壓力。

即便在最人道的監獄或看守所環境，其他面向的障礙往往也讓治療顯得困難。其一是中途退出治療的變因，亦即受刑人無法按計畫完成治療，是難以提供有效治療的一個主要障礙（R. D. Morgan et al., 2014）。在看守所服刑的期間一般很短，因此難以實施持續治療。在監獄和看守所內，受刑人會出於各種原因「錯過」與臨床工作者的預約。哪怕受刑人自己想參加，也可能因為安全或紀律原因而被阻止。例如當監所官員進行牢房搜索、調查違規行為，或進行醫學檢查時，就可能會全天封鎖一整區的牢房。參與鬥毆的受刑人可能受到紀律懲戒處分，因此不太可能會被允許按時去見治療師。如先前有關單獨監禁的討論所述，對於被隔離的受刑人的治療，通常包括藥物治療、在牢房門口探視，或偶爾進行一對一的治療（R. D. Morgan et al., 2016）。再者，為了戒護保安，監獄受刑人被轉移到其他矯治設施前幾乎都不會預先通知。最後，許多矯治設施的預算限制導

[490]

致除了最基礎的服務外，其他設施都會受到削減。近來為受刑人（以及假釋者）提供遠端心理治療（telepsychology）的嘗試，被譽為一種可能的解決方案（Batastini and Morgan, 2016; Farabee, Calhoun & Veliz, 2016）。遠端心理治療是指個案與身在他處的治療師一起協作，例如受刑人坐在監獄治療室裡，心理健康專業人員則是在其辦公室。遠端心理治療不僅可以降低成本，同時是最大限度地增加治療次數的有效方法。

　　儘管有上述的重重困難，研究結果指出，只要能提供心理治療，就會產生效果。摩根等人引用先前的統合分析研究（R. D. Morgan et al., 2012）指出：「透過對受刑人進行介入措施的全面統合分析研究發現，受刑人一般的心理健康狀態顯著改善，應對技能提升，在監適應改善，行為問題因此更少……而這些全都是監獄與看守所內基本心理衛生服務的目標。」（P. 806）一項對於罹患嚴重精神障礙受刑人的研究（M. S. Martin, Dorken, Wamboldt & Wootten, 2012），亦得出類似的正面結果。其他矯治心理學家發表的文獻（如Gendreau and Goggin, 2014; W. L. Marshall, Boer & Marshall, 2014; Rosenfeld et al., 2015）也支持在監獄和看守所內進行心理治療的有效性。

以社區為基礎的矯治

　　正如本章開頭所示，絕大多數受到矯治監管措施的成年人仍然會留在社區內，無論是在自己家裡，還是在中途之家或團體之家，或者勞動營、牧場或其他類似設施。個人若被安置在自家以外的社區設施，一般而言被留置在設施內的時間每天會少於二十四小時，以使其有機會工作、上學、參加職業訓練，或是參加諮商或治療課程。社區設施往往由州或聯邦政府營運，或由民營機構根據與政府簽訂的契約營運。在刑事司法文獻中，這種安置方式被稱為「中級制裁」；如果有道光譜，一端是緩刑或假釋，另一端是監所監禁的話，那麼中級制裁措施就是落在兩端之間的不同點。這類措施也被稱為「緩刑以上」（probation plus）或「假釋以上」（parole plus）。例如出獄後住在中途之家的受刑人，依照其假釋條件必須遵守中途之家的規則和監管。

中級制裁也適用於留在自家的犯罪者，例如被指定居家監禁（house arrest）或電子監控的罪犯。因此，為社區矯治監管下的犯罪人提供服務的司法心理學家，很快就會理解到，這些犯罪者會有各式各樣的生活安排及釋放條件。

出獄的一個常見條件是要求犯罪者參加諮商或治療。於是有許多社區心理學家的治療個案包含按照釋放條件前來尋求治療的受刑人，這與本書第六章所討論的門診治療順序基本上沒有什麼不同，在此不贅述已經討論過的問題，包括可否強迫受刑人進行改變。這裡所提到的強迫，相較於看守所或監獄環境內的強制力，實在不可同語，尤其是與監獄相比。不過司法心理學家仍應對於下列事實有所警覺：個案之所以前來求助，有可能只是因為擔心若不遵照釋放條件的話，就會再次遭到監禁。

正如在監所內與受刑人和被羈押人協作的心理學家，在社區環境中工作的心理學家也會執行評估衡鑑和治療任務。在社區環境裡，心理學家同樣需要經常對個人的受審能力或參與各種司法程序的能力進行評估與鑑[491] 定。此外，社區內的心理學家也有機會評估罪犯是否適合特定的治療方案，例如性犯罪者方案。在社區環境內也越來越常進行風險評估，例如在將緩刑犯從密集監管計畫（詳下定義）調降為「一般」緩刑之前，法院或負責緩刑的主管機關就可能會要求心理學家針對緩刑者一旦不再受到密集監管，其對社區是否會造成風險等問題進行評估。與風險評估有關的原則，以及本章前段和第四章、第五章所討論的風險／需求評估，在此就不再贅述。

在社區環境下治療犯罪者的心理學家，其角色值得我們關注。在多數層面，心理學家在社區環境所應用的原則和實踐標準，相較於治療其他個案時所採用的原則，並無不同。不過，確實有許多因素會讓矯治的個案與眾不同。所有這些因素的共同交集，在於心理學家與刑事司法體系的代表之間溝通的重要性。首先，如前述，這種社區治療方式的強制性質，有可

能會造成問題，儘管其強制性比起監獄和看守所來得低。其次，心理學家可能會處於一種類「執法者」地位，有點類似於緩刑官。因此，如果個案受刑人錯過預約，這時心理學家就必須決定是否向緩刑官陳報狀況；而緩刑官可能會或可能不會認為這種失約構成嚴重問題。第三，某種程度上，心理學家可能會被要求針對一些受刑人的特權事項做出其寧可不要涉入的決定。舉例而言，接受治療的假釋者可能會希望去參加手足的州境外婚禮，而此決定原本通常是由假釋官或觀護人做成，可是社區心理學家經常被要求就不屬於其職權範圍的這類問題發表意見。第四，必須認知到保密義務的界限，並將保密義務的範圍（與界限）傳達給當事人。通常在這種情況下，心理學家的當事人不是犯罪者，而是監管機構；而監督機構則可能是法院或緩刑／假釋部門。在某些司法轄區，裁定做成釋放條件的法院可能會要求臨床工作者定期提供進度說明。此外，一旦緩刑或假釋被撤銷，心理學家在治療中所製作的摘要筆記與相關紀錄也可能會受到法庭審查。第五，也是最後一點，必須持續評估和處理犯罪者的犯罪需求。

　　二十世紀的最後十年，關於心理學家對有條件釋放的犯罪者在社區環境內所進行的各種任務，出現了頗有前景的描繪與評價。海爾布倫和葛里芬（Heilbrun and Griffin, 1999）描述了美國、加拿大和荷蘭的一些備受推崇的專案計畫，並指出沒有單一「理想」的計畫方案，重要的是採取：

　　過去十年間發展出來的全方位治療模型……通過利用最近發展出的治療方法，像是新近開發的精神藥物、心理社會復歸、旨在改善相關領域缺損的技能本位心理教育介入措施，以及復發預防等治療方法，則日後在司法計畫內所進行的治療反應就可能會更加提升。（P.270）

　　雖然不存在單一的「理想」治療計畫，不過基於安德魯斯和其同僚所提出並經確立的風險／需求／責任原則（如Andrews and Bonta, 2010; Andrews, Zinger, et al., 1990）所建構的治療計畫，仍有最佳機會得以降低再犯。

海爾布倫和葛里芬（1999）在研究中提出美國八個州和加拿大以社區為基礎的治療計畫作為例子。其中所述的大多數方案，都是針對包含精神障礙患者的混合人群提供服務，其中包括因心神喪失獲判無罪者，以及經緩刑／假釋官員指派參加治療計畫（作為釋放條件）的緩刑犯和假釋者。換句話說，大多數的接觸都非出於自願。計畫中包括門診和住院的復歸方案，在門診也提供評估和治療。此外，一些提供藥物濫用治療的診所也接受自願治療的個案。

[492]

在總結其所描述的治療計畫時，海爾布倫和葛里芬（1999）指出，這些治療計畫都強調精神病理學層面的治療和攻擊性行為的管理。「為了實現這兩個目標，治療計畫可能會拒絕接受高風險患者，因為這些人通常會被視為是更傾向反社會的個人。」（P.264）然而，最能夠受益於密集治療計畫者，正是高風險犯罪者。

這項證據持續在以中度制裁的變化形（被稱為「密集監督」）為主題的研究中出現。所謂密集監督方案（intensive supervision programs, ISPs）是為那些高風險但有較低成本替代方案存在因此無監禁必要的緩刑犯和假釋者所設。（實際上，這些計畫中也會納入低風險罪犯者〔Tonry，1990〕）。執行密集監督罪犯的緩刑或假釋官員其案件量較少，可以提供二十四小時的團隊監督，經常與受刑人接觸，而且基本上對於任何違反假釋或緩刑條件的行為都傾向不予容忍。酒精和非法藥物的使用也受到密切監控且無需事前通知。儘管有這些懲罰性條件，不過一般對社區密集監督方案的評價並不樂觀，而且也沒有證據證明它們的成本效益（Gendreau, Paparozzi, Little & Goddard, 1993; Tonry, 1990）.

研究者後來提出密集復歸監督（intensive rehabilitation supervision, IRS），作為社區監督的「第二代」方法（Gendreau, Cullen & Bonta, 1994）。「根據實證證據，應該足以主張放棄那些只求控制和懲罰犯罪人的密集監督計畫，轉而使用同樣重視改變犯罪者行的計畫。」（P.74）

由於經常需要與高風險罪犯接觸，因此密集復歸監督同樣會對應犯罪者的風險層級與其致犯罪和非致犯罪的需求。如前所述，致犯罪需求是動

態風險因子，是可能隨著時間而改變的因素，例如個人對權威或就業的態度。「致犯罪需求的重要性在於它們正是治療目標；當治療計畫成功減少這些需求時，我們可以合理期望降低再犯率。」（Gendreau et al., 1994, P.75）相對於此，針對非致犯罪需求（例如焦慮、憂鬱和自尊）則不太可能顯著降低再犯率（Andrews and Bonta, 2010）。

是以，強德羅及其同僚（Gendreau et a., 1994）對社區矯治治療有相當的信心，尤其是如果這種治療方案是特別針對高風險犯罪者，並且採用密集治療方法。「關於密集監督方案的實證證據很明確：如果治療計畫當中欠缺復歸社會的元素，那麼降低再犯率的期待將如同海市蜃樓。」（P.77）

不過，這並不是指非密集治療就對低風險犯罪者無效。正如海爾布倫和葛里芬（1999）檢視的相關調查指出，藥物濫用治療和幫助實現獨立生活，對有動機的低風險犯罪者是有益的。具備密切社區連結的治療方案、書面契約、小組會議、求職資源，還有對於日常生活相關任務所提供的協助，像是金錢管理，都得出正面的研究結果。

摘要與結論

本章描述了司法心理學家與成年犯罪人（有時是被羈押者）在機構和社區環境內協作的種種功能角色。我們首先檢視監獄和看守所，重點在區別與心理學家最相關的兩個部分。舉例而言，由於看守所的短期監禁性質，因此提供的治療計畫或方案較少，也不太可能讓心理學家有長期的治療目標。此外，看守所還可能產生更多的危機狀況，例如被羈押人企圖自殺。本章也逐一檢視最可能影響心理學家工作的受刑人的法律權利，包括治療權、拒絕治療權，以及不受殘酷與不尋常懲罰的權利等。 [493]

心理學家在成人矯治領域的工作，可分為兩個廣泛但相互重疊的領域：衡鑑和治療。我們檢視了許多心理學家可能會被要求對被羈押人和受刑人的各種能力與心智狀態進行衡鑑評估的情境。近年來，心理學已經開發出許多衡鑑工具可用於前述的司法環境；不過，研究指出，心理學家並

未廣泛使用這些衡鑑工具，反而更喜歡較為傳統的方式，如臨床晤談和明尼蘇達多相人格量表。以最低標準而言，在受刑人進入矯治設施、獲釋前、出現危機狀況時，都需要進行評估。不過在理想情況下，評估衡鑑應該是一項持續進行的工作，而且應該於受刑人在監期間時常按需求實施。

　　對死囚受執行死刑能力的評估，一般不太可能讓典型的矯治心理學家參與。這是一個非常重要的議題，也引發相當的論辯。部分心理學家，例如那些從哲學層面反對死刑者，認為他們根本不應該參與這類評估。另一些心理學家則認為，按要求提供服務是他們的專業責任。此外，由於聯邦法院目前已許可當局在死囚身上強制施用藥物，以使其穩定到足以接受死刑執行的狀況，可想而知，此爭議將給臨床工作者帶來更大的困擾。在心理學家擁有或即將享有處方權的州，此一問題將尤其凸顯。雖然本章沒有詳細記載此一論辯，但我們為那些進行「受刑能力」評估的司法心理學家提供了相當的建議。隨著聯邦最高法院做出「阿特金斯訴維吉尼亞州」（2002）、「霍爾訴佛羅里達州」（2014）、「摩爾訴德州」（2017）等三案的判決，相關的認知能力評估可能趨於更加頻繁。

　　心理學家只是為受刑人提供個別和團體治療服務的專業團體之一。在治療模型（或治療方法）中，最受青睞的是認知行為方法，儘管其他方法也有證據支持其有效性。目前獲得最正面評價的認知行為療法，是基於社會學習理論而來。它認為犯罪行為與其他行為一樣是經由學習而得，因此具備動機的犯罪者可以「逆學習」這些犯罪行為。是以，這類方法鼓勵犯罪者辨識自己的思維模式、假設和期望，並認識到行為對自己和受害者所產生的影響。研究指出，有動機的受刑人確實可以從這些方法中受益，而這些方法也經常適用於各種類型的犯罪者，包括暴力罪犯、性犯罪者和藥物濫用者。雖然我們不願意概括指涉，不過一般接受治療動機最低的犯罪者，往往是冥頑不靈的暴力罪犯和心理病態患者；但是也有例外，尤其是前者。

　　監獄和看守所環境的特質，可能會給有效治療帶來許多障礙，以至於部分心理學家不願面對此挑戰。有關保密義務的限制、預算限制、矯治機

構內的暴力和過度擁擠、囚犯的日常活動安排和移監，以及有時甚至缺乏行政人員和矯治人員支援，這些狀況都並不罕見。不過還是有許多心理學家從這些工作中得到巨大的滿足。此外，也有專業組織會就相關議題提供指導方針和支援，同時有越來越多相關研究出現，指出在各種狀況下的有效策略與治療方法。

本章最後檢視緩刑者、假釋者，或者接受中級制裁（如密集監督計畫）的社區治療方案。近年來，我們開始看到更多的心理學文獻針對各種社區治療方案進行描述和評價。雖然社區治療方案有其特殊挑戰（例如犯罪者未出席治療），但這些方案的優勢在於其環境更貼近現實，因此機構內的諸多障礙不會對社區治療造成限制。

關鍵概念

[494]

行政隔離（單獨監禁）467 Administrative segregation	行為模型 479 Behavioral model	認知行為方法 479 Cognitive-behavioral approach
社區矯治 453 Community corrections	以社區為基礎的設施 457 Community-based facilities	受（死）刑能力 465 Competency to be executed
致犯罪需求 473 Criminogenic needs	危機介入 487 Crisis intervention	拘留中心 458 Detention centers
懲戒隔離 467 Disciplinary segregation	聯邦監獄局 459 Federal Bureau of Prisons, BOP	監禁率 454 Incarceration rate
機構內矯治 455 Institutional corrections	密集復歸監督 492 Intensive rehabilitation supervision, IRS	密集監督計畫 492 Intensive supervision programs, ISPs
中級制裁 457 Intermediate sanctions	看守所 457 Jails	服務層級量表修訂版 474 Level of Service Inventory- Revised, LSI-R

服務層級／案件管理量表 474 Level of Service/Case Management Inventory , LS/CMI	非致犯罪需求 474 Noncriminogenic needs	假釋 453 Parole
審前被羈押人 457 Pretrial detainees	消除監獄強暴法 489 《Prison Rape Elimination Act》	移監 466 Prison transfer
監獄 457 Prisons	緩刑 453 Probation 453	保護性拘留 467 Protective custody
緩刑 453 Probation	保護性拘留 467 Protective custody	心理衡鑑 471 Psychological assessment
復歸（社會）465 Rehabilitation	復發預防 485 Relapse prevention, RP	釋放之決策 474 Release decisions
治療權 462 Right to treatment	風險／需求／責任原則 473 Risk/needs/responsivity, RNR	超高度安全管理監獄 459 Supermax prisons

問題與回顧

一、解釋機構矯治與社區矯治的不同。

二、列出國際矯治與司法心理學會的標準中所涵蓋的任五個主題。

三、列出監獄與看守所的主要不同處。

四、接受治療的憲法權利是否包含接受精神醫學／心理治療的權利？解釋你的答案。

五、根據美國聯邦最高法院的意見，成人犯罪者中有哪兩類已經被認定為欠缺接受死刑執行的能力？請討論這些最高法院判決對於司法心理學家有何意義。

六、在進行收容人的篩查與分類時，心理學家可能從事哪些任務？

七、針對下列每一個特殊群體的治療計畫，個別舉例說明：暴力犯罪

者、心理病態犯罪者、女性犯罪者、性犯罪者、看守所收容人。

八、相對於監禁在看守所與監獄，對社區內的低風險犯罪者進行監督
　　有哪些優點？請加以討論。

少年事件與矯治

[495]　　**本章目標**

- 介紹少年司法體系及其歷史。
- 檢視有關少年權益與保護的指標性美國最高法院判決。
- 介紹用於少年事件的心理衡鑑方法與流程。
- 討論少年事件中與憲法基本權相關的概念。
- 檢視對少年虛假自白的社會科學研究。
- 描述少年可考慮的復歸選項。
- 檢視少年復歸的代表性方案。
- 描述並評估多元系統治療方法。
- 檢視有關少年性加害與暴力加害事件的模型處遇方案。

在家庭與學校中歷經數年的「無可教化」後，L.R.在十三歲時被趕出家門。其後，她加入一群街頭少年幫派，雖然她獲得保護，但同時被帶入毒品與賣淫的世界。警方在她十五歲時以持有毒品罪加以拘捕。少年法庭想知道如何盡所能幫助她。

O.T.是個十五歲的孩子，向來對同學和老師抱持好鬥的態度。某天早上，他帶著從父親那裡取得的一把陸軍軍刀到學校。他試圖用刀刺某位老師，並在被阻止前毆打一名同學。檢察官拒絕讓他進入刑事法庭受審。「在這種狀態下，我們要幫助孩子，而不是懲罰他們。」他說。

B.A.十四歲時就加入暴力幫派。作為幫派的一份子，他侵入一對老夫妻家中行搶，還毆打一名敵對幫派成員的八歲弟弟。少年法庭希望了解他未來是否會有暴力傾向。

少年刑事司法體系為司法心理學家提供為數眾多的機會。過去一世紀，遭到指控犯罪（尤其是犯下輕罪）的非行少年，所受到的處遇方式與

成年人不同。雖然他們仍必須為自己的行為負責，但是由於未完全發育成熟的身心狀態，一般咸認這些少年無須負擔如成人般的責任。即便所犯屬重罪，少年犯作為一個群體，被認為接受矯治復歸社會的可能性較高。少年法庭之所以設立，便是為了肯認前述種種差異的存在，並且試圖為這些年少的加害者在繼續陷入犯罪深淵前，提供一套合適的處置方式。

種種資料指出，今時今日的青少年比史上任何時期都更可能與警察、法院及矯治體系產生接觸，儘管逮捕率的波動顯示目前狀況未臻險峻。舉例而言，二〇一一年的逮捕資料顯示，當年度警方拘留了約147萬名少年犯；當年的逮捕人數比二〇一〇年下降11%，自二〇〇二年以來則是下降了31%（Puzzanchera, 2013）。二〇一五年，警方逮捕了649,970名十八歲以下的少年，相較於前年下降8.4%（FBI, 2016a）。上述這些數據的減少可能反映了許多因素，從警方忽視微小犯行或將少年轉介到社區的處遇資源，到青少年的犯罪數量確實有所下降。不過，殺人、強制性交、竊取車輛等類型的犯罪數量則有所增加。 [496]

另一個值得參考的資料來源，則是進入少年法庭處理的案件數量。二〇一〇年，美國境內的少年法庭處理了大約140萬起犯罪，或十歲以上青少年遭控違反刑事法的案件（Puzzanchera and Robson, 2014）。二〇一四年，數據略下降為975,000件（Hockenberry and Puzzanchera, 2017）。雖然大多數青少年是因被捕而進入少年法庭，但也有約15%至19%的案件是由家長、學校教職員、社會機構或緩刑觀護部門轉介（C. Knoll and Sickmund, 2010; Puzzanchera, Adams & Sickmund, 2010; Sickmund, 2004）。（其他少年法庭資料，參閱重點提示13.1。在監青少年的相關資訊，參閱重點提示13.4。）

美國各州對於其管轄下少年事件的年齡上限都有相關規定，亦即少年犯能夠在少年法庭受審的最高年齡，一般都在十六歲或十七歲，視州而定。然而，各州也有其他法律允許在上述年齡上限以下的青少年以成年人身分受審（Puzzanchera and Addie, 2014）。例如雖然實際上很少發生，但是年僅十歲的孩子確實可以在美國少數州被當作成年人來加以審判。不

過，年僅十四歲的少年進入刑事法庭受審的案件卻非罕見。青少年涉案事件一般不在聯邦司法體系處理，即使涉及聯邦法律也是如此。例如在二〇〇八年，聯邦法院只處理了152名少年，其中一半來自美洲原住民部落（Motivans and Snyder, 2011）。

據估計，在典型的一年間，少年法庭的法官會放棄對約1%的少年非行事件行使管轄權（Puzzanchera and Addie, 2014; Puzzanchera and Robson, 2014）。

重點提示13.1

少年法院、少年安置機構與非行行為

二〇一四年，美國的少年法庭共處理了近一百萬起少年非行事件，但若觀察自二〇〇五年以來的趨勢就可發現，此一數據已經下降達42%（Hockenberry and Puzzanchera, 2017）。此外，每年約有3,100萬名青少年接受某種類型的少年法庭管轄，絕大多數的年齡都在十至十五歲之間（Puzzanchera et al., 2010）。二〇一三年，約有60,227名青少年被安置在公共或私人經營的少年設施內（Hockenberry, 2016）。這些遭到安置的少年，86%是男性，而黑人男性青少年的占比則高得不成比例。上述資料還不包括在刑事法院中審理的少年案件，他們往往會被判處在成人看守所或監獄中拘禁或服刑。

近期的資料顯示，少年法庭所審理的案件中，27%涉及人身的傷害罪（暴力犯罪），34%涉及財產犯罪，13%涉及違反毒品相關法律的行為，26%涉及違反公共秩序（Hockenberry and Puzzanchera, 2017）。上述的公共秩序犯罪行為包括妨礙司法、行為不檢、與武器或酒類有關的犯罪，以及非暴力性質的性犯罪，例如猥褻行為。

問題與討論：

一、未成年人身分犯（status offenses）[1]以往會被包含在少年逮捕和

法庭資料中，不過這類型的犯罪在最新的相關統計數據中已經不再出現。可能的解釋為何？

二、取得上述任何一份政府所提供的報告，討論其他相關發現。

絕大多數（90%）經少年法庭放棄行使管轄權的個案，涉及十六歲以 [497] 上的少年。為數不詳的少年，主要是十四至十八歲（但有時更年輕）的族群，會在一般刑事法院而非少年法庭受審，因為檢察官有裁量權可決定將案件送交刑事或少年法院審理（Redding, 2010）。

儘管前述提及的犯罪數據頗驚人，但事實上青少年犯罪率（在一九八〇年代開始急劇上升）持續下降，顯示相較於過去，現今的少年犯罪發生率更低，尤其是重大犯罪。再者，一如先前所述，無論是遭到逮捕的少年或者進入少年法庭審理的案件數，兩者都在下降。然而，政府官員、臨床工作者，以及法律與社會工作專業人士，仍然關切令人不安的少年犯罪模式，尤其涉及藥物濫用、暴力和性犯罪。

少年法院（庭）

少年法院（庭）有可能單獨存在，也可能隸屬於是第六章所提到涵蓋範圍更廣的「家庭法院」（family court）或「家事法院」（domestic court）的一部分。一般而言，少年法院的運作方式比起刑事法院更加非正式，所使用的詞彙或術語也有所不同。（有關許多少年法庭所使用的術語，參閱重點提示 13.2。）無論這些法院的組織結構如何，在其中服務的法官、律師和社會工作者都可能出於各種原因而與心理學家或其他臨床工作者進行諮商。此外，正如本章後文會提到，許多青少年的案件在刑事法院審理。正如部分研究者的評論（如Viljoen, McLachlan, Wingrove &

---

1. 譯按：本文所提到在美國法制下的身分犯，是指其行為原本不具備違犯刑事法秩序的特質，純粹是因為行為人本身未成年才構成的特殊違背法令行為，例如未成年人飲酒、吸菸、逃家、違反宵禁等狀況。此一名詞與台灣刑事法上的身分犯概念有所不同。

Penner, 2010）：整個少年司法系統已經變得更加成人法院取向，少年法庭法官所施加的刑罰更趨嚴厲，也有更多的涉案少年被移送到刑事法院審理。

是以，無論是在少年法庭或刑事法庭，辯護律師都需要評估其當事人的整體智力功能。當涉案青少年放棄其憲法上的基本權利，例如在警察進行詢問期間保持緘默或委任律師等權利，法官（和辯護律師）往往會想知道該涉案少年是否具備放棄上述基本權所必備的認知功能。此外，也可能為了評估青少年的暴力風險，或者判斷少年少女是否適合接受復歸處遇，而對其進行心理鑑定。此外，少年法庭法官、部分刑事法院法官，以及辯護律師往往也會想知道有無適合特定青少年犯罪人需求的處遇方式，以及伴隨這些處遇所生的費用，還有處遇會發揮效用的機率。

除了上述評估鑑定的任務，心理學家還會應邀參與在青少年安置機構和社區環境中所進行的治療和處遇。在本章中，我們將討論心理學家所參與的每個階段，包含早期與司法系統接觸，一直到在矯治機構或社區脈絡中對青少年進行處遇。首先，我們先看一下少年法庭的簡史，並扼要回顧與司法心理學實踐相關的青少年法定權益。

少年法院簡史

一八九九年，伊利諾州設立了美國第一個少年法庭。一群社會運動者影響了該州的立法機關，建立起一個有別於一般成年人，專門為未成年人所設立的司法系統。未成年人一般都被推定為需要相當的保護，相較於成人較無法為其自身的犯行負責，而且一旦誤入歧途，其復歸社會的可能性也更高。人們也認為，許多未成年人遭到照護者忽略，為了他們的最佳利益，國家必須介入。因此，第一個少年法庭設立之初的宗旨，旨在滿足**所有需要監護的未成年人**（亦即高風險兒少）之需求，而不僅是為那些被控行為違反法令的少年。時至今日，各州都設有少年法庭，或者是以獨立法院的型態存在，又或者隸屬於更大的家庭法院體系。

重點提示13.2

少年法庭常用詞彙

同行（Intake）

同行程序是涉案少年在遭到警方限制人身自由後，與少年司法體系的初次接觸。此一程序會決定是否針對事件加以駁回，或透過正式程序處理，甚或是正式將案件移送少年法庭。所有少年事件中約有半數會透過非正式程序予以處理；這就可能包括：將事件轉介予社會服務機構、非正式觀護，甚至可能是支付某些罰款，或者從事自願性的損害回復。

負責處理同行少年的實務工作者也會決定該涉案少年是否需加以收容；後續則會由法官在原則上四十八小時內針對收容的合法性加以審查。處理同行的實務工作者有可能是觀護人／假釋官、社工，或者來自檢察機關的代表。

轉向／分流（Diversion）

這是將涉案少年由法院體系引離，將之轉介到結構式處遇計畫的程序。是否針對涉案少年予以轉向分流的決定，通常是由同行程序的實務工作者，或者由檢察官所做成。分流計畫的形式、種類甚為多樣，但通常都會要求涉案少年承認自己所做的行為，簽立協議書，並同意接受特定條件（例如進行社區服務）。

少年事件起訴／移送書（Delinquency Petition）

少年事件起訴／移送書是由檢察官或同行程序的實務工作者所準備的正式文件，其上記載了對少年不利的指控內容，以及請求少年法庭裁決該案件的意思表示。有時這一類的起訴書也可能在少年事件開庭之前就遭到駁回。

預防性收容／拘禁／羈押（Preventive Detention）

憲法並未保障涉案少年必然獲得具保，以免人身自由遭到拘束的權利。因此，這些涉案少年有可能會面臨在戒護狀況下遭到收容／羈押（也就是預防性收容／羈押），藉以預防他們再次實施其他犯行。雖

然負責同行程序的工作人員有可能在一開始做出予以收容／羈押的決定，但法官或者治安法官（magistrate）有義務針對是否有續行收容／羈押的必要予以審查。少年法庭經常會利用收容程序作為對少年裁定予以實施心理評估與其他測驗的機會。

移轉管轄（刑事法庭）聲請書（Waiver Petition）

移轉刑事法院聲請書係由檢察官所提出，請求就特定少年事件予以移送到普通刑事法庭的正式意思表示。移轉請求或者移轉管轄請求也可以由法官裁定為之，或者依據各州立法機關所通過的成文法令為之。

少年事件處理庭（或裁判庭）（Delinquency Hearing, Adjudicatory Hearing）

少年事件處理庭本質上與刑事法庭的審理庭是一樣的。如同成人，涉案少年同樣具有受律師辯護或代理的權利，與證人對質及交互詰問的權利，以及保持緘默的權利。檢察官同樣必須證明犯罪的所有構成要件，直到超越合理懷疑之門檻。不過，憲法並未保障涉案少年在少年事件庭裡面的公開審判權，或者受陪審團審判權。

案件終結／處分（Disposition）

處分（或稱案件終結）與刑事法庭中的科刑是一樣的意思。如果涉案少年經審理裁判認定為非行少年，那麼少年法庭的法官會裁定適切的懲戒措施（例如少年之保護管束、家外安置輔導）。

混合科刑（Blended Sentencing）

在全美將近半數的州，無論是少年法庭或普通刑事法庭都允許使用混合量刑，或者對於特定非行少年科以針對少年或成人的懲戒措施（通常依據該涉案少年的年齡與被控罪名來決定）。不過，同一涉案少年不得因同一罪名而在少年法庭與普通刑事法庭受重複審判；因為這正是違反雙重危險原則（double jeopardy）之例。

後續照護（Aftercare）

少年事件中的後續照護就相當於成人的假釋。此一程序涉及少年在接受某種住居式處遇獲得釋放後，予以監督的狀況。

　　第一批少年法庭相當程度奠基於國家親權原則（*parens patriae*, parent of the country，字面意思是「國之父母」）。國家親權原則賦予國家介入兒童生活的權力，即便在父母反對下，因為這種干預被認為是符合兒童的最佳利益。此一原則存續至今，仍是許多少年事件相關法令（包括第六章討論的監護相關法律）的有力基礎。關於青少年犯罪，法律非常重視青少年的合法權利，至少在原則上是如此。（參見觀點專欄13.1，依芙・布蘭克博士提到與家庭和法律有關的矯治、青少年和政策問題。）

觀點專欄13.1

不要害怕改變所知

依芙・布蘭克 Eve Brank，JD、PhD

十四歲的時候，我就知道自己想成為一名監獄心理學家。在後來的十四年裡，我對這個職涯的追求出現過三次轉折，最終引領我走上今天的道路。

我對犯罪和監獄的興趣，始於一九八八年。那時候我即將升上九年級，空閒時間都拿來練啦啦隊、去海邊玩、跟朋友到處逛。全家出發渡假前夕，我根本沒空去買書或上圖書館借書，所以當我在為這趟為期兩週的露營打包時，才發現旅程沒有書相伴；當年自然也沒有電子書閱讀器之類的東西。幸好我們家有個書櫃，裡面裝滿了我還沒讀過的書。最後我挑了兩本，霍桑（Nathanial Hawthorne）的《紅字》（*The Scarlet Letter*）和查克・科爾森（Chuck Colson）的《終身監禁》（*Life Sentence*）。我不記得為什麼選擇這兩本書，可能是因為想到要跟爸媽待在同個空間兩週，對十四歲的我來說就像是無期徒刑吧。又或許是霍桑的書封上海斯特・白蘭（Hester Prynne）的畫像勾動了我。

你可能讀過《紅字》，知道宰制海斯特和她女兒的嚴格法律規範。書中所描繪的無情社會，以及科爾森書中聚焦於受刑人及出獄後的社會

復歸、修復式正義等概念的文字，就擺在我面前。科爾森原是尼克森總統的特別助理，後來在一起與水門事件有關的案件中，針對妨礙司法公正的罪名認罪。他在入獄前的宗教皈依，加上與獄友相處的經歷，使得科爾森在獲釋後設立了監獄獎學金。這個獎學金的重點在透過宗教層面觀察受刑人暨其家人的社會復歸。

我在爸媽開著老露營車橫跨全美的路程中讀了這些書。隨著書頁，我也瀏覽了這個國家的不同光景，從田納西州的小徑到拉斯維加斯的大道。有這麼多人，有這麼多他們選擇或不得不選擇的路徑。沿路的風景、人群，還有這些書，吸引我想要投身刑事司法體系工作。

我大學主修社會學和心理學，希望未來成為一名臨床心理學家。這段時間有兩件小事發生，改變了我的職涯走向。在我撰寫自己的榮譽論文時，我想要研究受刑人以及他們與監獄管理人員的關係。由於我的指導教授認識少年收容所的人，因此建議我可以去那裡進行研究，不用到成人監獄。在少年收容所進行研究準備與工作的經歷，讓我將焦點轉向非行少年與他們在少年刑事司法體系內的需求；於是我對成人監獄的興趣也隨之遞減。

當我準備申請臨床心理學研究所的時候，有個機會可以在一個少年非行早期介入計畫中實習。實習主管讓我帶領小組和個人會談。這是第二個轉捩點。坦白說，我並不很喜歡跟這些少年犯談話。我還記得他們說話的時候，我的心思不禁飄到自己的研究主題，一邊尋思：「到底什麼時候才輪到我講話？」我還是執著於臨床心理學，因為那是我計畫中的事。幸而，我也申請上內布拉斯加大學的法律心理學程。身為心理學研究生和法學生，我得以專注在社會心理學和法律。同時我有機會處理與少年司法和兒童福利制度相關的議題。

在攻讀研究所的過程中，我發誓不走上教職，致力於研究或政策倡議。接著出現第三個轉捩點。在我讀完研究所時，已經是一個一歲女兒的母親，而我丈夫剛進醫學院。後來我獲得一份在我丈夫醫學院的

同所大學的講師教職，因為我們所在的城市沒有任何研究或政策倡議中心。我還滿喜歡教書和進行研究；與研究生一起工作讓我了解到我其實希望成為一位教授。我熱愛指導學生、知識交流和教學相長。其後我有幸成為佛羅里達大學的教授，後來又回到內布拉斯加大學當教授。我將研究重點放在法律介入（有時甚至是干預）家庭與個人決策過程的方式。

如你所見，一開始我並沒有打算成為一名大學教授，但我絕對熱愛我現在的職涯選擇。近期還有個無心插柳的小轉折：由於教授背景，我居然雀屏中選一個研究中心的主任。由於我讓自己在追求職涯的過程調整焦點、保持彈性，最終得到一個充實的生涯，還有許多優秀的學生和同事。

[500]

我有幸在職涯前期就遇到查克·科爾森本人。我告訴他，他的書間接影響了我追求擔任教授的職涯。在我們會面之後，他寫了一封信給我，至今我還裱框放在我的辦公室。每當我需要有人提醒我對目標保持彈性並適當冒險時，我總是會重讀那封信。而我想要給各位的建議也是一樣：先了解你自己想要做什麼，但不用害怕改變你所知。

布蘭克博士是林肯內布拉斯加大學的兒童家庭與法律中心主任，也是心理系副教授，和法學院的榮譽法學教授。她喜歡在聽他人說話時編織、與朋友一起跑步，以及室內布置裝修。現與她丈夫、女兒和兩隻胖貓一起住在林肯市。

　　在少年法庭體系設立之前，被指稱為違法的未成年人一般是透過社會工作服務系統處理，或被送進刑事法院體系。十九世紀中葉，美國大多數城市設置了庇護之家（House of Refuge），用以保護、培養並教育被忽略或行為出現偏差的未成年人。被送進庇護之家的未成年人往往社經地位低下或無家可歸，或被認為無可矯治，或通常已經犯有輕微的違法行為，或

上述狀況的組合。除了少數例外，十九世紀的庇護之家很快就得到惡名，這類設施除了本質上冷漠無人性，還常態性透過將這些未成年人的人工或勞動力外售給社區家庭的方式來壓榨他們（Bernard, 1992）。

　　至於那些進入刑事法庭受審的少年犯，如果可以控制自己不再犯錯，就可能被容許留在社區內。這種制度與今日的緩刑類似，只不過當時少有負責緩刑的官員可以監管這些少年犯的行為，或者根據他們的需要提供支援和指導。早期的緩刑官往往是被派遣擔任這個特殊職務的志願者或警官（Cromwell, Killinger, Kerper & Walker, 1985）。直到十九世紀末，各州才開始就緩刑觀護制度進行立法授權，並系統地為緩刑觀護員提供資金。在此之前，則是只有在有志願人力或員警願意承擔這些監護責任的地區，才會提供緩刑觀護的服務。也因為這樣，有許多少年犯會被刑事法院判入監獄或少年感化院服刑。後者主要是針對初犯所設，目的是給予這些少年犯罪人第二次機會，為他們提供教育和紀律框架，為復歸社會之後的守法生活做準備。與庇護之家一樣，許多感化院或少年犯的安置機構也因虐待少年犯罪人、實施恐懼管治，或者未能兌現提供教育和復歸社會的承諾而飽受批評（Bernard, 1992; R. Johnson, 1996）。

　　顯然少年法庭體系試圖要去改變未成年人及其家庭的處境，不過這些作法是否有效令人懷疑。直到一九六〇年代，這些少年法庭的運作依然相當不正式，且法官和其他法庭成員對這些涉案少年的生活擁有非常廣泛的裁量處分權限。理論上少年法庭的目的是為涉案少年提供協助，而協助的場域當然還是在社區內或自己家中最為理想。有時如果有某些父母認為孩子「教無可教」，甚至會親自將孩子送去這些法庭。在這類法庭當中所進行的程序原則上也是非正式的，且不公開審理，涉案少年生活的所有面向都可能會受到法院調查。在少年指導診所（child guidance clinics）[2]工作的精神專科醫師和心理學家會向法官提供認知功能與人格測試的結果，並根

[501]

2. 譯按：所謂的少年指導診所，本質上屬於未成年人的心理精神健康服務體系的一環，通常為三歲到十八歲且經歷精神、心理或行為層面問題者提供相關診療、建議與指導；在其中任職的精神專科醫師與心理學家也可能為法院或法律工作者提供諮詢建議。

據他們對未成年人和其家庭成員的訪談提出建議（Rothman, 1980）。

雖然少年法庭體系在創立伊始宣稱其創始者都是本於良善的意圖，不過隨著時間經過，這類少年法庭到頭來還是為自己博得了威權主義的惡名，因為他們多數往往對涉案少年及其家庭（尤其是經濟弱勢者）施以相當不合理的期待。當少年法庭所提出的這些期望無法被達成時，少年法庭的法官也不排斥將涉案少年送進重度門禁保全的職訓學校，讓少年接受嚴厲的懲罰而非有效的復歸處遇措施。類此對少年所實施的機構化處遇決策，在做成時往往慣性忽視正當法律程序；絕大多數進入這些法庭的少年無法取得律師協助，也根本沒有合理的機會調查對自己有利的證據，例如與指控自己的證人對質詰問，或是對其他法庭成員的行為加以挑戰或質疑。少年法庭也會常態性的施壓促使（在某些狀況下甚至可說是命令）涉案少年對自己遭控的犯行做出自白。當少年法庭的法官自認涉案少年不適合在少年法庭審理時，會直接將他們移轉管轄到刑事法院，讓這些少年在刑事庭當中以成年人身分受審。

最高法院判決

一九六〇年代，美國最高法院有兩個案件判決指出少年法庭的程序需要改變。在「肯特訴美國」（*Kent v. United States*, 1966）一案的判決中，最高法院指出少年法庭在把涉案少年移轉管轄至其他成人法院之前，必須就此管轄移轉程序開庭審理。本件涉案的少年莫里斯・肯特（Morris Kent Jr.）也並非百分百良善之輩，這個十六歲少年被控在緩刑期間犯下侵入住居、強盜和強制性交等罪。他在被逮捕時自白犯罪，之後被監禁在少年收容所。不過少年法庭收案後不久就無視於被告律師的強烈異議，將案件移轉管轄給審理成年人的一般刑事法院；辯護律師主張，如果被告少年可以待在適合少年的環境中接受矯治，就有復歸社會的機會。

案件繫屬刑事法庭後，肯特在公訴強制性交的罪名部分因為主張心神喪失的抗辯遭到法院採納，而獲判無罪；但是侵入住居與強盜罪名則雙雙

被判有罪。他因此遭判三十至九十年的有期徒刑，並因其心神喪失之抗辯而被移轉至精神醫療機構執行。肯特的辯護人就少年法庭裁定移轉管轄至一般刑事法院部分提起上訴。

美國聯邦最高法院在本案上訴後以一致決認定：該少年被告受律師協助之權利無疑受到憲法所保障，且原少年法庭裁定移轉管轄部分違法。最高法院在判決中也建議少年法庭的法官在決定是否移轉管轄時，至少可適當考慮以下例示事項：一、涉案少年的社會與個體心智成熟度，以及其一般居住環境之狀況；二、被控犯罪罪名的嚴重程度；三、被控犯罪的實施方式（例如實施手法之暴力程度）；四、被控之犯罪係針對人身或財產；五、涉案少年在少年事件或一般刑事司法體系之前科紀錄；六、涉案少年若留在少年體系內，復歸社會的可能性與公益充足保護可能性的兩相權衡；七、檢方公訴案件是否具備相當之實體理由；八、如若兩人以上被告遭起訴，使其在同一法庭進行審理之益處。前述的八個因素後來受到許多州的少年法庭調整並予援用。此外，最高法院對上述案件的判決意見，等同對於當時運作中的少年法庭體系提出了嚴厲的指摘，成為後來具有深遠意義的里程碑案件「高爾特案」（*In Re Gault*, 1967年）的前奏曲。

在「肯特訴美國」案一年後，美國最高法院在高爾特案又再次出手，劇烈改變了與少年事件相關的程序。案情大致上如下：傑拉德・高爾特（Gerald Gault）遭到警察逮捕後被帶到警局，其後被帶到法官面前進行了兩次庭審；法官最終認定他為非行少年並將他送入少年職業訓練學校；他有可能被監禁在校內直到年滿二十一歲為止。在高爾特被認定的犯行發生當時，他年方十五歲。他究竟犯下何罪？他打了一通電話給隔壁鄰居，在通話中口出猥褻之詞。在庭審的過程，雖然高爾特的父母到場，但涉案少年本人並無律師代理，至於該案所謂的受害者也根本沒有出庭做出不利證詞。

聯邦最高法院在本案長篇大論的判決意見中，回溯美國少年法庭的歷史並指出：如同之前的莫里斯・肯特，傑拉德・高爾特親身經歷的程序只能稱之為「袋鼠法庭」（a kangaroo court）——這個名詞有時會被用於指

稱本質上無視法律，或者不能維護法治精神的法院。見及於此，最高法院 [502]
因而在裁判中認定，涉案少年面對少年事件程序以及日後可能隨之而來的
機構化處遇風險時，至少下列憲法基本權必須要獲得保障：

- 與證人對質與進行交互詰問之權利；
- 不自證己罪的權利；
- 取得自己遭到起訴罪名之相關書面文件的權利；
- 受律師協助辯護的權利。

　　然而，最高法院確實希望保護涉案少年的隱私，因而指出，少年事件
的法庭程序採取不公開審理仍是常態。在後來的另案判決中（*McKeiver v.
Pennsylvania*, 1971），最高法院拒絕將憲法上的受陪審團審判之權擴及適
用少年事件。各州確實可以自行選擇少年事件的審理程序是否公開，也可
選擇是否允許陪審團審理，但事實上各州很少這樣做。

　　雖然高爾特案是一件廣受未成年人權利倡議者歡迎的判決，不過我們
不能就此推定此一裁判已治癒了少年法庭的所有弊病。事實上高爾特案剛
過二十年，貝瑞·菲爾德（Barry Feld, 1988）的研究就指出：在少年事件
審理程序中，只有不到一半的少年有律師代理。在十五個州進行的其他研
究結果則顯現較高的比例（約在65%至97%之間），取決於司法轄區而定。
在此十年前，在少年事件的審理程序中，只有不到一半的少年有律師代理
（Kehoe and Tandy, 2006）。在一些司法轄區，甚至有高達八成的少年放棄
委任律師之權（Kehoe and Tandy, 2006）。大家也很清楚，全美各地的法律
代理品質往往差異極大，而且常態是品質低劣。（Melton, Petrila, Poythress
& Slobogin, 2007）。

　　當涉案少年沒有律師代理時，他們就很可能放棄此一權利。在某些情
況下，少年甚至會因為父母或其他權威的意見而放棄律師協助之權。此
外，涉案少年在拘留審訊期間也有權委請律師，問題是大多數人仍於沒有
律師在場的情況下對警方說話（Grisso, 1998; Melton et al., 2007; Viljoen,
Zapf & Roesch, 2007）。是以，上開權利放棄的有效性，亦即涉案少年是否
了解自己放棄法定權利的後果，也是研究者關注的另一個主題（Eastwood,

Snook, Luther & Freedman, 2016; Rogers et al., 2010）。

　　在肯特案和高爾特案宣判後不久，國會也開始對少年事件司法體系進行審查。一九七四年，國會通過了《少年司法和預防犯罪法》（Juvenile Justice and Delinquency Prevention Act, JJDPA），可說是一部鼓勵各州強化對於少年犯罪人照護的法律。此一法案強烈要求各州，只要狀況許可應該盡可能將少年事件從一般法庭審理程序中予以分流。此舉也造成全美各地紛紛開始設立為數眾多的社區計畫，藉此把涉案少年留在刑事司法系統之外，以給予他們第二次機會。

　　除此之外，國會更特別關注兩類少年：一、被拘禁在成人監獄中的少年犯，他們有時甚至會被安排在同遭拘留或被定罪服刑的成人的視聽所及範圍內；二、未曾「犯罪」的特定少年身分犯，其人身同遭拘留監禁，甚至與那些犯下嚴重罪行的少年犯罪人一同被關在重度戒護機構。回顧一下所謂的身分犯（status offender），其實就是少年做出類似逃家，或被貼上「教無可教」的標籤，或者逃學等行為；換言之，只是因為他們是未成年人的身分才會受罰的行為。對此，《少年司法和預防犯罪法》要求受聯邦資金補助的各州轄下少年事件相關計畫，必須將少年犯罪人從成人監獄移出，以及將少年身分犯從戒護機構移出；後者被稱為身分犯非機構化處遇（deinstitutionalization of status offenders, DSO）。

[503]　　整個一九八○到一九九○年代，國會通過了許多《少年司法和預防犯罪法》的修正案，其中一部分延長了各州依照該法執行法律要求的期限（I. M. Schwartz, 1989）。不過《少年司法和預防犯罪法》仍是支持少年司法系統內未成年人權利的重要立法。直到今日，作為國家機關之一的少年司法和預防犯罪辦公室（Office of Juvenile Justice and Delinquency Prevention, OJJDP）仍在照看立法進程，為少年事件相關領域議題的研究提供資金，並協助制定國家級的少年司法政策。

　　時至二十世紀末，無論是法院裁判或立法作為都已承認少年事件中涉案少年的權利，同時為其提供保護和處遇措施。儘管如此，仍有許多觀察家評論指出，少年事件的司法制度非常紊亂（例如Amnesty International,

1998; Feld, 1999）。尤其引人關切的是，有越來越多的證據顯示少數種族和族裔群體的少年遭到過高比例的拘留和監禁（Leiber, 2002; Snyder and Sickmund, 1995）。此一議題被稱為過**高比例少數族裔監禁**（disproportionate minority confinement, DMC）現象。同時應該指出，政府統計數據顯示，相較於白人少年，黑人少年在受到拘留與家外安置的總體處遇比率上略有下降，但是兩者之間的比率仍有相當差距，正如重點提示13.1所述。

　　二十世紀末，女性和少數族裔未成年人的處遇也越來越受到關注。研究人員和學者均指出，雖然未成年女性因為身分犯非機構處遇運動而受益，但少年司法系統始終未能滿足遭到拘留和處遇的未成年女性之需求（Chesney-Lind and Shelden, 1998; Federle and Chesney-Lind, 1992），還有些人指出，少年司法系統內需要進一步拓展具備文化敏感性的方案，藉此正式認可美洲原住民、黑人、拉丁裔、亞裔美國未成年人的需要（Eron, Gentry & Schlegel, 1994）。那些支援這種族裔中心方案的人並非認為單憑此一作為，即可在其他足以促進正向改變的方法未施用的狀況下，對全盤局勢造成變革。正如研究者觀察指出（W. R. King, Holmes, Henderson & Latessa, 2001），這類計畫本質上只是注射器，而非治療方法：「注射器不能治癒人；然而它是運送藥物不可或缺的工具。」（P.501）

　　少年拘留和處遇設施的總體狀況也獲得全美各地的相當關注（Amnesty International, 1998; Parent et al., 1994; Puritz and Scali, 1998）。不過，改變總是來得緩慢。根據成文法和判例法，被拘留監禁在機構中的少年確實擁有各種法律權利，問題是他們需要倡議者為他們確保這些權利會得到承認；然則，這方面的倡議向來都很匱乏。未成年人有權身處合乎衛生的環境，並有權免受其他暴力少年和管理人員的侵害與虐待。問題是研究人員經過調查後，已經發現在一些州出現各式問題，包括對未成年人的性加害行為（Beck, Cantor, Hartge & Smith, 2013; Beck, Guerino & Harrison, 2010）。此外，這些受到監禁的非行少年也不得被過度隔離或受到不合理的人身自由拘束；但是大多數機構都允許在必要時使用隔離和拘束的手段（Snyder and Sickmund, 1995）。此外，少年必須接受適當的醫療、精神心

理衛生照護和教育；他們也必須可以獲取法律協助、與家人交流、娛樂、運動，乃至工作表現等權利（del Carmen, Parker & Reddington, 1998; Puritz and Scali, 1998）。問題是，儘管理論上前述這些權利都屬必要，可是針對全國各地的拘留中心、職訓學校、感化營、牧場、農場，以及其他未成年人處遇設施的監禁狀況的調查指出，在這些處所內的未成年人，無論在生活空間、健康照護、人身安全、遭受單獨監禁，乃至於自殺行為的控制等層面，都有相當嚴重且氾濫的問題存在（American Civil Liberties Union, 2014; Parent et al., 1994）。

在這樣的背景下，我們現在轉向討論司法心理學家在為少年司法系統提供諮商時所執行的種種具體任務。

少年之衡鑑：概觀

正如本書指出，心理衡鑑是司法心理學家日常工作的重要元素。心理衡鑑也稱為心理評估，指的是用於衡量和推估個人在過去、現在或未來之[504] 心理狀態的所有技術。它可以被視為「判斷個案問題之性質暨其成因的方法」（Lewis, Dana & Blevins, 1994, P.71）。因此，會談、觀察、檢視檔案文書紀錄，都是心理衡鑑過程的一部分。典型而言，針對青少年進行心理衡鑑時，心理學家還會進行各種心理測驗，衡量青少年的認知能力和人格屬性；在許多情況下，必要時也會利用工具評估暴力或性犯罪的風險。

進行衡鑑通常包括與相關的成年人（包括家庭成員和同儕）進行電話或面對面的會談。如果狀況許可，一些司法心理學家會建議在日常生活的環境中對少年進行觀察（例如在校，或者和父母及兄弟姊妹在家的狀況）。雖然部分司法心理學家強力主張應該進行範圍廣泛的心理衡鑑，但其他人則認為衡鑑範圍必須有所限制，聚焦於受託進行衡鑑的命題（例如個案少年是否具備放棄受律師法律上協助權利的必要認知能力？是否具備就審能力？）。直到最近，在大多數的司法轄區，就上述衡鑑的議題在臨床面與法律面均沒有或少有相關規範或要求；實際上在臨床場合採取何種

衡鑑，原則上幾乎全繫於臨床實務工作者。目前已經有越來越多州肯認在此特定領域設立準則，或者針對那些可能對法院提出衡鑑與報告的臨床工作者進行認證，確有其必要（Heilbrun and Brooks, 2010）。此外，還有大量以手冊、準則與研究報告等型態為臨床人士提供建議的資訊（如APA, 2013b, 2013c; Grisso, 1998; Kruh and Grisso, 2009; Melton et al., 2007; Weiner and Otto, 2014）。

臨床文獻建議，如果接受衡鑑囑託的司法心理學家平常只對成年人進行衡鑑，那麼在他們對少年進行衡鑑時需格外謹慎。「確實可能出現某些看似尚屬可採的衡鑑，實則漏未取得建構涉案少年其發展與家庭背景相關資訊的臨床表現與偏差行為全貌所必備之資訊。」（Heilbrun, Marczyk & DeMatteo, 2002, P.187）海爾布倫等人提到，青春期常展現的防禦性和不信任感，都有可能會讓涉案少年看起來冷漠且欠缺悔意。舉例來說，特定族裔與宗教群體的孩子們在社會中所經歷的歧視，有可能讓他們更難信任權威形象，包括對他們進行衡鑑的心理衛生專業工作者。青少年也可能頗不願意揭露對他們的案件辯護有利，卻可能令他們感到尷尬的相關資訊。例如在少年被控毆打傷害過去曾對他性虐待者的案件中，該少年就可能不願意揭露這些性虐待行為。衡鑑人員也必須對於涉案少年存在嚴重精神心理病理狀況的可能性格外警覺；習於成人症狀與其臨床呈現方式的專業人士，有可能在面對青少年時會忽略這種可能性（Heilbrun et al., 2002）。

雖然心理衡鑑是治療過程的重要部分，不過治療未必伴隨著心理衡鑑。事實上，正如本書先前提到，心理學家向來被警告要避免，或者至少極度謹慎，身兼治療者與衡鑑者雙重角色的狀況。針對少年就審能力進行衡鑑的心理衛生專業人員，不應該是過去曾經治療過該少年的人，也不應該在涉案少年被判斷欠缺就審能力時，為其提供回復能力之治療。無論如何，臨床工作者要在衡鑑報告中納入可行的治療方案，如果已知有這樣的方案存在的話（Grisso, 1998）。

風險評估

正如本書前幾章所述，風險評估是司法心理學家在許多場域都會面對的任務。在少年事件中，法院和少年矯治設施尤其會想知道涉案少年日後再做出暴力行為或其他嚴重犯行的可能性。法官面對是否該將涉案少年移轉管轄予一般刑事法院（反之亦然），或者施以社區抑或機構處遇等決定時，也是如此。少年矯治機構的決策者則經常希望對涉案少年予以安置的計畫或環境，可以對應其風險等級。就此，有一些風險評估工具是專門為少年設計，其中最主流的兩種是「青少年暴力風險結構化評估」（Structured Assessment of Violence Risk in Youth; SAVRY; Borum, Bartel & Forth, 2006），以及「少年服務層級與個案管理量表」（Youth Level of Service/Case Management Inventory, YLS/CMI; Hoge & Andrews, 2002）。（有關其他風險評估工具，參閱第四章表4.3。）

[505]

風險評估工具被司法心理學家廣泛用於青少年和成年人的衡鑑，這些工具的信效度也有豐富的文獻加以檢證。無論是評論者或者專業準則都對精神心理衛生工作人員提出警告：在選擇所使用的衡鑑工具時必須要小心再三，確保這些工具可以反應最佳實踐（best practice）原則。就此而言，SAVRY 和 YLS/CMI 都廣獲好評，也呈現出良好的預測效度（如Olver, Stockdale & Wormith, 2014）。不過在近來一篇論文中，研究者強調（Viljoen, Shaffer, Gray & Douglas, 2017）強調：對青少年進行風險評估時應該考慮到青少年發育期的巨大變化，以及衡鑑所得的風險結果因此出現波動的可能性。該論文作者在針對受觀護少年的研究中發現，雖然 SAVRY 和 YLS/CMI 兩種工具在衡量短期改變的能力有待加強，不過兩者仍可以持續使用在少年衡鑑領域。

放棄米蘭達權利之能力評估

有充分證據顯示，正如許多成年人，很多涉案少年無法理解其憲法上

權利（Grisso, 1998; Heilbrun et al., 2002）。對他們進行衡鑑的心理學家不僅要了解法律，還要了解青少年的發展和決策模式（Grisso, 1998; Heilbrun et al., 2002）。與成人一樣，青少年在涉入刑事司法系統時，不自證其罪的權利同受憲法保障。少年在拘留期間並沒有回答警方提出問題的義務（*Fare v. Michael C.*, 1979; *Miranda v. Arizona*, 1966）。此外，在少年事件程序中，涉案少年並沒有以證人身分發言的義務，當然也有權與對他們不利的證人對質（*In re Gault*, 1967）。上述判決也確立少年在受到拘留或審訊的期間，有權要求律師在場，也有權在少年事件程序中受律師協助。（參見表13.1有關歷來美國聯邦最高法院與少年相關的案例判決摘要。）

不過，在現實中有許多（事實上可能是大多數）青少年會放棄前述提到的這些憲法權利，正如同許多成年人也會放棄這些權利。相較於有律師在場陪偵的情況，警方在少年僅有父母一方或者不具律師身分的監護人在場的狀況下，對其進行審訊的可能性要高許多。研究指出，這些在場陪同的成年人經常鼓勵青少年與警方合作，回答他們的問題，並承認自己的罪行。「在孩子被捕時，許多父母面對警方的時候都會感到焦慮、恐懼，或不知所措。另一些父母則會對少年感到憤怒，因而助長了審訊的脅迫性壓力。」（Grisso, 1998, P.44）。

根據法律，如果放棄權利[3]的行為是在自願、知情且明智（willingly, knowingly, and intelligently）的基礎上所為，那麼這樣的放棄是有效的。不過，一般少年在什麼年齡才能達到前述這樣的標準？此外，就算一般少年在通案狀況能達到前述標準，那麼在高壓狀況下必須要被迫與警方對立的涉案少年又如何？在「費爾訴麥可」（*Fare v. Michael C.*, 1979）一案中，聯邦最高法院指出，如果法院發現有少年在被拘留期間遭受警方詢問（拘留審訊，custodial interrogation），且其在受警方詢問前就已放棄受律師協助之權，這時法院就應對此一權利放棄的行為進行謹慎細緻的審查（有關此議題以及相關案例，參見重點提示13.3）。是以，當辯護律師質疑這些少

---

3. 譯註：此處指米蘭達條款內所告知的各種權利，例如受罪名告知權、保持緘默與不自證己罪權、受律師協助權等。

年所提出的權利放棄，或當法官判斷有理由質疑這類權利放棄行為的有效性時，就可以延請司法心理學家對少年的認知發展狀態以及其是否理解自己放棄權力的後果與影響，進行衡鑑。此外，也可能會請心理學家到庭以專家證人或鑑定人身分，針對與青少年發展相關的研究提出專業意見。

心理學家湯瑪斯・格林索（Thomas Grisso）向來在青少年發展、青少年法律權利，以及各種相關的司法心理衡鑑方面是引領群倫的專家之一。格林索（1981）的早期研究發現，大多數十四歲以下的青少年並不理解米蘭達警告的含義，也不明白如果自己選擇放棄這些權利會有什麼後果。年齡較此稍大的涉案少年（十五到十六歲）如果有智力低於平均水準的狀況時，也會遭遇類似的困難。如前所述，近期的研究（如Eastwood et al., 2016; N. E. S. Goldstein et al., 2013; Redlich, Silverman & Steiner, 2003）也持續指出，年齡和可受暗示性（suggestibility）確實是判斷一個人是否理解自身法律權利的極重要預測指標。

[506] 格林索（1998）建議心理衛生專業人員可使用三種工具，評估青少年是否有足夠能力放棄自身的權利。首先是專為此目的所設計的工具，如米蘭達權利理解能力量表（Comprehension of Miranda Rights, CMR）及其衍生工具，如米蘭達權利理解能力量表認罪版（CMR-R）、米蘭達詞彙理解能力量表（CMV），以及受審訊權利功能量表（FRI）。其次，施測者可以使用任何其他標準化的認知能力測驗。第三，施測者亦可使用標準人格量表。格林索也建議，在可行的狀況下盡量檢視學校、心理衛生和少年法庭的相關紀錄，並且對父母或主要照護者及青少年本人進行訪談。換言之，格林索建議進行相當廣泛的衡鑑，以確定少年在拘留審訊期間放棄受律師協助之權利是否有效。

理查・羅傑斯及其同僚（如Rogers, Hazelwood et al., 2009; Rogers, Rogstad et al., 2010）也針對少年對於米蘭達權利的理解能力進行廣泛的研究，研究群體納入涉案的少年嫌疑人。他們開發出米蘭達權利詞彙量尺（Miranda Vocabulary Scale, MVS）並證立其效度，以此評估涉案者對警方所使用的基本術語的理解能力。羅傑斯（2011）指出：囿於其年齡尚輕、

表13.1　美國聯邦最高法院有關少年事件的代表性判決

案件名稱與年份	判決要旨
Kent v. United States, 1966	涉案少年有權在法官將案件移轉管轄至刑事法庭之前，就此議題開庭審理。
In re Gault, 1967	涉案少年在少年事件程序中的憲法權利，與成人在相對應程序中的權利類似（但並非百分百相同）。
Breed v. Jones, 1975	少年事件當事人同受雙重危險禁止原則之保護；同樣的罪行只要在少年法院被認定為非行行為後，即不得在刑事法庭中予以追訴審理。
McKeiver v. Pennsylvania, 1978	少年事件當事人在少年事件程序中，受陪審團審判之權利並未受到憲法保障。
Fare v. Michael C., 1979 *J.D.B. v. North Carolina*, 2011	少年事件當事人在接受偵訊時有權不自證己罪；若涉及當事人自行放棄權利，則其年齡是應予審慎考量的關鍵因素。
Roper v. Simmons, 2005	少年事件當事人不得判處死刑。
Graham v. Florida, 2010	以殺人罪以外之罪遭到定罪之少年，不得予以判處不得假釋之無期徒刑。
Miller v. Alabama, 2012 *Jackson v. Hobbs*, 2012	因殺人罪遭定罪之少年，不得予以判處不得假釋之無期徒刑。
Montgomery v. Louisiana, 2016	在 *Miller* 一案之前遭判處無期徒刑不得假釋的各案，均應依 *Miller* 案所設定之標準重新量刑。

成熟度不足及教育程度的欠缺等因素，青少年對米蘭達權利告知的理解有極為嚴重的問題。羅傑斯也根據現存的資料做出保守估計：在為數150萬被捕的青少年當中，有31.1萬名少年嫌疑人理解米蘭達權利告知事項的能力處於缺損狀態（Rogers, 2011）。

重點提示13.3

[507]

從「費爾訴麥可」案到J.D.B.案：審訊與拘留的相關問題

美國聯邦最高法院的「費爾訴麥可」（1979）案，涉及一名少年在警訊問期間，自行放棄受律師協助權利的問題。麥可（Michael C.）年僅十六歲，被控犯下殺人罪。他被捕後在警察局被告知有委任律師協助的權利，但他顯然把米蘭達警告看作是警方的伎倆。麥可被認定是一個不成熟、心思狂亂且教育程度低落的少年，他一再要求要見他的觀護人，而不是律師。他被告知只要回答警方的一些問題，就會聯繫他的觀護人。其後再次被問到是否要見律師時，他仍表示不願意。

美國聯邦最高法院在本案中以五票對四票判決麥可敗訴；儘管最高法院確實在判決中對青少年是否有能力完全理解對他們所提出的米蘭達警告此一問題表達關切，也警告法官在就此進行判斷時必須考慮與審訊青少年相關的各項社會情狀，包括年齡、教育程度、智力水準和背景。然則，麥可所提出要求見觀護人的請求並不能被解讀為要求見律師，是以美國聯邦最高法院認為，警方拒絕同意其請求並沒有過錯。

在該案經過大約三十年後，年僅十三歲的七年級學生J.D.B.被一位制服警員從教室帶到一間會議室裡，並詢問他有關參與侵入住居竊盜和竊盜數位相機等罪行之事（*J.D.B. v. North Carolina*, 2011）。當時共有兩名警官（其中一位是駐校警察）和兩名校方行政人員在會議室內，而門是關上的。J.D.B.的法定監護人是他的祖母，但是她並未就此事接到聯繫。在場的成人們與少年閒聊了大約四十五分鐘左右，期間一度鼓勵他要做正確的事，把他所知道的事通通告訴警方。在他承認侵入住居竊盜後，隨即被告知他不必繼續說話，且如果他想的話也可以離開房間。其後J.D.B.的律師據此主張該少年受到拘留，且並未獲得充分的米蘭達警告，因此其自白無效。

該案的下級審法院判決認為該少年在受到警方詢問時的狀態並不該當拘留，因此甚至毋須事先提出米蘭達警告。而聯邦最高法院則是援引

了青少年發展心理學的相關研究並指出，法院在判斷J.D.B.是否有能力判定自己可以離開現場時，必須要將其年齡納入考量。由於事實審法院並未充分考慮到前述的年齡問題，因此最高法院將本案撤銷發回州法院，以便對該案實際的警方詢問情狀做進一步的事實調查。

問題與討論：

一、上述案例中，兩名少年被指控犯下的罪行很不一樣。這是否有所影響？

二、你認為為何麥可會要求見他的觀護人而不是律師？像他這樣的要求應該被允許嗎？

三、在決定J.D.B.是否有能力判斷自己可否自由離開會議室時，你會考慮哪些因素？

虛假自白

除了已經有相當的證據證明青少年對其自身的法定權利難以理解，還有充分證據顯示他們有時會承認自己並未犯下的罪行。正如本書第三章所討論，虛假自白的發生有可能是基於種種不同的原因，而其中一些與警方使用的心理戰術有關（如Kassin, 1997; Kassin et al., 2010）。舉例來說，警察可能欺騙嫌疑人，使其認為警方手中握有實際上不存在的證據；或者警方可能會對嫌疑人示好，並說服其相信想要重獲自由的唯一希望就是與警方合作。無論是渴望回家，或只是想要保護家人或朋友，青少年此時就可能決定按照警方想聽的做出供述。受到各界高度矚目的「中央公園五人組」（Central Park 5）案，只是諸多類似案件中有留下紀錄的例證之一。因此臨床專業人士在進行衡鑑評估或鑑定的時候，應該要特別警惕虛假自白的可能性。

雖說不管犯罪嫌疑人的年齡多大，虛假自白都是一個值得關注的議

[508] 題，但是不令人意外的，青少年尤其容易作出這類虛假自白的供述。雷德利希與高德曼（Redlich and Goodman, 2003）針對三個不同年齡組別的群體進行可暗示性的研究（分別是十二到十三歲、十五到十六歲，以及十八到二十六歲），研究設計使用了與虛假自白相關的諸多研究中類似的情境（如Kassin, 1997）。實驗參與者被賦予與電腦相關的任務，且被告知不要去按特定鍵。之後這些參與者會在確實未曾按下該特定鍵的狀況下，被告知他們已經按下該鍵。在某些實驗情境下，實驗者提出參與者按下該鍵的「虛假證據」。其後研究者列出「虛假自白」的總數量，並據以判斷除了年齡，還有什麼因素可以區別那些未按下特定鍵卻「認罪」的參與者，與拒不承認的參與者。

雷德利希與高德曼（2003）在研究中檢視了「Gudjonsson可暗示性量尺」（Gudjonsson Suggestibility Scale, GSS）的分數和提供虛假證據，是否可預測並助長虛假自白的出現。上述提到的GSS是一種衡鑑工具，設計用來量測個人會受到他人影響的程度。研究結果顯示，69%的參與者做出虛假自白或依照暗示而行；39%的人出現內化行為（internalized，也就是真心相信自己確實按下了被禁按的鍵）；4%的人出現虛構記憶（confabulated，亦即虛構有關自己在研究當中的行為細節）。然而上述研究中還出現了明顯的年齡差異。對於中間年齡組（十五到十六歲者），特別是只要研究者提出虛假證據時，就會出現認罪的虛假自白。而最年輕的年齡組，則是無論研究者有無對其提出虛假證據，都會出現虛假自白。大致上來說，相較於較年長的十八歲以上組，年齡最輕的兩組更可能會主動承認他們自己做出某件錯事。至於在個人差異部分，GSS量尺可以預測個人接受暗示的遵從性（compliance，也就是承認「犯下所禁止的事」），但是無法預測內化或者記憶虛構的狀況。

評估少年的就審能力

案件進入刑事法院審理的涉案少年，與成年人一樣，必須具備就審能

力。對欠缺就審能力的被告進行審判，將會嚴重違反正當法律程序（*Drope v. Missouri*, 1975; *Dusky v. United States*, 1960）。當少年事件在刑事法庭進行審理時，就審能力（如果當事人主張的話）的判斷會依照**達斯奇基準**進行：被告是否具備充分顯著的能力與律師進行諮商討論，以及對訴訟程序是否具備理性且基於事實的理解。雖然絕大多數法院並未特別為青少年制定獨立適用的判斷基準，但在某些司法轄區確實會修正達斯奇基準，藉以更深入調查青少年的決策能力（Oberlander, Goldstein & Ho, 2001）。

要求法院更加詳盡地調查涉案少年的就審能力，是一項極佳的措施，因為有許多兒童發展心理學家和兒少法律權益倡議者認為，未成年人與成人在面對訴訟時所需的就審能力不全然相同。即便少年可以了解律師的功能並能夠理解檢方公訴的罪名，但少年可能仍無法有效參與這些訴訟。根據李察・邦尼（Richard Bonnie,1992）的主張，有效的訴訟參與必須同時具備做出決定的能力、權衡選項的能力，以及理解後果的能力——上述能力他合稱為「決策能力」（decisional competency）。

論及決策能力，對涉案少年來說很可能會特別不利。雖然成年人有效參與訴訟的能力也可能會有所缺損，可是如果考量到涉案少年的發展階段，顯然他們更可能出現這類能力缺損，也因此面對更大的風險。此外，在少年法庭出庭的涉案少年，比起其他少年更可能出現智能障礙、罹患精神疾患，或者在情感面或社會面等功能有不成熟的狀況。這些問題就算把少年移送到刑事法庭也不會就此消失。事實上，問題可能會變得更嚴重，因為刑事法院的法官向來都只面對主要來自成人被告的就審能力相關的法律問題，因此不會因應青少年的需要而做出調整。

無論稱之為就審能力或訴訟能力，處理少年非行事件程序的少年法庭從一九九〇年代初起，才意識到這個問題（K.Larson and Grisso, 2012）。自那時以來，此一領域的研究便快速發展（Fogel, Schiffman, Mumley, Tillbrook & Grisso, 2013）。時至今日，美國大約有一半的州，其成文法規或判例法會要求少年法庭對涉案少年的就審能力進行調查。在其他各州，這類事件的就審能力調查則是逐案為之。麥克阿瑟研究網路（the [509]

MacArthur Research Network）就此議題所進行的相關研究（詳後述），以及本書先前章節曾引用，史坦伯格及其同僚針對青少年認知發展與決策的廣泛研究（Steinberg, 2010a; Steinberg and Cauffman, 1996），都促進對於少年就審能力的研究發展。

麥克阿瑟少年事件受審能力研究

為闡明與青少年就審能力相關的議題，麥克阿瑟研究網路從一九九九年開始收集資料，對青少年的就審能力進行多地研究。該研究包含的主要問題如下（詳見www.mac-adoldev-juvjustice.org）：

- 與刑事司法系統中的成年人相比，少年司法系統中的青少年是否更常展現出與就審能力有關的能力缺損？
- 如果是，這些差異在哪些方面最為明顯？而這些能力與發展又有何關係？
- 哪些類型的青少年會因發育不成熟而在就審能力上面臨最大風險？前述發育不成熟是否會與精神障礙相互作用，導致與就審能力相關的缺損風險上升？是否設定年齡下限，一旦低於該最低年齡，在訴訟上便應推定欠缺就審能力？
- 臨床專業人士與法院可以使用哪些方法，辨識就審能力相關功能出現嚴重缺損的青少年？

在上述研究的第一階段，格林索等人（2003）比較了927名在少年拘留設施和社區環境中的青少年，以及費城、洛杉磯、維吉尼亞州東部與北部，還有佛羅里達州北部的監獄和社區環境中的466名年輕成人（十八到二十四歲之間）的能力差異。除了接受一組標準的量表測驗以及紀錄審閱，這些人還被要求對情境短文做出回應，並接受「麥克阿瑟就審能力評估工具：刑事審判」（MacCAT-CA）和新開發的麥克阿瑟判斷力評估量表（MacArthur Judgment Evaluation）的衡鑑。研究結果發現，與年輕成年人組相比，兩個年紀最輕的青少年組（年齡分別為十一到十三歲和十四到十五歲）在就審能力相關功能方面出現嚴重缺損的可能性分別是成人的三倍

和兩倍。而十六和十七歲的涉案少年組所得結果則與年輕成年人組沒有顯著區別。

　　除了年齡，智力也是就審能力相關表現不佳的預測因子。性別、族裔、社經背景、對法律制度的先前體驗，還有精神健康問題相關症狀，則非預測因子（不過研究樣本中納入有嚴重精神健康問題的人相當少）。此外，青少年所做的決定往往反映出對威權的遵守與其社會心理的不成熟度。格林索及其同僚（2003）建議，法律應該把身心不成熟的狀態納入欠缺就審能力的可能指標。換言之，身心發育未臻成熟的兒童，原則上不太可能會達到在刑事法庭受審的就審能力標準。他們也建議各州重新考慮，避免將十三歲以下青少年移轉管轄予刑事法庭，因為在該年齡組中被判定為就審能力相關功能顯著嚴重受損的比例實在太高（總計約30%，但這些人當中有超過半數的智力顯著低於平均水準）。

少年復歸之可行性

　　究竟涉案少年是否可能從復歸服務中受益，以及哪些類型的服務對少年最有希望發揮效用等問題，在少年司法程序當中往往可能會在幾個不同的時點做成決定。此外，**復歸社會的可能性**（amenability to rehabilitation）通常也會考慮青少年目前的處遇需求。法院在兩種情況下有可能會要求進行評估鑑定：少年法院放棄管轄之決定（judicial waiver decision），以及處刑之決定（disposition decision）。 [510]

少年法庭放棄管轄之決定

　　無論是刑事法院或少年法庭的法官，經常面臨是否要將涉案少年的管轄權移轉予他法院，或者是「放棄」（waive）管轄予他法院之決定。絕大多數的放棄管轄決定，都是基於希望在一般刑事法院對少年進行追訴的檢方聲請而做成。在作出移轉管轄的決定時，法官們會考慮諸如聯邦最高法

院在「肯特訴美國」判決中所建議的各項因素（本章先前已有討論）。

　　由少年法庭法官裁定移轉管轄予刑事法院，只是放棄管轄的多種形式之一。有許多涉案少年之所以會在一般刑事法院受審，是因為由立法機關所定的放棄管轄（legislative waiver）之故；這也被稱為法定**排除管轄**（statutory exclusion）或者**法定放棄管轄**（waiver by statute）。這些都是由立法機關透過立法手段去規制在特定年齡以上且被控犯下特定罪名的涉案少年，必須送交一般刑事法院受審的放棄管轄類型。舉例而言，在絕大多數州，被控犯下殺人罪的十五歲少年將自動被移送到刑事法庭受審。（而刑事法院法官則有權將此案件移轉管轄予少年法庭審理，但這種情況鮮少發生。）還有另一種形式的少年法庭放棄管轄，**公訴定管轄**（prosecutorial waiver），則是由檢察官依其法定權限，裁量案件究竟是要送交少年法庭或一般刑事法院進行審判。美國大多數州的法規會視涉案少年的年齡和被訴罪行的嚴重性，而允許上開各種放棄管轄類型的一些組合型態。

　　關於少年法庭放棄管轄的相關議題，已經出現過不少重要的政策論辯。少年事件究竟應該在刑事法院或少年法庭審理？那些希望把他們留在少年法庭的人（如本章開頭短文所提到的檢察官）主張，已有過多青少年被送入成人體系，問題是成人體系的重點從來就是懲罰而非復歸（Bishop, 2000）。此外，研究指出，將青少年移交成人刑事法庭會增加其再犯率，同時會助長終身犯罪的狀況。此外，在刑事法庭審理少年案件的可能性，顯然無法對青少年犯罪發揮任何嚇阻作用（Redding, 2010）。

　　然而，即使涉案少年被移送到一般刑事法院審理，也可以要求法院進行復歸的可行性評估或鑑定。舉例來說，辯護律師可能會在少年事件當事人遭判有罪時，聲請這種評估或鑑定，藉以在認罪協商程序或者量刑階段提供助力。認為應該在刑事法院審理特定類型少年刑事案件的人則認為，需要更具懲罰性的方法，尤其是對年齡較大的青少年。他們主張，如果被控罪名屬於重罪（如性侵或殺人），一旦加害人只是在少年機構接受幾年懲罰就可以回歸自由之身，無論對被害者或生存者而言都是不公平的。

　　近年來，對於在一般刑事法院審理涉案少年的問題，有越來越多重大

論辯。一九九二至九九年間，除了內布拉斯加州，所有州和哥倫比亞特區都新頒或擴張原有的移轉管轄相關法規（Sickmund, 2003）。二〇一〇年，少年法庭的法官們共放棄了對大約6,000名涉案少年的管轄權，主要都是十六歲或十七歲的男性（Puzzanchera and Addie, 2014; Puzzanchera and Robson, 2014）。到二〇一四年，少年法庭放棄對大約5,200名少年的管轄權，相較於二〇〇六年的最高放棄管轄案件數足足減少了42%。上述資料指出，「在全國已經出現一種趨勢，避免過度依賴家庭外安置處遇措施，而回歸到社區為本的處遇措施選項。」（Cruise, Morin, & Affleck, 2016, P.611）此一趨勢有部分反映了在少年司法系統內以及機構化環境外對青少年進行本於實證處遇（evidence-based treatment）的效能日益提高的現象。回顧第七章討論到史坦伯格對青少年腦部發育的研究，反對將少年送入刑事法庭審判的人主張，青少年的情緒發育根本未臻成熟，以至於他們不了解其行為的後果，是以必須將他們與「發育完全成熟的成年人」區別對待。

事實上，一旦涉案少年面對少年法庭考慮將其移轉管轄予刑事法院時，其所面對的損害風險是非常大的。在一般刑事法院的公訴包括公開審理程序，被定罪後將會終身背負前科，還有萬一遭判刑時將可能會在成人監獄執行。一旦少年刑事司法體系認定涉案少年復歸社會的可能性不高，其在被移送到成人刑事司法體系之後取得復歸服務與相關資源的可能性也就更低了。研究還指出，在刑事法院中被控嚴重罪名的少年，以及在少年法庭中被控損害財產權罪名的少年，兩者往往都會在量刑階段受到嚴苛待遇（Podkopacz and Feld, 1996）。然而，在刑事法院被判刑的少年犯刑期通常會比在少年法庭因類似罪行而被判處的刑期來得更長（Redding, 2010）。 [511]

無期徒刑不得假釋

美國聯邦最高法院在「葛拉漢訴佛羅里達州」（*Graham v. Florida*, 2010）一案中，針對少年刑事司法議題再次做成判決，強調社會復歸可能

性的重要性。當事人葛拉漢在緩刑期間參與了一宗侵入住居犯罪，該犯罪導致兩位年長者受傷。葛拉漢被送到刑事法庭受審後，遭判處無期徒刑不得假釋（life without parole, LWOP）；審理中他未被賦予機會對法院主張自己不應被社會放棄，仍有復歸社會之潛力。（有關此案例和其他 LWOP 案例的詳細資訊，請參閱重點提示 13.4。）

二十一世紀初，大約有2,500名犯罪時未成年的受刑人仍在服無期徒刑不得假釋。在葛拉漢案中，美國聯邦最高法院認定，對未成年人而言，至少是那些未遭判殺人罪的未成年人，無期徒刑不得假釋的判決已經構成殘忍且不尋常的懲罰，因而違背憲法。在後來的兩起與此議題有關的案件中，聯邦最高法院也判決，在殺人案的審判中，強制判決無期徒刑不得假釋的州法同樣違憲（*Jackson v. Hobbs*, 2012；*Miller v. Alabama*, 2012）。雖然州法要求法官對於被以殺人罪名定罪的未成年人強制量處無期徒刑不得假釋之刑，但是最高法院認為法官仍應酌情根據少年的年齡與犯罪的性質，以及其他可能相關的從輕量刑因素，判決較輕之刑。其後，聯邦最高法院更進一步做出裁判，認定在「傑克森訴霍布斯」與「米勒訴阿拉巴馬州」兩案的判決宣告前遭判無期徒刑不得假釋的受刑人，均必須依據聯邦最高法院相關判決意旨重新量刑（*Montgomery v. Louisiana*, 2016）。

然而，對於某些量刑法官來說，根本毋需動用到無期徒刑不得假釋這樣的刑罰，他們只需判處極長期有期徒刑，實際上就等同將青少年罪犯終身監禁。例如加州一名法官判處一名十六歲少年應受一百一十年的有期徒刑監禁；這代表該少年在服刑期滿一百年之前根本無法取得假釋資格。加州最高法院最終撤銷了此判決（*Pepple v. Caballero*, 2012）。

少年事件之量刑處置

少年事件之**量刑處置**（disposition），也就相當在成年人案件當中的量刑（sentencing）。一旦少年在少年事件審理程序中被判定為非行少年，法官就會從各類法定的處置選項（從社區為本的服務到戒護機構內的監禁措

施）中酌情選擇。話雖如此，不過在大多數的司法轄區，少年法庭的法官往往不會在各種以社區為本的處置選項中做選擇。法官會將非行少年交由少年事件官員（例如少年矯治機構或公共福利部門）監護，讓少年事件官員來決定適用於每個少年的最佳處遇方案。雖然如此，涉及將少年安置於戒護機構內的狀況，還是必須由少年法庭來決定。在上述兩種情況下，無論是在社區環境或機構內進行處置，心理評估都可能會在程序的後期才進行，而非在對少年法庭提供諮詢時進行。少年矯治官員可能會在決定特定少年適用的處置方案時，得到一定的協助。舉例而言，一名少年觀護員可能會希望了解，在其處理案件當中的某位少年是否適合進入某項社區為基礎的物質濫用戒治計畫。

心理學家為少年法庭提供諮商，釐清特定少年復歸社會可能性的程度，實際上會因司法轄區不同而有所區別。在少年法庭放棄管轄之前的時點諮詢心理學家的比率，似乎高於少年事件的量刑處置之前，雖然說自從「葛拉漢訴佛羅里達州」和「米勒訴阿拉巴馬州」兩案之後，我們已經可以觀察到法院在量刑處置前諮詢心理學家有增加的趨勢。波寇帕茲和斐爾德（Podkopacz and Feld, 1996）發現，在他們研究的明尼蘇達州樣本數當中，司法心理學家在涉及少年法院移轉（放棄）管轄的相關事件中詳閱卷證紀錄並提出書面報告的比例是46%，而這個比例後來有升高趨勢（一九九一年是63%，一九九二年57%）。相較之下，赫克與史坦伯格（Hecker and Steinberg, 2002）則發現，在其進行研究的司法轄區內，只有2%到3%的少年事件會在量刑處置前被轉介給心理學家進行心理評估或鑑定。而有略高的比例（10%至15%）則是會交由心理學家進行篩查，而非完整的評估衡鑑。（不過也有可能是那些未被轉介進行心理評估的少年事件卷證或紀錄當中，其實已經包含了在少年事件程序早期做過的心理衡鑑報告。）在此應該特別說明，上述兩項研究都顯示，臨床專業工作者的建議對於法官有重大的影響力。

重點提示13.4

遭判無期徒刑不得假釋的少年事件

葛拉漢（Terrance Jamar Graham）的家庭背景充滿了不幸，包括其父母為快克古柯鹼成癮者，以及其自身的ADHD（注意力缺陷／過動障礙）診斷。他被捕時年僅十六歲，遭控持械侵入住居行竊，以及在一家餐廳搶劫未遂等罪名。葛拉漢的案件被送到刑事法庭審理，定罪後被判處緩刑。在緩刑期間，他被控參與一宗侵入住居案件，但他本人否認此一指控。不過他確實承認與犯下該案件的年輕成年人有往來，也承認他從犯罪現場逃離。由於他違反了緩刑條件，因此被送回法庭，遭判無期徒刑不得假釋，罪名則包含最初的持械侵入住居竊盜、搶劫未遂、違反緩刑等各項，數罪併罰。事實上葛拉漢並未殺害任何人。

美國聯邦最高法院在「葛拉漢訴佛羅里達州」（2010）一案中判決，對未犯下殺人罪的少年犯判處無期徒刑不得假釋，已經構成殘忍且不尋常的懲罰，因此違反了美國憲法第八修正案。外界對此判決則是希望知道：如果一名少年被判犯下殺人罪，最高法院是否還會做出同樣的判斷？兩年後，聯邦最高法院回答了這個問題。

在「米勒訴阿拉巴馬州」及「傑克森訴霍布斯」（2012）兩案，都涉及一名十四歲的少年遭判犯下殺人罪，量處無期徒刑不得假釋；這樣的判決基本上形同讓兩名少年的餘生在監獄內度過。在兩案中，量刑的法官之所以無法酌情做成較輕的判決，是因為其裁量權遭到強制量刑法令剝奪。聯邦最高法院就此認定，屬於此一性質的強制量刑法令均屬違憲；不過如果個案當中的情狀經過合理酌量後，法官最終仍判斷有判處無期徒刑不得假釋之必要，還是可以做出這樣的判決。此外，正如前文所提，「蒙哥馬利訴路易斯安那州」一案判決，也要求法院應將米勒與傑克森兩案判決的法則回溯適用於之前獲判無期徒刑不得假釋的案件。

美國心理學會也偕同其他專業組織（美國精神醫學會、全國社會工作者協會、美國心理衛生協會）一起提出法庭之友狀，具體反對在上述案件狀況下所量處的無期徒刑。

上述的法庭之友狀廣泛引用發展心理學和神經科學方面的研究，對法院指出下列重要發現：

- 與成年人相比，青少年做出成熟判斷與決策的能力較低。
- 與成年人相比，青少年更容易受到負面的外部影響。
- 青少年尚未定型的自我身分與認同，使其罪行不太可能就此為其形塑出固定的不良人格，也因此這些犯錯的青少年更有洗心革面的可能性。
- 青少年心理不成熟的狀況與新近有關腦部發育的研究結果一致。
- 對青少年判處讓他們老死在獄中而沒有機會改過的刑罰，是一種不符比例原則的苛酷懲罰。

問題與討論：

一、聯邦最高法院在米勒和傑克森兩案的判決顯示，強制量處無期徒刑不得假釋的判決違憲，即使是對於以殺人罪遭到定罪的青少年也不例外。然而，最高法院仍保留了法官在情況需要下做出這類判決的可能性。你認為聯邦最高法院是否應全面禁止對所有在未成年期間犯罪者量處無期徒刑不得假釋之刑？

二、美國心理學會等專業團體向上訴審法院提交法庭之友狀的益處是什麼？

實施評估

對於需要為少年事件程序的進行、管轄權移轉或量刑處置等目的而對

少年進行心理評估衡鑑的心理學家來說，有一些手冊和相關建議可資參考

[513]　（Grisso, 1998; Melton et al., 1997, 2007）。不過，正如赫克與史坦伯格

（2002）觀察指出，「針對非行少年在量刑處置前所進行的心理衡鑑，至今仍沒有一個通過檢證的『黃金基準』。」（P.300）心理學家往往會被建議要詳閱青少年相關的檔案，包括就學、社會服務和少年法庭紀錄。此外，心理學家在進行評估時，也要取得有關少年家族史，還有其藥物使用和濫用等資訊，以及利用一系列可行的工具，針對少年的智力、學術適性、人格、職業功能等面向進行評估。此外，雖然一般而言，多數非行少年未必會在情緒層面出現嚴重的困擾，但這些人在心理衛生層面的需求則是頗為常見。根據研究也證實，這類問題的普及率很高（Grisso, 2008）。舉例來說，身處矯治機構的非行少年普遍被認為有某種程度的心理健康問題，範圍可能從行為規範障礙症到嚴重的憂鬱症和自殺傾向（LeCroy, Stevenson & MacNeil, 2001）。發育障礙和認知功能障礙也困擾著身處矯治機構的被收容青少年，以及在社區環境中受監督的青少年（K. Day and Berney, 2001）。許多非行少年同時是藥物濫用者，往往有嚴重的化學物質依賴問題，還有許多人是性犯罪者。近年來，針對有關少年性犯罪者與暴力犯罪者的心理衡鑑工具（例如J-SOAP, ERASOR, Static-99, Static-2002）進行開發和信效度檢證，儼然已經是一項高度活躍的領域。因此，針對少年進行評估的心理學家，更應對於衡鑑技術以及社區和機構環境內現有的治療和復歸服務所能涵蓋的範圍，有相當的了解。

　　許多心理學家擔心給少年貼上標籤後，可能造成的負面影響，尤其令人憂慮的是那些暗示少年改變的可能性不佳的標籤。例如近年來青少年的精神疾患在研究上受到高度關注，促成特別版的海爾心理病態檢核清單，亦即「心理病態檢核表：青少年版」（Psychopathy Check List: Youth Version）（Forth, Kosson & Hare, 1997）。回顧本書第七章，有些研究者主張，把這種悲觀的標籤貼在那些可能因青春期影響而展現某些心理病態特徵，但日後可能因成長而恢復正常的少年身上，恐怕是過於速斷（Edens, Skeem, Cruise & Cauffman, 2001; Edens and Vincent, 2008; Seagrave and

Grisso, 2002）。研究者也認為（Edens, Skeem, Cruise, and Cauffman, 2001），透過這種方式給青少年貼上標籤，實際上可能違反心理學的兩大基本倫理原則：社會責任（social responsibility）原則與不為害（do no harm）原則。此外，專業人士也擔心在各種法律訴訟程序中，將少年貼上心理病態的標籤是將會對其造成傷害（Viljoen, MacDougall, Gagnon & Douglas, 2010）。舉例來說，在評估少年復歸社會的可能性時，只要給涉案少年貼上心理病態的標籤，幾乎等同保證其必然會被移送進刑事法庭。針對上述爭議，許多研究者傾向使用「具有心理病態特徵（如冷漠）的少年」一詞，而非「少年心理病態者」。再者，有關這類青少年的辨識與治療的相關研究（Salekin, Leistico, Trobst, Schrum & Lochman, 2005），以及可以降低心理病態發展可能性之保護因子的研究（Salekin and Lochman, 2008），皆在快速發展中。

另一個可能有問題的悲觀標籤，則是終身持續犯罪者（life course-persistent offender, LCP）一詞；這個詞源自莫菲特（Moffitt1,993a）針對僅在青春期涉及犯罪的青少年所提出的AL-LCP（adolescence-limited vs. life-course persistent）二分概念而來，本書第七章曾論及。再者，如果經手涉案少年的心理衡鑑或鑑定報告者對於 DSM-5 當中某些診斷（例如ADHD、行為規範障礙症）的限制與意涵理解不夠的話，這些診斷類別本身可能也會造成相當的問題。前述這些負面標籤一旦跟著涉案少年被記錄於矯治機構或社區矯治計畫的檔案裡，很可能跟一般未成年人在學校紀錄檔案中的標籤一樣，對未成年人具有十足的傷害性。

赫克與史坦伯格（2002）針對在量刑處置前提出於少年法庭的心理評估報告的品質，以及報告對法官決策的影響，進行了研究。他們檢視了一九九二至九六年間，由四名在賓州合法獨立執業的心理學家向費城少年法庭所提出的172份量刑處置前報告（pre-disposition reports）。相關發現可歸納如下：

- 絕大多數報告當中的衡鑑都包括了智力功能的標準化工具量表，卻僅有少數報告納入標準化的人格量表；相反的，投射測驗卻常

被用於人格衡鑑目的。

[514]
- 法官接受或拒絕心理學家的報告，或者臨床心理學家的報告被接受或拒絕，則是未能得出顯著的個別差異。
- 很高比例的評估建議被法院採納；事實上，在172個案件中，只有八案完全否決了報告所提出的建議。
- 許多報告缺乏關於少年心理健康與犯罪或藥物濫用歷史的資訊；研究者認為所有這些資訊都極為關鍵，因為它們與再犯率有相當的關聯。
- 如果評估報告中記載心理衛生相關資訊，無論資訊的品質如何，法官都極為可能接受該報告的建議。這一點讓研究者頗為擔憂，因為他們認為報告未納入這方面的充足資訊，正如前文所述。

赫克與史坦伯格（2002）強調，考量到研究涵蓋的法官與臨床專業人士數量不大，可能無法反映出其他司法轄區的實際狀況。不過他們確實提出了一套有用的編碼方法（coding scheme），研究者可以通過這種編碼法，評估其他的少年量刑處置前報告，以及這些報告對於其他司法轄區的司法決策所產生的影響。

總之，關於復歸社會可能性的研究指出，儘管對此議題的評估報告應納入哪些內容已經有了某種共識，實際上這些報告的品質往往落差很大。大多數意見均建議要對涉案少年進行全面評估，至少包含：涉案少年的家庭背景；足以判斷少年發展、認知，以及情感功能的相關資訊；具體指出日後可望有效的治療處遇選項。此外，實施心理評估者也被建議要避免對涉案少年貼上悲觀的標籤，或者暗示其日後希望渺茫等結論。正如格林索（1998）指出，如果少年復歸工作者灰心喪志，因此所做出的悲觀評估很可能會變成一則自我實現的預言。「就算評估者對於少年改變的希望有所保留……也應該總是要對相關的實務工作者提出具體建議，提升少年復歸的希望。」（P.192）

家外安置

如本章前面所述，近年來少年法庭處理的案件數量有所減少，家外安置的少年人數也有所下降。然而，儘管假釋仍然是少年法庭的典型處置，但二〇一五年還是約有1,852名少年被判處家外監禁。這些安置的處所包括少年職訓學校、處遇中心、荒野營隊（wilderness camps），以及團體之家（group homes），而且公立與私立都有（關於機構內居住安置的總數，請參見表13.2）。

留置非行少年犯罪者的設施，無論是規模、組織複雜性或格局都有可能差異很大（Sedlak and McPherson, 2010a）。這些設施可能從簡單的單棟或雙棟建築，乃至於由多棟建築組成的複雜設施。有些設施較小，僅可容納約十位少年，而最大的設施則可能容納數百人。

令人感到驚訝的是，居住於機構內的少年，竟然約有12%被安置在同時容納罪犯和非罪犯的設施（Sedlak and McPherson, 2010a）。這是因為某些少年安置設施會收容少年法庭希望予以留置保護的犯罪少年（Sedlak and McPherson, 2010a），例如這些少年可能受到虐待或忽視，或者他們沒有父母或監護人。在某些情況下，甚至有家庭可能會自願將少年安置在民營安置設施，以協助少年們進行心理健康或藥物濫用的治療。雖然這類民營設施的戒護安全性不高，仍被視為高度限制人身自由的安置措施。

少年與成年人一樣，也可能在量刑處置時受到中度制裁（intermediate sanctions）[4]；這類制裁措施的限制手段比機構安置的限制要少，但比起將少年安置在自己家中並附加條件的標準緩刑觀護手段則相形嚴格。中度制裁的例子包括日間報到中心和密集監督計畫。在執行密集監督計畫時，理想上緩刑或觀護官員的案件負荷量要比較少，搭配對監督對象的密集接觸，同時

[515]

---

4. 譯註：指在矯治處遇措施的選項當中，對於人身自由的限制與管控程度低於監獄、看守所或其他類似高戒護矯治機構的監禁，但高於假釋、緩刑、居家保護管束等低度或無限制措施的中間類型選項。一般較常見的中度制裁措施，除了本文所提到，還包括電子腳鐐或者向日間報到中心進行密集定時報到、接受觀護人或者緩刑官員指定參與特定活動，或接受不定時的查核等。

伴隨提供給涉案少年的密集諮商以及其他相關服務。

少年和成人矯治機構的一個主要區別，在於可用民營設施的數量；儘管如本書前一章所述，民營的成人監獄產業正日漸增長。雖然這些機構收容的少年人數不多（僅占少年犯罪人口總數的31%），但民營的少年收容機構比公營來得多（Bayer and Pozen, 2003; Hockenberry, 2013; Snyder and Sickmund, 2006）。民營機構乃是由民間的非營利性或營利性的公司或組織所營運。在這些機構設施中工作的人，是該公司或組織的受雇人。民營機構設施的優勢在於，可以將收容人限定在他們認為最能提供有效協助的少年；不過話說回來，這些機構未必會是少年本人的最佳選項，此外也有欠缺監督的問題存在。目前已經有些創新的處遇方案在民營設施中進行試驗或測試性質的運作。

少年拘留

如表13.2所示，少年矯治的議題包括對少年的拘留：在少年事件或刑事程序進行前，或程序進行中直到法院做出終局量刑處置的期間內，將涉案少年暫時性地安置在有或無安全戒護措施之處所。換言之，部分少年被捕後會遭到拘留，時間涵蓋少年事件審理程序的期間，一直到法官做出裁決，或給予少年緩刑，或令其進入機構內居住安置，或者其他處遇。雖然拘留一詞被廣泛使用在任何時間點的安置情境，但就技術面而言，精準的用法還是應該限制在上述語境。

如同成年人，少年在被證明有罪之前，同樣受到無罪推定原則的保護。然而，成年人在下次到庭之前有更高的可能性人身自由不會受限，除非遭控涉犯最重本刑為死刑之罪，或經證明對公眾造成重大風險，這時可能會被法院拒絕保釋，或是遭到預防性羈押（*United States v. Salerno*, 1987）。但是在少年的狀況，法院卻有可能為了保護少年，或者為了防免少年在下次到庭前犯下其他罪行等原因，而予以預防性拘留（*Schall v. Martin*, 1984）。這樣的案例法與司法實務，為少年法庭的法官提供了廣闊

表13.2　全美收容少年（含拘留與執刑）的設施數量與類型

	總數	拘留中心	庇護所	收容／診斷中心	團體之家	牧場／野營隊	訓練學校	機構安置中心
設施數量	1,852	664	143	61	360	37	176	726
所有設施	100%	100%	100%	100%	100%	100%	100%	100%
公立	54	92	38	72	19	76	91	33
州級	21	21	3	56	7	22	68	19
地區	33	71	35	16	12	54	24	14
私營	46	8	62	28	81	24	9	67

的裁量空間可對少年施以拘留；雖然多數少年並未遭到拘留。一九八五到二〇〇七年，涉及少年拘留的犯罪案件增加了48%（Puzzanchera et al., 2010），但在二〇〇七至一〇年間則下降了17%（Hockenberry, 2013）。

以機構內居住安置名義遭到拘留的男性少年犯，比例遠高於女性少年犯（86%比14%）（Hockenberry, 2016）。此外，儘管暴力風險平均低於白人少年，但是少數族裔少年在遭拘留的少年人口中占比過高（Desari, Falzer, Chapman & Borum, 2012）。統計資料顯示，黑人少年被拘留的比率是白人少年的六倍之高（Hockenberry, 2016）。 [516]

被拘留的少年（技術上其實就是監禁）尚未經判決，因此不能予以安置在矯治復歸方案。例如不應將被控性侵的少年納入少年性犯罪者治療方案，因為該少年尚未經認定確實犯罪。許多公營少年設施都設有拘留和治療區域，保留給最終遭法院認定違法的少年處遇與治療之用。另一方面，受拘留的少年在拘留期間也可以接受藥物濫用治療、性教育、補救教育，以及其他相類似的社會服務，就像那些安置於機構內的涉案少年。

少年拘留中心因其過度擁擠和對少數族裔少年的過高比例監禁，而遭

照片13.1
少年們身處一所青少年矯治設施的教室中
來源：Mikael Karlsson/Alamy Stock Photo.

到嚴格檢視。根據近期對於機構內居住安置少年（包括被拘留和法院送安置處置的少年）所進行的調查顯示，少數族裔少年占總人口的68%，其中黑人男性占最大比例（Hockenberry, 2016）。如上所述，黑人少年的拘留率幾乎是白人的六倍，他們被法院送到中心安置處置的機率是白人的四倍有餘。換句話說，黑人少年比任何其他族裔的少年更可能遭到拘留，以及被法院送進家外安置設施。一般來說，不管監禁的名義是「拘留」還是「矯治復歸」，在監禁過程中都會發現少年的許多問題（見重點提示13.5）。由於語意上可能存在歧異，在此先保留使用拘留一詞的「純粹」意涵，亦即本章使用此一詞彙時，應理解為暫時性安置（temporary placement），身處這種狀況下的少年們尚未被判認為犯罪的非行少年；唯一例外是那些既經法院審理判決，尚待法官量刑處置的涉案少年。

少年設施當中的心理治療

為數眾多的研究提到身處少年司法系統的少年，尤其是機構環境內的少年，在心理健康層面的需求。部分研究顯示，少年拘留中心和矯治機構中，有近三分之二的男性和四分之三的女性符合一種或多種精神障礙的診

斷（Abram et al., 2013; Grisso, 2008）。眾所周知，精神障礙症狀在青春期往往會導致衝動、攻擊性和暴力行為，特別是當青少年同時有兩種或以上的精神障礙。在一項針對全美機構內居住安置少年的匿名調查中，有六成的受訪者表示他們很容易心煩意亂、脾氣暴躁且經常生氣（Sedlak and McPherson, 2010b）。然而，這些特徵並不一定指向精神障礙。更重要的是，根據格林索（2008）提出的資料，在少年司法體系的環境中，大約有10%至25%的少年罹患各種形式的臨床憂鬱症。

[517]

重點提示13.5

被監禁的少年

美國司法部在二○一○年和二○一三年發布的報告（Beck et al., 2010; Beck et al., 2013），引起媒體廣大的關注。針對身處州立、州營及民營少年監禁設施中的涉案少年所進行的廣泛調查結果發現，在第一次調查中約有12%的受訪者，第二次調查則是約有9.5%的受訪者，表示在過去一年中（若不到一年的話，則是從被送入機構時起算）曾親身經歷一次以上的性受害事件。這些設施涵蓋了州級和大型民營的少年安置中心。機構內少年遭到機構職員加害的事件，遠較來自安置少年同儕的加害事件來得普遍；所觀察到在兩次調查間所呈現的被害總數下降，反映的是機構內職員對少年性加害行為的降低（在二○一○年的第一次調查，約有11.2%的少年舉報自己被害；到了第二次調查，則約有8.7%）。在這兩次調查中，約有2.5%的少年指出自己曾遭其他少年加害性侵。其中大多數涉及其他少年的事件都與施用暴力或武力威脅有關；另外約有四分之一則是涉及對少年施惠或提供保護。剩下的部分則是受害少男被給予毒品或酒精以換取性行為。另一則新聞報導則指出，某位州級少年與家庭福利部門的主任被發現，其轄下的州營少年安置機構會以許可少年邀請外面的女友與妓女一起開趴作為一種獎勵手段，事件被揭露後她不得不辭去職務。據說

在這些派對中有吸毒和性活動。

此外，其他新聞也曾報導有關少年拘留中心或處遇機構在被查出有證據足以證明該處發生過肢體虐待與忽略心理健康需求等情事後，遭到關閉的案例。類似故事對少年權益的倡議者來說並不稀奇，其中許多人並據此強力主張，對於少年的監禁手段只應該當作別無他法的最後手段。

與成年監獄的狀況一樣，近年來在機構內居住安置的少年人數呈現下降，目前甚至是處於一九九七年以來的最低水準（Hockenberry, 2016）。此外，全國性的資料也指出，多數少年設施確實會為所收容照護的少年提供一定程度的處遇服務。一份報告指出：「幾乎所有設施（87%）都回報安置的少年至少有部分會進入某種類型的學校。絕大多數受訪的機構則會定期對收容的全體少年進行下列評估：藥物與物質濫用評估（74%）、心理健康需求評估（58%）、自殺風險評估（90%）。」（Hockenberry, Wachter & Stadky, 2016, P.1）

問題與討論：

一、假設我們同意，至少有某些少年應被監禁在有戒護的機構或給予家外安置，請討論可以實現此目標的「理想」作法為何。

二、針對上述為機構內居住安置少年所提供的服務之相關統計數字，請提出你的見解。

三、請問下列族群中，哪些可能適合施以戒護下（封鎖式）的監禁處遇：女性未成年人、罹患精神障礙的涉案少年、有自殺傾向的少年、濫用藥物者、少年性犯罪者、幫派成員。在決定是否該對特定少年施以監禁處遇的時候，上述這些特徵有多大程度應被納入決策考量？

　　由塞得列克和麥佛森（Sedlak and McPherson, 2010b）所進行的全國調查發現，大約半數的少年犯表示他們覺得情緒低落。另一項研究（Fazel,

Doll & Lüngström, 2008）也發現類似的結果；他們同時發現，在少年拘留
或矯治機構中的女性，被診斷為嚴重憂鬱症的機率是男性的三倍。現有資
料（如Sedlak and McPherson, 2010b）顯示，被拘留的少年中，女性比起男
性會出現更多的心理健康問題和物質濫用問題，而且經歷的虐待史更為廣
泛（Blum, Ireland & Blum, 2003; Hubbard and Pratt, 2002; Teplin, Abram,
McLelland, Dulcan & Mericle, 2002）。

　　格林索（Grisso, 2008）指出，罹患憂鬱症狀的少年，無論男女，通常
相當易怒、悶悶不樂，且表現出敵對態度，不同於一般有憂鬱症狀的成年
人所表現出來的往往是悲傷和退縮。這些未成年人的易怒情緒也增加了他
們引起周遭社會環境，包括同儕，對他們產生憤怒反應的可能性。在太多
可能的情境下，這些憤怒會升級為具有侵略性的肢體動作以及潛在的暴力
行為。在某些情境中，憤怒情緒和攻擊侵略性之間的連結還可能導致自殘
行為，如割傷或撞擊頭部。

　　此外，法佐及其同僚（Fazel et al., 2008）發現，身處拘留和矯治機構 [518]
中的少年，罹患精神病（psychosis，嚴重精神障礙）的可能性是一般青少
年的十倍之高。前揭數據無論對於男性或女性都適用。該研究也將涉案少
年所出現的精神障礙狀況與自殺行為做出連結（Wasserman, McReynolds,
Schwalbe, Keating & Jones, 2010）。

　　與上述討論有關的，還有塞得列克和麥佛森（2010a）在研究中提到有
關在少年設施中提供心理健康服務的意見。透過廣泛調查，他們發現，在
他們所調查的少年收容設施中，以評估、持續治療或諮商為基本型態的心
理健康服務可說非常普遍。不過，針對安置少年的機構普查（Hockenberry
et al., 2016），只有不到六成的機構會對於被安置少年的心理健康需求進行
評估調查。此外，塞得列克和麥佛森也發現，在這些設施當中的許多精神
心理衛生人員並未受過相關訓練，或者是極少能滿足被安置少年的相關需
求。前述的事實指向這類心理健康服務計畫專案的品質在根本上有嚴重的
闕漏，然則這樣的品質被研究者認為是極重要的因素（Lipsey, 2009）。舉
例來說，在接受調查的少年中，只有半數身處於有提供心理健康衡鑑或評

估服務的設施。此外,儘管在機構內居住安置的少年人口自殺風險相對較高,可是機構內少年的自殺風險篩查評估措施卻不普遍。但相關調查(Hockenberry et al., 2016)也指出,有九成的人會定期接受自殺風險篩查。無論如何,有鑑於塞得列克和麥佛森研究所提出的憂慮,對於少年收容安置機構的工作人員進行充分的專業訓練是勢在必行、不可不為之事。他們的結論如下:

> 總體而言,目前為受拘留少年提供的精神心理健康服務,在實踐面仍然未能符合重要建議的基本水準;亦即,所有少年犯罪人一律都要接受自殺風險和其他心理健康的快速篩檢測試,並且所有心理健康的相關篩檢測試,均應由經過適當教育訓練的工作人員來施作。(Sedlak and McPherson, 2010b, P.3)

　　當然,精神障礙的治療並非少年身處機構環境內的唯一需求。除了教育需求,他們也可能因為物質濫用、自我效能、暴力行為替代方案、個人營養狀況與其他健康資訊,還有社交技巧的增進等等治療處遇而受益。問題是,研究持續指出,許多涉案少年,無論是遭到收容或已經獲得緩刑觀護,都無法取得對他們有幫助的高品質介入措施(Haqanee, Peterson-Badali & Skilling, 2015; Peterson-Badali, Skilling & Haqanee, 2015)。

　　發展障礙和認知障礙也困擾著被收容在機構內和身處社區監督下的青少年(K. Day and Berney, 2001)。許多涉案少年自身也是物質濫用者,而且往往存在嚴重的化學物質依賴問題。例如研究發現,四成至五成的涉案少年有物質濫用問題,而在非犯罪少年中則是15%(Loeber, Burke & Lahey, 2002)。身受多重限制的涉案少年比比皆是。舉例來說,一所收容涉案少年的戒治復歸機構會收到酒精濫用且曾有自殺歷史的憂鬱症性犯罪者,這種狀況在實務上並不罕見。

　　格林索(2008)指出,有些青少年會在一段相當長的期間內出現精神障礙,而另一些青少年則只會在短期內表現出精神障礙的症狀。相對於

此，也有部分非行少年沒有精神障礙、發育障礙或物質濫用的問題。無論如何，這些青少年都會受益於針對其暴力行為或長期財產犯罪行為進行處遇的治療方案。此外，還有大量涉案少年曾身為包括性侵害在內的暴力行為受害者，有許多在家庭環境中目睹親密伴侶暴力。其他少年則經歷了父母間激烈衝突或痛苦分居或離婚的影響。依據塞得列克和麥佛森（2010b）的調查，有超過三分之二的非行少年自陳他們曾經歷某種形式的創傷，包括肢體或性虐待。因此，著重於涉案少年處遇的相關方案往往也會處理受害所生的影響。例如這些計畫方案會提供少年有關如何發展社交技能和增進自我概念的策略，這些自我概念很可能已因多年遭虐待而殘破不堪。也 [519]
有為數相當的少年計畫會將家庭治療與個人和團體治療結合在一起。

二十世紀末，人們提出許多對少年提供治療的效能問題，特別是當這類處遇治療在機構環境中進行。針對涉案少年的處遇治療方案，有一個值得注意的統合分析研究（Whitehead and Lab, 1989）提出了令人沮喪的結論。研究者分析了一九七五至八四年間曾出現在專業期刊上對少年矯治處遇治療的評估，結果發現這些處遇治療措施對少年再犯率幾乎沒有正面效果。事實上，許多這類處遇計畫似乎還加重了再犯風險。研究者還發現，沒有證據可支持行為介入（behavioral interventions）的處遇方式優於其他方法這種主張。然而，那些以引導少年遠離正式法庭程序為宗旨的移轉分流方法，確實呈現出一些有利的結果。也因此後來有許多研究者不斷主張，應該盡可能讓少年留在社區內（例如Grisso, 2008; Lambie and Randell, 2013）

但並非所有的評論者都像上述分析結論所指的那樣悲觀。正如本書有關成人矯治的章節所指出，許多學者和研究人員從未放棄矯治復歸社會的可能性，也試圖記錄一些針對特定個案有效的矯治計畫。心理學家發現了一些與有效處遇治療相關的原則，即使在機構環境中也可適用。例如認知行為方法，以及盡可能整合群體、個人和家庭治療的「多模式方法」（multimodal approaches），都取得良好的評價。在一項統合分析研究概述中，利普西（Lipsey, 2009）發現與處遇治療方案有效性相關的三個因素：

一、治療性的介入哲學；二、為高風險犯罪人提供相關處遇服務；三、處遇治療計畫的品質，亦即處遇治療提供者必須經過培訓，在監督之下使其提供服務的品質缺陷得以迅速改善。利普西的研究還發現，少年司法體系進行監督的強度（像是密集監督、緩刑觀護、將少年收容在戒護處所）與介入手段的成功與否沒有關係，這也指向「有效的治療毋需高度依賴治療環境」（P.143）。

復歸處遇的方法

　　人們曾經普遍相信，無論用什麼方式對少年犯罪者進行處遇，根本就不會有用；但近年來這樣的想法出現了明顯的轉變，轉而致力於尋找並促進更好的治療處遇方案（Heilbrun et al., 2016）。「這種轉變……理解少年在認知、情感、行為和神經發展等各方面的狀況，認同並納入相關的最新進展。」（Heilbrun et al., 2016, P.14）對於處遇治療效果進行評估的研究也有所提升。什麼才是有效的治療和復歸措施？最好的描述莫過於減少少年的違法與反社會行為，同時又能滿足其個人需求。事實上我們確實有理由感到樂觀，因為許多針對涉案少年的處遇治療方案已經開始展現出這種效果（Baldwin, Christian, Berkeljion & Shadish, 2012; Cruise et al., 2016; van der Stouwe, Asscher, Stams, Dekovic & van der Laan, 2014）。上述這些樂觀的趨勢在透過社區安置的處遇方法（大部分都屬於家外安置）中尤為明顯。本節將檢視一些在家外安置中可用也更常見的治療形式。

團體之家模型

　　由於各種原因，許多少年無法留在自己家中，但他們也不需要被安置於有戒護的治療處遇設施。要滿足讓少年留在社區、繼續學業，也在社區內接受門診治療服務（例如諮詢、治療、藥物濫用預防方案）等目的，團體之家（group home）是一個常見的選項。少年司法的一項重要原則，是

對於少年應該採取最小限制的安置方式，然而仍有批判者指出此一原則在實踐中往往不被遵守或尊重。

在團體之家進行的青少年處遇治療，最常見的模式之一是**教學家庭**（teaching-family）模式。這種模式始於一九六七年在堪薩斯州的「成就之家」（Achievement Place home）。二十一世紀初，美國大約有134個這類的團體家庭提供涉案少年、受虐或遭到忽略的兒童，以及罹患自閉症或發展障礙的兒童和青少年入住（Bernfeld, 2001）。在典型的教學家庭中，教學父母（teaching parents）是一對受有專業訓練的伴侶，通常也都擁有人類服務（human services）碩士學位。他們生活在如同家庭般的環境中，最多可收容七名少年，且原則上每天都有助理協助。諮商顧問以督導身分提供服務，並根據實際需求整合治療、訓練及其他專業服務。「幾無例外，諮商顧問一開始都是從業人員，之後才透過接受額外訓練後成為顧問。」（Fixsen, Blasé, Timbers & Wolf, 2001, P.163）。 [520]

上述研究坦然檢視了教學家庭模式的發展問題，原本企圖複製「成就之家」的成果，到頭來卻得出令人沮喪的結果。教學家庭協會的第一次會議在一九七八年舉行，該協會持續定義宗旨、制定倫理準則，並為參與此模式的個人提供教育訓練和其他服務（Teaching-Family Association, 1993, 1994）。此外，此模式在文獻中也獲得正面評價（APA, 2003a; Fixsen, Blasé, Timbers & Wolf, 2007）。

教學家庭最初主要是以代幣經濟（token-economy）模式運作，這是一種在一九六〇與七〇年代在心理學界頗為流行的行為調整方法。教學家庭內的居民會因為其良好行為而獲得代幣或積分，之後則可以將這些代幣或積分換成某種特權，例如延長娛樂時間或從事少年本人喜歡的工作。相對的，「不良」行為則會導致代幣或積分損失，進而使少年失去某些特權。將前述的代幣經濟模式轉移到自然的生活環境（如團體之家），則是一項更大的挑戰（Reppucci and Saunders, 1974; Wolf, Kirigin, Fixsen, Blasé & Braukmann, 1995）。有鑑於此，雖然強化良好行為、代幣加分和特權制度仍然是教學家庭的重要面向，但教學家庭制度又提供了額外的治療處遇服

務。不過,對於有嚴重精神健康問題或被控或被發現犯下嚴重罪行的青少年,這個概念模式通常不予推薦。

教學家庭模式有許多正面特點,對於那些無法留在自己家中的非重罪少年犯罪人有所幫助,至少有暫時性的幫助。溫暖而富有同情心的教學父母、保持與原生家庭和社區的連結,以及有機會學習親社會行為,都是正面例證。然而,研究指出,此一模式所導致的行為改善,包括物質使用的減少與親社會行為增加,往往在離開教學家庭之後就難以維持(Mulvey, Arthur & Reppucci, 1993)。

近來許多人認為,團體之家一如目前的總體少年司法政策與計畫,都應該對涉案少年的文化多元性以及特定的文化需求投注更多關照(如Eron et al., 1994)。例如對黑人、拉丁裔和亞裔涉案少年來說,如果可以被安置在一個鼓勵他們承認並理解自身的文化傳承且以此為傲的團體之家,對他們將會有所助益。針對文化敏感性計畫的評估結果指出,這類方案會降低再犯率,同時提高了少年的自我效能(Eron et al., 1994; W. R. King et al., 2001)。位於費城的「團結之家」(House of Umoja)正是這樣一個專案計畫,它為十五至十八歲的高風險黑人少年提供教育、文化治療、諮詢和藥物濫用治療。此外,也有由少年司法和犯罪預防辦公室所資助的類似方案在全國各地運作,其中又以城市地區為主。

同樣的,針對性別擬定計畫也至關重要。少女(包括犯罪少女在內)往往有著與少男截然不同的需求。犯罪的少女比起同齡男性更可能成為兒童性虐待和親密伴侶暴力的受害者;此外,她們更可能出現缺乏自尊的狀況(Budnick and Shields-Fletcher, 1998; Sedlak and McPherson, 2010b; Sorensen and Bowie, 1994)。他們比起少年被指控犯有暴力罪行的可能性更低(Snyder and Sickmund, 1999)。青春期少女也比青春期少男更容易罹患精神障礙,特別是憂鬱症(Sedlack and McPherson, 2010b; Teplin et al., 2002)。然而,少女也比少男更有可能揭露自己的憂鬱症症狀。雖然團體之家似乎對涉案少女而言更加適合,但進到團體之家的少女的家庭背景,可能比涉案少男的家庭狀況更為複雜。

[521]

家庭保存模式

　　許多兒童權益倡議者強烈主張，應該盡可能把少年留在家中，與父母或近親在一起（如 D. A. Gordon, 2002; Henggeler, 1996）。他們認為，提供廣泛的支援服務，甚至包括支援功能失調程度高的家庭，才是最符合這些家庭中兒少的最佳利益。然而，我們也必須承認，未必保全家庭就必然符合所有兒少的最佳利益。儘管後文將提到有關保存家庭的樂觀評估暨其有據可考的成功案例，但事實上仍有部分少年可能並不會因為致力保全其家庭而得到良好的服務或協助，尤其是對那些在自己家中遭到父母、照護者或兄弟姊妹加害的兒少。研究者指出（Chesney- Lind and Shelden,1998）：

> 奠基於「維持家庭完整」此一概念的家庭諮商，倘若出現某些在少年司法體系內的少女所揭露的極端肢體或性暴力的狀況時，就必須對此方法的施用予以嚴格審查。在某些情況下，甚至必須允許受害少年男女遠離其父母生活。（P.219）

　　謹記這樣的告誡，接下來討論家庭保存（family preservation）的優勢。

造家者

　　家庭保存的諸多模式中，有一種備受推崇的方法是**造家者**（homebuilder）模式，這種方法對於家庭內有一名以上少年可能因其反社會行為而面臨被逐出家庭的風險，堪稱典範（Haapala and Kinney, 1988; Whittaker, Kinney, Tracy & Booth, 1990）。此模式有可能是美國境內最具歷史的密集家庭保存服務計畫。在造家者模式裡，會有一到兩位個案工作者（通常是有碩士學位的社會工作師）與一個家庭一起進行短期間的在地密集協作，他們會全天候與該家庭的成員在一起，積極主動為該家庭取得所需的服務。這個模式的目標是透過密集的家內現場介入措施，防止兒少遭到家外安置，並把問題解決技能教導給個案家庭。前述的服務範圍可能頗為廣

泛，例如包括協助家庭成員找到工作、處理交通問題、提供家教、進行家庭治療、協助少年課外活動規畫或擔任青少年的導師。研究者對造家者模式給予極為正面的評價（Haapala and Kinney），並指出有高達87%的兒少在一年內免於遭到家外安置。司法心理學家最可能與造家者計畫的接觸，是為其提供評估衡鑑或治療服務。值得注意的是，適用此模式的少年往往不是涉犯嚴重少年刑事犯罪者。

多系統治療

另一個受到廣泛關注的專案計畫，則是社會心理學家司各特・亨格列（Scott Henggeler）所倡導的家庭保存方法：**多系統療法**（multisystemic therapy, MST）。多系統療法是專門為犯下重罪的少年（包括應對暴力犯罪負責的犯罪人）而開發。多系統療法主要奠基於心理學家尤里・布朗芬布倫納（Urie Bronfenbrenner, 1979）所開創的系統理論（systems theory）。根據此理論的觀點，行為由多重因素決定，並且很大程度受到社會環境互動的影響。兒童和青少年會被「嵌入」（embedded）到各種社會系統內（家庭、同儕群體、學校和鄰里）。有效的介入手段需要將兒童或青少年及其所涉的社會系統都納入考量。因此，多系統療法試圖促進青少年在生活環境中的行為改變，並利用各個社會系統內的優勢來實現此目的。

儘管美國在設法降低少年遭送入戒護設施的數字方面已經盡了相關努力，不過美國在少年監禁人數方面仍在全世界居首，也超越所有已開發國家（Henggeler, 2016）。是以，亨格列（1996, 2016; Henggeler and Borduin, 1990）長期以來不斷主張，應該盡可能避免將涉案少年送進戒護矯治機構，因為當犯下重罪者生活在一起時，其反社會行為只會獲得增強。因此，除了將涉案少年盡可能留在自己家中，多系統療法的另一個目標則是幫助涉案少年與同齡反社會者斷絕聯繫，並與同齡親社會者發展關係。但亨格列也承認，這是最難實現的目標之一。

如同前述的造家者方案，多系統療法會讓一小組治療處遇提供者（在本例中為治療師）全天候協助個案家庭，並協助促成取得各種服務。大多

[522]

數治療提供者都是透過多系統方法所培訓的碩士級以上心理健康專業工作者。臨床或司法心理學家則負責督導治療師，並在必要時提供密集治療。治療師在家庭成員的一般生活環境中（如家庭或學校環境，甚至當地公園）與少年會面。他們會去辨識這些少年在其身處的社會系統內所面對的風險和復原因子。舉例而言，在學校的風險因子之一可能會是一個年齡較大的男孩，曾刺激或驅使個案少年犯罪。至於在校內的復原因子，可能是少年喜愛的藝術課或歷史課。同樣的，兄弟姊妹間的感情與羈絆也是家庭的復原因子之一；即將失去工作的父親則是一個風險因子。在少年身處的多重環境系統內識別出相關因子之後，治療者會提出對應前述風險因子以及進一步利用復原因子的策略。

多系統療法可能涉及密集個人諮商，這個因素正足以區別此方法與造家者模式或其他家庭保存模式，而這些模式所針對的往往僅限於行為問題不太嚴重的青少年。多系統療法的治療師一般都是通才。「由於每個家庭的需求各有不同，他們必須要能夠應用一系列基於經驗的治療法……並根據每個家庭的獨特需求和優勢調整介入措施。」（T .L. Brown, Borduin, Henggeler, 2001, P.458）多系統療法所協助的少年在被定罪判刑後往往處於緩刑觀護狀態，至於其涉犯罪名則可能從藥物濫用到重傷害不等。多系統療法也被適用於與犯罪無關的兒少人口，以及來自不同文化和族裔背景的青少年（T. L. Brown et al., 2001; Edwards, Schoenwald, Henggeler & Strother, 2001）。到目前為止，這種療法已經獲得一些研究的正面評價（如Burns, Schoenwald, Burchard, Faw & Santos, 2000; Henggeler, 2001; Tate and Redding, 2005）。

為了闡釋說明，研究者對多系統療法進行評估（Borduin, Schaeffer & Heiblum, 2009），將其與由少年法庭所判命的一般社區服務相比。所有參與研究的少年及其家庭均經由少年法庭的職員所轉介。這些少年的被捕歷史均可證明這些人曾涉及嚴重犯罪。這群參與研究的非行少年平均年齡為十四歲，每人平均有4.33次前科（包含與性相關與無關的重罪）。其中95%的少年是男性，大多數（73%）是白人。

參與研究的少年及其家庭平均接受多系統療法約三十一週的時間；與

此對照的一般社區服務組，則是在大約相同的期間內接受認知行為治療。研究人員在研究個案初次接觸治療後九年的時間，量測治療的有效性。研究者也選擇一段足夠長的追蹤期，以便取得每位參與研究少年的成年後逮捕相關資料。

就研究結果總體而言，多系統療法在家庭關係（增強凝聚力和適應力）、同伴關係（增加情感羈絆、社會成熟度和減少攻擊性）、學業成績提升等方面，均取得了良好效果。此外，多系統療法使少年犯罪行為和監禁產生了短期和長期的變化。「依據接受多系統療法的青少年在調查之後所提出的資料，可以觀察到這群少年在人身和財產犯罪方面都有減少，而且在後續八、九年的追蹤期內，因為犯下與性有關或無關的重罪而再次遭到逮捕的可能性，相較於接受一般社區服務的少年組別，也來得更低。」

[523] （Borduin et al., 2009, P.35）

紐西蘭的柯特斯等人（Curtis, Ronan, Heiblum & Crellin, 2009），以及田納西州東部阿帕拉契地區（Appalachian region of eastern Tennessee）的葛利森等人（Glisson et al., 2010），針對多系統療法亦得出類似的正面研究結果。史沃比等人（Schwalbe, Gearing, MacKenzie, Brewer & Ibrahim, 2012）指出，在方案中含有以家庭為基礎的密集療法，像是由多系統療法所提供的治療，對於曾在社區環境中接受過處遇的少年而言，都得出了正面的結果。

不過必須強調，多系統療法計畫或方案一般並不適用於已患有嚴重精神障礙的青少年，也沒有適用於已經遭到監禁的少年的方案。多系統療法本質上就是在社區環境中施行的一種治療計畫。

功能性家庭療法

另一種與多系統療法類似的處遇計畫，是**功能性家庭療法**（functional family therapy, FFT），這是在一九七〇年代，為了父母無力控管行為出現違常的少年所開發的處遇療法。根據薩斯頓與圖納（Sexton and Turner, 2010）的說法，「功能性家庭療法已經有一整套可稽的成果研究紀錄，足以證明這種療法可以有效處理一系列與少年相關的廣泛問題，包括青少年

暴力、藥物濫用和其他與少年犯罪有關的行為。」（P.339）此外，追蹤研究也發現，這種療法的正面結果即使在治療結束後長達五年仍然存在，而且似乎對目標青少年的兄弟姊妹同樣可以產生正向積極的影響。這種治療手段在減少藥物濫用方面特別有效（Alexander, Waldron, Robbins & Neeb, 2013; Waldron and Turner, 2008）。

功能性家庭療法結合了社會學習、認知行為、人際，還有家庭系統理論（D.A.Gordon, 2002）。認知行為方法聚焦於個人的期望和評價。接受治療的個案會被鼓勵去檢視其態度與信念可能透過什麼方式對其現狀產生影響。個案要與治療師合作找出改變行為的策略。在功能性家庭療法中，治療師會以家庭為單元與之協作，並試圖辨識出導致成員間出現問題的家庭動態特徵（features of family dynamics）。重點不在於「把青少年本人當作問題」，而是反過來把家庭視為一個成員會相互影響彼此行為的體系。治療者會傳授家庭成員溝通和解決問題的技能，而參與者一般在治療區間會被指定作業。與多系統療法一樣，功能性家庭療法適用於各種不同環境，而非僅能適用於出現違法行為的青少年。

雖然功能性家庭療法已成功應用於非行少年（包括經由少年法庭轉介者）（D. A. Gordon, 2002），不過相較於多系統療法，功能性家庭療法似乎較不適合用於身處社區環境的少年重罪犯。多系統療法是專門為處理嚴重少年犯罪所開發，相當強調密集的個人治療，以及強化家庭群體內外的社會系統。另一方面，功能性家庭療法在為家庭成員提供技能和策略，以形成一個自助小組有效發揮作用，可能要比多系統療法更佳。然而，根據相關研究（T. L. Brown, Borduin & Henggeler, 2001），行為親職訓練方案（behavioral parent training approaches）對重罪少年犯並無顯著效果，主要是因為多重風險因子，像是婚姻苦惱、社經地位劣勢、父母罹患憂鬱症，往往在這些少年的家庭中相對常見。雖然功能性家庭療法並不只單純關注親職訓練，不過它與此種模式極為相似。但史沃比等人（Schwalbe et al., 2012）確實發現，親職訓練對於降低再犯率會產生正面的影響，因此不應完全忽視親職訓練計畫的效能。

　　另一項仿效多系統療法和功能性家庭療法模式的展望性方案，則是**多維治療寄養照護**（Multidimensional Treatment Foster Care, MTFC），旨在與兒童福利體系中的慢性少年犯協作（Chamberlain, 2003; Chamberlain, Leve & DeGarmo, 2007）。雖然遵循多系統療法的原則，不過多維治療寄養照護的主要目標在於盡量減少個案少年與偏差行為同儕的往來，並且讓接受治療的個案少年的身邊盡可能是有能力且具正向與鼓舞他人特質的成年人（尤其是受過訓練的寄養家庭父母）。

[524]　　無論是多系統療法、功能性家庭療法，或是多維治療寄養照護，為了確保處遇治療計畫方案的完整性，必然要對提供服務者進行廣泛的教育訓練，不過這些方案均不要求治療者必須具備該領域的最高學位。具有碩士學位的人（有時碩士以下也可以）在臨床心理學家的訓練和督導下，同樣能夠提供治療。薩斯頓與圖納（Sexton and Turner, 2010）指出，功能性家庭療法必須以臨床上具體且精確的方式實施，才能產生正面結果。換句話說，治療師必須經過良好的訓練和督導，才能達到原本期待的完全效果。研究者概述上述處遇治療方法在社區實施時所面對的挑戰（Edwards, Schoenwald, Henggeler & Strother, 2001; D. A. Gordon, 2002）。支持者強調，上述方案的開發者與服務提供者之間必須持續溝通，以及為了確保治療有效而對治療者進行廣泛教育訓練及開始治療時的密集督導的重要性。

　　許多關於多系統療法、功能性家庭療法和多維治療寄養照護的研究都得出非常令人鼓舞的結論。亨格列（2016）在他對上述三種處遇療法的文獻回顧研究中指出：「雖然並非所有研究都觀察到顯著的治療效果，但絕大多數的研究顯示再犯率和少年監禁率顯著降低，而這些正面的結果有時甚至可以在治療後持續多年。」（P.588）此外，研究也指出，接受治療的青少年，功能表現有明顯改善、行為問題減少、與違法同儕的聯繫降低，而且學業表現也獲得改善。

認知行為治療

　　幾乎每個現代的少年矯治復歸中心都納入了某種形式的認知行為治

療；如本書第十二章所述，這是一種對成年犯罪者具有明顯療效的心理治療方法。認知行為治療通常會與其他形式的治療手法一起使用，如藥物濫用計畫或性犯罪者治療方案。認知行為治療可與前述任何治療方法合併使用。重點提示13.6說明了在少年矯治系統中，對於犯下重罪的少年犯罪者所使用的認知行為方法。

物質濫用模型

與成年犯罪者一樣，涉案少年經常會出現與過去的犯罪行為相伴的藥物濫用問題，而這類問題則可用於預測未來的犯罪活動（Puzzanchera, 2013; Snyder and Sickmund, 1999; Weekes, Moser & Langevin, 1999）。然而，就涉案少年而言，治療必須考慮到生理、心理、社會文化等層面的成長發育（McNeece, Springer & Arnold, 2001）。換句話說，治療提供者必須考量情緒苦惱、找尋自我身分認同等青少年時期顯著的特徵。正如本書先前討論過的其他治療方案，致力於提供個人、群體和家庭治療（多元模型方法）的計畫，似乎對藥物濫用者最為有效。

在此必須指出，本章迄今所討論的許多治療方法，其中可能都包括治

照片13.2
一位少女被安置於一所物質濫用處遇中心的房間內
來源：Anne Cusack/Los Angeles Times via Getty Images.

療藥物濫用的元素。例如無論是團體之家或家庭保存模式處遇方案，經常會實施藥物濫用治療。再者，如前所述，功能性家庭療法特別適用於治療青少年的藥物濫用問題，而這種治療方案也受到幾乎所有接受政府資助的少年復歸中心採用。此外，父母為涉案少年進行住院藥物濫用治療的民營設施也很常見。然而，曾任少年刑事司法與犯罪預防辦公室負責人的伊拉·史瓦茨（Ira Schwartz, 1989）強力主張，前述這些民營機構的利用過於浮濫，而且對許多少年而言顯無必要，因此將其稱為「中產階級少年的新監獄」。少有證據能夠證明機構內處遇治療對大多數物質濫用的少年明顯優於社區門診治療（McNeece et al., 2001）。

[525] ## 重點提示13.6

針對少年犯罪者的認知介入計畫

認知行為療法被許多心理健康從業人員視為對少年和成年犯罪者最有效的心理治療形式，這種治療法也在機構和社區以許多不同的形式提供。不論是哪一種形式的認知行為療法，基本上都會強調對受害者的影響、思維錯誤或認知扭曲、行為修正、正向思考等諸多因素。此外，認知行為療法可以針對單獨個案使用，也可以用於群體治療的環境。以下我們來討論一個案例。

在威斯康辛州內有三處戒護少年矯治設施（兩處男性、一處女性）對遭受監禁的犯罪少年施以認知介入計畫（the Juvenile Cognitive Intervention Program, JCIP）。研究者如此描述該處遇計畫的前提：「如果我們能改變某個人的想法，我們就能改變其行為。」（McGlynn, Hahn & Hagan, 2012, P.1111）治療提供者（通常是受過訓練的社會工作師）協助監禁中的少年找出自己的認知扭曲，改變其思維模式，並促使少年們運用這些習得的技能處理他們自己在設施內及被釋放後可能遇到的問題。上述認知扭曲的例子包括：

• 將問題歸咎於他人；

- 覺得別人要傷害自己（在本書中稱為敵對歸因偏見）；
- 把自身的反社會行為的嚴重性最小化；
- 認為自己的觀點和需求比別人的更重要。

上述威斯康辛州的處遇計畫使用一種特殊調查問卷：「我怎麼想」問卷（How I Think Questionnaire）（Barriga and Gibbs, 1996），藉此量測接受處遇少年在治療前與治療後認知扭曲的程度。此問卷是自行作答，獲得分數越高，思維扭曲程度越嚴重。研究者（McGlynn, Hahn & Hagan, 2012）對431名男性和103名女性（年齡均在十二至十八歲間）進行了認知介入計畫的有效性評估。參與此研究的所有少年都經少年事件程序判定為少年犯罪者，而且大多數都參加了數個治療方案，並有為數相當的暴力犯罪前科紀錄。

總體而言，前述計畫降低了參與者的「我怎麼想」問卷分數，這代表治療方案協助參與者的認知思維做出積極正向的改變。男性在治療前的得分高於女性，但男女的得分都因治療而降低。有意思的是，年齡是該研究的一個重要因素，越年輕的少年犯展現了較高的得分。研究者指出，由於相關措施的目的是盡量不要讓少年犯罪人進入矯治機構，所以那些被監禁在機構中的人，很可能會有最嚴重的行為問題。正如作者所示，麥格林等人（McGlynn et al., 2012）的研究有局限。然而，他們認為這項研究有助將認知介入計畫用於少年犯。

問題與討論：

一、根據上開對威斯康辛州處遇計畫的描述，如果請你評估該計畫的有效性，還需要問哪些問題？換言之，在判斷它是不是適合施用在重罪少年犯的有價值處遇計畫之前，你還想知道些什麼？

二、有鑑於認知治療方法已被證明為有效且應加以使用，你認為對於遭到監禁的少年重罪犯，還可以進一步做什麼？

三、你認為是否有可能去改變他人的想法？請解釋你為何這樣想。

一項研究回顧了為成人和少年藥物濫用者所提供的各種治療方案
（McNeece, Springer & Arnold, 2001）。前述方案包括個人、團體和家庭治
[526]   療；自助計畫；心理教育法；藥物療法，如二硫龍（Antabuse）、美沙酮
（methadone）、納曲酮（naltrexone）[5]；針灸；個案管理；住院和門診治
療計畫。他們指出，美國已經有一些州正在針對有藥物濫用問題的少年開
設特定的評估與收容中心。這些中心有可能附屬於少年法庭或當地毒品法
庭，亦可能獨立運作。雖然前述提到的衡鑑和治療中心可能是朝著正確方
向所邁出的一步，不過後續的追蹤服務還是有迫切的需求，尤其有鑑於目
前在全美各地氾濫的鴉片類物質危機。麥可尼斯（Carl *Aaron McNeece*）及
其同僚（1997）在一項針對六個這類評估中心所進行的研究中發現，它們
往往能對涉案少年的物質濫用狀況發揮短期穩定效果，問題是由於資源和
工作人員的短缺，因此中心所提供延續治療的建議往往未能得到遵守。此
外，也有許多針對其他少年處遇方案的評估研究，證明持續追蹤提供服務
的重要性。

專業領域內的文獻包含了對成人和少年犯罪者提供其他處遇治療方案
的諸多描述和評估。就此將討論兩個例子，分別對住院治療和門診治療加
以討論。

暴力防治計畫

暴力一般被定義為：以對他人造成傷害、苦痛、不適或虐待之目的，
而對其實施之物理力量。某些類型的定義也可能將對於財產的毀損或破壞
行為納入其中。因此，故意毀損之行為，一種在少年犯罪統計中常見的罪
行，也會被包括在內。旨在預防和控制暴力的少年處遇方案，主要會聚焦
於對他人造成的物理性傷害。這類犯罪人是施用認知行為介入療法的理想
對象，因為實施暴力犯罪行為的青少年往往會把自己的犯罪行為最小化，

---

5. 譯按：此三者原則上分別是用於酒精成癮、嗎啡成癮、酒精成癮的抗癮藥物。

而且也常表現出敵對歸因偏見。和少年性犯罪者一樣，這類少年暴力犯罪者可能會將自己的行為責怪在他人頭上。性侵害也是一種暴力犯罪，不過它通常會以分開的（或附加的）處遇治療計畫來處理；本書稍後也會就此予以討論。

暴力可能從兒童生命早期就開始出現，並且經常是仿效社會網路中的重要人物（尤其是父母、主要照護者、同儕或媒體中的英雄）所產生的結果。正如第八章所討論，近年來由於暴力電玩被許多人認定會造成未成年人對於殘酷行為降敏（desensitize），並鼓勵兒少採取暴力性的對策，因此這個議題受到越來越多人注意。同時受到關注的還有**生物／神經觀點**（biological/neurological perspective）：部分研究者認為生物性、基因性或者神經心理性的因子，對於人類的攻擊性行為有顯著的影響（如Fishbein, 2000; Moffit, 1993a; Raine, 1993）。雖然這些研究者並不認為這些因子會「導致」暴力犯罪或犯罪，但這些因子的存在確實指向某些人可能傾向採取暴力行動。因此，他們也強力主張應該儘早辨識可能暴露於此種高風險因子中的個人，及早採取介入行動。

暴力行為可能突然在青春期出現，例如十四歲的少年持槍到校並殺害校長，或十五歲的少年刺殺自己的父親。但是我們必須了解，這種一次性的暴力是極端非典型的。相較之下，更典型的歷程是隨著兒少的成長，從早期的攻擊或侵略性的行為，一路漸至更嚴重的攻擊行為。心理學家阿諾德·高德斯坦（Arnold M. Goldstein, 2002a）主張：「從低處掌握，以防免暴力風險升高。」意即出現低度攻擊行為時，如果沒有即時加以阻止，那麼日後就有可能**轉變**為更嚴重的暴力行為。他認為：

> 我的核心信念（已經逐漸有初期的實證依據）是：身處在社會中，我們太常忽視低度攻擊行為的種種相異形式，然則這些攻擊行為一旦受到酬償，會（通常很快）發展為種種難以控制的高度攻擊行為，並因而觸發社會矚目。（P.169）

作者本人也主張，咒罵、威脅、侮辱、粗魯無文、蓄意毀損財物、霸凌、騷擾，都可能是日後嚴重攻擊行為的前兆。是以一個六或七歲的孩子如果持續霸凌、咬傷或打傷其玩伴，這樣的行為一旦被強化，日後在青少年時期就很可能會轉變為更嚴重的傷害行為。前述強化的形式，可以是透過內部或外部酬償。即便遭到成年權威人士對其不當行為予以「懲罰」，一旦讓孩童取得自己在遊戲場上的地位，或者讓其他孩子害怕他，都可以能構成適足的強化源。

多數會因為少年事件而進入少年法庭的未成年人都已經超過十歲，絕大多數是在十二到十七歲之間。即便如此，大約有9%的少年逮捕案例涉及十四歲以下的未成年人。此外，少年法庭統計資料顯示，在涉及侵害人身的犯罪事件中，24%是十四歲以下的青少年所為（C.Knoll and Sickmund, 2010）。到了青少年時代，此人通常都已經「習得」其暴力行為會帶來某些回報。所以對暴力行為的治療通常包括「逆習得」（unlearning）策略的施用，此類策略似乎也持續有效。

大多數以青少年為對象的暴力預防方案都採用認知行為或社會學習理論的觀點。「認知介入手段的假設是，一種憤怒，充滿攻擊性的狀態，可以透過一個人的期望和評價予以中和調解，而在此過程中，暴力行為出現的可能性也會隨之增減。」（Tate, Reppucci & Mulvey, 1995, P.778）暴力的青少年經常會在無敵意處看見敵意。因此，在這類處遇治療方法中，會鼓勵這些青少年重新評估自己的假設（即他人對自己構成威脅）。在一些治療方法中，這類的認知扭曲被稱為「思維錯誤」現象；這是由尤契爾森與薩梅諾（Yochelson and Samenow, 1976）所提出的一個概念。在這類治療法中，青少年（尤其是進入機構內安置的青少年）可能會被要求在思緒和情緒出現時，寫下自己的想法和情緒。其後在小組治療時，再對小組成員揭露自己寫下的內容，而小組和治療提供者則協助其辨識思維錯誤，建議嘗試不同思維的策略。

此外，對受害者展現同理心也會被納入治療的一部分。例如鼓勵涉案少年站在受害者的立場，了解受害者所遭受的苦痛；有時也可能透過角色

扮演的方式進行這類練習。本書第十章所討論的修復式司法，正是聚焦在
使受害者在經歷被害歷程後，有再次復原為一個完全體（a whole）的機
會。此一方法已經被證明對少年加害者會產生良好的效果（Bergseth and
Bouffard, 2012; Schwalbe, Gearing, MacKenzie, Brewer & Ibrahim, 2012）。
換言之，無論年齡、性別、族裔所屬群體、加害前科或所犯罪行為何，許
多少年加害人都能對其受害者展現同理心，並學會去認識自己犯罪行為所
招致的後果。

　　預防暴力方案通常還會為涉案少年提供暴力行為的替代方案，教導他
們決策技能以面對可能發生的暴力情境。此外，鼓勵少年主動避免讓自己
置身於暴力一觸即發的環境中。例如酒精類物質可能促進暴力行為，因此
預防物質濫用自然就成為許多暴力預防方案的重要成分。

　　有些研究者（A. P. Goldstein and Glick, 1987, 2001）則是描繪了**攻擊替
代訓練**（aggression replacement training, ART）的治療法，這是一種在各種
環境中（包括涉案少年的社區或機構內安置計畫）可以適用於兒少的方
法。他們指出，顯現出高度攻擊行為的青少年，往往欠缺能力去做出符合
社會期待的行為，比如辨識自己的感受，或對於輕蔑或憤怒做出適當的反
應。攻擊替代訓練的課程表包含：一、技能串流（skills streaming，教導少
年廣泛的親社會行為）；二、憤怒控制訓練（anger control training）；
三、道德推理（moral reasoning）。在小組中，長期出現攻擊性的青少年會
被教導一系列的技能，如請求許可、如何與他人對話、如何稱讚他人、處
理自己的尷尬情緒。此外，他們也會被教導辨識觸發自己攻擊行為的因
子，同時傳授降低自身憤怒程度的技巧，例如倒數數字、想像一個平和的
場景。這些涉案少年也會在治療方案中被鼓勵去面對道德困境，從中找出
公平公正的解決方案。攻擊替代訓練課程目前已在許多少年安置機構與社
區設施，還有各式各樣的學校體系以及幫派防止計畫（A.P.Goldstein and
Glick, 2001）。雖然攻擊替代訓練已經對暴力青少年造成認知行為層面的
變化，但目前尚無證據證明此療法可以減少涉案少年被釋放後的暴力行為
（Tate et al., 1995）。研究者（A. P. Goldstein and Glick）也理解，在矯治

[528] 設施的高牆外要這些少年維持自身的憤怒控制，可能並不容易。然而，他們認為該療法的正面影響會在少年獲釋後持續存在，雖然不如在受監護的環境中來得強烈。

研究者指出，青少年暴力行為的治療處遇有效性的一個共通元素，在於發展社交互動技能：「增進社交技能不僅對於少年解決自己與同儕的衝突情境有所助益，同時使他們能在各種不同的社交脈絡中與他人相處。」（Guerra, Tolan & Hammond, 1994, P.397）

在少年司法體系中，針對嚴重暴力加害者的處遇方案，一般會在機構環境中運作，主要多是受到戒護的少年矯治設施。從治療的角度來看，由於讓青少年遠離一般生活環境中的犯罪誘發因子，因此機構化處遇自然具備了在控制環境中進行介入措施的明顯優勢。可惜的是，對於機構化處遇的評價卻是優劣參半。事實上這不足為奇，因為少年原本就是在處遇的協作上最具挑戰性的一群。然而，對機構化處遇抱持批判態度者也指出，在戒護環境中進行治療處遇的主要缺點之一，是少年會傾向相互看齊並因而增強既存的偏差行為（Henggeler, 1996），於是乎犯罪誘發因子的影響依然存在。研究者建議可利用上述少年相互看齊的傾向（M. S. Jackson and Springer, 1997）。他們建議，在監禁環境中與青少年一起協作的治療者，鼓勵少年形成「治療少年團」（therapeutic gangs），將諸多監禁少年所屬的團體的正向優點納入治療方案。治療少年團的成員共同努力，找出具有負面影響的態度與價值，接著再找出正面的替代選項。

少年性犯罪者處遇計畫

據信在所有少年性犯罪者當中，有很大一部分加害者自身曾經受到性虐待。研究發現，在參與研究的重罪少年犯群體中，86%曾遭受性虐待（Gray, Pithers, Busconi & Houchens, 1997）。遭受性虐待的兒童多數不會成為施虐者。相反的，遭受性虐待的破壞性影響更有可能被內化，並以適應問題的面貌被呈現出來，像是憂鬱症狀、自我毀滅行為、焦慮、兒童與

成人的自尊心低下等狀況（Browne and Finkelhor, 1986）。那些後來確實轉變為施虐者的受害兒少，也會出現許多這類的適應問題。如果我們將兒少遭受性虐待已屬有據可稽的影響納入考量，那麼很明顯的，少年性犯罪者必然需要一個治療方案，不僅是透過治療努力防止未來的犯罪，重要的還有承認並解決他們的情感創傷經歷。

少年性犯罪者如果未加治療的話，高度可能持續加害行為直到成年後。據估計，有47%至58%的成年性犯罪者在其青春期犯下了第一次罪行（Cellini, Schwartz & Readio, 1993）。研究者指出，研究人員和臨床工作者越來越意識到青春期前的未成年人也會出現性犯罪，而且這些罪行有許多會持續到青春期（Becker and Johnson, 2001）。然而，少年法庭資料顯示，少年性犯罪的百分比明顯下降（Puzzanchera, 2013）。舉例而言，在二〇〇二至二〇一一年的十年間，少年的性犯罪就出現大幅度下降（強制性交36%，其他類型性犯罪35%）。儘管犯罪數據出現明顯降低，但是少年性犯罪者的治療與藥物濫用治療一樣，仍然是許多臨床治療實踐的重要元素。這類治療在大多數公營和民營少年矯治復歸設施中都有。

然而，少年性犯罪者接受治療前的評估，往往是在他們進入審理程序之前進行。涉嫌或被控性犯罪的少年，可經由少年法庭和社會服務中心轉介以進行評估。在這類情況下，「評估者的工作在於判斷性偏差行為發生的可能性及其發生的原因，以及是否有進行介入的需求。」（Becker and Johnson, 2001, P.274）

無論發生在少年被判違法之前還是之後，對少年性犯罪者的評估都有 [529] 其爭議。由於性犯罪的本質，法院和其他少年司法體系的關係人往往都會希望了解少年是否會因治療而有所改善，以及少年是否可能再次犯罪。雖然有人提出悲觀的主張，認為「難以針對青少年性偏差行為模式的進展與再犯風險，做出臨床假設」（Cellini, 1995, P.6-4; Chap.6, P.4），不過事實上，在少年性犯罪衡鑑工具的開發方面，此領域已經取得了相當的進展。如前所述，SAVRY 和 YLS/CMI 兩種工具都廣獲好評。然而，研究者持續提出警告，敦促眾人在這類評估中務必謹慎行事，例如有學者指出這類評

估所使用的衡鑑工具，有可能未必能衡量青少年發展的短期變化（Viljoen et al., 2017）。

司法心理學家和研究人員建議，無論對少年性犯罪者進行任何評估，都必須盡可能收集廣泛的背景和臨床資訊。進行衡鑑評估的心理學家至少應該取得以下資訊（Becker and Johnson, 2001）：

- 少年的家庭社會、醫療與心理史。
- 涉案少年的發育史，包括自嬰幼兒時期起的心性資訊。
- 學校資訊。
- 暴力行為史。
- 酒精與其他物質濫用史。
- 詳細的性行為史。
- 與心理狀態有關的資訊。

「評估者應該針對青少年的一般知識與智力程度，以及其洞察力和判斷力的水準，進行詳細評估。」（Becker and Johnson, 2001, P.276）

對於少年性犯罪者有許多治療模式，包括個人和團體治療、家庭諮商、心理教育課程。沃爾林與朗頓（Worling and Langton, 2012）概述許多少年性犯罪者治療方案的共同目標，這些目標包括：加強問責可能與提升少年犯行對受害者影響的覺察程度；促進健全的性興趣與親社會的性態度；制定計畫以防止日後犯罪；在可能的情況下讓父母與主要照護者參與治療規畫。然而，與許多其他研究者一樣，沃爾林與朗頓指出，監禁少年的封閉環境是有效治療的障礙。

根據切利尼（Cellini, 1995）的說法，「在目前對性犯罪者所提供的治療方案中，98%的青少年和成人治療計畫都以同儕團體療法為首選。」（P.6）典型的同儕團體計畫採用認知行為方法，讓性犯罪者在臨床主持人的指導下，討論自己犯下的罪行及其對受害者的影響。性教育是其中一個重要的組成，向未成年性犯罪者提供有關人類性行為的事實資訊，同時促進這些少年正常的性興趣。此外，也鼓勵少年找出自己的思維錯誤（亦即關於犯罪或受害者的錯誤假設），並制定避免日後犯罪的策略。社交技能

和自信訓練也是許多性犯罪者治療方案的重要元素。雖然同儕團體療法可能占主導地位，但研究文獻也強力主張在可能的情況下，盡量進行個人和家庭治療（Becker and Johnson, 2001）。與暴力犯罪者的治療方案相同，採用強調群體、個人和家庭治療的多元模式療法最可能有效。

一般普遍認為，性犯罪者永遠無法完全被「治癒」，而且總是易於淪入再犯罪的境地（Cellini, 1995; Pithers et al., 1995）。因此，性犯罪者治療方案的重要成分之一，便在於預防復發，透過這些治療方案，向犯罪者傳授辨識過往導致其犯罪的刺激源與情境（例如與特定熟識者同行、前往特定的遊樂場、觀看暴力色情片）的技巧，以及如何加以避免。 [530]

有關性犯罪者治療的文獻多是長於敘述，但欠缺審慎的評估（Becker and Johnson, 2001; Worling and Langton, 2012）。換言之，雖然有許多文章概述所使用的性犯罪治療方法，但關於這些療法在控制環境下的有效性，研究卻很少。此外，文獻主要討論少年男性的性犯罪，很少寫到女性性犯罪者或青春期前兒童犯罪。然而，隨著越來越多研究者意識到女性和女童的性犯罪也是值得關注的議題（Becker, Hall & Stinson, 2001），上述這種情況正在改變中。

機構處遇概述

儘管我們只討論在機構環境中對少年進行處遇治療的幾種方法，但心理學家顯然正面臨一項艱鉅任務。本書上一章所描述有關成年犯罪者的許多治療與處遇層面的障礙，在監禁少年犯罪人的機構中同樣存在。此外，機構內的處遇方案沒有辦法太強調與家庭的合作，可是家庭卻是青少年經常返回的環境。多系統療法的支持者已經有力地證明這種療法適用於被允許留在社區和家庭環境中的暴力少年。此外，證據顯示，讓少年在機構中停留更長的時間，並不能降低再犯率（Mulvey, 2011）。正如穆爾維和其他學者（如Henggeler, 2016）所指出，以社區為本的監督和治療，對於降低重罪少年的再犯更有效果。但是對於少數危險的暴力少年犯，監禁恐怕是保

護社會的不得不選擇。在這些情況下，則應該對其提供密集的處遇治療。

　　和許多早期研究者一樣，蘭庇與朗岱爾（Lambie and Randell, 2013）列出並記錄了將涉案少年監禁於少年處遇機構或成人監獄的眾多負面影響。當少年被監禁在成人監獄時，雖然一般而言少年會與成人分離監禁，但並非總是如此。事實上，十六和十七歲的少年與成年人一起監禁的狀況並不罕見。這些負面影響（無論是與成人或者與其他少年一起監禁）包括：遭到其他受刑人與監獄員工的侵害、缺乏精神心理衛生照護措施、自殺行為、缺乏成人的指導無法與同儕建立親社會的關係、身體健康的損害、教育層面的欠缺，以及有朝一日獲得釋放後難以重新回歸社區。蘭庇與朗岱爾還指出，即使設施內提供本於實證的療法，其正面效果往往也會因為其他因素（如家庭凝聚力或與同儕的關係）欠缺改善而遭到抵銷或被蓋過。換句話說，當少年被釋放時，他們仍然必須回到經常有問題的家庭裡，身旁圍繞著反社會的同儕。

摘要與結論

　　如果我們從美國在一八九九年建立了第一個少年法庭起算的話，那麼在一九九九年迎來少年司法體系成立的一百週年。或許正如一般人所預期，今日的少年司法程序與二十世紀上半葉已經少有相似之處。不過，真的是這樣嗎？早期的少年法庭是非正式且父權主義式的，往往極易對個人驟下斷論。此外，在這些法庭受審的未成年人也很少有律師代理。臨床專業人士，主要是精神專科醫師和心理學家，定期為這些法庭提供諮詢，並對少年的情緒、認知和心理狀況等進行廣泛的評估，同時蒐集並評估有關少年社交歷史的背景資訊。雖然少年法庭被認為旨在「拯救」未成年人脫離匱乏的生活，問題是這些法庭往往將少年安置在無法提供其所需教育、教養和整體身心照護的機構中。到了一九六〇年代，權益取向的聯邦最高法院終於承認少年司法制度的種種缺陷，並試圖透過為少年提供法律代理以及其他正當法律程序的權利以補正這些缺陷。一九七〇年代，美國國會

通過了《少年司法和預防犯罪法》，這項法治的里程碑也開始針對少年收容矯治設施的條件進行調整。 [531]

　　與少年司法體系合作的司法心理學家必須了解這個體系的歷史。時至今日，有許多關切少年處境的倡議人士擔心，先前存在的種種老問題不斷發生，或者在某種程度上，根本從未消失過。本章討論的範圍，從與少年在刑事訴訟前期理解自身權利的問題，一直到少年被法院判決為罪犯且遭到留置和監禁的狀況。

　　近年的許多研究都集中於評估少年放棄米蘭達權利的能力，以及受審的能力。還有人針對涉案少年易於在哪些狀況下作出虛假自白（認罪），以及他們是否有能力信賴自己的律師等問題提出質疑。因此，司法心理學家在對面臨各種少年事件程序的涉案少年進行評估時，應該要特別留意上述這些因素，審慎進行評估。為了少年心理健康所需的評估，自然有其道理。研究指出，許多身處拘留或處遇治療機構設施中的少年都患有精神障礙，而且這些精神障礙還可能與藥物濫用共同發生。

　　許多戒護機構或設施的條件糟到令人震驚。有紀錄指出，少數族裔少年遭到監禁的比例過高，尤其是被送入戒護設施拘禁的人數。整體而言（當然還是有例外），未成年少女的需求往往受到忽視；少數族裔、少數種族或少數性取向的少年的需求同樣被忽視。針對受到機構監禁的少年之需求與實地狀況進行調查後，許多研究與觀察者強烈主張應該採取本於社區的處遇方式，例如向涉案少年的家庭或團體之家提供密集服務。涉案少年的治療處遇方案與成人治療方案相似，都能找出治療之所以成功的一些共同特徵。舉例而言，那些本於認知行為模式的治療方案就獲得相當正面的評價。多元模式方案，亦即那些試圖納入團體、個人和家庭治療的專案，也產生了良好的效果。針對高風險和高需求的少年犯罪者進行的治療方案、與這些少年犯罪者保持密切協作關係的方案，以及那些在治療中納入後續追蹤治療的方案，也都得到很好的評價。後續的追蹤治療對少年來說尤其重要，因為他們經常只能回到孕生其反社會行為的不良環境。或許這也是為何多系統療法（一種以社區處遇為本的，強調涉案少年面對各種

社會系統，如個人、家庭、學校、社區、就業環境時，所產生的各種正面
與負面因子）的前景相當被看好的原因。

關鍵概念

後續照護 498 Aftercare	攻擊替代訓練 527 Aggression replacement training, ART	社會復歸可能（行）性 509 Amenability to rehabilitation
生理／神經觀點 526 Biological/neurological perspective	混合量刑 498 Blended sentencing	決策能力 508 Decisional competency
去機構化狀態 509 Deinstitutionalization of status	加害者 502 Offenders, DSO	少年非行事件之起訴 498 Delinquency petition
少年事件處理庭（或裁判庭）498 Delinquency hearing (or adjudicatory hearing)	處置／案件終結 498 Disposition	不成比例的少數族裔監禁率 503 Disproportionate minority confinement, DMC
轉向／分流 498 Diversion	家庭保存模式 522 Family preservation models	功能性家庭療法 523 Functional family therapy, FFT
造家者模式 521 Homebuilders model	避難之家 500 Houses of Refuge	同行程序 498 Intake
放棄管轄（權）510 Judicial waivers	少年拘留（留置）515 Juvenile detention	《少年司法和預防犯罪法》502 Juvenile Justice and Delinquency Prevention Act, JJDPA
立法移轉管轄，法定排除管轄，或成文法移轉管轄 510 Legislative waiver, statutory exclusion, or waiver by statute	麥克阿瑟少年就審能力研究 509 MacArthur Juvenile Competence Study	多維治療寄養照護 523 Multidimensional Treatment Foster Care, MTFC

多系統療法 521 Multisystemic therapy, MST	少年司法與犯罪預防辦公室 503 Office of Juvenile Justice and Delinquency Prevention, OJJDP	家父權主義 498 Parens patriae
預防性收容／拘留／羈押 498 Preventive detention	公訴定管轄 510 Prosecutorial waiver	教學家庭模式 519 Teaching-family model
放棄管轄（權）之聲請 498 Waiver petition		

問題與回顧

一、為什麼將拘留和處遇治療／復歸區分開來很重要？

二、請列出並簡述司法心理學家在少年司法環境中擔任評估或衡鑑功能的角色有哪些？

三、討論聯邦最高法院在「肯特訴美國」及「高爾特案」的判決意見，對於被控刑事犯罪的涉案少年的重要性。

四、為何少年群體特別容易放棄其自身的憲法權利，以及提出虛假（認罪）自白？請討論原因。

五、教學家庭模式的優缺點是什麼？

六、針對造家者、功能性家庭療法、多系統療法、多維治療寄養照護等治療法，在諸如適用對象、治療方案及有關的評估研究等方面，比較其異同。

七、何謂「攻擊替代訓練」？請簡述其課程的組成內容。

八、何謂認知行為療法？請說明如何將其適用於被判犯下性侵罪行的少年犯。

[532]

主題索引

引用判例

Addington v. Texas, 99 S.Ct. 1804 (1979).

Ake v. Oklahoma, 470 U.S. 68 (1985).

Argersinger v. Hamlin, 407 U.S. 25 (1972).

Atkins v. Virginia, 536 U.S. 304 (2002).

Barefoot v. Estelle, 463 U.S. 880 (1983).

Batson v. Kentucky 476 U.S. 79 (1986).

Bell v. Wolfish, 441 U.S. 520 (1979).

Borawick v. Shay, 68 F.3d 597 (2d Cir. 1995), cert. denied, 517 U.S. 1229.

Brady v. Maryland, 373 U.S. 83 (1963).

Breed v. Jones, 421 U.S. 519 (1975).

Brown v. Board of Education, 347 U.S. 483 (1954).

Brown v. Entertainment Merchants Association, 564 U.S. _____ (2011).

Brown v. Plata, 131 S.Ct. 1910 (2011).

Clark v. Arizona, 126 S.Ct. 2709 (2006).

Coker v. Georgia, 433 U.S. 584 (1977).

Cone v. Bell, 129 S.Ct. 1769 (2009).

Cooper v. Oklahoma, 116 S. Ct. 1373 (1996).

Correctional Services Corporation v. Malesko (00-860) 534 U.S. 61 (2001)

Cruzan v. Director, Missouri Department of Health, 497 U.S. 261 (1990).

Daubert v. Merrill Dow Pharmaceuticals, Inc., 509 U.S. 579 (1993).

Delling v. Idaho, cert. denied 133 S.Ct 504 (2012).

District of Columbia v. Heller, 554 U.S. 570 (2008).

Drope v. Missouri, 420 U.S. 162 (1975).

Durham v. United States, 214 F.2d 862 (D. C. Cir. 1954).

Dusky v. United States, 362 U.S. 402 (1960).

Elonis v. U.S. 575 U.S. ___ (2015).

Estelle v. Gamble, 429 U.S. 97 (1976).

Ewing v. Goldstein, 5 Cal.Rptr.3d 864 (2004), 120 Cal.App.4th 807 (2004).

Fare v. Michael C., 442 U.S. 707 (1979).

Faretta v. California, 422 U.S. 806 (1975).

Farmer v. Brennan, 511 U.S. 725 (1994).

Finger v. State, 27 P.3d 66 (Nev. 2001).

Ford v. Wainwright, 477 U.S. 399 (1986).

Foster v. Chatman, 578 U.S. _____ (2016).

Foucha v. Louisiana, 504 U.S. 71 (1992).

Franco-Gonzalez v. Holder, No. CV 10-02211 DMG (DTBx), 2013 WL 3674492 (C. D. Cal. Apr. 23, 2013).

Frye v. United States, 54 app. D.C., 46, 47; 293 F 1013, 1014 (1923).

Furman v. Georgia, 408 U.S. 238 (1972).

General Electric Co. v. Joiner 522 U.S. 136 (1997).

Gideon v. Wainwright, 372 U.S. 335 (1963).

Glossip v. Gross, 576 U.S. ____ (2015).

Godinez v. Moran, 113 S.Ct. 2680 (1993).

Graham v. Florida, 130 S. Ct. 2011 (2010).

Gruber v. Gruber, 583 A.2d 434 (Pa. Super. 1990).

Hall v. Florida, 572 U.S. ____ (2014).

Harris v. Forklift Systems, Inc., 510 U.S. 17 (1993).

Heller v. Doe, 509 U.S. 312 (1993).

Hollingsworth v. Perry, 570 U.S. _____ (2013).

Hudson v. Palmer 468 U.S. 517 (1984).

In re Gault, 387 U.S. 1 (1967).

In re M-A-M, 251. & N. Dec. 474 (2011).

In re Quinlan, 70 N.J. 10, 355 A.2d. 647, cert. denied sub nom. (1976).

Indiana v. Edwards, 554 U.S. 164 (2008)

Jackson v. Indiana, 406 U.S. 715 (1972)

Jaffe v. Redmond, 116 S. Ct. 1923 (1996).

J.D.B. v. North Carolina, 564 U.S. 261 (2011).

Jenkins v. United States 307 F.2d 637 (1962).

John Doe 76C v. Archdiocese of Saint Paul and Minneapolis, No. A10–1951 (July 25, 2012).

Kansas v. Crane, 534 U.S. 407 (2002).

Kansas v. Hendricks, 521 U.S., 117 S.Ct. 2072 (1997).

Kennedy v. Louisiana, 554 U.S., 128 S.Ct. 2072 (2008).

Kent v. United States, 383 U.S. 541 (1966).

Kumho Tire Co. v. Carmichael 526 U.S. 137 (1999).

Lockett v. Ohio, 438 U.S. 586 (1978).

Madrid v. Gomez, 889 F. Supp. 1149 (N.D. Cal. 1995).

Maryland v. Craig, 497 U.S. 836 (1987).

McKeiver v. Pennsylvania, 403 U.S. 528 (1971).

McKune v. Lile, 536 U.S. 24 (2002).

McWilliams v. Dunn, __ U.S. ___ (2017).

Miller v. Alabama and Jackson v. Hobbs, 132 S.Ct. 2455 (2012).

Minneci v. Pollard 607 F. 3d 583 and 629 F. 3d 843, reversed (2012).

Miranda v. Arizona, 384 U.S. 436 (1966).

Montgomery v. Louisiana, 577 U.S. ___ (2016).

Moore v. Texas, 581 U.S. _____ (2017).

North Dakota ex rel. Schuetzle v. Vogel 557 N.W.2d 358 (N.D. 1995).

Obergefell v. Hodges, 576 U.S. _____ (2015).

Oncale v. Sundowner Offshore Services, 523 U.S. 75 (1998).

Packingham v. North Carolina 582 US ___ (2017).

Panetti v. Quarterman, 127 S. Ct. 852 (06-6407) (2007).

Paroline v. United States, 572 U.S. _____ (2014).

Payne v. Commonwealth of Virginia, Court of Appeals of Virginia, Record No. 151524, Decided December 29, 2016.

Payne v. Tennessee 501 U.S. 808 (1991).

Pena-Rodriguez v. Colorado, 580 U.S. _____ (2017).

People v. Caballero, 55 Cal 4th 262 (2012).

People v. Hickey, 86 Ill. App. 20 (1889).

Perri v. Coughlin, WL 395374 (N.D.N.Y. 1999).

Perry v. New Hampshire, 132 S.Ct. 716 (2012).

Peruta v. California, Petition for certiorari denied on June 26, 2017

Regina v. M'Naughten, 8 Eng. Rep. 718 (1843).

Riggins v. Nevada, 504 U.S. 127 (1992).

Riley v. California, 573 U.S. 783 (2014).

Ring v. Arizona, 536 U.S. 584 (2002).

Roper v. Simmons, 543 U.S. 551 (2005).

Schall v. Martin, 467 U.S. 253 (1984).

Sell v. United States 539 U.S. 166 (2003).

Shannon v. U.S. 512 U.S. 573 (1994).

Stogner v. California 539 U.S. 607 93 Cal. App. 4th 1229, 114 Cal. Rptr. 2d 37, reversed (2003).

Stovall v. Denno, 388 U.S. 293 (1967).

Tarasoff v. Regents of the University of California, 17 Cal. 3d 425, 551 P.2d 334, 131 Cal. Rptr. 14 (Cal. 1976).

Thompson v. Oklahoma, 487 U.S. 815 (1988).

Thor v. Superior Court, 855 P.2d 375 (Cal. 1993).

Troxel v. Granville, 530 U.S. 57 (2000).

United States v. Alexander, 526 F. 2d 161. 168 (1975 [8th Cir.]).

United States v. Brawner 471 F.2d 969,153 U.S. App. D.C. 1; 1972 U.S. App. (1972).

United States v. Comstock, 560 U.S. 130 S.Ct. 1949 (2010).

United States v. Salerno, 481 U.S. 739 (1987).

United States v. Windsor, 570 U.S.____ (2013).

U.S. v. Jones, 132 S.Ct. 945 (2012).

Vitek v. Jones, 445 U.S. 480 (1980).

Volk v. DeMeerleer, 2016 386 P.3d 254 (2016).

Washington v. Harper 494 U.S. 210 (1990).

Zinermon v. Burch, 110 S.Ct. 975 (1990).

國家圖書館出版品預行編目資料

司法心理學：研究與應用
柯特‧巴托爾 Curt R. Bartol、安妮‧巴托爾 Anne M. Bartol 著　黃致豪 譯
初版. -- 臺北市：商周出版：家庭傳媒城邦分公司發行
　2023.01　面；　公分

譯自：Introduction to Forensic Psychology: Research and Application, 5th
　　　Edition

　ISBN 978-626-318-486-2 (平裝)

　1. CST：司法　2. CST：心理學

589.014　　　　　　　　　　　　　　　　　　　　　　111017965

司法心理學：研究與應用

原 書 書 名／	Introduction to Forensic Psychology: Research and Application
作　　　者／	柯特‧巴托爾Curt R. Bartol、安妮‧巴托爾Anne M. Bartol
譯　　　者／	黃致豪
責 任 編 輯／	陳玳妮
版　　　權／	林易萱

行 銷 業 務／	周丹蘋、賴正祐
總 編 輯／	楊如玉
總 經 理／	彭之琬
事業群總經理／	黃淑貞
發 行 人／	何飛鵬
法 律 顧 問／	元禾法律事務所　王子文律師
出　　　版／	商周出版

台北市 104 民生東路二段 141 號 9 樓
電話：(02) 25007008　傳真：(02)25007759
E-mail：bwp.service@cite.com.tw
Blog：http://bwp25007008.pixnet.net/blog

發　　　行／英屬蓋曼群島商家庭傳媒股份有限公司 城邦分公司
台北市中山區民生東路二段 141 號 2 樓
書虫客服務專線：02-25007718；25007719
服務時間：週一至週五上午 09:30-12:00；下午 13:30-17:00
24 小時傳真專線：02-25001990；25001991
劃撥帳號：19863813；戶名：書虫股份有限公司
讀者服務信箱：service@readingclub.com.tw
城邦讀書花園：www.cite.com.tw

香港發行所／城邦（香港）出版集團有限公司
香港灣仔駱克道 193 號東超商業中心 1 樓；E-mail：hkcite@biznetvigator.com
電話：(852) 25086231　傳真：(852) 25789337

馬新發行所／城邦（馬新）出版集團 Cite (M) Sdn. Bhd.
41, Jalan Radin Anum, Bandar Baru Sri Petaling, 57000 Kuala Lumpur, Malaysia.
Tel: (603) 90563833　Fax: (603) 90576622　Email: service@cite.my

封 面 設 計／李東記
排　　　版／邵麗如
印　　　刷／卡樂彩色製版印刷有限公司
總 經 銷／聯合發行股份有限公司
電話：(02)2917-8022　傳真：(02)2911-0053
地址：新北市 231 新店區寶橋路 235 巷 6 弄 6 號 2 樓

■ 2023 年 01 月 05 日初版　　　　　　　　　　　　　　Printed in Taiwan
定價 2000 元 （一套雙冊，不分售）

城邦讀書花園
www.cite.com.tw

<table>
<tr><td>廣　　告　　回　　函</td></tr>
<tr><td>北區郵政管理登記證</td></tr>
<tr><td>北臺字第000791號</td></tr>
<tr><td>郵資已付，免貼郵票</td></tr>
</table>

104　台北市民生東路二段141號2樓

英屬蓋曼群島商家庭傳媒股份有限公司城邦分公司　收

請沿虛線對摺，謝謝！

書號：BJ0088　　　書名：司法心理學：研究與應用　　編碼：

商周出版

讀者回函卡

感謝您購買我們出版的書籍！請費心填寫此回函卡，我們將不定期寄上城邦集團最新的出版訊息。

線上版讀者回函卡

姓名：_____ 性別：□男 □女

生日：西元_____年_____月_____日

地址：_____

聯絡電話：_____ 傳真：_____

E-mail：

學歷：□ 1. 小學 □ 2. 國中 □ 3. 高中 □ 4. 大學 □ 5. 研究所以上

職業：□ 1. 學生 □ 2. 軍公教 □ 3. 服務 □ 4. 金融 □ 5. 製造 □ 6. 資訊

□ 7. 傳播 □ 8. 自由業 □ 9. 農漁牧 □ 10. 家管 □ 11. 退休

□ 12. 其他_____

您從何種方式得知本書消息？

□ 1. 書店 □ 2. 網路 □ 3. 報紙 □ 4. 雜誌 □ 5. 廣播 □ 6. 電視

□ 7. 親友推薦 □ 8. 其他_____

您通常以何種方式購書？

□ 1. 書店 □ 2. 網路 □ 3. 傳真訂購 □ 4. 郵局劃撥 □ 5. 其他_____

您喜歡閱讀那些類別的書籍？

□ 1. 財經商業 □ 2. 自然科學 □ 3. 歷史 □ 4. 法律 □ 5. 文學

□ 6. 休閒旅遊 □ 7. 小說 □ 8. 人物傳記 □ 9. 生活、勵志 □ 10. 其他

對我們的建議：_____

_____

_____